知行"三农"

余胜伟 著

中国农业出版社
北 京

中国农业出版社
北京

心中的"三农"

（序）

通常所说的"三农"，是指农业、农村、农民。

农业是一个产业，是人类利用动物、植物和微生物的生活机能，把自然界的物质和能量转化为人类需要的农产品的产业。按国民经济行业划分，农业属于第一产业。农业是安天下产业，"农业兴，则百业兴，天下安定"。农业是一个古老的产业、是"母亲产业"，人类社会的发展史也是一部农耕文明史；但农业也是一个年轻的、新兴的产业，现代农业生产条件、生产工具、生产方式、生产效率、生产成果已经或正在发生飞速的变化。农业是一个弱质产业，当今社会，新兴产业层出不穷，农业劳动力在不断减少，农业经济在国民经济中的份额在不断降低，农业劳动者的收益水平不高；但农业也是一个强势产业，纵观人类社会的发展史，许多产业在发展中诞生，又在发展中消亡，而唯独农业产业长盛不衰，农业的总量不断提高，农产品质量稳定提升，农业的总体实力不断加强。从未来的发展看，农业无可取代，是永恒的朝阳产业。农业是一个独立的产业，与其他产业一样，有明确的产业概念、产业范畴、产业领域；但农业也是一个综合性、系统性、复杂性极强的产业，农业与土地、农业与科学、农业与环境、农业与市场、农业与社会其他产业等关系密不可分。

农村是相对于城市的称谓。传统农村，一个家庭，一小块土地；旁边是另一个家庭，另一小块土地；一批这样的家庭单元聚集在一起，就形成一个村庄、一个村落；一批批这样的村庄、村落就构成了一个农村社区。农村是以农业生产为主的农业劳动者聚居的地方，是农业产业之地，是工业和城市的后花园。

农村交通、电力、水利、网络及农业相关基础设施，是农村居民生产、生活的基本条件，是农业发展的基础。一二三产业融合发展是农业农村发展的必由之路，城镇化、工业化与农村现代化是一个不可分割的整体。

农民是一种职业，是从事农业生产的劳动者。但是，长期以来，在我国和一些不发达国家，农民都被视为一种社会身份。1958年《中华人民共和国户口管理条例》正式实施以后，我国形成了农村户口和城市户口"二元结构"的户籍管理体制。该《条例》界定，凡是农村户口的居民（不管他从事何种职业）就是农民。人们谈到"农民"时，想到的并不仅仅是一种职业，而是一种社会等级，一种身份或准身份，一种生存状态，一种文化模式乃至心理结构。我国改革开放之后，工业化城镇化的快速发展，社会职业种类繁多。随着城乡二元体制的破除，劳动力资源在社会各个产业中畅通流动。今天的农民，明天可以是市民，是产业工人。实现农业稳定、健康发展，需要有一支稳定的农民队伍。农民务农积极性的强弱，农民队伍是否稳定，关键在于农民的收益水平高低、从事农业产业能否获得社会的平均利润。从此角度讲，保护农民的利益就是保护农业。

历史是连续的，但各个时期发展是不均衡的。中国共产党领导下的中国，70多年来，农业农村发展速度之快、变化之大、成效之高，前所未有，举世瞩目。

今天中国的"三农"，取消了在中国历史上实行了2600年的"皇粮国税"，完成了消除农村绝对贫困人口的艰巨任务，并正在破除城乡"二元结构"体制。在城乡统筹发展过程中，许多农民成为现代城市的新市民。

农村交通四通八达，通村公路全覆盖，汽车进入寻常百姓家。有线电视、光纤到户，数字乡村建设改变了农业的生产方式和农民的生活方式。生物育种技术的一次次突破，为农业高产高效奠定了坚实基础。农业机械化的快速发展，不但提高了农业劳动生产率，还使农民告别了"面朝黄土背朝天，弯腰驼背几千年"的传统生产方式。设施农业的发展，更是彻底结束了传统农业"听天由命""靠天吃饭"的历史。

1949年我国粮食产量1.1亿吨，人均209千克；2023年粮食产量达到6.95

亿吨，人均 493 千克，分别是 1949 年的 6.3 倍及 2.3 倍。我国用全球 9% 左右的耕地资源，解决了占世界约 18% 人口的吃饭问题。1949 年，我国农民年人均纯收入为 44 元，恩格尔系数为 90%，绝大多数人都处在绝对贫困状态；2020 年农民年人均可支配收入达到 17131 元，恩格尔系数为 32.7%，表明农民的收入水平和消费结构发生了根本性改变，"吃饭"消费在家庭消费中占比大大降低。对于大多数农民，生活目标不只是满足物质需求，不单是为了吃饱和吃好，还有能力追求精神文化生活。

中国"三农"的快速发展，主要驱动力有以下几个方面：

第一，中国共产党的领导。中国共产党领导全国各族人民推翻了半殖民地半封建的旧中国，建立了人民当家作主的新中国。中国共产党始终坚持以人民为中心的发展理念，把"三农"工作作为重中之重，高度重视农业生产的发展，农村面貌不断改善，农民生活质量不断提高。

第二，制度创新。中华人民共和国成立后，实行土地改革实现耕者有其田。广大农民翻了身，成为土地的主人，开始过上了好日子。1978 年之后，我国农村改革，建立以家庭承包经营为基础、统分结合的双层经营体制。家庭承包经营制度，赋予了农民对生产的决策权和收益权，调动了农民生产的积极性与创造性。强化产权制度创新，盘活了农村"沉睡"资产。全面取消农业税，理顺了农村分配关系，维护了农民的合法权益。

第三，科技进步。农业科学技术进步，提高了农业劳动者的素质，改进了农业生产工具，推进了现代农业经营管理，提高了人们对农业自然资源的开发能力。农业劳动生产率、土地产出率大幅度提高。2022 年，全国农业科技进步贡献率达到 62.4%，表明现阶段我国农业总产值增长份额中，六成以上是由农业科技进步贡献的。

第四，市场化改革。中国的改革开放，是一个不断推进经济市场化的过程。通过市场化改革，提高了农业资源的配置效率，激发了农民的积极性，优化了农业产业结构，提高了农产品市场竞争力。通过国际合作与交流，引进吸收发达国家的技术、资本，充分发挥发展中国家的后发优势，促进了农业飞速发展。

第五，城乡融合发展。国家实施城乡统筹发展战略，遵循"少取、多予、放活"的原则,坚持"以工补农、以城带乡"。从农村走向城市的亿万进城务工人员,为工业化、城镇化作出巨大贡献;同时,进城务工人员又将其收入带回农村,成为建设现代农业的重要资金来源。工业化为提升现代农业奠定了坚实的物质基础;城镇公共服务及基础设施建设向乡村延伸,农村生产生活条件得到明显的改善;破除城乡二元体制,推进了农村城镇化,推进了农民市民化和城乡融合发展。

2024 年 10 月 8 日

目　　录

第一章　农业与土地

　　"民以食为天，食以农为本。"农业是衣食之源，是人类生存和发展的基础。在可以预见的未来，农业的特殊性始终无法替代，农业是永恒的朝阳产业。

　　土地是重要的生产资料。土地为动植物的生长发育提供了基本环境，是农业发展的基础。土地的类型、数量、质量、区位，直接影响农业产业选择、产业布局、产业规模、生产方式和生产力水平。

　　对于一个国家或地区，土地的区位是既定的，农业的发展只能在既定的土地资源条件下进行，土地对农业生产具有刚性约束。土地的不可替代性、土地数量的有限性、土地质量的差异性和土地永续利用的相对性，揭示了保护和科学利用土地的重要性。

　　土地制度是农业农村基本经营制度的核心，是反映人与人、人与地之间关系的重要制度。当土地制度适应农村生产力的发展时，会推动农村经济的发展。科学构建农业、农民与土地之间的利益关系，更好地发挥土地制度的基础性制度功能，考验着决策者的智慧。

　　了解农业、农村、农民，首先必须了解农业与土地。

一、农业

　　农业是人类文明的源头。如果没有农业，人类就要靠野外打猎、捕鱼、摘果等来填饱肚子，为获取食物奔忙，没有时间发展语言文化，无法发展其他产业，不可能有社会分工，更不可能进行社会化大生产，也就没有今天的工业化、信息化社会。没有农业，就没有人类文明。

（一）农业的本质特征

农业是人类利用动物、植物和微生物的生活机能，把自然界的物质和能量转化为人类需要的生物产品的生产活动。

农产品作为物质和能量的载体，是在农业生态系统中通过农作物的光合作用取得的。生态系统中的能量流动开始于绿色植物的光合作用。光合作用积累的能量是进入生态系统的初级能量，这种能量的积累过程就是初级生产。初级生产所制造的有机物质产量则称为初级生产量或第一性生产量。某一特定时刻生态系统单位面积内所积存的生活有机物质量叫生物量。生物量通常用平均每平方米生物体的干重来表示。动物和其他异养生物靠消耗植物初级生产制造的有机物质或固定的能量，称为次级生产量或第二性生产量。在农业生产中，农作物等植物性生产都属于初级生产，畜牧水产养殖等，是对初级生产取得的物质能量的转化，属于次级生产。

农业是一个复杂的生态、经济系统，其本质特征是自然再生产和经济再生产相结合的过程。土地是农业中不可替代的基本生产资料；劳动对象主要是有生命的动植物和微生物；农业生产主要是在自然生态环境中进行的生物性生产，受自然条件影响大；农业生产有明显的区域性和季节性；农业生产活动空间的分散性，使得对农业生产劳动的监督管理、对农业生产过程中劳动的准确计量十分困难。

（二）农业的范畴和概念

从国民经济产业分类看，农业与二三产业相对应，属第一产业。

从自然再生产的角度看，农业有广义和狭义之分。广义的农业即通常所说的大农业，包括种植业、林业、畜牧业、水产业等产业形态，其中，种植业是利用植物的生活机能，通过人工栽培取得植物性产品的生产活动；畜牧业是利用饲料或者直接利用草场养殖猪、牛、羊、禽类等；水产业是利用水域养殖或者捕捞水产品。狭义的农业单指种植业，包括粮食作物、经济作物、园艺作物、饲料作物和绿肥等。

从社会再生产的角度看，农业是一个具有历史性的范畴。在社会发展不同的历史阶段，农业的范畴概念不是固定不变的。古代农业、近代农业和现代农业，由于社会经济发展水平的不同，特别是社会分工的发展水平不同，农业作为一个系统，便具有不同的范畴和边界。例如，在一些社会经济发展水平低、社会分工水平差的国家，农业系统（作为经济范畴）与农村二三产业的边界一般是混淆不清的；相反，在一些生产力高度发达的国家，农业中的产前行业及产后行业相继分化独立出来，农业的范畴愈来愈向农业产中阶段中的初级产品生产方面缩小。以美国为例，1980年美国230万个农场企业，农业劳动力统计数只有377万人，即每个农场只有1.5个劳动力，而实际为农场产前及产后服务部门的人数达1200万~1500万人，都未计入农业劳动力数内；农业产值的统计口径也是如此。

受城乡"二元结构"制度的影响，我国农业范畴概念更为模糊不清。由于农业生产小而全，分工落后，农业产前、产中及产后融为一体。农村市场发育落后，生产、生活及服务相互关联，很难拆分。导致农业人口、农业劳动力、农业产值等数据带有许多不确定性。

（三）农业的地位与作用

农业被称为"母亲产业""基础产业"，为人类生产生活提供物质基础。没有农业就没有人类的一切，更不会创造出现代文明。早在一万多年前，人类经过长期的采集和渔猎生活，逐步熟悉了动植物生长习性，开始驯养、繁殖动物和种植谷物，原始农业产生了。随着生产工具的改进和经验积累，农业劳动生产率不断提高，农业不断发展，大批劳动力从农业领域转移出来，为社会分工创造了条件，才有了工商业的发展和人类社会的进步。无论社会产业体系发展到何种程度，农业作为第一产业，始终是国民经济的基础。农业强了，工业和其他国民经济部门就有了更为充足的原料和动力；农民的消费潜力得到充分释放，经济循环也更加顺畅；农业强了，生态供给和文化传承的土壤就更加厚实了，高质量发展的前景也更为宽广。"民生以稼事为先，国计以丰年为瑞"。农业的发展状况和水平直接影响并左右着国民经济全局。农业这种特殊的基础地位，既不因社会制度不同而改变，也不因其在国民经济中所占比重逐渐缩小而降低。相反，随着二三产业的发展，农业作为国民经济的基础产业，与其他产业相辅相成，互相促进，共同发展，其地位和作用愈显重要。

农业是安天下、稳民心的战略产业。历史和现实都告诉我们，农为邦本，本固邦宁。农产品是商品，与其他商品一样可以进行市场交换。但是，农产品是特殊商品。"民以食为天"，农产品是生活必需品，具有使用上的普遍性、日常性和不可替代性。人们对粮食的需求是刚性的，一朝短缺，就会导致社会的不稳定。"农业兴，则百业兴旺，天下安定；农业衰，则百业凋敝，社会动荡"。农业是国家自立自强的前提和基础,是国家强大的底气。任何一个国家,其自立能力相当程度上取决于农业的发展。农业的基础地位是否牢固,直接关系到国家是否安全。

农业是永恒的朝阳产业。当今社会,尽管科技进步日新月异,但现在及可预见的未来,非生物措施无法生产出粮食。农业将永远是人类食物之源、生存之本。农业的不可替代性决定了农业产业的永恒性。一切现代化享受,都是建立在"衣食足"的前提之上。经济越发达,人们越是追求新的享受,越是要求有一个高度发达的农业经济。随着人们生活水平日益提高,社会对农产品数量、质量、结构要求越来越高,农业发展的空间也越来越大。就农业生产个体、生产区域、生产阶段而言,农业生产者承担着市场和自然双重风险,故农业常被称为"弱质产业"。但计算"从田头到饭桌"的产业化综合效益,农业是最稳定、最有前途、获利较高的产业之一。从长远看,农业投资如果得不到社会的平均利润,农业势必萎缩,这是国家安全所不允许的。农业在国民经济中的重要性,决定了国家支持农业的永久性。农业的特殊性和极端重要性,决定了在人类社会发展的任何阶段都必须高度重视农业。农业发展水平是衡量社会发展是否健康、稳定、发达的重要标志。

农业产业发展类型多样化。传统社会,农村是农业(第一产业)的领地,农业的产业结构单一,农业的社会功能主要是向社会提供以谷物类为主的农产品,以满足人类社会的生存需求。现代社会,许多新兴业态进驻农村,特别是现代种养业、乡土特色产业将快速发展,以满足社会日益增长的对多样化农产品的需求。在农业生产领域方面,将由陆地向海洋和太空拓展,实现陆地农业、海洋农业、太空农业三大农业系统并存,相互交融,相互促进。农业与工业结合,将出现工厂化的设施农业;农业与自然生态建设有机结合,将出现生态农业;农业与高新科学技术结合,将出现工厂化、智能化农业;农业与医药业结合,将出现医疗保健农业,等等。休闲经济时代正在向我们走来!休闲资源的供给潜力主要集中在农村。农业与旅游业结合,将出现观光、旅游、休闲农业。可以预见,休闲农业、乡村旅游业等新兴业态将蓬勃发展,功能多样的休闲观光园区、康养基地、乡村民宿、特色小镇等先后建立起来。新产业新业态的兴起,进一步拓展了农业的产业发展边界,为农民提供了更多的就业机会和广阔的发展空间。农业不仅向社会提供丰富的物质产品,还注重满足人们的精神文化生活,为社会提供多样化的服务。农业活动本身将成为人们学习、锻炼、休闲、娱乐、观光、旅游,陶冶情操的一种高级消遣活动。

二、土地

土地是财富之母，是一切生产和存在的基础。万物土中生，人类的生存和社会的发展，都离不开土地。

就农业来说，土地是农业之本、农民之根。土地是农业生产不可替代的生产资料，没有土地就没有农业。耕地是土地的精华。人类消费的大部分能量和95%以上的蛋白质都取自于土地，其中，80%的热量和75%以上的蛋白质及大部分的纤维，都是直接来源于耕地提供的农产品。因此，一个国家人均耕地数量和质量及其所提供的物质的数量和质量，是国民生存、发展最基本的物质条件。

（一）土地的概念

土地的概念有狭义与广义之分。狭义的土地仅指陆地部分。较有代表性的是土地规划和自然地理学家的观点。土地规划学者认为：土地是指地球陆地表层，它是自然历史的产物，是由土壤、植被、地表水以及表层的岩石和地下水等诸多要素组成的自然综合体。广义的土地不仅包括陆地部分，而且还包括光、热、空气、海洋等非陆地部分。如英国经济学家马歇尔指出：土地是指大自然为了帮助人类，在陆地、海上、空气、光和热等各个方面所赠予的物质和能量。1975年，联合国发表的《土地评价纲要》提出，一片土地的地理学定义是指地球表面的一个特定地区，其特性包含着此地面及其以上和以下垂直的生物圈中一切比较稳定或周期循环的要素，如大气、土壤、水文、动植物密度，还包含人类过去和现在活动及相互作用的结果，对人类目前和将来的土地利用都会产生深远影响。

从土地管理角度看，1992年出版的《土地管理基础知识》对土地的定义是：土地是地球表面上由土壤、岩石、气候、水文、地貌、植被等组成的自然综合体，它包括人类过去和现在的活动结果。

中国地理学家普遍赞成土地是一个综合的自然地理概念。土地是地表某一地段包括地质、地貌、气候、水文、土壤、植被等多种自然要素在内的自然综合体。

（二）土地的类型

根据用途分类。土地可分为：农用地、建设用地和未利用地。

农用地是农业用地的简称。农业包括农林牧渔四大产业，各业发展占用的土地都是农用地。种植业占用的是耕地，园艺业占用的是园地，林业占用的是林地，畜牧业占用的除草地外还有养殖设施占地，渔业占用的是可养殖水面。因畜禽养殖设施分散而不便统计且占地较少，可养殖水面除少数鱼塘外多为江河湖库，这些水面有多种用途，故这两类农业用地一般不单独列出。因此，现在的农用地在内涵上虽包含所有农业用地，但在表述上只单列耕地、园地、林地、牧草地四类土地作为农业用地。

建设用地是指建造各类建筑物的土地，包括城乡住宅和公共设施用地、工矿用地、交通水利设施用地、旅游用地、军事设施用地等。

未利用地是指农用地和建设用地以外的土地。

根据土地利用现状分类。我国《土地利用现状分类》提出的国家标准，采用一级、二级两个层次的分类体系，共分12个一级类、73个二级类。其中一级类包括：耕地、园地、林地、草地、商服用地、工矿仓储用地、住宅用地、公共管理与公共服务用地、特殊用地、交通运输用地、水域及水利设施用地、其他用地。

根据土地权属分类。土地权属是指土地产权的归属，是存在于土地之中的排他性完全权利。土地权属包括土地所有权、土地使用权、土地租赁权、土地抵押权、土地继承权、地役权等项权利。

中华人民共和国成立后，我国废除了土地私有制，建立了国家、集体两种所有制形式并存的社会主义土地公有制，并在法律上确认下来，形成了国家土地所有权和集体土地所有权。城市市区的土地属于国家所有。农村和城市郊区的土地，除由法律规定属于国家所有的以外，属于农民集体所有；宅基地和自留地、自留山，属于农民集体所有。土地使用权与土地所有权可以相分离。

（三）土地的自然特性

土地的自然特性是指不以人的意志为转移的自然属性。土地的自然特性有：

土地地块的独特性（差异性）。地表上绝对找不出两块完全相同的土地。任何一块土地都是独一无二的，故又称土地性能的独特性或差异性。其原因在于土地位置的固定性及自然、人文环境条件的差异性。即使是位于同一位置相互毗邻的两块土地，由于地形、植被及风景等因素的影响，也不可能完全相互替代。

土地数量的有限性。土地不能像其他物品一样可以从工厂里不断制造出来。由于受到地球表面陆地部分的空间限制，土地的面积是有限的。列宁曾指出："土地有限是一个普遍现象。"人类可以围湖或填海造地，但这只是对地球表层土地形态的改变。从总体看，人类只能改变土地的形态，改善或改良土地的生产性能，但不能增加土地的总量。

土地位置的固定性。土地位置的固定性，亦称不可移动性，是土地区别于其他各种资源或商品的重要标志。我们可以把可移动的商品如汽车、食品、服装以及可移动的资源如人力、矿产等，由产地或过剩地区运送到供给相对稀缺或需求相对旺盛因而售价较高的地区。但我们还无法把土地如此移动。

土地空间分布上的地域性。由于地球与太阳的位置，以及地球本身的运动、地质构造、海陆分布等原因，地球具有明显的地域性。如随着纬度、经度和海拔高度的不同，出现纬度地带性、经度地带性和垂直地带性。不同地域，光、水、气、热等分配大不相同。

（四）耕地与耕地"警戒线"

耕地是土地的精华，是粮食生产的重要基地，耕地的数量和质量决定着粮食生产状况和水平。耕地"警戒线"即人均拥有耕地面积最低警戒线，指养活一个人所需要的人均耕地最低拥有量。在一定土地生产力水平下，人均粮食占有量与人均耕地拥有量紧密相关，因此，保护耕地就是保证粮食安全的重要基础。要保证粮食安全供应，最基本的是要保证人均耕地拥有量的水平。

人均耕地最低拥有量是指养活一个人所需要的耕地面积，取决于人均粮食消费水平和粮食的单产水平两个因素。联合国粮食及农业组织曾提出以一个人一昼夜享有 2300 千卡①热量的食物消费，作为粮食自给标准。借助于热量折算系数换算为粮食实物量，一个人一年占有粮食 255 千克。取世界平均每亩粮食单产为 320 千克，即可计算出粮食自给标准下人均耕地拥有量为 0.0531 公顷（约为 0.8 亩②）。这就是我国规划中常用人均拥有耕地面积最低警戒线 0.8 亩的由来。据第三次全国国土调查，截至 2019 年底数据，我国耕地面积 19.179 亿亩，人均耕地 1.36 亩。

人均耕地最低拥有量指标受制于人均粮食消费水平和粮食占用耕地单产水平。随着社会发展和科技进步，不同地区不同时期上述两项制约因素处于动态变化之中，特别是耕地单产水平差异较大，人均耕地最低拥有量指标也是变化的。因此，应当动态地、辩证地对待和应用这项指标。这样才能使我们对于耕地保护有更清醒

---

① 卡为非法定计量单位，1 卡≈4.18 焦耳。——编者注
② 亩为非法定计量单位，1 亩＝1/15 公顷。——编者注

的认识，妥善处理耕地保护与经济建设之间的关系，实现社会、经济和生态环境可持续发展的目标。

三、土地制度

土地制度是关于土地所有、占有、支配和使用诸方面的原则、方式、手段和界限等政策、法律规范和制度的体系，是农业农村基本经营制度的核心。广义上的土地制度，是指人们在一定的社会经济条件下，因土地归属和利用问题而产生的所有土地关系的总称。主要包括土地所有制度、土地使用制度、土地规划制度、土地保护制度、土地征用制度、土地税收制度和土地管理制度等。狭义上的土地制度，是指土地所有制、土地使用制和土地管理制等。土地所有制是土地制度中的核心。土地制度是反映人与人、人与地之间关系的重要制度。它既是一种经济制度，又是一种法权制度，是土地经济关系在法律上的体现，是构成上层建筑的有机组成部分。

（一）中国共产党领导下的农地制度变迁

在半殖民地半封建社会的中国农村，地主土地所有制占主导地位。土地等生产资料占有极不平均，是农村社会的最突出矛盾，也是造成当时中国农村社会长期贫困与落后的根本原因。中国共产党在深入分析了中国农村土地制度的演变过程和历史教训后，根据中国的具体国情和自身的执政理念，开展了一系列大规模的土地制度改革，彻底废除了农村土地的私有制。

1. 解放区内的土地改革——建立农民土地所有制

中国共产党成立之初，1921 年 7 月第一次全国代表大会通过的《纲领》中所提目标之一，就是没收土地归社会所有。1928 年 12 月，毛泽东同志主持制定了《井冈山土地法》，这是中国共产党历史上的第一部土地法。这部法律最重大的意义是改变了几千年来土地与农户的关系，否定了封建土地所有制，从法律上保证了农民耕种土地的合法权利。1929 年 4 月，毛泽东在兴国县主持制定了中共历史上的第二部土地法——《兴国土地法》。该法规定"没收一切公共土地及地主阶级的土地"。有 60 多万人得到了土地。广大农民欢天喜地，积极从事生产，粮食产量增加，生活也得到改善。

1947 年 9 月，中国共产党在河北省平山县西柏坡村举行全国土地会议上通过的《中国土地法大纲》，是当时乃至中华人民共和国成立初期全面实行土地改革的依据。《中国土地法大纲》第一条规定"废除封建性及半封建性剥削的土地制度，实行耕者有其田的土地制度"；第二条规定"废除一切地主的土地所有权"，随后，解放区的土改运动就迅速开展起来。1948 年 4 月，毛泽东在晋绥干部会议上指出："依靠贫农，团结中农，有步骤、有分别地消灭封建剥削制度，发展农业生产，这就是中国共产党在新民主主义的革命时期，在土地改革工作中的总路线和总政策。"在中华人民共和国成立以前，解放区已经有 1.34 亿人口完成了土地改革。

2. 中华人民共和国成立后土地改革——建立农民土地所有制

中华人民共和国成立后，我国还有 3.1 亿农村人口需要进行土地改革。由于这些地区解放的时间有早有晚，社会经济环境、群众对此的认知水平、干部队伍的准备等方面参差不齐，因此当时在新解放区的土地改革是分步骤、分期、分批推进的。

1950 年 1 月，中共中央下达《关于在各级人民政府内设土改委员会和组织各级农协直接领导土改运动的指示》，开始在新解放区分批实行土改的准备工作。1950 年 6 月 28 日，中共中央讨论通过了《中华人民共和国土地改革法》，将土改的目的明确为："废除地主阶级封建剥削的土地所有制，实行农民的土地所有制，借以解放农村生产力，发展农业生产，为中国的工业化开辟道路。"这部法律对土地改革的政策做出了很大调整，在废除封建土地制度的前提下，相当程度上照顾了富农阶层和少数民族地区上层人士的诉求，这对于保证土地改革的顺利进行和国民经济的恢复发展都起到了重要作用。

从 1950 年冬季开始，土地改革运动在华东、中南、西南、西北等广大新解放区分期分批广泛展开。至 1952 年底，除新疆、西藏等部分少数民族地区外，中国大陆绝大部分地区的土地改革已基本完成。有 3 亿多名无地或少地的农民无偿分得约 7 亿亩土地及其他农业生产资料，并每年免除地租 3000 多万吨粮食。至此，在中国存在了 2000 多年的封建地主土地所有制被彻底铲除。农民真正成为了土地的主人，生产热情空前焕发。

在中国共产党的领导下的无产阶级推翻了帝国主义、封建主义、官僚资本主义三座大山后，通过土改运动，彻底铲除了封建的地主土地所有制，建立起了以"耕者有其田"为特征的小农户土地所有制新制度。

3. 农村合作化和人民公社化时期农地改革——实行农村土地集体所有制

从 1952 年起，全国开展了农业合作化运动。经历了 4 年左右的时间后，劳动群众集体所有制逐渐代替了农民土地所有制。1958 年的人民公社化运动，宣布了土地私有制的终结和劳动群众集体农地所有制的最终确立。1962 年，为巩固土地的集体所有制，稳定农业生产，中央确立了"三级所有，队为基础"的体制。农村集体拥有本集体范围内的土地所有权和经营权。

4. 党的十一届三中全会以来农地改革——实行农村集体土地家庭承包经营制度

20 世纪 70 年代末推行的农村土地家庭承包经营制，是一次重大的农地制度性变革。在家庭承包经营制度下，集体仍然享有土地的所有权和处分权，承包土地的农户获得了土地的占有、使用与收益权。家庭承包经营制度实现了土地所有权与使用权、经营权的分离。

（二）中华人民共和国农村土地集体所有制

农村土地的集体所有制，是指农村土地分别属于一个个具体的农村集体经济组织的成员集体所有，农村集体的土地所有权不可分割到农户家庭和个人，土地的所有权不能买卖。

农村合作化之后，我国选择了走农村土地集体所有制的发展道路。20 世纪 70 年代末农村改革后，实行了以家庭承包经营为基础、统分结合的双层经营制度，但仍然没有改变农村土地仍属于集体所有的性质，农村集体经济组织也依然存在。中国共产党领导的新中国选择农村土地集体所有制这种独特的制度，有深刻的历史渊源和现实意义。

首先，选择农村土地集体所有制与执政党的理念直接相关。中国农业农村发展道路的选择，包含着深刻的国家价值观和民族信仰，也包含着对历史教训的深刻记忆。《中华人民共和国宪法》规定，社会主义制度是中华人民共和国的根本制度。社会主义的本质，是解放生产力、发展生产力，消灭剥削，消除两极分化，最终达到共同富裕。秉持"共同富裕"的奋斗目标，是当代中国共产党人与历代执政者执政理念的根本区别。有了这种执政为民的理念，才有了中国基本的制度和道路选择，才有了对农村实行土地集体所有制的选择。

其次，坚持农村土地集体所有制的初衷是不让农民轻易失去土地。农村土地的集体所有制，农村集体经济组织的土地只属于这个组织的农民集体所有。农村集体经济组织的成员权是拥有农村土地所有权的前置条件，这个所有者权力是一个在农村集体经济组织内部相对封闭的权力体系。农村实行家庭承包制度后，打破了人民公社时期对集体土地只能由集体统一经营的限制，实行了以本集体农户承包本集体耕地进行经营的制度。农村集体土地应该由作为集体经济组织成员的农民家庭承包，其他任何主体都不能取代农民家庭的土地承包地位。农民家庭承包的土地，可以由农民家庭经营，也可以通过流转经营权由其他经营主体经营，但不论承包经营权如何流转，集体土地承包权都属于农民家庭。任何组织和个人都不得剥夺和非法限制农民承包土地的权利。这是农民土地承包经营权的根本，也是农村基本经营制度的根本。有了这一条，农民就不会失去土地，就不会流离失所，农村也就不会再发生土地兼并现象，农民基本的生存就会得到有效保障，这也是中国农村土地集体所有权制度设计的初衷。

再次，农村土地集体所有制并不排斥灵活多样的、市场化的土地经营方式。随着中国经济的快速发展，农村的产业分工更加细化，大量农村劳动力进城务工经商，相当一部分承包本集体土地的农户不再种地。流转承包土地经营权的农民家庭越来越多，出现了土地承包主体同经营主体发生分离的现象，这是中国农村在工业化、城镇化背景下出现的新趋势。针对这个新变化，中央对完善农村基本经营制度提出了新要求，那就是对农村土地实行所有权、承包权、经营权"三权分置"的制度创新。即明确土地的集体所有权、稳定农户的土地承包权，放活承包土地的经营权。按照"三权分置"的改革思路，在创新农业经营体系方面，广大农民在实践中创造了多种多样的新形式。通过流转农户承包耕地的经营权，发展起了专业大户、家庭农场、专业合作社、股份合作社、农业产业化龙头企业等各种新的经营主体。由此可以看出，中国的农村土地集体所有制，既有为保障农民基本土地权利的封闭性，也有很强的市场开放性，完全能够适应经济社会的发展变化，并不断进行调整和完善，以使农村的生产关系更加适应生产力发展的需求。

最后，农村土地集体所有制已成为进城务工人员可以返乡谋生的基础性权利。当前，在我国快速城镇化的进程中，有越来越多农户家庭在城市获得了稳定就业与收入，并具备了在城市体面安居的条件，在城市安居下来。同时，也有很多进城农户家庭长期处在一半进城一半留村的状态，还有相当部分农户家庭进城失败，难以在城市体面安居。在农民社会保障仍不完善的今天，在城里失业的农民能否返乡就业谋生就是农民最基础的权利，最基本的保障。农民有了进城失败的退路，才更加敢于在城市打拼，才更能应对市场风险，才更加有坚持的底气。正是有了农村这个所有中国农民都有的退路，中国才形成了一个与全世界任何国家都不同的全国劳动力市场，也才创造了在快速发展中仍能保持政治稳定、社会和谐的奇迹。

实践证明，中国农村土地实行集体所有制之后，农村再也没有出现过土地被兼并和农民遭受高额地租盘剥的现象，农业发展和农民生活的改善已是不争的事实。中国农业农村发展和农民摆脱贫困、走向富裕的事实证明，中国农村选择的发展道路是正确的，坚持实行农村土地集体所有制在内的中国农村治理体制和基本制度是适合中国国情的。

四、农用土地资源保护与开发利用

土地是人类生产、生活、生存的场所。农业、工矿企业、交通运输、城镇及乡村居民生活等，无处不占用土地。

（一）农用土地的特殊性

在本章第二节中介绍过土地的自然特性，主要包括土地的不可替代性、土地数量的有限性、土地位置的固定性、土地空间分布上的地域性等。农用土地是土地中的一部分，土地的自然特性也包括农用土地。但是，农用土地是以农业生物为对象的生产基地，人们在利用过程中，在生产力和生产关系方面具有其自身的特殊性。

1. 农用土地数量的有限性

其一，任何地区，由于土地空间的有限性决定了能够从事农业生产活动的土地面积是有限的。其二，对于非农产业，土地作为人类的活动场所，一般可以永续利用。但是，农业是一个特殊产业，特别是种植业是利用土地的表层土壤进行农业生产。农业生物的生长对土壤的质量有其特殊的要求，如果土壤质量遭到破坏，就不能用于农业生产。其三，同一地区土地总量是恒定的，农业用地与非农用地是变动的。农业用地转为非农用地特别是建设用地以后，必然减少农业用地。

2. 农用土地质量的差异性

农用土地的特性和质量特征，是各构成要素（地质、地貌、气候、水文、土壤、植被及人类生产活动等）相互联系、相互作用、相互制约的总体效应和综合反映。地理位置不同，地表的气候、水热对比条件不一样，地质、地貌和人类生产活动不同，使得地表的土壤肥力、植被类型也随之发生变化，因而造成农用土地区域之间、田块之间的质量差异很大。

农业是一个特殊产业，特别是种植业是利用土地的表层土壤进行农业生产。土壤是陆地表面上具有一定肥力，能生长植物的疏松表层，土壤就是一个活的生态系统。只要利用合理，土地会越用越好，越用越肥。相反，如果只种不养，滥用土地，也会使土壤遭到破坏，导致肥力下降。土壤质量一经破坏，再度恢复就很困难。土壤质量的差异对农业生产的功能影响巨大。所以，人类必须充分、合理地利用土地，才能实现土地的永续利用。

3. 农用土地投入报酬递减的可能性

农业生产实践表明，在技术不变的条件下，对土地的投入超过一定限度，就会产生报酬递减的结果。这就要求人们在对土地增加投入时，必须在一定技术、经济条件下掌握投资的适合度。确定适当的投资结构，并不断改进技术，以便提高土地利用的经济效益，防止出现土地投入报酬递减的现象。

4. 农用土地生产率水平的有限性

农业生产是生物性生产。从源头上看，农业初级生产过程是农业植物对太阳能的转化利用过程。光能利用率是指作物光合作用积累的有机物中所含能量占照射在同一地面上太阳辐射能的百分率。在一定的农业科技水平下，农业植物的光能利用率是有限的，因此，单位面积土地的产出率也是有限的。

5. 土地用途的多样性带来稳定农用地面积的困难性

土地利用的多样性，常常产生土地用途上的竞争，并可能从一种用途转换到另一种用途。如将农业用地转变为建设用地，在短期内就能给地方政府及开发商带来可观的利益。受短期利益驱动，土地所有者及经营者为实现土地资源投入回报率达到最高，选择趋于最大效益的用途，将农用地"非农化""非粮化"。同一块土地，从农业用地变成建设用地很容易，而将建设用地转变为农用地就十分困难了。

（二）中国农地资源利用现状及存在的问题

人类对食物的需求刚性，决定了人类对农用地的需求刚性。确保足够的农用土地，是人类生存的需要。

2022 年 11 月 15 日，联合国宣布：世界人口达到 80 亿人。联合国预测，到 2030 年全球人口将增长至 85 亿人左右，2050 年达到 97 亿人，21 世纪 80 年代达到约 104 亿人的峰值，并保持这个水平到 2100 年。由于国家之间人口密度差距较大，包括中国在内的一些国家，人口压力已日益显现。人口压力，其实质是人地矛盾问题。单位土地面积在特定的区域、特定科技水平支撑的背景下，农产品生产总量是有限的。确保人们的食物安全，就需要充足的耕地资源。这就是经常说的"耕地红线"。

我国土地资源的特点为：绝对数量大，人均数量少；国土非均衡性强，陆域 “有效国土” 面积（农业可利用国土面积）占比不高。我国的陆地总面积约 960 万平方千米，占亚洲大陆土地面积的 22.1%，占世界陆地面积的 6.4%，是世界上国土面积最广阔的国家之一，居世界各国第三位。2021 年 8 月 26 日，自然资源部公布第三次全国国土调查主要数据成果。数据显示，我国耕地面积 19.179 亿亩，园地 3 亿亩，林地 42.6 亿亩，草地 39.67 亿亩，湿地 3.5 亿亩，建设用地 6.13 亿亩。我国是世界人口大国，人均土地资源占有量为世界人均数的 1/3，人均耕地资源占有量为世界人均数的 27%。我国确定的人均拥有耕地面积最低警戒线为 0.8 亩，现今我国人均耕地面积仅有 1.36 亩，其中有 1/4 左右的县（市）低于警戒线，严重制约着社会经济的可持续发展。

我国南北跨纬度约 50°，具有寒温带至赤道带的各种土地资源。我国海拔地势起伏较大，山区面积（包括山地、高原和丘陵）占土地总面积的 69%，平地面积（包括平原和高平原）约占 31%。由于水热组合不同、地形地质条件不同、农业历史不同，形成了我国多种多样的土地资源类型，其中，有许多土地还不能直接用于农业生产。

土地生产力与土地质量紧密相关。我国《耕地质量等级》将耕地质量从优到劣依次划分为一至十等级。《2019 年全国耕地质量等级情况公报》显示，全国耕地平均等级为 4.76 等，其中一至三等耕地面积为 6.32 亿亩，占耕地总面积 31.24%；四至六等耕地面积为 9.47 亿亩，占耕地总面积 46.81%；七至十等耕地面积为 4.44 亿亩，占耕地总面积 21.95%。从质量来看，耕地高产田仅占耕地总面积的 31.24%，中低等级占 2/3 以上，障碍退化耕地面积占比高达 40%，盐碱耕地已达 1.14 亿亩，超过 14% 的耕地严重酸化。我国耕地质量形势仍旧严峻。

（三）农用土地资源保护与开发利用

我国 “18 亿亩耕地红线” 的提出由来已久。在 “十一五” 规划纲要中，我国首次提出 18 亿亩耕地保有量的约束性指标，《全国土地利用总体规划纲要（2006—2020 年）》提出守住 18 亿亩耕地红线。目前，我国耕地安全形势严峻，按进口农产品折算，全国耕地资源缺口高达 7 亿亩。无论是从数量还是质量来看，“耕地红线” 就是一条生命线。

1. 农用土地资源的管理与保护

依法遏制耕地 “非农化”，要用铁的措施，确保 18 亿亩 “耕地红线”。这是确保国家稳定、粮食安全的生命线。制定优惠的产业政策，调整农业内部各产业的利益关系，提高农民种粮积极性，严防国家基本农田"非粮化"，是一项长期而艰巨的历史任务。

《中华人民共和国土地管理法》对耕地实行特殊的保护制度。严格控制将耕地转为非耕地使用；严格执行土地利用总体规划，确保耕地总量不因非利用计划的原因而减少；实行基本农田保护制度。对于涉及农用地转为建设用地的，严格履行审批手续。

防止耕地破坏，节约使用土地。可以利用荒地的，不得占用耕地；可以利用劣地的，不得占用好地；禁止占用耕地建窑、建坟或者擅自在耕地上建房、挖砂、采石、采矿、取土等行为；禁止占用基本农田发展林果业和挖塘养鱼；禁止任何单位和个人闲置、荒芜耕地；禁止毁坏森林、草原开垦耕地；禁止围湖造田和侵占江河滩地，并且对于已经受到破坏的土地应当有计划有步骤地退耕还田、还牧、还湖。改良土壤，提高地力，防止土地荒漠化、盐渍化、水土流失和污染。

2024年2月中共中央办公厅、国务院办公厅印发的《关于加强耕地保护提升耕地质量完善占补平衡的意见》提出，将耕地保护作为系统工程，坚持耕地数量、质量、生态"三位一体"保护。坚持量质并重，严格落实耕地占补平衡，切实做到数量平衡、质量平衡、产能平衡，坚决防止占多补少、占优补劣、占整补散。坚持严格执法，实行最严格的耕地保护制度，采取"长牙齿"的硬措施保护耕地，以"零容忍"态度严肃查处各类违法占用耕地行为。坚决遏制耕地"非农化"，防止永久基本农田"非粮化"。

国务院办公厅《关于加强耕地保护提升耕地质量完善占补平衡的意见》明确，全国耕地保有量不低于18.65亿亩，永久基本农田保护面积不低于15.46亿亩，逐步把永久基本农田建成适宜耕作、旱涝保收、高产稳产的现代化良田。

《基本农田保护条例》规定：基本农田保护区经依法划定后，任何单位和个人不得改变或者占用。禁止任何单位和个人闲置、荒芜基本农田。经国务院批准的重点建设项目占用基本农田的，满1年不使用而又可以耕种并收获的，应当由原耕种该基本农田的集体或者个人恢复耕种，也可以由用地单位组织耕种；1年以上未动工建设的，应当按照省、自治区、直辖市的规定缴纳闲置费；连续2年未使用的，经国务院批准，由县级以上人民政府无偿收回用地单位的土地使用权；该幅土地原为农民集体所有的，应当交由原农村集体经济组织恢复耕种，重新划入基本农田保护区。承包经营基本农田的单位或者个人连续2年弃耕抛荒的，原发包单位应当终止承包合同，收回发包的基本农田。

2. 农用土地资源开发利用

土地资源的多功能特性，决定了土地利用类型多种多样。

由于社会发展的需要，由于各部门土地资源产出率不同，受比较利益原则的影响，农用土地资源数量的减少具有一定的必然性。在各类土地利用类型中，耕地对土地自然性状（包括肥力、土层、植被、水分等）要求是最高的或比较高的，所以，其他用途的土地要转作耕地是很困难的，而耕地要转作他用却极其容易，这也是耕地不断减少的一个原因。

土地资源开发利用方式，可分为内涵式开发和外延式开发。

（1）农地资源内涵式开发利用。农地资源的内涵式开发利用，不是依赖扩展土地的空间（面积），而是在既定空间内主要依靠工程措施和科学技术，挖掘存量农地资源潜力，改善和提高耕地质量，提高土地单位面积的产出率。如果说，外延开发既可以采取粗放经营，又可以采取集约经营，那么内涵开发只能采取集约经营。通过人才、资金、技术、物质的集约，提高农地的产出水平。

体现耕地质量的因子可分为两个大类：一类是相对稳定，年际不易发生变化的质量因子；另一类是比较容易发生变化的质量因子。耕地质量不易变的因子主要有：地形坡度、基岩裸露、土壤质地、有效土层厚度、土壤侵蚀程度、土壤盐碱化度、水文及排水条件、水分条件、温度条件等。耕地质量易变因子主要包括：土壤有机质含量、土壤全氮含量、土壤全磷含量、耕地有效灌溉率、农田林网化率、坡耕地梯田化率、土壤污染面积比率等。其中土壤有机质含量和耕地有效灌溉率为最重要的耕地质量因子。从对耕地质量的影响方向看，可以区分为耕地质量正面因子，如土壤有机质含量、耕地有效灌溉率、农田林网化率、坡耕地梯田化率等；耕地质量负面因子，如土壤污染面积比例等。

耕地质量因子是农业生产的基本条件。其中一些不易变化的因子，可以在遵循自然生态规律的前提下通过人工工程措施进行改善，提高耕地质量。另一类是耕地质量易变因子，这些因子的年际变化较大，准确、及时地把握其变化状况后，可以通过推广应用现代科学技术及栽培措施，对这些易变因子进行有效控制和提升，确保耕地质量长久不衰，并不断地提高耕地资源的质量性状。

耕地资源数量在不断变化，质量性状也在不断变化。耕地资源数量的减少并不一定意味着农地资源基础的萎缩，可以通过质量性状的不断改善和提高予以补偿。加强农业基础设施建设，可以不断提高农地的质量和产能。通过土地平整工程，归并零散地块、提高田块规整度、增加有效土层厚度，改善农业生物立地条件；通过土壤改良工程，改善表层土壤质地、提高有机质含量、抑制土壤盐渍化、调节土壤pH，改善土壤条件；通过优化灌溉排水工程，提高灌溉保证率，完善供水排水条件，创建旱涝保收、高产稳产基本农田；通过田间道路工程，提高农业机具的田块通达度；通过农田防护与生态环境保持工程，增加农田防护林面积、维持生物多样性，改善生态条件；建设各种类型的设施农业，发展立体生态种养业，等等，都是通过内涵式开发，提高存量农用土地产出水平的有效途径。

农地资源内涵式开发，正是通过各类措施对耕地质量中的不利因子进行改善，让有利因子长久不衰并能进一步提高，提高土地生产率水平。近些年来，我国正是由于农地资源质量及相关生产条件的不断改善，弥补了土地资源数量减少给农业生产带来的损失，保持了农业的快速发展。

（2）农地资源外延式开发利用。农地资源的外延式开发利用，就是要不断拓宽农地资源增量。农用土地是整个土地资源的一部分，而且是较小的一部分。全世界用于农作物生产的耕地面积占全球土地面积的11%，但这仅占地球总面积的3%。国土资源虽然是一个常数，但农用土地的外延开发潜力巨大。

从大农业的角度看，我国现有草地面积40亿亩左右，森林面积35亿亩左右，按照大农业、大食物、大资源的观念，统筹开发仍有较大的空间。

从非耕地资源的存量看，我国基岩裸露、戈壁荒漠化、土壤盐碱化等非农土地资源存量较大。加强科技研发和生产投资，推进农业生产技术改造和设施建设，在具备水资源条件的地区探索科学利用戈壁、荒漠等非耕地资源，可以发展现代农业。

从全球视角看，海洋面积占地球总面积70%，海洋成为全新的农业发展前沿，这已开始成为人类的共识。海洋农业是指以海洋为生产载体，利用海洋生物等的生活机能，通过人工培育、自然生长，获取食品、工业原料和其他有价值的产品的社会生产部门。它大致可分为海洋生物资源保护培育业、海洋捕捞业、海洋垦殖业、海洋休闲农业等行业。改革开放以来，随着国家海洋经济的快速发展，科技兴海战略的实施，我国海洋农业发展取得了巨大成就。海洋农业必将成为我国农业发展的一个重要领域。

第二章　农业生产条件与基础设施建设

农业生产不仅需要土地，还需其他必备的基础设施、生产条件。

"水是生命之源，有收无收在于水"。水资源用途的广泛性及不可代替性，决定了农业水利的重要性。

耕地是土地中的精华。基本农田是耕地的主体，是农产品生产的主要基地，是农民的命根子，是实现"藏粮于地"的根本保障。

交通是人流、物流、资金流的"大动脉"。"一通百通""要致富，先修路"。

电的发现及利用是第二次工业革命的重要标志。当今社会，一刻也离不开电。农村电力的发展，让农业生产和农民生活走上了一条"光明之路"！

良好的农业基础设施是提高农业生产水平的基础，是农业农村社会经济可持续发展的保障，是传统农业向现代农业转变的重要标志。

农业基础设施主要包括农业环境设施、农田设施、农业生产设施及农民生活设施。如农村交通、农村用电、基本农田、农业水利、农业灌溉、农业机械化、设施农业，等等。

农业发展离不开基础设施，任何国家和地区都如此。在我国，基础设施对农业发展还有更为特别的意义，一是很多地区自然条件较差，导致农业发展对基础设施的依赖性大；二是现代农业发展起步较晚，相关基础设施建设严重滞后；三是特定地形地貌及气候特征，造成基础设施建设任务繁重，难度极大。

农业基础设施涉及方方面面，其中农业水利与农业灌溉、基本农田设施、农村交通设施、农村电力设施等最为重要，与农业发展及长治久安关系极大。

一、农业水利与农业灌溉

水是人类生存与生产活动不可缺少的重要生活资料和生产资料。世界上几乎所有的城市、工厂和村镇，都是"傍水"而建，视水源的有无、好坏而取舍。城乡生活、工农业生产、建设、环境保护、旅游、娱乐等无不需要用水。水资源的开发是区域开发的重要内容，水资源的合理利用能有效地推进区域的发展。

水资源的重要地位是由其特性和功能决定的。其主要特性有：一是水资源用途的广泛性及不可代替性；二是水资源在时空分布上的不均衡性；三是水资源在供求关系上的有限性；四是洪水泛滥对工农业生产及人民生活的危害性。

对于农业，"有收无收在于水""水利是农业的命脉"。农业生产布局与水资源分布息息相关。自古至今，世界农业的发展与进步，无不把水资源的开发与合理利用放在极其重要的位置上。

水利建设是人类最早控制自然力的主要措施之一。入选 2023 年中国十大考古新发现的湖北省荆门市屈家岭新石器遗址，发现了多组因势而建规模庞大、要素完备的史前水利系统，距今 4900 ~ 5100 年。该发现展示了史前先民已从被动防御水患转变为主动控制利用水资源，实现了从适应自然到改造自然的跨越。四川都江堰是公元前 250 多年由秦国蜀郡太守李冰父子主持修建的，使成都平原从"泽国"变成了"天府之国"。两千多年来一直发挥着防洪灌溉的作用，是世界年代最久、仍在使用的宏大水利工程。

（一）农业水利设施建设

我国是水旱灾害频发的国家，水旱灾害对农业发展威胁很大。兴水利、除水患，历来就是农业发展的重要保障，而水利设施就是兴利除患的重要手段。

水利设施类型很多，按其功能主要有洪涝防治设施、蓄水及引水（提水和调水）设施、农田水利设施三大类。农业洪涝灾害防治设施：主要是通过大规模堤防建设、加固加高堤坝，防止溃堤危害；疏通河道，甚至开辟新河、疏通水流，分流洪水；修建江河水库、拦截和调节洪水等设施，防止洪水泛滥对农业发展和人民生命财产造成巨大威胁和危害。农业蓄水、引水、提水、调水设施：蓄水设施主要是大中小型水库及堰塘；引水设施主要是拦水及分流设施和输水渠道；提水设施主要是电机井、固定提水站、流动提水站；调水设施主要是水源设施、输水设施等。

农田水利设施：广义的农田水利设施包括灌区的输水设施、排水设施，以及农田内的灌溉设施和排涝设施。灌区的输水设施主要是渠道（干渠、支渠、斗渠、农渠、毛渠）、管道、桥涵、闸阀等，将灌溉用水从水源地输往农田。

农业水利建设的目的是，除水害、兴水利，充分利用水资源，促进农业的发展。中华人民共和国成立70多年来，我国的水利设施建设取得了长足的发展。

1. 改革开放前水利设施建设

中华人民共和国成立之初，面对水利设施残缺不全、江河洪水泛滥成灾的落后局面，治理旱涝灾害，保障人民生命财产安全，恢复农业生产，成为摆在党和政府面前十分紧迫而艰巨的任务。这一时期，水利工作的重点是防洪排涝、整治河道、恢复灌区。1949年和1950年，淮河接连发生流域性洪水，中央人民政府发布《关于治理淮河的决定》。1951年，毛泽东主席发出"一定要把淮河修好"的号召，把大规模治淮推向高潮。1952年，毛泽东主席视察黄河时指出"要把黄河的事情办好"，由此掀起大规模治理黄河的高潮。三门峡截流工程从1953年开始，1958年截流成功，成为根治黄河水患和综合开发黄河的骨干主体工程，可灌溉农田4000万亩，"黄河三年两决口"的历史从此结束。"万里长江，险在荆江。"1952年中央人民政府印发《关于荆江分洪工程的决定》，开启了荆江治理的大幕。1953年，荆江分洪工程全面建成，并于1954年首次运用，为有效抵御长江出现的流域性特大洪水发挥了重要作用。为根治汉江下游洪水泛滥成灾的隐患，1956年，我国建成杜家台分洪工程，大大提升了汉江下游的防洪能力。此外，地方各级政府积极引导开展中小型水利设施建设，依靠群众广泛兴修农田水利，全国灌溉面积发展到4亿亩。

"大跃进"和国民经济调整时期，农村开始大搞水利建设。1958年《中共中央关于水利工作的指示》明确提出，水利建设"以小型工程为主、以蓄水为主、以社队自办为主"的建设方针，成为"大跃进"时期水利建设的发展方略。全国性规模空前的群众性水利建设运动取得很大成绩。中国水利建设史上许多重大工程，如丹江口水利枢纽、青铜峡水利枢纽、刘家峡水利枢纽、北京密云水库、浙江新安江大水库、辽宁省汤河水库、河南省鸭河口水库、广东省新丰江水库等，都是在这一时期开工建设的。有上亿名劳动力投身水利建设，共修建900多座大中型水库，农田灌溉面积达5亿亩。

20世纪60年代，治水规模扩大，修建了大量的水利枢纽工程。如：震惊中外的河南林县"红旗渠"，被称为"人造天河"，该渠于1960年动工，1969年全部竣工。在当时极其艰苦的条件下，林县人民硬是在巍巍太行山的悬崖峭壁、险滩峡谷中开凿出一条河道。在施工过程中一共削平了 1250 座山头，共开凿悬崖绝壁 50 余处，斩断山崖 264 座，凿通隧洞 211 个，跨越沟涧 274 条，架设了 152 座渡槽，共动用土石方 2229 万立方米，创造出了水利建设史上的奇迹。总干渠长 70.6 公里，支渠配套工程总长约 1500 公里。建成后灌溉面积扩大了 60 万亩。

1969 年竣工的江都水利枢纽工程，它既是江苏省江水北调的龙头，也是国家南水北调东线工程的源头，是一项灌溉、排水、通航、发电的综合利用工程。通过自流和机动引水相结合进行排涝和抗旱，可灌溉农田 250 多万亩。

1972 年竣工的辽河治理工程，上游和支流共修建水库 220 座，共修筑堤防 4500 公里，流域共建电力排灌站 920 处，可灌溉农田 1100 多万亩。

1973 年完成的海河整治工程，共修筑防洪大堤 4300 多公里，开挖、疏浚河道 270 多条，新建涵洞、桥、闸 6 万多座，修建大中型水库 80 多座（总库容达 130 多亿立方米）。对洪、旱、涝、碱等灾害进行了全面治理，使海河的排洪能力比历史上提高了十倍多。

横跨皖豫两省的淠史杭水利工程，始建于 1958 年，20 世纪 70 年代初竣工。建成后使安徽西北部 10 个县的耕地得到灌溉，可灌溉农田 900 万亩。该工程被称为可与都江堰齐名的伟大创举，使安徽人民世代受益。

1974 年完成了黄河三门峡水利枢纽工程的改建工程，以及刘家峡、盐锅峡、青铜峡等水库和水电站的建设。同时完成了对黄河下游的治理，共修建和加固堤防 3000 多公里，沿岸建成涵闸 60 多座、引水虹吸等灌溉工程 80 多处，扩大灌溉面积 800 多万亩。从此，黄河的水患得到有效控制，水害变水利。

长江流域的丹江口大型水利枢纽工程于 1973 年竣工。该工程建成后使汉江防洪能力提高到可抵御 20 年一遇洪水。历史上汉江中下游洪涝灾害频繁，堤防三年两溃，"沙湖沔阳洲，十年九不收"的状况从此结束。鄂豫两条引丹灌渠，常年灌溉耕地 360 多万亩，使鄂西北、豫西南成为商品粮基地。长江流域的碧口、柘溪、凤滩、石泉等大型水库工程，也是在这个期间竣工的。

长江干流上的葛洲坝水利枢纽工程于 1970 年开始建设，是当时中国最大的水电站。该工程的建成，对长江水患的治理取得了决定性的胜利。

据统计，截至 1979 年，全国各地共建成了大中小型水库（库容 10 万立方米以上的）8 万多座。其中，库容在 20 亿立方米以上的 31 座超大型水库中，30 座为 1949 年后所建。同时，开掘、兴建人工河道近百条，新建万亩以上的灌溉区 5000 多处。灌溉面积达到 8 亿亩，是 1949 年的三倍。

2. 改革开放以来水利设施建设

改革开放初期,农村实行家庭联产承包责任制改革,灌溉管理组织和用工都面临挑战。为了适应新形势,我国逐步确立了"全面服务、转轨变型"的水利改革方向。1985 年,国务院发布《水利工程水费核定、计收和管理办法》,标志着水利工程从无偿供水转变为有偿供水。1988 年《中华人民共和国水法》颁布实施,这是中华人民共和国成立以来第一部水的基本法,标志着我国水利事业开始走上法治轨道。

20 世纪 90 年代,在推进市场经济大背景下,水利建设由国家投资、农民投劳的单一模式转变为中央、地方、集体、个人多元化共同投入,水利投入不足矛盾得到一定程度的缓解。这一时期,大江大河治理明显加快,长江三峡、黄河小浪底、黄河万家寨等重点工程相继开工建设,治淮、治太、洞庭湖治理工程等取得重大进展,农田水利建设蓬勃发展,新增灌溉面积 8000 多万亩。

21 世纪初,我国的水利事业发展步入快车道。在水利建设方面,三峡工程持续发挥巨大综合效益,南水北调东线、中线一期工程先后通水。淮河出山店、西江大藤峡、河湖水系连通、大型灌区续建配套、农村饮水安全保障工程等加快建设,进一步完善了江河流域防洪体系,优化了水资源配置格局,筑牢了国计民生根基。2014 年国务院确定 172 项节水供水重大水利工程建设,2020 年国务院部署推进 150 项重大水利工程建设。

这一时期,我国水旱灾害防御能力持续提升,有效应对 1998 年最严重汛情,科学抗御长江、淮河、太湖流域多次大洪水、特大洪水;农村人口用上安全放心的自来水,农村为吃水发愁、缺水找水的历史基本终结;华北地区地下水超采综合治理全面实施,"节、控、调、管"多措并举,地下水水位下降趋势得到有效遏制。

3. 中国水利事业成就巨大

中华人民共和国成立以来,我国的水利事业成就辉煌、举世瞩目。

在防洪减灾方面,基本建成以堤防为基础、江河控制性工程为骨干、蓄滞洪区为主要手段、工程措施与非工程措施相结合的防洪减灾体系,洪涝和干旱灾害年均损失率分别降低到 0.28%、0.05%,水旱灾害防御能力明显增强。

在水资源配置方面,全国水利工程供水能力超过 8700 亿立方米,城乡供水保障能力显著提升,全国农村集中供水率达到 88%。2008 年,全国降水量为 62000 亿立方米,其中:土壤含水量 27501 亿立方米、年径流量 26377 亿立方米、年地下水储量 8122 亿立方米,年利用总水量为 5910 亿立方米。其中农业用水量 3664 亿立方米、工业用水量 1401 亿立方米、生活用水量 727 亿立方米。

在农田水利方面，全国农田有效灌溉面积，1949 年为 2.4 亿亩，2021 年发展到 10.37 亿亩，增加了 3.3 倍，农田有效灌溉率已达到 51%。水库近 10 万座（其中大中型水库 4700 座），库容 9035 亿立方米。塘坝 456 万处，容积 300 亿立方米，有力保障了国家粮食安全。

在水生态保护方面，地下水超采综合治理、河湖生态补水、水土流失防治等水生态保护修复工程扎实推进，水生态环境面貌呈现持续向好态势。

我国以占世界 6% 的水资源量，成功解决了约占世界 17.1% 人口的生产、生活、生存问题。

（二）农业灌溉

农业用水主要是农田灌溉。农业灌溉，主要是指对农业耕作区进行的灌溉作业。农业灌溉方式一般可分为传统的地面灌溉、普通喷灌以及微灌。传统地面灌溉包括畦灌、沟灌、淹灌和漫灌，这类灌溉方式往往耗水量大、水的利用率较低。普通喷灌技术是在农业科研基地、特色农产品种植区、城镇公园等地农业生产中较普遍的灌溉方式，但该技术对水的利用效率也不高。农业微灌技术包括微喷灌、滴灌、渗灌等，这些灌溉技术一般节水性能好，也存在一些弊端。

1. 传统农业灌溉方式

传统灌溉方法，水是从地表面进入田间并借重力和毛细管作用浸润土壤，所以也称为重力灌水法。这种办法是最古老的，也是在大宗农作物中应用最广泛、最主要的一种灌水方法。按其湿润土壤方式的不同，可分为畦灌、沟灌、淹灌和漫灌。

（1）畦灌。畦灌是用田埂将灌溉土地分割成一系列形状不一的小畦。灌水时，将水引入畦田后，在畦田上形成很薄的水层，在流动过程中主要借重力作用逐渐湿润土壤。

（2）沟灌。沟灌是在作物行间开挖灌水沟，水从输水沟进入灌水沟后，在流动的过程中，主要借毛细管作用湿润土壤。和畦灌比较，其明显的优点是不会破坏作物根部附近的土壤结构，不导致地面板结，能减少土壤蒸发损失，适用于宽行距的中耕作物。

（3）淹灌（又称格田灌溉）。淹灌是用田埂将灌溉土地划分成许多格田，灌水时格田内保持一定深度的水层，借重力作用湿润土壤，主要适用于水稻田灌溉。

（4）漫灌。漫灌是在田间不做任何沟埂，灌水时任其在地面漫流，借重力渗入土壤，是一种比较粗放的灌水方法，灌水均匀性差，水浪费较大。

2. 现代农业节水灌溉方式

节水灌溉是科学灌溉。发展节水灌溉是推动传统农业向现代农业转变的战略措施，是田间科学用水的一场革命。节水灌溉技术是农业生产现代化的标志之一，其以最低限度的用水量获得最大限度的农业产量或收益。

节水灌溉首先要解决从水源到田间之间的渠道防渗漏、防蒸发损失等问题。目前应用较多、效果较好的措施是管道输水。管道输水是利用管道将水直接送到田间灌溉，以减少水在明渠输送过程中的渗漏和蒸发损失，达到输水迅速、节水、省地的目的。

现代田间节水灌溉方式有很多，主要有：喷灌、微喷灌、滴灌及基于应用物联网技术的智能灌溉系统等。

（1）喷灌。喷灌是采用压力喷射的模式，利用压力将水喷射到需要浇水的土地上方，然后形成一颗颗小水滴，再由重力的作用而竖直地往下散落到土地中，实现水源灌溉。喷灌这种技术需要压力水源和输水管道以及喷头一起完成。喷灌这种灌溉方式很先进，但实施起来比较复杂而且维护也比较麻烦。因为它的射程很大，覆盖的范围广，这种灌溉方式只适用于大型草坪，对于喜水的农作物灌溉并不适合。

（2）微喷灌。微喷灌是一种雾滴的喷灌形式，这种灌溉方式是喷灌方式的改进版。微喷浇灌是用旋转式水龙头和辐射式水龙头进行了上层和下层双层喷水，解决了喷灌喷洒水分到不了土壤的缺陷，能够让空气和土壤的环境都保持湿润。这种浇灌方式在花卉种植中比较常见，因为既可以稳定花房的湿度还可以保持每次浇灌的水分不宜过多的特点。

（3）滴灌。滴灌是一种用水滴来向土壤浇水的常用灌溉方式，能够满足一些农作物对于浇水方式的需求。滴灌是使用低压管道系统，将溶解了化肥的水，有规律地慢慢滴到农作物根部土壤中。滴灌灌溉的好处是能够节省水资源，灌溉的时候使用的水比较少；而且它的水管都埋藏在地下面，所以可以腾出沟渠的占地空间；将肥料溶于水中一起浇灌给作物，能够减少肥料的流失，同时比传统灌溉节水40%以上，节省了大量的水资源。

（4）智能灌溉。智能灌溉其实就是自动化灌溉，是根据土壤和农作物对水肥的需求来实现灌溉。设备通过土壤湿度传感器，可以实时监测土壤的水分信息，当土壤水分低于标准值时，系统就自动打开灌溉设备，为农田灌溉。当土壤水分达到标准值时，系统就自动关闭灌溉设备。整个灌溉过程都是自动化的，不需要人工去管理。为了避免灌溉不均匀的情况，智能灌溉可以实现分区域控制，通过在多个区域安放土壤湿度传感器，可以获取不同区域的土壤水分信息，可以单独控制。有研究发现，智能灌溉系统与传统定时器控制的滴灌系统相比，可以节约 16% ~ 30% 的水量。

3. 农业节水灌溉展望

我国节水灌溉发展很快，2018 年全国农田节水灌溉面积达到 5.15 亿亩，其中，高效节水灌溉 3.3 亿亩，灌溉水有效利用系数为 0.548。据有关部门对未来灌溉发展预测：到 2030 年，我国灌溉面积将达到 11.45 亿亩，灌溉用水量控制在 3730 亿立方米左右，高效节水灌溉 6.0 亿亩（喷灌、微灌、管灌），灌溉水有效利用系数提高到 0.60 ~ 0.63。

但是，我国农田水利设施无论是大中型灌区，还是小微型灌区，输水和排水设施都还有不少问题。一是输水渠道多为土质明渠，渗漏蒸发严重，输水损失很大。二是输水渠道日常维护差，有的破损垮塌，跑水漏水。三是部分输水桥涵、闸阀缺乏维护维修，使用不灵，有的甚至不能使用。四是不少输水及排水渠道淤积堵塞，输水困难，排水不畅。由此导致灌溉用水利用率下降，有的还达不到 60%，耕地实际灌溉面积明显减少。对这些问题需通过维修改造加以解决。一是对输水渠道作加固防渗处理，或改用防渗暗渠、管道输水，以减少输水损失。二是加强输水设施的日常管护及维修，提高其完好程度。三是对排水渠道及时清淤，使其保持通畅。

若全国所有灌区输水渠道得到改造提高，使输水损失减少 10%，则农业用水可减少 380 亿立方米左右。不同灌溉方式用水量相差极大，节水灌溉每公顷年用水约为 0.45 万立方米，而大水漫灌每公顷年用水在 0.75 万立方米以上。全国漫灌方式面积太大，耗水太多，若能将现有漫灌面积减少一半、改用节水灌溉，则在保持现有灌溉面积基础上，每年可节省灌溉用水 538 亿立方米左右。

从总体上看，我国农田水利设施已初步建成配套，体系也基本形成，并在抗旱防涝中发挥了重要作用，促进了农业发展。但设施质量还不高，功能也欠完善，特别是输水设施质量欠缺，输水损失严重，农田内部灌溉设施落后，耗水量很高。为适应现代农业发展对水利的要求，应花大力气更新、改造输水设施和灌溉设施，大幅提高灌溉用水效率，努力实现节省农业用水。

依据《国家农业节水纲要（2012—2020 年）》和相关规划及区域规模化高效节水灌溉实施方案的要求，大力发展节水灌溉，因地制宜普及推广滴灌、喷灌、微喷灌、管道输水等节水灌溉技术,是我国农业特别是北方干旱地区农业发展的方向。构建现代化灌溉技术体系,通过建立渠道防渗、管道输水,解决从水源到田间之间的渠道防渗漏、防蒸发损失,是节水灌溉的基础;应用现代工程技术和灌排设施,实行管灌、滴灌、喷灌、微灌等,是实现节水灌溉的中心环节;通过优化配水管理、应用蓄水保水耕作技术、推广优良品种等措施,实现农艺节水和生物节水,是实现节水灌溉、提高农业水利用率的有效途径。

二、基本农田建设

耕地是农业最重要的生产要素,是粮食生产的基础。保耕地,不仅要确保数量,还要提升质量。基本农田是耕地的精华,是指根据一定时期人口和社会经济发展对农产品的需求以及对建设用地的预测,根据土地利用总体规划而确定的长期不得占用的耕地。应该说,基本农田是为了满足一定时期人口和社会经济发展对农产品的需求而必须确保的耕地最低需求量,老百姓称之为"吃饭田""保命田"。不同时期,国家及社会对基本农田的界定和理解也不相同。

基本农田及配套设施建设主要包括土地平整、土壤改良培肥、生产障碍因子消除及水利设施、农地道路设施等。基本农田及配套设施建设,是农业发展的重大基础工程,关系农业发展的质量、水平、竞争力,决定着农业发展的前景及社会长治久安。

如果说,以大江大河为主的农业水利设施建设是改善农业大环境,那么,基本农田建设就是解决农业动植物生产的小环境问题。中华人民共和国成立后,我国基本农田建设从来没有间断过,大规模的建设主要有:

(一)"农业学大寨"时期,建设"大寨田"

从 20 世纪 60 年代初到 80 年代初,全国各地开展轰轰烈烈的"农业学大寨"运动。大寨因修建高标准的农田,使粮食亩产由不足 100 千克,飞跃到 350 千克。学大寨,赶昔阳,其核心内容就是建设标准的"大寨田"。全国各地开展造田运动:平整土地、小块田并大块田、干旱坡台地变平整水浇田、荒山荒坡变良田等,想办法增加粮食种植面积,提高农业抗灾保丰收的能力。

1963 年,毛泽东主席发出了"农业学大寨"的号召,各地农村干部纷纷前往大寨参观学习,回去后效仿运作,农田基本建设在全国遍地开花。

（二）农村实行家庭承包经营制度后的基本农田建设

为了实现农业持续发展，1985 年之后，国家先后启动了农业综合开发、土地开发整理、农田水利建设、千亿斤粮食产能工程等几个大的建设项目。这些项目主管部门不同，投资渠道不同，建设内容大同小异，都是结合基本农田建设、兴修农田水利设施、建设高产稳产粮田、改造中低产农田、土地整理和复垦开发而进行。随着以上项目的实施，项目区内农业生产条件都得到了一定的改善。但由于项目建设内容和承接项目的主体基本相同，在项目的组织管理上，职能交叉，多渠道投入，投资力度不同，验收标准也不同；在项目实施建设中，存在项目实施地位置重叠、重复建设等问题，导致项目资金投入产出效果并不令人满意。

农业综合开发项目于 1988 年开始试点，1990 年全国全面铺开。农业综合开发项目管理规格高，项目投入力度大，建设内容涉及面广，项目实施持续时间长。中央于 1988 年成立了国家农业综合开发领导小组，同时，在财政部设立国家农业综合开发办公室，具体负责国家农业综合开发项目和资金日常管理工作。与此同时，农业部、水利部、林业部、中国科学院也相应成立了部门农业综合开发办公室，从行业角度，利用部门技术优势，密切配合国家农业综合开发办公室加强对各省份农业综合开发项目的管理，同时管理本部门具体承担的农业综合开发部门项目专项资金。全国各省份和项目县（市、区）也成立了省级、县级农业综合开发项目领导小组及其办公室。

农业综合开发为中央政府支持农业发展，改善农业生产基本条件，优化农业和农村经济结构，提高农业综合生产能力和综合效益，设立专项资金对农业资源进行综合开发利用和保护的活动。农业综合开发财政资金原则上 70% 以上用于土地治理项目，30% 以下用于农业产业化与多种经营项目。土地治理项目的中央财政资金全部为无偿投入。

农业综合开发财政资金主要用于：农田水利工程建设；土地平整、土壤改良；田间道路建设；防护林营造；牧区草场改良；优良品种、先进技术推广；种植、养殖基地建设；农业生产、农产品加工设备购置和厂房建设；农产品储运保鲜、批发市场等流通设施建设；农业社会化服务体系建设。其中，农业综合开发水利建设资金占项目总投资计划的 60% 左右，其主要用于项目区农田水利建设项目。农业综合开发资金为我国农田水利建设、发展节水灌溉和重点中型灌区续建配套与节水改造，提供了一条长期稳定的投资渠道，同时解决了改革开放以来农田水利建设所面临的新问题和新挑战。

据国家农业综合开发办公室的有关统计资料，从 1988 年开始国家立项进行农业综合开发以来，截至 2018 年，通过农业综合开发土地治理项目的建设实施，全国共计改造中低产田 65322 万亩，建设高标准农田 14442 万亩，新增和改善灌溉面积 79423 万亩，进行重点中型灌区续建配套与节水改造 1250 处。中央和地方财政农发资金（含利用外资）累计安排和完成项目总投资 9263.7 亿元，其中，中央财政农发资金投入 3881.4 亿元。在农业综合开发项目区新增粮食生产能力 1209.4 亿斤[①]。

近年来，我国高标准农田建设取得积极进展，2021—2022 年，每年建成高标准农田面积超 1 亿亩，到 2023 年底，全国累计建成面积超过 10 亿亩，农田抗灾减灾能力明显提升，实现"大灾少减产、小灾能稳产、无灾多增产"，为全国粮食产量连续 9 年稳定在 1.3 万亿斤以上提供了重要支撑。

改革开放后，我国基本农田建设多头管理的体制与机制一直延续了 30 多年。2018 年国务院机构改革，实行大部制管理模式。在基本农田建设方面，改变过去的分散管理为集中统一管理。中央决定，将国家农业综合开发办公室职能调整到新组建成立的农业农村部，并专门成立农田建设管理司，归口管理和继续从事我国高标准农田建设和高效节水灌溉管理工作。财政部原来负责的国家农业综合开发项目和资金日常管理工作、原国土资源部管理的土地整理项目、水利部管理的农田水利建设和高效节水灌溉、国家发展和改革委员会管理的千亿斤粮食重点县建设资金，全部归口由农业农村部农田建设管理司进行统一建设管理。这种机构改革和职能的调整，有力地推进了我国高标准农田建设和高效节水灌溉发展。

（三）未来基本农田建设展望

全国耕地按质量等级由高到低依次划分为一至十等。截至 2019 年底，评价为一至三等的耕地占耕地总面积的 27.3%，这部分耕地基础地力较高，基本不存在障碍因素，应按照用养结合方式开展农业生产，确保耕地质量稳中有升。评价为四至六等的占 44.8%，这部分耕地所处环境气候条件基本适宜，农田基础设施建设具备一定基础，障碍因素不明显，是今后粮食增产的重点区域和重要突破口。评价为七至十等的占 27.9%，这部分耕地基础地力相对较差，生产障碍因素突出，短

---

① 斤为非法定计量单位，1 斤＝0.5 千克。——编者注

时间内较难得到根本改善，应持续开展农田基础设施和耕地内在质量建设。

上述数据表明，我国耕地质量总体不高，中下等质量耕地占比 70% 左右，后备资源不足。稳住粮食生产安全，既要确保耕地数量，还要不断提升耕地质量以及整个农田的综合产能。长期以来，我国部分地区由于农业资源长期透支导致地力下降、资源环境压力持续加大，迫切需要在高标准农田建设中更加突出耕地质量的保护与提升。

2021 年 8 月，《全国高标准农田建设规划（2021—2030 年）》公布。规划提出，要以推动高质量发展为主题，以提升粮食产能为首要目标，坚持新增建设和改造提升并重、建设数量和建成质量并重、工程建设和建后管护并重，健全完善投入保障机制，加快推进高标准农田建设，提高建设标准和质量，为保障国家粮食安全和重要农产品有效供给提供坚实基础。规划提出，到 2025 年建成高标准农田超 10 亿亩，以此稳定保障 1.1 万亿斤以上粮食产能；实现"到 2030 年，建成集中连片、旱涝保收、节水高效、稳产高产、生态友好的高标准农田 12 亿亩，改造提升 2.8 亿亩，稳定保障 1.2 万亿斤以上粮食产能"的目标。

改善农田基础设施条件，建设高标准农田，是实现"藏粮于地、藏粮于技"战略的重要举措。按 1 亩高标准农田 500 千克产量来计算，12 亿亩就能稳定 6 亿吨以上粮食产能，约占当前粮食总产量的 90%，将为保障国家粮食安全发挥极其重要作用。

三、农村交通（公路）

交通设施指铁路、公路、水路、空路及车站、码头、机场等，即道路设施和部分运输设施。对于广大农村，交通设施主要指公路设施。第一，农村地域广大、村庄分散，只有公路易于通达；第二，农村地形地貌复杂，只有适应性强的公路才能将各地连通；第三，农村人流及物流较为零散，公路运输机动灵活。

（一）中国农村公路建设历程

农村公路一般是指通乡镇、通行政村的公路。通乡镇公路是指县城通达乡镇以及连接乡镇与乡镇之间的公路。通行政村公路是指由乡镇通达行政村的公路。农村公路是我国公路网的重要组成部分，它起着连接高速公路、干线公路与乡镇、村庄及旅游点的作用。农村公路是农村村落最主要的交通方式，是沟通农村人流、物流、信息流的重要渠道。

加快农村公路建设,是农村社会经济发展的客观要求,是农业产业化、城镇化和城乡经济一体化发展的要求,是改善投资环境、激发经济发展潜能的迫切需要,是增加农民收入、帮助农民群众致富的有效途径,是扩大国内需求、促进国民经济平稳较快增长的重要措施。国家综合交通运输体系的快速发展,密切了城乡关系,为农业农村的发展提供了良好的条件。

中华人民共和国成立的前30年,我国农村公路建设为起步阶段。1978年,中国农村公路里程只有58.6万公里,大量乡镇和村庄都不通公路。改革开放后,国家高度重视农村公路建设,先后出台多项相关政策,加大对农村公路的支持力度,为乡村公路建设提供制度性保障,农村公路建设进入快车道。

1. 加快发展阶段(1978—2002年)

1998年1月1日,《中华人民共和国公路法》颁布,标志着我国公路建设开始进入依法治路的发展新时期。《中华人民共和国公路法》是农村公路的"龙头法",加快了农村公路建设步伐。到2002年底,中国农村公路达到133.7万公里。

2. 快速发展阶段(2003—2013年)

2003年,根据国家提出的建设社会主义新农村的部署,提出了"修好农村路,服务城镇化,让农民兄弟走上油路和水泥路"的口号,开始实施"东部地区通村、中部地区通乡、西部地区通县"工程。

2005年9月,国务院办公厅印发了《农村公路管理养护体制改革方案》;同年,国务院通过了《全国农村公路建设规划》,提出了中长期农村公路发展目标。

从2006年开始,我国进入实施"十一五"发展规划阶段,组织实施了"五年千亿元"工程,中国农村公路建设步入了历史上最大规模的快速发展新时期。"十一五"期间,中央对农村公路建设投入资金达1978亿元,年均递增30%。中央投资极大地带动了地方对农村公路建设的投入,五年间全社会共计完成投资9500亿元,新改建农村公路186.8万公里,其中新增农村公路52.7万公里。

截至2012年,全国农村公路(含县道、乡道、村道)里程达367.84万公里。全国通公路的乡镇占全国乡镇总数的99.97%,通公路的建制村占全国建制村总数的99.55%;其中,通硬化路面的乡镇占全国乡镇总数的97.43%,通硬化路面的建制村占全国建制村总数的86.46%。

3. 高质量发展阶段(2014年以来)

2015年,交通运输部出台了《关于推进"四好农村路"建设的意见》及《农村公路养护管理办法》，明确到 2020 年实现"建好、管好、护好、运营好"的总目标。

截至 2017 年底，全国农村公路总里程已达到 401 万公里，较 1978 年的 58.6 万公里增加了 5.84 倍；农村公路总里程占全国公路网总里程的 84%，通硬化路乡镇和建制村分别达到 99.4% 和 98.4%。2018 年 6 月，全国通客车的建制村总数已达到 55.5 万个，建制村通客车率提升至 96%，公共交通出行已成为老百姓的最佳选择。

2018 年 11 月，交通运输部印发《农村公路建设质量管理办法》，明确我国农村公路建设工程要实行质量责任终身制。不断完善农村公路法治保障，加快实现有路必养、有路必管，切实解决制约农村公路发展的体制问题，建立农村公路长效发展机制。

到 2020 年底，全国具备条件的乡镇和建制村通硬化路、通客车目标全面实现。到 2023 年底，农村公路的总里程达到 460 万公里。形成了"外通内联、通村畅乡、客车到村、连接城乡"的农村交通运输网络。

（二）农村交通与农业农村的发展

交通是经济发展的先导行业，交通干线伸向哪里，产业文明就传播到哪里，商品流通与商品交换就扩展到哪里。农业是国民经济的一个部门，农业中新的生产方式的产生与发展，一般要取决于城市与工业。而联系农村、农业与城市、工业的纽带，就是交通。"要致富，先修路""一通百通"。交通对农业农村经济发展的作用是多方面的：

便利的交通，拓宽了农产品销售的空间与市场，促进了农产品流通。在市场的驱动下，引导农民优化产业结构，降低生产成本，减少流通环节损失，提高农业生产效益。

便利的交通，缩短了农村与城市的距离，加快了城乡之间物质、信息、人力资源的交流，发展二三产业，促进城乡经济一体化协同发展。

便利的交通，促进了农村人口的流动，改变了传统农村"鸡犬之声相闻，老死不相往来"的封闭环境，让农民走进了一个全新的开放世界，促进农民外出打工创业，增加家庭收入。

便利的交通，改变了农民的生活方式。"晴天一身土，雨天一脚泥"成为过去，"出门硬化路、抬脚上客车"的梦想已成现实。农民群众"出行难"问题得到有效解决，人民群众的获得感也在不断增强。

农村公路建设是一项德政工程，是文明路、安全路、致富路。

（三）中国农村交通发展前景

在国家综合立体交通网建设中，农村公路发展仍然是短板。今后一个时期，国家将大力推进城乡交通运输一体化发展，推动农村公路提档升级、夯实安全基础、加强管理养护、提升服务水平。

根据国家《公路"十四五"发展规划》要求，国家将启动新一轮农村公路建设改造，力争到2025年，便捷高效、普惠公平的农村公路网络进一步完善。

加快推进乡镇及主要经济节点对外快速骨干农村公路建设，有序实施老旧公路改造和过窄农村公路拓宽改造或错车道建设，强化农村公路与干线公路、城市道路以及其他运输方式的衔接。

推动农村公路建设项目更多向进村入户倾斜，因地制宜推进较大人口规模自然村（组）、抵边自然村通硬化路建设。有序实施具备条件的建制村通双车道公路建设。加强通村公路和村内道路连接，统筹规划和实施农村公路的穿村路段，兼顾村内主干道功能。

大力发展"农村公路＋"模式，促进农村公路与产业深度融合发展。加快乡村产业路、旅游路、资源路建设，改善农村主要经济节点对外公路交通条件，服务乡村产业发展。

以交旅融合路段为重点，完善农村公路沿线服务设施，有效利用农村客货场站、养护道班等设施，拓展开发停车、充电、购物、休闲、观光等服务功能，以信息化技术赋能农村公路高质量发展，提升农村公路服务能力和可持续发展能力。

《农村公路中长期发展纲要》提出，到2035年，形成"规模结构合理、设施品质优良、治理规范有效、运输服务优质"的农村公路交通运输体系，"四好农村路"高质量发展格局基本形成。农村公路网络化水平显著提高，总里程稳定在500万公里左右，基本实现乡镇通三级路、建制村通等级路、较大人口规模自然村（组）通硬化路；打通"断头路"，畅通"微循环"，让村民出行畅通无阻；运输服务总体实现"人便于行""货畅其流"，基本实现城乡公路交通公共服务均等化。

农村公路的快速发展，对乡村振兴的服务保障和先行引领作用更加充分，农民群众获得感、幸福感、安全感明显增强，有效促进了农业农村现代化进程。

四、农村电力

在我国，农电的概念与国际上的理解不尽相同。我国通常是按照行政划分，县级以下的电力供应和消费划分为农电。而在国际上，农电一般指农村电气化，它与电力普遍服务、农村基础设施建设和经济发展等紧密相关，目的是提高农村电气化率，实现电力普遍服务。

我国农电发展经历了由小到大、由慢到快、由落后到先进、由城乡分割初步走向城乡统筹的过程，其大致可以分为四个阶段：

(一) 第一阶段：农电发展起步阶段 (1949—1978 年)

1949 年中华人民共和国成立时，我国农村的年用电量仅为 2000 万千瓦时，平均每个农民年用电量仅为 0.05 千瓦时。亿万农民尚无法触摸到电力的文明之光。

中华人民共和国成立后近十年，农电的投资主要由地方筹集。这一时期农电事业归属地方管理，分散经营，国家没有农电的行业归口管理部门。农电主要是利用当地能源，群众自办小型水电站，用于重点单位的照明、农田灌溉和排水及农副产品简单加工。

20 世纪 50—60 年代，农村掀起了第一次大规模办电的高潮。当时，随着农业排灌用电的兴起，农村电力需求日益高涨。

1963 年，中央批准当时的水利电力部设立农村电气化局，主管农电工作。国家电网的供电开始由大城市郊区向农村延伸。农村供电以商品粮棉基地为重点，以排灌用电为中心，以电网供电为主力，电网和农村小型电站 (主要是小型水电站) 发展并举。小水电促进了农村初级电气化，在我国农村能源中具有重要作用。

到 1978 年，农村面貌虽有很大改观，但生产力仍然受到束缚，有 40% 的农民依然过着"耕地靠牛、照明靠油、用水靠挑、碾米靠推"的无电生活。

(二) 第二阶段：农电发展走上快车道阶段 (1979—1998 年)

党的十一届三中全会以后，我国走上以经济建设为中心的发展轨道，农村电气化建设工作日益重要。国家重点支持农村电气化县建设，省级电网成功地由电气化县扩展到农村的城镇和乡村。国有电力部门实施了一些措施实现农村电气化，开始是县城周边的城镇，然后向边远地区扩展。在农村经济较发达的地区，努力提高用电水平，更好地满足农村经济发展的要求。在这一阶段的末期，农村家庭通电的地区达到了95.9%。

（三）第三阶段：农电大发展阶段（1998—2005年）

1998年，《国务院办公厅转发国家计委关于改造农村电网、改革农电管理体制、实现城乡同网同价请示的通知》下发。"改革农电管理体制，改造农村电网，实现城乡同网同价"（简称"两改一同价"）工程在全国展开。到2004年4月，国家陆续投入资金2885亿元，对农村电网进行了改造，农村电网的现代化程度有了质的提升，电网规模有了质的飞跃。据统计，城乡居民用电的同价水平平均为每千瓦时0.5元左右，农村居民生活电价比"两改一同价"前平均每千瓦时约降低0.23元。通过实现城乡用电同价，全国每年可减轻农民电费负担约420亿元。农村电价的降低促进了农村用电量快速增长，改善了农民生活条件，活跃了农村经济，受到了广大农民的衷心拥护。农民将"两改一同价"工作称之为"德政工程""民心工程"。

（四）第四阶段：农电发展水平提升阶段（2005年至今）

无电地区通电工程。受地理环境、自然条件和经济发展水平等因素影响，2006年前，国家电网公司供电区域内约有140万户无电户、550万人没有用上电，分布在21个省份。2006年3月，国家电网公司启动"户户通电"工程，截至2015年6月底，国家电网公司供电区域内全面完成无电地区电力建设，实现了"户户通电"。"户户通电"工程的实施，从根本上改善了通电地区人民群众的生产生活条件，极大促进了贫困地区经济发展和人民生活水平持续改善，为贫困地区脱贫致富奔小康奠定了坚实基础。

农村电网改造升级工程。根据国务院部署，国家电网公司积极推进新一轮农网改造升级工程，至2017年底，实现平原地区农田灌溉机井通电全覆盖、小城镇（中心村）电网改造升级、村村通动力电；并对除西藏外的未通动力电或动力电不足自然村电网改造全覆盖，实现村村通动力电等目标。

第三章　农业科技进步与成果应用

科学技术是农业的核心生产要素，是推动农业发展的革命性力量。农业的发展史也是一部农业科学技术的进步史。

种子是农业的"芯片"，是农业科技的重要载体。生物育种技术的一次次突破，为农业发展奠定了坚实基础。

化学肥料、农药和农膜等农用化学物质的应用，极大地提高了农业生产力。

农业机械化的快速发展，不但提高了农业劳动生产率，还使农民告别了"面朝黄土背朝天，弯腰驼背几千年"的传统生产生活方式，共享现代物质文明和精神文明的成果。

设施农业的发展彻底结束了传统农业"听天由命""靠天吃饭"的历史，成为大自然的主人。

在信息社会大背景下，"数字农业"应运而生。数字农业对农业的生产方式和农民的生活方式将带来巨大的改变。

农业科技创新形式和内容千千万万，但归纳起来主要有两大方向。一是农业机械化及相关的设施设备的发明和改进，解放生产力，提高农业劳动生产率；二是以农业生物技术及其相关环境条件的改善为主要方向的创新发明活动，高效利用土地资源，提高农业土地生产率。

在19世纪以前，农业技术在农具制造、肥料施用和植物栽培、动物饲养等方面的进步，大多直接来自农民生产实践经验的积累。农业同以往一样，仍然是依靠自然资源的利用和扩展，维持人类基本生活需要而进行的低产出的资源型农业。19世纪以后，这种情况发生了根本改变，西方国家科学家一系列重大发现，使农业由千百年来依靠经验走上了依靠科学支撑的道路。

进入 20 世纪，特别是 20 世纪 50 年代以后，由于各门基础科学的进一步发展，研究方法和手段不断进步，农业科学研究又进入了新的发展时期。农业科技对农作物增产贡献的主要科技是：选育推广良种、使用化肥和农药等农用化学物质、科学栽培技术。三者所占贡献份额分别为 30%、50% 和 20%。由于农业科技的贡献，全球粮食供应形势从 20 世纪 70 年代初起开始向好的方向转变，一直到 80 年代末，年平均增长率保持在 3.2%，显著高于人口自然增长率。

目前，我国农业科技创新整体水平已进入世界第二方阵，2022 年农业科技进步贡献率达到 62.4%，为保障国家粮食安全、促进农民增收和农业绿色发展发挥了重要作用，已成为促进我国农业农村经济增长最重要的驱动力。

一、生物育种技术

农业生产是生物性生产。自然界生物的多样性给人类提供了丰富多彩的农业种质资源。不同生物个体生产的产品种类、产量及质量不同。培育出人类所需的高产、优质的良种，是农业科研的首要任务。种子是农业的"芯片"，是农业科技的重要载体，"一粒种子可以改变一个世界"。

农作物育种，就是改良农作物的遗传特性，培育高产优质品种。很久以前，人类就有意选择较好植株上的种子来播种栽培，原始育种就是从那时候开始的。原始育种大约始于 1 万年前的新石器时代，由于缺乏育种理论与方法，只能根据经验积累和肉眼观察，选择自然变异的农业生物，经长期人工驯化获得性状改良的品种，标志着原始农业兴起。但是，在以后漫长的历史时期，古代的原始育种基本处在黑暗中摸索。

而近代育种技术和理论的发展始于西欧。自 1719 年 T. 费尔柴尔德进行石竹人工杂交实验并获得世界上首例杂种，到达尔文提出进化论（1859 年），孟德尔发现遗传规律（1865 年），再到 1927 年美国 Hayes 和 Garber 所著的世界上第一部较系统地论述有关育种知识的专著《作物育种》，育种工作真正走向科学。

育种技术随着科技进步不断发展，经过最初的自然驯化、人工选择、人工诱变、杂交育种，逐步发展到现在的分子标记辅助育种、分子设计育种和转基因育种技术。

（一）传统育种

传统育种是指利用传统育种工具通过传统育种方式或过程进行的育种。育种者主要依靠品种间的杂交，培育出理想性状，组合成新的品种。传统育种技术体系包括：引种和选择育种、杂交育种、诱变育种、倍性育种等。

引种是直接从域外引进性状优良的种子，进行适应性、对比性栽培的育种方法。

选择育种是指直接利用自然变异，从中进行选择并通过比较试验的育种途径。选择育种是所有作物育种技术中最基本、简易、快速，最早采用，且现在和将来仍然不失其价值的育种方法。

杂交育种是将两个或多个亲本品种的理想基因，结合于一个杂种个体中，以培育出具有亲本优良性状的新品种。杂交育种是最有效的方法之一。在我国，现阶段使用的大多数小麦和水稻品种都是通过杂交育种方法育成的。

诱变育种是利用理化因素，人工诱发基因突变，产生新性状，创造新品种的育种方法。

倍性育种包含单倍体和多倍体育种，都是利用染色体数目的变异，培育获得新植株的育种方法。

中华人民共和国成立后，广大农业科技工作者通过各种育种方法和途径，培育了一批批新品种，农作物良种覆盖率从 1949 年的 0.06% 提高到 90% 以上。主要农作物品种每更换一次一般增产 10%～20%。以水稻为例：

1. 水稻矮化育种的成功

中华人民共和国成立之后，我国水稻生产经历的第一次重大变革是"高改矮"，即由矮秆水稻品种代替高秆水稻品种。早在 20 世纪 50 年代，广东省首先选育出矮秆水稻"矮脚南特"。接着通过杂交途径开展矮化育种，于 1959 年育成了耐肥、抗倒、高产的籼稻矮秆良种"广陆矮"。随后又相继选育出"珍珠矮""广解矮 9 号"广二矮"广陆矮 4 号"等适合不同成熟期、不同类型 50 多个矮秆良种，实现了水稻矮秆品种的熟期类型配套。这是我国水稻育种史上第一次突破，在国际上处于领先地位。水稻矮化优良品种得到大面积推广，亩产大都由原来的 300 千克提高到 400 千克，水稻生产水平上了一个新的台阶。

2. 水稻杂种优势的利用

我国水稻生产经历的第二次重大变革是"常改杂"，即由杂交水稻品种代替常规水稻品种，实现水稻杂交优势的利用。

杂种优势，是指杂种第一代在体型、生长繁殖力及行为特征方面均比亲本优越的现象。杂种优势作为自然界的普遍现象，早在 2000 年前中国人就用母马和公驴交配，获得体力强大的杂种——役骡，在人类历史上开辟了观察和利用杂种优势的先例。

杂交水稻是现代农业科技的重大成就之一。1964 年，湖南省黔阳农校教师袁隆平率先在籼稻中开展雄性不育的研究。于 1966 年首次报道"水稻的雄性不育性"，提出雄性不育系、保持系和恢复系"三系"配套利用水稻杂种优势的育种设想，开启了中国杂交水稻研究的序幕。与此同时，湖北省沔阳县沙湖原种场科技人员石明松于 1973 年从一季晚稻的大田中，发现了自然不育株（即核不育水稻植株），经过十多年的研究，取得了利用核不育材料选育的水稻品种。之后，相继研究成功了三系法和两系法杂交水稻并大面积推广应用，为我国粮食安全作出了重大贡献。

杂交水稻分为三系法、两系法和一系法三个战略发展阶段。应用方法由繁到简，效率越来越高，优势水平由品种间到亚种间，甚至朝着远缘杂种优势的方向发展。

三系法是通过雄性不育系、雄性不育保持系和雄性不育恢复系的"三系"配套实现杂种优势利用的方法。雄性不育系为生产大量杂交种子提供物质基础，保持系用于繁殖不育系，恢复系用于给不育系授粉来生产雄性恢复且有杂种优势的水稻种子。中国三系法杂交水稻于 1973 年成功实现"三系"配套，是水稻杂种优势利用的经典方法。"三系法籼型杂交水稻"于 1981 年获国家技术发明奖特等奖。

两系法是指只需不育系和恢复系进行杂种优势利用的方法，最为成功的方法首推光温敏核雄性不育系。光温敏核雄性不育系在长日照高温下表现雄性不育，在短日照低温下表现可育。光温敏核雄性不育系在不育期内与恢复系进行杂交制种，在可育期内自交繁殖不育系，不需要保持系。两系法杂交水稻是中国独创的农业科技成果，于 1995 年研究成功。当前两系法杂交水稻种植面积占杂交水稻总面积的 50% 以上。"两系法杂交水稻技术研究与应用"获 2013 年国家科学技术进步奖特等奖。

一系法杂交水稻是培育杂种优势固定不分离的一代杂种，不需每年进行杂交种子生产。目前该技术还处于探索阶段。

3. 杂交水稻的贡献

杂交水稻技术被联合国粮食及农业组织列为增产粮食、解决发展中国家粮食短缺问题的首选技术。目前，中国杂交水稻已在印度、孟加拉国、越南、菲律宾、巴基斯坦、美国、印度尼西亚、缅甸、巴西、马达加斯加等60多个国家成功试种或推广，为解决全球粮食短缺问题提供了中国方案和中国智慧。

中国于1998年启动了"超级杂交水稻育种研究计划"。中国科学家采取形态改良与杂种优势利用相结合的水稻超高产育种技术路线，分别于2000年、2004年、2012年和2014年先后实现了中国超级稻育种计划第一期单产10.5吨/公顷、第二期12.0吨/公顷、第三期13.5吨/公顷、第四期15.0吨/公顷的育种目标。

中国超级杂交水稻于2017年在河北省邯郸市百亩示范片中验收的平均单产达到17.23吨/公顷，创造了世界高纬度稻区的水稻最高单产纪录。2018年又在云南省个旧市百亩示范片中验收的平均单产达到17.28吨/公顷，刷新了世界水稻大面积种植产量的最高纪录。

中国杂交水稻的成功是中国科学家在杂交水稻研究的不同阶段敢于创新、善于创新、不断创新精神结出的丰硕成果，是国家在杂交水稻研究的关键时期组织全国性联合攻关、协作的结晶。

杂交水稻的大面积推广应用是世界作物科学与技术的重大突破，丰富了作物杂种优势的理论和种子繁育学内容，促进了作物遗传育种学科的发展，不仅为其他作物杂种优势的利用提供了新方法，而且为中国乃至世界粮食安全提供了重要技术保障。

未来的杂交水稻研究，重点在加强对种质资源的发掘和育种技术的创新；重点研究方向是水稻杂种优势固定，优质超高产品种培育，以及适应性广、适于轻简高效种植的品种创制。

（二）转基因育种

转基因育种技术诞生于20世纪70年代。转基因育种是以分子生物学理论为基础，以重组DNA技术为核心，将高产、抗逆、抗病虫、提高营养品质等功能基因转入受体生物中，获得稳定遗传的新性状并培育新品种。

现代科技证明，基因功能变异决定了农艺性状演化。人类数千年对农业生物驯化和改良的历史，就是人类筛选基因和改造基因的历史。20世纪兴起的转基因技术与传统杂交方法在本质上一脉相承，都是通过改变基因及其组成获得优良性状。

相对于传统育种，转基因育种的社会经济效应更显著。从技术原理上看，传统育种的原理是品种杂交，转基因育种的优势在于可以实现跨物种的已知功能基因的定向高效转移。通过转基因工程技术来改良农作物品种，可以突破物种的生殖隔离界限，使得可利用的生物遗传种质资源更为丰富，人们可以更自由地选择和利用所需的优良基因和农艺性状。此外，通过转基因技术来培育植物新品种，可以大大地缩短植物育种的周期，提高植物育种的效率，极大地降低成本。正是由于转基因生物技术的这种强大优势，使得转基因技术的开发在全世界范围内取得了令人瞩目的成绩，转基因产品迅速得到了推广。例如，抗虫棉花就是将苏云金芽孢杆菌中的杀虫蛋白基因转移到棉花中，从而能够专一性抑制棉铃虫发生，减少棉铃虫危害，减少农药使用，实现稳产增产、提质增效。抗除草剂作物就是将抗除草剂草甘膦的基因转入农作物，从而在使用除草剂（草甘膦）除草时就能够做到只除草而不危及农作物，降低劳动强度和除草成本，提高农业生产效益。

1. 国际转基因育种发展历程

20世纪40年代，科学家开启了从认识基因到改造和应用基因的科技探索之旅。20世纪初到中叶，生命科学一系列重大的理论突破，为基因转化重组实现和转基因育种应用提供了理论基础和技术支撑。

转基因植物的研究在20世纪80年代初取得技术突破，到20世纪90年代初转基因作物产业化拉开了序幕。1996年被称为转基因作物大规模种植元年，美国是当时全球唯一种植转基因作物的国家，种植面积为170万公顷。2011年美国转基因玉米、棉花、大豆播种面积分别达到88%、90%、94%。

2023年，全球30个国家种植了2.06亿公顷的转基因作物，比1996年增加约120倍。据AgbioInvestor统计：2023年，美国的转基因作物种植面积为7440万公顷，占全球比重为36.1%；巴西是目前第二大转基因作物种植国，转基因作物种植面积为6690万公顷，占全球比重为32.4%；中国的转基因作物种植面积为280万公顷，占全球比重为1.3%，排全球第八位。2023年，转基因作物种植面积全球占比前10名的国家包括美国、巴西、阿根廷、印度、加拿大、巴拉圭、南非、中国、巴基斯坦、玻利维亚。

据AgbioInvestor统计，2023年，全球转基因大豆、玉米、棉花、油菜的种植面积分别为10090万公顷、6930万公顷、2410万公顷和1020万公顷；其中大豆和玉米占比分别达到48.9%和33.6%，是全球种植的主要转基因作物品种。

据相关农业专家实验资料，由于转基因技术的应用，首先，在全球范围内使农作物产量大幅提高，解决了大部分国家和地区的粮食短缺问题，减少了环境污染；其次，延长了果蔬产品的保鲜期；再次，改善了食品的口味和品质；最后，生产出有利于健康和抗疾病食品。种植转基因作物，平均可增产 22%，降低农药使用量 37%，降低农药费用 39%，增加生产成本 3%，增加利润 68%。

2. 中国转基因育种发展历程

自 20 世纪 80 年代中期以来，我国设立了高技术研究发展计划（简称"863"计划）和科技攻关计划等国家重大研发计划，对转基因技术研发给予了大力支持，转基因研发及其育种应用取得了巨大成就。

为应对世界高技术蓬勃发展和国际竞争日趋激烈的严峻挑战，从跟踪世界科技前沿和国家战略需求出发，1986 年我国启动了"863"计划，在生物技术领域设立"优质、高产、抗逆动植物新品种"主题，重点支持水稻基因图谱、两系法杂交水稻和转基因农作物研发。1999 年，我国首次启动了以转基因研究为主的"国家转基因植物研究与产业化专项"，重点支持水稻、玉米、棉花、大豆等主要农作物和园艺植物的转基因研究与产业化。这一时期，我国研究的转基因植物达数十种，尤其是在抗虫棉研究方面，成功研制出具有自主知识产权的 Bt 抗虫转基因棉花，使我国成为世界上第二个拥有抗虫棉研究开发整套技术的国家。

进入 21 世纪后，在国家"863"计划和转基因专项的支持下，在基因克隆、基因转化和转基因新品种培育等方面取得重要进展。到 2006 年 8 月 31 日，我国共批准转基因生物中间试验 495 项，环境释放 237 项，生产性试验 194 项，发放安全证书 475 项。2006 年，国务院发布《国家中长期科学和技术发展规划纲要》，把转基因生物新品种培育列为 16 个国家科技重大专项之一。2008 年，转基因生物新品种培育重大专项正式启动，以培育一批抗病虫、抗逆、优质、高产、高效的转基因动植物新品种并实现产业化为主要目标。

这一时期，我国转基因抗虫棉、抗虫水稻的研发处于世界领先水平，转基因高赖氨酸玉米、抗虫玉米、抗穗发芽小麦、抗病毒小麦等转基因作物产业化蓄势待发。培育出转基因棉花新品种 55 个，转基因抗虫杨树新品种 3 个，各类具有优异性状的水稻、玉米、小麦、棉花、油菜、大豆等转基因农作物新品种 415 个。2008 年，我国国产转基因抗虫棉种植面积占全国棉花种植面积的 70%。

我国已成为继美国之后第二个转基因产品研发大国。转基因品种研发由专项实施之初的少数农产品扩展到粮食和重要畜产品，一批自主克隆的重要性状基因开始应用于育种，转基因品种遗传转化效率达到国际先进水平，建立了完备的转基因育种技术产业化体系和生物安全技术保障体系；国产抗虫棉在印度、巴基斯坦等国大面积推广种植，耐除草剂大豆在阿根廷获准种植；优质功能稻、抗旱节水小麦、抗旱玉米、抗虫大豆、耐盐碱棉花、抗蓝耳病猪等产品研发取得重要进展；育成新型抗虫棉 188 个，国内市场份额占 99% 以上，创造经济效益 500 亿元。

目前，我国共批准发放过 8 种转基因作物安全证书，性状分别是耐储存番茄、抗虫棉花、改变花色矮牵牛、抗病辣椒、抗病毒番木瓜、转植酸酶玉米、抗虫耐除草剂玉米、抗虫水稻和抗虫耐除草剂大豆。目前抗虫棉和抗病毒番木瓜已实现大规模商业化种植。抗病辣椒和耐储存番茄没有实际商业化种植，抗虫水稻和转植酸酶玉米没有完成后续的品种审定，也没有进行商业化种植。

3. 转基因生物安全

我国政府十分重视转基因生物安全管理。建立了由 13 个部门组成的农业转基因生物安全管理部际联席会议；组建了由多学科 76 位专家组成的农业转基因生物安全委员会，负责对转基因生物进行科学、系统、全面的安全评价。我国已经建立起了农业转基因生物安全管理法律体系，主要法律法规有：《农业转基因生物安全管理条例》《农业转基因生物安全评价管理办法》《农业转基因生物进口安全管理办法》《农业转基因生物标识管理办法》《进出境转基因产品检验检疫管理办法》，等等。

（三）生物育种技术展望

目前，在生物育种领域形成了以杂交育种方法为主，多种育种方法并存的局面。从发展趋势看，新兴学科高度交叉，前沿技术深度融合，重大理论与技术创新不断涌现，生物育种的技术内涵不断扩展。关键核心技术如全基因组选择、基因编辑和合成生物等前沿新兴技术发展势头强劲，正在孕育和催生新一轮农业科技与新兴产业革命。

全基因组选择育种技术应用广泛。全基因组选择育种技术，可在全基因组水平上选择优良基因型，改良重要农艺性状。目前，该技术已经给动植物育种带来了革命性的变化，使动植物育种效率大幅提高，成为国际动植物育种领域的研究热点和跨国公司竞争的焦点。

基因编辑育种技术日新月异。基因编辑技术以其定向精确、简易高效和多样化等特点，成为农业领域最为有效的育种工具。基因编辑技术已广泛应用于主要农作物、农业动物以及林木种质资源创制与性状改良。目前，国际上已获得抗旱玉米、抗病小麦和水稻、油分品质改良的大豆、存储质量改良的马铃薯、抗腹泻猪、抗蓝耳病猪、双肌臀猪牛羊、基因编辑无角牛等基因编辑动植物。

合成生物育种技术引领未来。合成生物技术，标志着现代生命科学已从认识生命进入设计和改造生命的新阶段。合成生物技术在农业领域的应用，为光合作用（高光效固碳）、生物固氮（节肥增效）、生物抗逆（节水耐旱）、生物转化（生物质资源化）和未来合成食品（人造肉奶）等世界性农业生产难题提供了革命性解决方案。利用合成生物技术提高作物光合效率；人工构建非豆科作物结瘤固氮体系，实现非豆科植物自主固氮；利用合成生物技术，构建具有特定合成能力的细胞工厂，生产人类所需的淀粉、蛋白质、油脂、糖、奶、肉等各类农产品。人造肉、人造奶的生物合成工艺具备显著的低碳环保优势，其生产过程无需养殖动物，可以有效节约资源与能源，是一种颠覆传统养殖业的未来食品生产新模式，将引领未来食品产业和细胞农业发展方向。

二、农业种养模式

农业种养模式就是在同一区域空间中，对各种生物技术和工程技术进行集成组装配套，形成一个科学的、容易复制的、可推广的，轻简化的、高产高效的种植、养殖成套技术。良种是生物性生产的基础，是内因，农业种养模式就是良法，是保证优良种子能获得良好效益的外部条件。良种与良法的有机结合，是实现高产高效的保障。

农业种养技术应用一般分三个不同层次：第一，良种繁育与应用技术。种子是农业生物性生产的基础，培育优质品种是优质高产的前提。第二，农作物栽培及动物养殖技术。任何一个优良品种只有在适合的生态环境中，在保证其正常生长发育所必需的条件前提下，才能实现其高产优质的目的，即良种需要良法配套。第三，模式化种养技术。农业生产不是孤立的单一品种的生产，也不是一次性生产。在同一区域空间内，品种之间、品种与环境之间存在各种复杂的相生相克关系。因此，农业生产还要科学规划设计、合理安排布局、优化时空结构及种群结构，集成种养技术，建立适合各地特点的、便于生产者掌握及推广应用的农业种养模式。现代农业种养模式，是农业科学技术的高度集成。推广应用现代农业种养模式，是提高劳动生产率、土地产出率和可持续发展的有效途径。

（一）农业种养模式的历史渊源

中国传统农耕技术内涵博大，具有鲜明的整体性、体系化与自然色彩。中国古代农业生产积累了许多宝贵经验，其中最有代表性的农业种植模式是精耕细作。

所谓"精耕细作"，是指在一定面积的土地上，投入较多的生产资料、劳动和技术，进行细致的土地耕作。核心内涵是指应用如轮作复种、间作套种、三宜耕作、耕耨结合等优良传统为特征的田间耕作栽培管理技术。

提高土地生产率是农业精耕细作的主攻方向。主要措施有：利用和改造土壤；用地养地结合，使地力长新；抗旱保墒和合理用水；合理施肥用药、培育良种、精细的田间管理等。

"精耕细作"作为传统小农经济的主要模式，应用于农业各个领域。"精耕细作"也是中国传统农业经济的耕作技术体系，是解开中华文明从未中断发展的钥匙之一，对推进中国传统农耕经济发展具有重要意义。正是由于拥有一个以精耕细作为主要特点的科学技术体系，使中国传统农业具有强大的生命力并为之持续发展提供了深厚的基础。然而，我国传统精耕细作种植模式是农业种养技术经验的总结，需一代代地传下去。由于传统精耕细作种植模式内涵较单一，理论指导性差，虽然对当今农业生产仍具现实意义，但已明显不能适应现代农业发展需要。

（二）现阶段农业主要种养模式

从农业发展的类型角度分析，农业种养模式分大类主要有：高产高效农业模式、生态农业模式、设施农业模式、休闲农业模式等。高产高效农业模式是基础模式，其他模式是在此基础上，针对不同农业种养类型，根据区域农业功能定位，在一定的时空范围内，对各种生物的种养进行科学布局，实现区域经济、社会、生态效益最大化。农业种养模式不是空洞的理论，而需因时因地而定。在每一大类种养模式中，有许许多多的、十分具体的、可供操作的、简易便捷的种养模式。

1. 高产高效农业种养模式

高产高效农业模式是农业种养诸多模式中的主体模式，按种养生物种类的多寡，可分为两大类。

第一类是单一动植物高产高效种养模式。如水稻、小麦、棉花、玉米、水果、蔬菜等高产高效农业种植模式。这类模式通常被称为高产高效栽培技术。任何农作物，不同品种，同一品种在不同地区，同一品种在同一地区不同季节栽种，栽培方法是不同的，必须因地制宜，一品一法，一地一法。栽培技术涉及面很广，如科学选种技术、科学播种技术、土地平整技术、水肥管理技术、病虫害防治技术、农机化配套技术等。我国各地对各种农作物高产栽培技术都有全面总结，为实现农业高产优质栽培发挥了巨大的作用。在畜禽、水产养殖方面也是一样，如：生猪育肥，每一个品种都有相应的育肥猪高效饲养管理模式；水产养殖，不同地区每一类水产生物都有不同的高效生态养殖模式等。

第二类是复合式动植物高产高效种养模式。这类模式在种植业领域应用极其广泛，在同一地块实现一年两收、三收甚至达到五收的目的。其主要技术是，在一定的生长时期内，对各种物种进行时间上的复合与空间上的复合。

在时间复合方面，最典型、应用最多、最常见的是农业不同耕作制度模式。在耕作制度方面，早在20世纪50年代，我国南方稻区实行了单季稻改双季稻，北方旱区发展间作套种，改两年三熟为一年两熟，直接促进了农业增产；80年代后，多熟制得到较快发展，从北向南，小麦玉米两熟、小麦棉花两熟、稻麦两熟、双三熟（稻麦、稻稻油等），大大提高了复种指数。全国耕地大多都实行了间套复种多熟制，有的地区复种指数达到250%。实践证明，提高复种指数是提高土地利用率和增加农业产量的重要途径。

在空间复合方面，应用最多最常见的是立体种养模式，也称立体农业。立体农业是指在单位面积土地（包括水域）上和一定区域范围内，根据自然资源和不同农业生物的特性，借助现代科学技术，建立的多物种共栖、多层次配置和多级物质能量循环转化的农业生产模式。立体农业是传统农业精华和现代农业科技相结合的新发展。具体地说，立体农业是多种相互协调、相互关系的农业生物（植物、动物、微生物）种群，在空间、时间和功能上的多层次综合优化利用的高效农业结构。立体农业有狭义和广义两种理解。狭义主要指农业生物间作、套种立体种植；广义包括农、林、牧、渔，甚至农产品的初加工、贮运等方面的土地立体开发利用。

结成立体农业模式的基本单元是物种结构（多物种组合）、空间结构（多层次配套）、时间结构（时间排列）、食物链结构（物质循环）和技术结构（配套技术）。目前立体农业的主要模式有：

农作物立体种植模式：立体种植就是充分利用时间、空间等多方面种植条件来实现优质、高产、高效、节能、环保的农业种植模式，是农作物复合群体在时空上的充分利用，是农业生产中间作、套作的总称。根据作物的不同特性，如高秆与矮秆、喜光与耐阴、早熟与晚熟、深根与浅根、豆科与非豆科，利用它们在生长过程中的时空差，合理地实行科学的间种、混种、套种等配套种植，形成多种作物、多层次、多时序的立体交叉种植结构，最大程度地提高耕地的复种指数，同时提高土地的利用率及产出率。间作指在同一田地上、同一生长期内,分行或分带相间种植两种或两种以上作物的种植方式,如玉米‖大豆。混种在同一块田地上、同期混合种植两种或两种以上作物的种植方式。套种是指在同一田地上、在前季作物生长后期的株行间或预留空地内播种或移栽后季作物的种植方式,如烤烟/秋马铃薯,烤烟/秋玉米。立体种植的特点是科学规划和合理安排农作物间混套种,既能缓解人多地少和粮、经、果、蔬互相争地的矛盾,又能充分利用地力、光能,抑制病虫害发生,实现高产高效。

林农立体种养模式:林农立体种养模式的主要特点是,针对树木株体较高,根系在土壤中分布较深的特点,充分利用树林、果林下层空间,最大限度地实现多品种、多层次、高效率综合利用。如大力发展林下种植,充分利用丰富的林下资源,因地制宜开发林果、林草、林花、林菜、林菌、林药等模式;大力发展林下养殖,充分利用林下空间,发展立体养殖,发展林禽、林畜、林蜂等模式。

池塘立体套养模式:我国池塘养鱼生产历史悠久,经验丰富,已建立推广一套行之有效的"八字精养法"养殖模式。主要内涵为水(水深水活)、种(良种体健)、饵(精饵量足)、密(合理密放)、混(多种混养)、轮(轮捕轮放)、防(防病除害)、管(精心管理)。这套精养法主要是根据不同鱼类的不同生活习性、不同食性等特点,建立一套相互依存、相互促进,高产稳产、可持续发展的综合技术措施。

种植业、畜牧业和水产业典型高产高效种养模式很多,如2013年农业部推出58个标准化粮食高产高效模式,涉及玉米、小麦、水稻、马铃薯、油菜五大作物。这些模式是在总结高产创建成功实践的基础上,通过将各地万亩示范片的成熟模式进行完善配套,对薄弱环节和技术瓶颈开展科技攻关,集成的区域性、标准化高产高效技术模式。

2. 生态农业种养模式

20世纪80年代后,随着工业"三废"和农用化学物质的污染,农业环境污染及生态破坏加剧,生态农业模式得到广泛应用。生态农业模式是一种在农业生产实践中形成的兼顾农业的经济效益、社会效益和生态效益,结构和功能优化了的农业生产模式。2002年,农业部向全国征集到了370种生态农业模式或技术体系,通过专家反复研讨,遴选出经过一定实践运行检验,具有代表性的十大类型生态模式,并正式将其作为今后一个时期农业部的重点任务加以推广。

这十大典型模式和配套技术是:北方"四位一体"生态模式及配套技术,南方"猪—沼—果"生态模式及配套技术，平原农林牧复合生态模式及配套技术，草地生态恢复与持续利用生态模式及配套技术，生态种植模式及配套技术，生态畜牧业生产模式及配套技术，生态渔业模式及配套技术，丘陵山区小流域综合治理模式及配套技术，设施生态农业模式及配套技术，观光生态农业模式及配套技术。

3. 设施农业种养模式

设施农业是一种高度集约化、工厂化的农业。从设施种植看，主要是园艺蔬菜设施种植。设施园艺按建设的设施材料和技术类别一般分为塑料温室、玻璃温室、日光温室、塑料大棚、塑料中小拱棚及其他园艺设施。设施农业类型很多，功能各异，但其共同特点是创造人工生态环境，尽可能摆脱不利气候条件的制约。在园艺种植方面，充分利用设施空间，实行立体种植。同一设施可实现一年五收甚至更多。有些露天单季作物，在设施内可实现常年收获甚至多年收获。

不同设施农业基地，由于设施设备不同、选择种植的农业生物不同、使用作物栽培的基质不同、应用的种植模式不同。智能温室大棚常见的种植模式有：

椰糠无土栽培模式：椰糠基质栽培是目前使用较多的无土栽培模式，一般采用椰糠作为栽培基质。椰糠是目前最理想的有机栽培基质，具有气水比和容重优秀、可再生、可持续的优点，椰糠栽培使用成本较低，一次性投入较小，适合大面积推广使用，而且椰糠栽培生产的蔬菜水果品质好，产量也高。

岩棉无土栽培模式：岩棉栽培是将植物栽植于预先制作好的岩棉中的栽培技术。其基本模式是将岩棉切成定型的块状，用塑料薄膜包住成一枕头袋块状，称为岩棉种植垫。种植时，将岩棉种植垫的面上薄膜割开一个个穴，穴内植入带育苗块的小苗，并滴入营养液，植株即可扎根并依其中的水分和养分而长大。若将许多岩棉种植垫集合在一起，配以诸如灌溉，排水等装置附件，组成岩棉种植畦，即可进行大规模的生产。

水培种植模式：水培是一种新型的植物无土栽培方式，又名营养液培，其核心是将植物的根系直接浸润于营养液中，这种营养液能替代土壤，向植物提供水分、养分、氧气等生长因子，使植物能够正常生长。水培技术又分为深液流水培技术、营养液膜栽培技术、浮板毛管水培技术。

植物工厂模式：植物工厂是在完全密闭或半密闭条件下通过高精度环境控制，实现作物在立体空间、周年计划性生产的高效农业系统。在植物工厂中，植物赖以生存的太阳光被荧光灯、LED 灯等人工光源代替，配合环境调控系统，实现蔬菜全年连续不间断生产，同时杜绝农药使用，保证蔬菜可免洗食用。

4. 休闲农业种养模式

与传统农业不同，休闲农业不是以向社会提供农产品为主要目标，而主要是提供服务。休闲农业是以生物种养为手段，以满足游客对游、赏、采、尝、吃、学、耕、戏、憩、养等方面的休闲生活需求为目标建立起来的一种新兴的农业模式。休闲农业模式类型很多，各地因自然生态环境、生物类型、农耕文化背景、社会经济水平等不同，模式多种多样。如：

观光型农业种养模式：观光农业是利用农业种养空间，将生物学、农学与自然景观科学、乡村民俗风情等相融合，通过合理规划、设计、施工建立具有农业生产、生态、生活于一体的休闲农业区域，为人们提供观光、休闲、度假的生活性功能。

文创型农业种养模式：文创农业是将现代农业科学技术与农耕文化、设施农业、创意产业相结合，利用现代生物种养技术、种养过程、种养成果，借助文创思维逻辑，将文化、科技与农业要素相融合，从而开发、拓展农业功能，提升、丰富农业价值的一种新业态。如文创农场、亲子农庄等。结合文创目标，让游人学习生物技术、观赏生物花果、享受生态美景、丰富农耕文化。

公园型农业种养模式：农业主题公园是以经营公园的思路，利用农村田野风光，将农业生产、农村生活、农耕文化体验相结合的生态休闲和乡土文化旅游模式。应用景观设计造园的原理和技法，塑造现代农业景区，赋予农业更深层次的生态、经济与社会内涵，实现"农"与"旅"的最佳结合。

共享型休闲农业模式：共享农业即通过共享的方式发展农业、农村。充分利用现存的农业资源，包括山川、河流、湖泊、土地、农村居民闲置的房产资源及相关生物资源，通过线上认养、线下代养等模式，将生活在城市的人与农场主连接起来，请城里人来当"地主"，产品由"地主"来支配，实现资源共享，满足不同消费者的需求。如果园、菜园认养全年栽种，租赁经营，田园体验，民宿租用等。

（三）现代农业模式化

农业种养模式是现代技术的集成与应用，可以使农业资源得到充分、合理的利用，能够让农业系统功能得到整体发挥，并实现可持续发展的目标；能最大限度提高土地产出率、劳动生产率和投入回报率。因此，农业种养模式在农业生产中得到广泛应用。

农业种养模式可将各种复杂的技术编排成简单的应用程序，变成"傻瓜"技术。农民一看就懂，一学就会，容易接受。在数字农业时代，可实现远距离控制和管理。

农业种养模式会在集约化程度较高的地区、较高的领域率先推行。如设施农业、工厂化养殖、休闲农业等正在从城市郊区、经济发达地区、生态旅游区逐步向外延伸。

农业模式化种养与农产品加工、经营、管理模式化相互促进，建立现代农业模式化产业体系。

农业模式化种养可根据市场需求，在大到事关国计民生的大宗农产品生产，小到家庭经营的小农经济和休闲农业领域开展各种定制生产、定制服务。

三、土壤肥料技术

肥料是指能供给作物生长发育所需养分，改善土壤性状，提高作物产量和品质的物质，是农业生产中的一种重要生产资料，亦称之为"粮食的粮食"。

（一）肥料的发展史

历史上，千百年来世界各地都把粪肥（传统农家肥）当作主要肥料。中国早在西周时就已知道田间杂草在腐烂以后，有促进黍稷生长的作用。如《齐民要术》就详细介绍了种植绿肥以及豆科作物同禾本科作物轮作的方法；还提到了用作物茎秆与牛粪尿混合，经过践踏和堆制而成肥料的方法。

1828 年，德国化学家维勒在世界上首次用人工方法合成了尿素。但当时人们尚未认识到尿素的肥料用途，直到 50 多年后，合成尿素才作为化肥投放市场。1838 年，英国乡绅劳斯用硫酸处理磷矿石制成磷肥，成为世界上第一种化学肥料。1840 年，德国化学家李比希出版了《化学在农业及生理学上的应用》一书，创立了植物矿物质营养学说和归还学说，彻底否定了当时盛行的"腐殖质"和"生命力"两大植物营养学说，为化肥的发明与应用奠定了理论基础。李比希还在 1850 年发明了钾肥。1850 年前后，劳斯又发明出最早的氮肥。1909 年，德国化学家哈伯与博施合作创立了"哈伯·博施"氨合成法，解决了氮肥大规模生产的技术问题。

中华人民共和国成立后，我国农业化学品应用进入新的发展阶段。1950 年，召开第一次全国土壤肥料工作会议。1956 年 1 月，中共中央提出了《全国农业发展纲要（草案）》，深耕改土、增施有机肥料是其中重要的一项内容。1957 年，建立了全国化肥试验网。1959—1962 年，开展了第二次全国规模的氮、磷、钾三要素化肥肥效试验。试验结果表明，当时中国农田土壤约有 80% 缺氮，50% 缺磷，30% 缺钾。

人民公社时期，我国进入化肥广泛使用时代。当时主要使用的是尿素、硫酸铵、碳酸氢铵等化肥。那个时候我国还不具备大批量工业化生产的能力，主要依靠进口。改革开放以后，进入复合肥应用时代，如磷酸二铵、磷酸一铵、钙镁磷肥等，以及同时含有氮磷钾三大营养元素的复合肥料。进入 21 世纪，随着设施栽培的兴起，开始使用水溶肥料。

到 1998 年，中国化肥产量居世界第一位，化肥纯养分使用量也居世界第一位，中国成为全球最大的化肥生产国和化肥施用国。2020 年我国氮肥、磷肥自给率保持 110% ～120%，钾肥自给率 60% 以上。

（二）肥料的主要类型

肥料一般可分为有机肥料、化学肥料、生物性肥料。按所含养料的多少，分为完全肥料和不完全肥料；按供肥的特点，分为直接肥料和间接肥料；按所含成分，分为氮素肥料、钾素肥料、微量元素肥料和稀土元素肥料，等等。

1. 有机肥料

有机肥料又称农家肥，是天然有机质经微生物分解或发酵而成的一类肥料。其特点有：原料来源广，数量大；养分全，含量低；肥效迟而长，须经微生物分解转化后才能为植物所吸收；改土培肥效果好。常用的有机肥料品种有绿肥、人粪尿、厩肥、堆肥、沤肥、沼气肥和废弃物肥料等。我国从原始农业开始，就有施用农家肥的习惯，长期以来积累了丰富的经验。

有机肥的内涵差别很大，国家对传统有机肥的标准曾有过规定：有机质含量（以干基计）/（%）≥45，总养分（氮 + 五氧化二磷 + 氧化钾）含量（以干基计）/（%）≥5.0。可见有机肥主要是以有机质为主的，氮磷钾等元素的含量是很低的，所以有机肥具有自己的优势和不足。目前有机肥主要用于土壤改良，增加土壤保水保肥能力，培肥土壤，增加土壤的团粒结构，刺激土壤有益微生物的生存和繁殖，同时起到净化土壤环境的作用。如果想单纯依靠少量的有机肥实现大面积高产高效，是很困难的。

2. 化学肥料

化学肥料简称化肥，指用化学和（或）物理方法制成的含有一种或几种农作物生长需要的营养元素的肥料，主要用于提高土壤肥力，增加单位面积的农作物产量。最常见的是氮肥、磷肥、钾肥，这是植物需求量较大的化学肥料。

化肥一般多是无机化合物，但尿素是有机化合物。凡只含有一种可标明含量的营养元素的化肥称为单元肥料，如氮肥、磷肥、钾肥和微量元素肥料等。含有氮、磷、钾等营养元素中的两种或两种以上且可标明其含量的化肥，称为复合肥料或混合肥料。

3. 有机肥料与化学肥料比较

一是按所含养分种类比较。有机肥养分种类多，氮、磷、钾、钙、镁、硫和微量元素都有；化肥比较单一，如氮素化肥只含氮，磷素化肥只含磷，钾素化肥只含钾，即使是复合肥料也只含氮、磷、钾等有限几种养分。

二是按所含养分浓度比较。有机肥料所含养分种类虽然齐全，但浓度却比较低。以鸡粪为例，它的氮含量约为 1.6%，磷含量约为 1.5%，钾含量约为 0.9%，即 100 千克鸡粪含氮（N）1.6 千克，磷（P_2O_5）1.5 千克，钾（K_2O）0.9 千克。化肥中尿素含氮 46%，即 100 千克尿素含氮（N）46 千克；氯化钾含钾（K_2O）60%，100 千克氯化钾含钾（K_2O）60 千克，化肥所含养分浓度比有机肥高得多。

三是按养分释放速度比较。有机肥料施入土壤后要经微生物分解、腐烂后才能释放出养分供作物吸收，化肥施入土壤后就能发挥作用。所以，有机肥料含养分种类多，浓度低，释放慢；化肥则与之相反，养分单一，浓度高，释放快。

两者各有优缺点，有机肥应与化肥配合施用才能扬长避短，充分发挥其效益。

（三）化学肥料的贡献及局限性

化肥的作用是神奇的，比传统的农家肥威力大得多，是农作物的"粮食"，是农业生产最基础而且是最重要的物质投入品，在促进粮食和农业生产发展中发挥的作用不可替代。

据联合国粮农组织统计，化肥对农作物增产的贡献份额为 40%～60%。专家分析，我国化肥施用对粮食增产的贡献较大，大体在 40% 以上。中国农业的快速发展，农作物取得好的收成，化肥起到了举足轻重的作用。

当前，化肥施用存在三个方面的问题：一是亩均施用量偏高。我国农作物亩均化肥用量 21.9 千克，远高于世界平均水平（每亩 8 千克），是美国的 2.6 倍，欧盟的 2.5 倍。二是施肥不均衡现象比较突出。东部经济发达地区、长江下游地区和城市郊区施肥量偏高，蔬菜、果树等附加值较高的经济园艺作物过量施肥的现象比较普遍。三是施肥结构不平衡。重化肥、轻有机肥;重大量元素肥料、轻中微量元素肥料;重氮肥、轻磷钾肥,"三重三轻"问题突出。传统人工施肥方式仍然占主导地位,化肥撒施、表施现象比较普遍,机械施肥仅占主要农作物种植面积的30%左右。

化肥使用在带来巨大效益的同时,也带来一系列的问题:一是农业生产成本增加。化肥在农业生产成本(物资费用 + 人工费用)中占25%以上,占全部物资费用(种子、肥料、农药、机械作业、排灌等费用)的50%左右。二是化肥利用率不高,造成的环境问题比较严重(详见第五章)。

(四)肥料的发展趋势

一是向高效化发展。高浓度不等于高效,提高肥料的利用率是高效的根本。减少因肥料的流失对生态环境造成不良影响,在提高农作物产量的同时提高农产品的质量,是我国肥料发展的目标。

二是向液体化发展。用氨水及其他含有多种营养元素的液体肥直接作为肥料,其显著优点是可随水灌溉,方便施用,降低成本。

三是向缓效化发展。缓效肥主要是通过控制肥料的溶解、释放速度,进而与农作物吸收过程相协调,从而提高肥料的利用率,减少肥料的用量。目前,缓效肥在发达国家非常流行。

四是向复合化及复混化发展。化肥产品不能停留在单一元素品种上,而应向复合化与复混化发展。在发展复合肥的同时,根据不同土壤和农作物的需要发展复混肥。

五是向功能化发展。化肥产品除了提供植物必需的营养元素外,还具有其他的功能,如杀虫杀菌的功能、除草的功能、植物生长调节功能等。

六是向生态环保化发展。在我国农业发达地区由于不合理过量使用化肥,土壤养分的不均衡已很普遍,尤其是磷肥,其利用率只有20%左右,大部分被土壤固定。利用生物菌肥分解土壤中被固定的养分,既可减少化肥的用量,又保护了生态环境。

四、农药使用技术

《农药管理条例》明确,农药是指用于预防、消灭或者控制危害农业、林业的病、虫、草和其他有害生物以及有目的地调节植物、昆虫生长的化学合成或者来源于生物、其他天然物质的一种物质或者几种物质的混合物及其制剂。

病虫草害是农业生产的顽敌。全世界每年有 10 亿吨左右的农作物毁灭于病虫害，由于病虫害造成的减产幅度达 20% ~ 30%。因此，农药自发明以来就在农业发展史中扮演重要角色。直到今天，农药的作用仍然不可替代。

（一）农药的发展历程

1. 世界农药产业发展简史

人类在长期的生产和生活实践过程中，逐渐认识到一些天然物质具有防治农业中有害生物的性能。到 17 世纪，陆续发现了一些真正具有实用价值的农用药物。如：1763 年，法国用烟草及石灰粉防治蚜虫，这是世界上首次报道的杀虫剂。1800 年，美国人 Jimtikoff 发现高加索部族用除虫菊粉灭杀虱、蚤，并在 1828 年将除虫菊粉加工成防治卫生害虫的杀虫粉出售。

而开发最早的无机农药，当数 1851 年法国 M. Grison 用等量的石灰与硫磺加水共煮制取的石硫合剂雏形。到 1882 年，法国的 P. M. A. Millardet 在波尔多地区发现硫酸铜与石灰水混合也有防治葡萄霜霉病的效果，由此出现了波尔多液，并从 1885 年起作为保护性杀菌剂而广泛应用。目前，无机农药中的波尔多液及石硫合剂仍在广泛使用。

有机合成杀虫剂的发展，首先从有机氯开始。在 20 世纪 40 年代初出现了滴滴涕、六六六；第二次世界大战后，出现了有机磷类杀虫剂；50 年代又发明了氨基甲酸酯类杀虫剂。这一时期，上述三大类农药成了杀虫剂的三大支柱。

除草剂是指可使杂草彻底地或选择性地发生枯死的药剂和用以消灭或抑制某些植物生长的一类物质。除草剂具有高效、低毒、广谱、低用量等特点，按其作用特点可分为选择性除草剂和灭生性除草剂。据联合国粮农组织估计，全世界作物受草害影响而造成的损失率达 10% 左右。对于大部分栽培作物来说，杂草永远是挥之不去的"痛"。杂草不仅争夺作物生长必须的光照、水分、肥料，而且是多种病虫害的中间寄主，导致作物大幅度减产。

化学除草剂大幅度提高农作物的产量，也改变了农业生产方式，降低了人工成本。由于农业机械化和农业现代化推动，除草剂得到快速发展。在除草剂、杀菌剂和杀虫剂三大类农药中，2020 年在作物保护用途中销售额比例分别为 44%、27% 和 25%。

2. 我国农药产业的发展历程

我国合成农药的研究，始于1930年在浙江植物病虫防治所建立的药剂研究室，这是我国最早的农药研究机构。中华人民共和国成立后，农药工业得到较快发展。1957年中国成立了第一家有机磷杀虫剂生产厂——天津农药厂，开始了有机磷农药的生产。在20世纪60—70年代主要发展有机氯、有机磷及氨甲酸酯类杀虫剂品种。

由于高毒、高残留农药带来的环境问题，引起了世界各国的关注和重视。20世纪70年代开始，许多国家陆续禁用滴滴涕、六六六等有机氯农药和有机汞农药，并建立了环境保护机构，以加强对农药的管理。1983年，我国停止了杀虫剂六六六、滴滴涕的生产，并进行低毒、低残农药多次换代。

据中国农药工业协会数据，截至2019年底，我国农药产量151.6万吨，占世界农药总产量的"半壁江山"。杀虫剂、杀菌剂、除草剂等主要农药产品在满足国内需求的同时，还出口到188个国家和地区，出口量占我国农药生产总量的60%，已经成为全球农药生产和出口的第一大国。目前，我国农药产品现状是，从农药类别看，杀虫剂占比42.2%、除草剂占比26.4%、杀菌剂占比26.4%、植物生长调节剂占比2.7%。从农药的毒性看，高毒剧毒农药占农药登记产品的1%，中毒农药占14.4%，低毒微毒农药占84.6%。

（二）农药的贡献

我国人多地少，农作物复种指数高，耕地利用强度大，病虫草害多发重发频发。农业生产常年发生有害生物有1600多种，严重危害的近100种。农药的发展对保障粮食安全做出了重要贡献。按照联合国粮农组织的测算，不用农药平均每年可造成粮食损失30%~40%。20世纪90年代以来，我国每年使用农药防治面积达58亿亩次，挽回粮食损失5800万吨以上，挽回棉花损失150万吨，在促进农业增产增收方面发挥着重要的作用。同时，农药在保障其他农产品生产，以及林业、草原和卫生害虫防控等方面也发挥了巨大的作用。现代抗病虫生物育种技术虽然取得明显成效，但依然不能完全替代农药作用。

（三）农药的发展趋势

1. 使用"绿色农药"

据中国农药发展与应用协会资料，截至2023年底，我国共公布有72种禁用和限用农药，其中禁用 50 种，限用 22 种。未来安全、高效、经济和使用方便的农药产品将成为市场的主流产品，绿色环保是农药行业发展的要求。随着人们生活水平及环境意识的提高，农药市场势必更新换代。"绿色农药"将成为新宠，是农药产业的发展方向，其内涵是指对人畜安全，对农业生态环境、对农作物和农产品无污染的无公害农药。"绿色农药"的种类很多，但主要是生物农药。

"绿色农药"的主要特征有：一是高效，即有很高的生物活性。它们不仅能有效控制农业有害生物，而且单位面积使用量小。二是选择性强，它们只对病虫害有作用，对人、畜、生物安全，有利天敌保护。三是低毒，对农作物无药害，无"三致"（致癌、致畸、致突变）作用，对施药人员皮肤刺激作用小。四是低残留、对环境友好。

2. 科学使用农药

目前，我国农药的有效利用率还不高，主要原因是我国农药施用过程中基本不考虑靶标的特殊性，不论植株高低，不论病虫害种类，造成农药利用率低的同时也带来了农产品农残超标、面源污染、施药人员健康风险等危害。近年来，随着我国高效化施药器械种类（如小型植保无人机）渐趋齐全，以及高效低风险施药技术体系的构建与应用，农药有效利用率逐年提升。

3. 推广绿色防控技术

如，转基因抗虫作物，最为典型并广泛应用的为具有抗虫作用的含苏云金杆菌基因抗虫作物。它是在种子中转入苏云金杆菌基因，当种子萌发出土长成植株后，在植株各部位均含有苏云金杆菌产生的毒素，从而达到杀虫的目的。天敌生物防治，是利用除微生物农药以外的防治有害生物的活体生物，如利用寄生性天敌防治，利用捕食性天敌防治等。

五、地膜覆盖技术

地膜的全称是"地面覆盖薄膜"，也有称之为薄膜的。主要成分是聚乙烯，是塑料制品。

世界第一种完全合成的塑料，出自美籍比利时人列奥·亨德里克·贝克兰。他于 1907 年 7 月注册了酚醛塑料的专利。由于塑料具有许多优良的特性，如用途广泛，效用很多，加工容易，价格便宜，等等，塑料制品的应用现已遍及到社会的每个角落，从各大产业生产到人们衣食住行，塑料制品无处不在。随着塑料工业的发展，尤其是农用塑料薄膜的出现，地膜覆盖技术应运而生。

（一）地膜覆盖技术推广应用历程

传统地膜是由聚乙烯吹制的薄膜，我国的地膜厚度一般在10微米左右，薄的可达5微米。地膜是塑料工业发展的结果，是现代工业的产品。最早的地膜，是由英国和日本的科学家在20世纪50年代研究出来并用于农业上的。

日本于1955年首先将地膜覆盖技术应用于草莓生产，并大面积推广。1977年日本全国120万公顷的旱田作物（包括蔬菜），地面覆盖率达到16%。日本地面覆盖栽培多用于产值高、效益大的蔬菜及其他经济作物。1961年法国开始试用薄膜栽培覆盖瓜类作物。意大利于1965年对蔬菜、草莓、咖啡及烟草等主要作物进行地面覆盖栽培。美国于20世纪60年代末开始用黑色薄膜覆盖栽培棉花。

中国地膜发展可分为三大阶段：第一阶段，从1978年到1984年，主要为引进实验阶段，重点是地膜产品的引进和模仿。1978年，我国开始引进地膜技术。1979年开始在华北、东北、西北及长江流域等一些地区进行试验、示范、推广。由于地膜覆盖效果显著，很快在全国得到推广应用。第二阶段，从1985年到1992年，主要是技术完善阶段，包括种植模式、覆膜机具研制与应用，等等。其中，实现机械化铺膜是一个节点。在西南和西北的山区、丘陵地带，地块小，可以人工铺膜。但在新疆、东北等平原地块长度可达1000米，人工铺膜非常难，而机器铺膜技术的突破，使得地膜覆盖大面积应用成为可能。第三阶段，从1993年开始至今，可以称为技术应用阶段。这一阶段，地膜覆盖技术在中国高速发展。近年来，农作物覆膜面积近3亿亩，使用了全球75%的地膜。不但应用于蔬菜栽培，也相继用于大田作物、果树、林业、花卉及经济作物的生产。

（二）地膜覆盖对土壤和农作物的影响

地膜的功能异常强大，尤其是增温、保墒、杂草防除、压盐等，极大地改变了农作物的生长环境，改变了农业种植模式。使得一些原本在高寒地区不能种植，或者种植效益不高的作物，可以良好生长，获得较高的效益。

地膜覆盖栽培的最大效应是提高土壤温度。春季低温期间采用地膜覆盖，白天受阳光照射后，0～10厘米深的土层内可提高土壤温度1～6℃，最高可达8℃以上。比如玉米生产，在我国西南、西北一些旱寒区，玉米生长所需要的温度和水分不够，很难成熟，只能作为饲料。但应用了地膜覆盖技术，在这些区域种植玉米就可以正常成熟和收获了。由于地膜覆盖有增温保湿的作用，因此有利于土壤微生物的增殖，加快腐殖质转化成无机盐的速度，有利于作物吸收。据测定，覆盖地膜后速效性氮可增加30%～50%，钾增加10%～20%，磷增加20%～30%。地膜覆盖后可减少养分的淋溶、流失、挥发，可提高养分的利用率。

由于薄膜的气密性强，地膜覆盖后能显著地减少土壤水分蒸发，使土壤湿度稳定，并能长期保持湿润，有利于根系生长。在旱区可以采用人工造墒、补墒的方法进行抗旱播种。在较干旱的情况下，0～25厘米深的土层中土壤含水量一般比露地高50%以上。随着土层的加深，水分差异逐渐减小。

地膜覆盖可以避免因灌溉或雨水冲刷而造成的土壤板结现象，可以减少中耕的劳力，并能使土壤疏松，通透性好。能增加土壤的总孔隙度，降低容重，可增加土壤的稳定性团粒，使土壤中的肥、水、气、热条件得到协调。同时可防止返碱现象发生，减轻盐渍危害。

地膜覆盖后，白天可使植株中、下部叶片多得到反射光，比露地增加3～4倍的光量，因而可以使树干下部的水果着色好，花卉的花朵鲜艳，烟叶的成色好。植株光合作用强度可增加，可以使中、下部叶片的衰老期推迟，促进干物质积累，故可提高产量。

地膜与地表之间，在晴天高温时，经常出现50℃左右的高温，致使草芽及杂草枯死。常见黑色地膜、绿色地膜对透过的光线具有选择性，可以抑制杂草萌发和生长。在盖膜前后再配合使用除草剂，更可防止杂草丛生，可减去除草所占用的劳力。

地膜覆盖栽培在生产中有时也会产生一些不良影响。如：由于盖膜后有机质分解快，作物利用率高，肥料补充的少，使土地肥力下降，或因覆盖膜的管理不当也会造成早熟不增产，甚至有减产现象；在贫瘠土地上，覆盖膜后不便追肥，播种时施用基肥不足，覆盖也不能增产等。

（三）地膜覆盖技术的贡献

地膜覆盖栽培改变了土壤环境小气候，其效应表现在增温，保温、保水、保持养分、增加光效和防除病虫草害等几个方面。特别是在干旱高寒地区，春季气温低，风沙大，雨量少，种植作物受气候影响很大，利用地膜覆盖栽培可使作物提早成熟上市，增产增收。对于地膜覆盖，群众称它为"不推自广"的措施。

玉米是喜温作物，过去在高寒地区生长不良，产量很低。通过推广应用地膜玉米种植技术，增产明显，高产的可亩产 1000 千克。

蔬菜地膜覆盖应用广泛，还可提高复种指数。如甘蓝，早春用地膜覆盖，可比露地提早 5 ~ 7 天定植；在生长期由于改善了局部空间的小气候，为甘蓝防霜、增温、保墒、促进生长创造了良好的条件，可使甘蓝提早 7 ~ 10 天收获，一般每亩可增产 20% ~ 30%。菜豆是喜温作物，地膜覆盖的菜豆，收获期提早 15 ~ 20 天，亩产可增加 23% ~ 75%。

在许多区域，地膜覆盖不仅改变了农业的种植模式，还改变了一些农作物的区划分布。如许多原本不适宜在旱寒区种植的农作物可以正常种植。最典型的是棉花生产，20 世纪 80 年代，我国棉花主产区主要分布在黄河流域和长江流域，新疆内陆棉花种植面积不到全国播种面积的 5%。而目前新疆内陆棉区占全国棉花播种面积的 70% 以上、产量的 80% 以上，我国每年 600 多万吨棉花中，有超过 500 万吨产自新疆。地膜覆盖技术，尤其是膜下滴灌技术的应用对新疆棉区的发展至关重要。

六、设施农业

设施农业有广义和狭义之分。广义的设施农业涵盖了设施种植、设施畜牧、设施渔业和提供支撑服务的农业公共设施等领域。社会上通常所讲的设施农业是狭义的设施农业，主要是指设施种植业中的设施园艺产业。

设施园艺业是指利用新型生产设备、现代农业工程技术、管理调控技术，改变设施内部自然光温条件，创造优化园艺作物生长的温、光、水、土、气、肥等环境参数因子，对植物的生长发育环境进行整体或局部范围的改善，使植物生长不受或很少受自然条件制约，在有限的土地空间上投入较少的劳动，建立植物周年连续生产系统，实现生产可反时令性、类型多样化，高效、优质生产的一种现代农业产业。园艺作物包含果树、蔬菜、观赏植物（花卉及观赏树木）三大类作物群。本文所指的设施农业主要是指设施园艺业。

（一）设施农业（园艺设施）主要类型

设施农业按建设的设施材料和技术类别一般分为塑料温室、玻璃温室、日光温室、塑料大棚、塑料中小拱棚及其他园艺设施。与露地生产模式相比较，多在特定区域范围内，建设一定的外围护设施，形成封闭或者半封闭生产环境，以实现对自然环境的调控，为农业生物的生长创造良好的环境条件。其中，塑料温室、玻璃温室和日光温室多配备有加温装置，主要适合于高纬度地区，我国长江以北地区使用较多，江南地区也有使用，但相对较少。而塑料大棚、塑料中小拱棚及其他园艺设施，类型多样，适用广泛，成本较低，各地都在因时、因地、因作物需要而使用。上述具有加温装置的设施，国际上以塑料农膜作为覆盖物的占 97%，我国占比为 98%，其他加温装置则以玻璃/PC 板作为覆盖物。

1. 塑料温室

塑料温室特别是大型连栋式塑料温室，是近些年出现并得到迅速发展的一种温室形式。塑料温室主体结构一般都用热浸镀锌钢管作主体承力结构，工厂化生产，现场安装。与玻璃温室相比，它具有重量轻、骨架材料用量少、结构件遮光率小、造价低、使用寿命长等优点，其环境调控能力基本上可以达到与玻璃温室相同的水平。塑料温室用户接受能力在全世界范围内远远高出玻璃温室，成为现代温室发展的主流。

2. 玻璃温室

玻璃温室是以玻璃为透明覆盖材料的温室。我国玻璃温室钢结构的设计主要参考荷兰、日本和美国等国的温室设计规范进行。

3. 日光温室

日光温室又叫节能日光温室、冬暖式塑料大棚，因其热量来源主要来自太阳辐射而得名。日光温室多采用东、西、北三面为围护墙体的单坡面设计，统称为日光温室。日光温室南面为前坡面，白天透过塑料薄膜接受日光照射，夜间可用保温被覆盖。日光温室的特点是保温好、投资低、节约能源，非常适合我国北方经济欠发达地区农村使用。

日光温室是我国独创的。早在 20 世纪 80 年代初期，我国就创建了日光温室，在北纬 35°—43°地区的严寒冬季，成功进行了喜温性作物生产。此后，日光温室在我国北方地区各地兴起。日光温室在寒冷地区一般能充分利用太阳能，不加温进行蔬菜、果树、花卉等园艺作物栽培，虽然设施简易，但技术含量、生产产品档次及社会经济效益比塑料大、中棚高得多，现已成为我国北方严寒地区的主要园艺设施。

4. 塑料大棚

塑料大棚是以塑料薄膜为覆盖材料的不加温、单跨拱屋面结构温室。塑料大棚的骨架主要有简易竹木结构、焊接钢结构和热镀锌钢管装配结构等。现在以热镀锌钢管结构为多。热镀锌钢管装配式大棚，棚内空间较大，无柱，建造方便，有利于作物生长，构件抗腐蚀，整体强度高，经久耐用，使用期长，抗震力强，承受风雪载荷能力强，使用寿命可达 15 年以上，维护费用较少，是世界各国普遍采用的先进的大棚骨架结构。但热镀锌钢管装配式大棚建设造价较高，适宜家庭农场、企业采用。

塑料大棚是近些年发展较快的园艺设施类型之一。在我国北方地区，主要起到春提早、秋延后的保温栽培作用。春季可使蔬菜、水果提早成熟 30～50 天，秋季能延后 20～25 天。春提早、秋延后栽培是我国北方塑料大棚生产的主要茬口，也是经济效益最好的茬口。塑料大棚也可作为耐寒蔬菜的越冬栽培。

在南方地区，塑料大棚可以四季栽培，如：在冬春季节用于蔬菜、花卉的保温和越冬栽培（叶菜类），在夏秋季节，还可揭开裙膜或更换成防虫网、遮阳材料等，用于蔬菜、水果遮阴降温和防虫、防雨、防风、防雹栽培等。

5. 塑料中小拱棚

塑料中小拱棚是我国目前应用最广泛的一种简易栽培设施，占全国设施园艺栽培面积的一半左右。主要用于春秋蔬菜早熟栽培和育苗，秋季的延后栽培，或加盖草苫进行耐寒蔬菜的越冬栽培，在解决蔬菜周年供应中发挥着重要作用。小拱棚还可作为温室大棚内临时性的辅助保温、保湿、遮阳等设施。

塑料中小拱棚建造的骨架材料主要为竹片、细竹竿、树枝、钢筋和钢管，以塑料薄膜覆盖。我国长江中下游地区以热镀锌钢管作构件的居多。

塑料中小拱棚结构比较简单，投资少、作业方便、管理省事。其缺点是，拱棚内相关现代农机装备应用不便，并且劳动强度大，环境调控能力差，抗灾能力弱，增产效果不稳定，一般为半永久性设施。

6. 其他园艺设施

主要为夏季保护设施，包括遮阳棚、防雨棚和防虫防鸟棚等。

遮阳棚：我国南方地区冬春塑料大棚栽培蔬菜之后，利用夏季闲置不用的大棚骨架，盖上遮阳网进行夏季蔬菜栽培或育苗，是夏秋遮阳网覆盖栽培的重要形式。遮阳棚由大棚骨架和遮阳网两部分组成。遮阳网俗称遮阴网、凉爽纱。现在国内产品多以聚乙烯、聚丙烯等为原料，是经加工制作编织而成的一种轻量化、高强度、耐老化、网状的新型农用塑料覆盖材料。利用它覆盖作物，具有一定的遮光、降温、防台风暴雨、防旱保墒和防治病虫等功能。遮阳棚已成为我国南方地区克服蔬菜夏秋淡季的一种简易实用、低成本、高效益的蔬菜覆盖技术。它使蔬菜设施栽培从冬季拓展到夏季，成为我国热带、亚热带地区设施蔬菜栽培的主要形式。

现行的遮阳网较传统的芦帘等材料，具有轻便、省工、省力的特点。遮阳网寿命长达 3～5 年，虽然一次性投资较高，但按年折旧计算成本反而较低。

防雨棚（避雨棚）：防雨棚是常年或在多雨季节，利用塑料薄膜或网等覆盖材料，扣在大棚或小棚的顶部，对不适宜淋雨的蔬菜和水果进行避雨，使其免受雨水直接淋洗的避雨栽培或育苗的一种简易设施。

防虫防鸟棚：在一些农作物及水果的生长季节，利用大棚骨架，或另建专用设施，盖上防虫防鸟网进行栽培管理。防虫防鸟网可让阳光、空气进入，而将害虫、鸟拒之门外。防虫防鸟网是以高密度聚乙烯等为材料制作的，具有耐拉强度大、优良的抗紫外线、抗热性、耐水性、耐腐蚀、耐老化，无毒、无味等特点。由于防虫网覆盖能有效防止一些害虫和鸟的危害，所以，在南方地区作为无（少）农药蔬菜栽培的有效措施而得到推广。

（二）当今世界设施农业发展概况

1. 国外温室产业发展状况及特点

依据自然气候条件、地理位置、经济水平和饮食文化等因素，世界设施园艺大致划分为亚洲、地中海沿岸、欧洲、美洲、大洋洲和非洲六大区域。随着社会经济的不断发展，设施农业整体上呈现蓬勃发展的趋势。

据 2017 年数据，全世界设施农业主要分布在亚洲的中国、韩国和日本，欧洲的荷兰和阿尔巴尼亚，美洲的美国、墨西哥，以及地中海沿岸诸国。其中，亚洲是世界设施农业发展最快、面积最大的地区。仅中国、日本和韩国 3 个国家的设施农业面积之和就占世界设施农业总面积的 82.90%。在设施农业体量上，中国设施农业面积居世界第一，约占世界设施农业总面积的 80%。荷兰人均设施农业温室面积位居世界第一。

（1）加拿大。加拿大纬度较高，其北部地区基本上常年为冰雪覆盖，温室产业发展主要集中在西南部。冬季温度较低，对温室保温性能要求较高，加温需求较大；冬春季光照条件较差，温室结构对透光性要求较高，补光需求较大。加拿大的温室构成，塑料薄膜温室是主要设施类型，2008 年占温室总面积的 57.8%。温室种植的作物主要是花卉和观赏植物以及蔬菜。

（2）荷兰。荷兰的地理纬度在北纬 51°～54°，属温带海洋性气候。冬季温和、夏季凉爽，年均气温 10℃。夏季温度适中，自然通风基本能满足环境要求；冬季极端温度不低，但需要加温。荷兰的年日照时数短，冬春季光照弱，温室透光性要求高，补光需求大。荷兰温室的发展有一个逐渐变革提升的历程，现在的纹洛式大型连栋温室是从 20 世纪 60 年代以后才出现的。温室里面种植的作物主要是观赏植物和蔬菜。观赏植物以切花为主，蔬菜则以果菜类为主，栽培形式主要是无土栽培。

荷兰温室生产机械化、自动化程度高，几乎全部实行计算机智能控制和信息化管理，实行规模化、专业化、集约化生产，高产高效。特别是果菜类种植，如茄果类蔬菜大多采用一年一大茬，黄瓜一般一年 2 ~ 3 茬，通过精细化管理，产量位居世界前列。荷兰的温室设计和种植技术都很高，单产水平也远远高于地中海沿岸国家。

（3）日本。日本南北跨度比较长，气候条件差异也比较大。全年光照不足，温室结构对透光性要求较高。夏季气温较高，对通风、降温有较大需求。虽然保温增温需求相对较小，但冬季 40% 以上的温室都要加温。日本温室的主要类型是塑料薄膜温室，所占比重为 97%，玻璃温室大约只占 3%。温室内种植的作物有蔬菜、果树、花卉等，以蔬菜为主。蔬菜种植面积大约占温室面积的 70%，花卉和果树各占 15% 左右。温室管理作业和环境调控，机械化和自动化技术得到了较广泛的推广应用。温室的经营规模在 1000 ~ 10000 平方米之间所占比重较大，塑料大棚平均 2000 ~ 2500 平方米，玻璃温室 2700 ~ 4000 平方米，经营规模正在逐步扩大。

2. 国内外温室大棚控制技术的发展历程

温室大棚设施的关键技术是环境控制，该技术的最终目标是提高控制与作业精度。国外对温室大棚环境控制技术研究较早，始于 20 世纪 70 年代。先是采用模拟式的组合仪表，采集现场信息并进行指示、记录和控制。80 年代末出现了分布式控制系统。目前正开发和研制计算机智能控制系统。现在世界各国的温室控制技术发展很快，一些国家在实现自动化的基础上向完全自动化、无人化的方向发展。

从国内外温室大棚控制技术的发展状况来看，控制技术大致经历了三个发展阶段：

（1）手动控制阶段。这是在温室大棚技术发展初期所采取的控制手段，没有真正意义上的控制系统及执行机构。种植者既是温室大棚环境的传感器，又是对作物进行管理的执行机构，他们是环境控制的核心。通过对温室大棚内外的气候状况和对作物生长状况的观测，凭借长期积累的经验和直觉推测及判断，手动调节温室大棚内环境。这种控制方式的劳动生产率较低，不符合工厂化农业生产的需要，而且对种植者的素质要求较高。

（2）自动控制阶段。这种控制系统需要种植者输入温室作物生长所需环境的目标参数，计算机根据传感器的实际测量值与事先设定的目标值进行比较，以决定对温室大棚进行加热、降温和通风等操作。计算机自动控制的温室控制技术实现了生产自动化，适合规模化生产，劳动生产率得到提高。通过改变温室大棚环境设定目标值，可以自动进行环境气候调节，但是这种控制方式与作物生长的内在规律无关，对作物生长状况的改变难以及时做出反应。目前我国绝大部分自主开发的大型现代化温室大棚及引进的国外设备都属于这种控制方式。

（3）智能化控制阶段。这是在温室大棚自动控制技术和生产实践的基础上，通过总结、收集农业领域知识、技术和各种试验数据构建专家系统，以建立植物生长的数学模型为理论依据，研究开发出的一种适合不同作物生长的专家控制系统技术。当前一些科研单位正在研究探索创建的植物工厂就是一种初级阶段的智能设施农业。

①植物工厂是通过设施内高精度环境控制实现农作物周年连续高效生产的农业系统。它利用计算机、电子传感系统、农业设施对植物生育的温度、湿度、光照、二氧化碳浓度以及营养液等环境条件进行自动控制，是现代生物技术、建筑工程、环境控制、机械传动、材料科学、设施园艺和计算机科学等多学科集成创新的、知识和技术高度密集的农业生产方式。

②植物工厂技术的突破有助于解决人类发展面临的诸多瓶颈，甚至可以实现在荒漠、戈壁、海岛、水面等非耕地，以及在城市的摩天大楼里进行正常生产。利用太阳能和其他清洁能源，加上农作物种子、水源和矿质营养，将可持续地为人类生产所需要的农产品。因此，植物工厂被认为是21世纪解决粮食安全、资源、环境问题的重要途径，也是未来航天工程、探月工程等太空探索过程中实现食物自给的重要手段。

③植物工厂具有高度集成、高效生产、高商品性和高投入的显著特征。植物工厂可以实现周年生产，不受时间、季节、气候的限制，完全按计划生产；实行无土栽培，不存在土壤障碍问题；生长速度快，生育期显著缩短，可大幅度提高产量；采用密闭式生产系统，病虫害侵染机会少，不施药、无污染、无公害；通过机械系统，使植物可移动或自动调整密度，直至产品形成。此外，生产过程以机器人操作为主，可减轻劳动强度、减少人为误差；立体化栽培，设施利用率高，适于都市型

观光农业；立地条件广泛，在荒沙地、盐碱地、废弃地、城市、郊区、太空站等均可设立。

中国科学院植物研究所在10年前就与多家企业共建植物工厂。2016年，该所在福建省安溪县湖头镇建成全球单体最大的全人工光型植物工厂，不需阳光、土壤，靠LED光源、特制营养液和智能监测管理，年产多品种蔬菜超过500吨。植物工厂作为"第二自然"的精品，将在国内特大城市开始起步发展。

然而，智能型植物工厂生产成本高、能耗大，目前还难以成为设施种植业的主体。据实验资料，植物工厂生产生菜成本每100克约6元，零售价每100克10~12元，比传统种植生菜售价贵10倍；产1千克左右叶菜类蔬菜需要用电10千瓦时，耗能也大。未来的农业，实现植物工厂化生产还有很长的路要走。

3. 中国设施农业快速发展

20世纪50年代末至60年代末，我国开展了单屋面土温室改良和塑料薄膜大中小棚蔬菜生产技术研究，推动了设施蔬菜生产的发展。

（1）大中小棚设施。1955年秋从日本引进农用聚氯乙烯（PVC）薄膜，首先在北京用于小棚覆盖蔬菜生产，获得了早熟增产的效果。后在东北地区、太原等地推广使用，受到各地的欢迎。1958年，上海和北京的塑料化工厂开始生产农用聚氯乙烯和聚乙烯（PE）薄膜，在小棚覆盖的蔬菜生产方面得到广泛应用。到20世纪60年代末，中国北方大中城市郊区初步形成了由简易覆盖畦、风障畦、阳畦、大中小拱棚、单屋面温室所构成的设施园艺生产体系。1980年全国大中小棚面积约10万亩，形成了中国塑料薄膜拱棚蔬菜生产的第一次发展高潮。1985年全国大中小棚约50万亩，1988年增加到163万亩，由此形成了中国塑料薄膜拱棚蔬菜生产的第二次发展高潮。大中小棚设施适应性广，全国各地蔬菜、水果和花卉等作物生产都有应用，得到发展。

（2）日光温室。20世纪80年代末，鞍山市园艺所研制出节能日光温室，是我国第一代节能日光温室的基本类型。此后，我国北方多地结合当地的特点，创新了日光温室节能设计理论与方法，按照冬至日合理太阳能截获理论，先后研制成功第二代、第三代节能日光温室及其蔬菜高产优质配套栽培技术体系。节能日光温室及其蔬菜生产配套技术在我国特别是北方地区得到广泛推广应用。日光温室自1983年开始发展，1990年仅有33万亩，到2000年发展到570万亩，2010年发展到1200余万亩。日光温室的快速发展，为解决中国北方地区蔬菜周年均衡供应和促进农民增收做出了重大贡献。

（3）遮阳避雨棚设施。20世纪90年代后，我国南方一些高温多雨地区开始研制和使用遮阳避雨棚设施。

（4）连栋温室。1977年北京市玉渊潭公社建成30亩中国大陆第一栋钢结构连栋玻璃温室。1979—1987年，北京、哈尔滨、上海、深圳、乌鲁木齐等地先后从日本、荷兰、保加利亚、美国、意大利和罗马尼亚等国家引进285亩连栋玻璃温室或塑料温室，60%用于蔬菜生产，40%用于花卉生产，形成了中国第一次引进连栋温室的高潮。1996—2000年，一些地区第二次兴起了引进国外连栋温室的高潮，并引进了外遮阳、内覆盖、水帘降温、滚动苗床、行走式喷水车、行走式采摘车、计算机管理系统和水培系统等配套设备，还引进了配套品种及专家管理系统，有的地方聘用了国外专家。但这些连栋温室因建设、维护、生产成本高，效益差，除少数生产花卉和用于科研之外，生产蔬菜和水果的绝大多数难以为继。许多地方的连栋玻璃温室成为现代农业的展示场地，有的成为了生态餐厅。

60年来（特别是近40年），中国设施园艺快速发展。据统计资料，截至2022年中国设施园艺总面积达4200多万亩，占世界设施园艺总面积的80%以上。其中，日光温室1215万亩（占29%），大中棚2280万亩（占53%），大型连栋温室17万亩（占0.6%），小拱棚765万亩（占17.4%）。在这些设施中，蔬菜（含食用菌）、果树和花卉种植面积分别占比约为81%、11%和7%。设施种植业为中国经济社会发展和人民生活水平提高做出了重要的贡献。

（三）发展设施农业的作用及意义

设施农业是近40年来快速发展起来的现代农业生产模式。目前，设施农业产值占农业总产值1/4以上，在满足人们对肉、蛋、奶、菜、果等食物需求，促进农民增收，高效利用资源等方面做出了重要贡献。

1. 设施农业改变了"靠天吃饭"的传统耕作方式

设施农业克服外界环境影响，能够进行全季节的农业生产，满足人们对多种不耐贮运新鲜动植物农产品的需求。以蔬菜生产为例，20世纪80年代以前，我国北方冬淡季以白菜、萝卜、马铃薯等耐贮蔬菜为主，南方夏淡季以叶菜为主，蔬菜市场的供应种类较少，"想吃啥没啥"成为困扰蔬菜周年供应的难题。随着设施农业技术的不断进步，蔬菜供应得到显著改善，实现了过去"有啥吃啥"到现在一年四季"想吃啥有啥"的转变。

目前我国设施蔬菜（含设施食用菌）生产面积近3500万亩，年产量2.65亿吨，占蔬菜总产量的近 1/3，年人均近 190 千克，基本实现了蔬菜和食用菌的周年充足供应，解决了长期困扰我国的"菜篮子"问题。又如樱桃、草莓、桃、李、杏、葡萄等水果不耐贮运，通过设施栽培，有效延长了供应期。目前设施水果和西甜瓜年产量近 0.5 亿吨，年人均 35 千克，满足了不耐贮运瓜果的市场供应，丰富了百姓的"果盘子"。我国自主设计的节能日光温室，在冬季最低气温零下 28 摄氏度以上地区不需要加温，只利用太阳光就可以正常生产。相较于大田农业，设施农业改变了传统农业靠天吃饭的局面。

2. 设施农业提高了农业生产效率，促进了农民增收

发展设施农业是转变农业发展方式、建设现代农业的重要内容，是调整农业结构、实现农民持续增收的有效途径，也是增加农产品有效供给、保障食物安全、赋能乡村振兴的有力措施。

从产值来看，目前我国仅设施园艺产业产值就超过 1.4 万亿元，占农业总产值 1/4 以上，用不足 3% 的耕地生产出占种植业总产值 25.3% 的农产品，其经济效益是大田作物的 20 倍以上、露地园艺作物的 4~5 倍。据测算，在设施蔬菜重点产区，设施蔬菜产业对农民人均年收入贡献额超过 1 万元，实现了"一亩棚菜二十亩粮"的高效益，成为稳定农民增收和乡村全面振兴的支柱产业。

3. 设施农业拓宽了社会就业渠道

设施园艺产业需要建材、薄膜、肥料、农药、种苗、环境控制设备、小型农业机械和贮运等产业的支撑，因此它的发展也带动了这些产业的快速发展，估算年产值达 4500 亿元以上，提供就业岗位 2000 万个以上；同时设施园艺又是一个劳动密集型产业，每亩地就业岗位比大田作物增加 15 倍以上，比露地园艺作物增加 4 倍以上。从产业带动来看，我国设施园艺产业带动就业岗位 7000 万个以上。

4. 设施农业是资源节约型、环境友好型农业

我国沿海滩涂、矿山废弃地和戈壁沙漠、荒山荒地等闲置面积大，冬闲耕地多。发展设施农业可以建成常年生产的高产高效农业生产基地，既改善了环境，又充分利用了资源。

设施园艺作物的节水灌溉，可实现生产 1 万千克果菜耗水 200 吨的节水目标，较露地蔬菜节水 50% 以上。农业废弃物的基质化和肥料化利用，实现了生态环境与资源利用的高效益。不加温节能日光温室为主体的设施园艺，避免了加温所带来的能源消耗和 CO_2 过量排放问题，可显著减少环境污染。

（四）设施农业产业发展大趋势

中国绝大多数地区气温年较差在50℃以上，不能照搬荷兰等一些国家高耗能高投入的设施园艺发展之路。中国必须坚持走以日光温室和塑料大棚为主体的"低能耗、低成本、生态安全、高产优质高效"的中国特色设施园艺发展之路。今后一个时期，中国设施园艺发展的主要任务是：

坚持不与主粮争地和生态优先原则。要高效利用中低产普通耕地，积极开发沿海荒滩和矿山废弃非耕地，谨慎开发干旱少雨生态脆弱的戈壁沙漠非耕地，为确保粮食安全节省更多良田。

明确中国设施种植业的规模拓展领域。优先拓展设施蔬菜和食用菌规模；积极发展设施瓜果和花卉，满足人们对高档水果和花卉的需求；大力拓展设施中药材等其他经济作物，适应大健康战略需求。

加快设施园艺产业提质增效和提档升级步伐。实施设施园艺提质增效工程，强化产业集群和标准化基地建设，制定适合不同地区的设施类型标准，改造不符合标准的设施和设备，实现设施建造及环控标准化，生产管理轻简化，资源利用高效化，产品质量优质化。

强化科技创新，加快建设一批适应南北方设施园艺发展的科技创新平台；加快中国特色设施园艺提质增效集成技术创新，积极开展设施园艺智能化技术探索，实现设施装配化、环控自动化、品种专用化、生产机械化、产品标准化、管理智慧化。

强化科技队伍建设，建设一批设施园艺人才培养优势学科，加快设施园艺科技创新及实用人才培养体系建设。

七、农业机械化

劳动资料、劳动对象和劳动者是生产力的基本构成要素。劳动工具是劳动资料的主体，具有克服人类体能极限，放大人类劳动能力的功能，这是人类使用劳动工具的基本目的。劳动工具能否达到这个目的，比如开拓新的劳动领域，加工以往人类不能加工的自然物等，是衡量工具是否有意义的第一标准。一种劳动工具的出现并得到广泛的应用，成为推动社会生产力发展的重要因素，它必须比旧的劳动工具能为社会提供更多的剩余劳动、剩余产品和节省社会劳动，这是使用工具的第二条标准。

劳动工具作为生产力的基本要素，是推动人类社会发展的根本动力。农业机械是重要的农业劳动工具，是现代农业发展的动力和标志。

（一）农机化事业发展历程

中华人民共和国成立 70 多年来，农业机械化得到快速发展。各类农机从无到有，从小到大，是传统农业向现代农业迈进的重要科技支撑。

1. 起步阶段（1949—1980 年）

中国农业机械工业从制造新式农机具起步，从无到有逐步发展。中华人民共和国成立之初，我国农业生产几乎全是人力手工传统生产方式，全社会 90% 以上的人搞农业，农机作业量很少，农业生产力低下。

这一阶段的主要特征是：发展农业机械化全靠行政推动。国家实行计划经济，农业机械作为重要的农业生产资料，实行国家、集体投资，国家、集体所有，国家、集体经营。农业机械的生产计划由国家下达，产品由国家统一调拨，农机产品价格和农机化服务价格由国家统一制定。国家通过行政命令和各种政策，推动农业机械化事业的发展。

中华人民共和国成立后，我国建立了一批国营农场。国营农场属国有体制，大多是垦区，土地面积大。这一阶段的农机推广大多是以国营农场为基地，优先发展。国营农场培养了大量的农机人才，在农业机械化生产计划、机具的选型配套、农作物的机械栽培技术、机器的作业定额、维护保养等方面积累了宝贵的经验。国营农场使用各种较大型农业机械，除完成农场本身的农田作业外，还为附近的生产队代耕代种提供支持服务，对中国农业机械化的发展起到了很好的启蒙和示范作用。

对于广大农村地区，农业机械化虽然有一定的发展，但地区之间、产业之间发展很不平衡，绝大部分地区农业生产仍处在传统农业阶段。

2. 机制转换阶段（1981—1991 年）

20 世纪 80 年代初，中国农村普遍实行家庭联产承包责任制，包干到户，土地经营规模变小，农业机械化一度受挫，当时甚至出现了"包干到户、农机无路"的说法。农村实行家庭承包经营责任制后，农业机械化的外部环境发生变化，农机服务的主体由生产队转变为千家万户个体农民。为适应农业农村生产组织方式重大变革，这一阶段的重点是发展小规模农机具，大型农用机械发展处于停滞状态。

这一阶段的主要特征是：我国的经济体制正在由计划向市场方向迈进。随着经济体制改革的不断深入，市场在农业机械化发展中的作用逐渐增强，国家用于农业机械化的直接投入逐步减少，对农机工业的计划管制日益放松，允许农民自主购买和使用农业机械，农业机械市场多种经营形式并存。

3. 市场引导阶段（1992—2003 年）

1992 年，中国共产党第十四次全国代表大会召开，明确提出我国经济体制改革的目标是建立社会主义市场经济体制。国家在计划经济体制下出台的农机化优惠政策全部取消，农业机械化进入了以市场为导向的发展阶段。这一阶段的主要特征是：在国家相应法规和政策措施的保护和引导下，农业机械化的市场化进程明显加快。农机制造企业依据来自市场的供求信息，自主安排生产，确定价格，参与市场竞争。农机化服务的社会化、市场化进程更快。

农机工业开始了新一轮产品结构调整，高功率的大中型农机具开始恢复性增长，小型农机具增长速度放缓，联合收割机异军突起。从 1995 年开始，以联合收割机在全国小麦产区实现跨区收获为主的服务模式在全国各地推开。农机跨区服务，满足了广大农民对农机服务的需求，减轻了劳动强度，加快了农作物的播种和收获，为夺取农业丰产丰收发挥了重要作用。农机跨区服务，大幅度提高了农机具的利用率，提高了农机作业效益，推进了农机事业的发展。

4. 快速发展阶段（2004 年至今）

进入 21 世纪以来，我国农业机械化发展环境发生了较大变化，主要表现为农业机械化需求快速增加与国家政策强力支持。自 2004 年开始，我国总体上已进入工业反哺农业的转折期，已具备了工业反哺农业的经济实力、财政实力和发展条件。在"以工促农、以城带乡"的历史大背景下，一系列促进农机化发展的制度性安排密集出台。以农机购置补贴为"龙头"的一系列惠农政策，较好地适应了农机化发展的需求，推动我国农业机械化进入"黄金十年"发展期。带来的结果是：农机装备总量快速增长；农机装备结构显著优化；农机化作业水平显著提升；农机化服务加快发展。

1949 年，我国农作物耕种收综合机械化水平从零起步，第一产业从业人员占全社会就业人员比重 90% 以上；2007 年，我国农作物机械化生产方式已基本占据主导地位；2020 年，全国农作物耕种收综合机械化率达到 71.25%，其中小麦、玉米、水稻三大粮食作物耕种收综合机械化率分别达到 97%、90% 和 84%。农业生产方式实现了从主要依靠人力、畜力到主要依靠机械动力的历史性转变。近年来，基于北斗、5G 的无人驾驶农机、植保无人飞机等智能农机已进军农业生产一线。

（二）农业机械化的贡献

农业机械化给农业、农村、农民带来的变化是全方位的。农业机械化改变了农业的生产方式和农民的生活方式；解放了农村生产力，提高了农业生产率，提高了农民的生活水平、生活质量；推进了一二三产业融合发展。

1. 提高了农业劳动生产率

随着农村劳动力向二三产业转移速度加快，农业机械化有效解决了"谁来种田"的难题，实现了抢收抢种、抗旱排涝、大规模病虫害防治，保障农业生产稳定发展。应用农业机械化技术，促进了农业生产节本增效，促进了农民增收。

例如，水稻是我国南方主要粮食作物，相比较而言，水稻生产机械化是短板。即便如此，到 2020 年，在江汉平原粮食主产地区，水稻生产基本实现全程机械化。稻田整理机械化、育秧工厂化，插秧也是机械化，中耕除草应用化学除草，收获、脱粒、干燥一条龙机械化。据统计，插秧方面，水稻机械化插秧一般每小时可插 3~8 亩，是人工插秧的 8~10 倍，工效高，速度快。相比人工插秧，机械插秧均匀规范，科学控制植株间距，确保密度合理；秧苗入泥深度一致，成活率更高、长势更强。病虫防治方面，传统人工喷洒农药，1 天最多完成 16 亩，而一台无人机 1 小时可以喷洒 60~80 亩，一天作业面积能达到 500 亩以上，省心、省力又省成本。用无人机喷洒农药，还可以实现人药分离，减少人与农药的直接接触，提高了施药安全性。收获方面，人工一人一天只能收割水稻 0.6~0.7 亩，而一台收割机一天能收割 35~40 亩，作业效率提高 50 倍以上。机械收获可实现不落地工程，即将收割、脱粒、再烘干一次到位。同时，机械收割时可直接把禾秆粉碎还田。秸秆还田，不但可节省化肥的施用，提高秸秆综合利用率，还能在改善土壤结构、培肥土壤肥力中发挥较好的作用。中耕除草方面，过去一季水稻一般需中耕除草两次，一人一天大约可完成一亩地除草任务，一人一年种植 10 亩水稻十分辛苦，而实现水稻全程机械化后，一人种植 200 亩已成常态。

又如，玉米机械化收获与人工作业相比，生产效率提高 20~25 倍，每亩可节约人工费用 40~60 元；大豆联合收获机械化效率是人工的 15 倍，每亩可节约人工费用 100 元以上；花生铺膜播种机效率比人工播种提高 40~60 倍；棉花机械铺膜播种技术与人工相比效率提高 15~20 倍，每亩节约人工费用约 60 元。这些高效智能和专业化的农业装备技术推进了农业适度规模经营，提高了农产品竞争能力。

2. 提高了农业综合生产能力

农业机械装备突破了人力和畜力所不能承担的农业生产规模的限制。机械作业实现了人工所不能达到的现代科学农艺要求，提高了资源利用率和防灾抗灾能力，促进了粮食稳产增产。

据相关单位测算，2004—2013年，我国主要农作物耕种收综合机械化水平每提高1个百分点，就可以促进粮食增产50亿千克左右。例如，"三夏"期间使用农机作业，小麦收获时间能够缩短4天以上，为夏播赢得宝贵农时。水稻机插秧比传统手工插秧，稻谷产量提高600千克/公顷，节约秧田80%以上，节约稻种40%以上。棉花应用机械铺膜播种技术，每亩增加产量3%以上。东北地区应用玉米精量播种技术，每公顷增产400千克左右；推行玉米籽粒低破碎机械化收获技术，减少损失28%以上，大幅降低了籽粒破碎率，解决了玉米摘穗收获后在转运、晾晒、脱粒过程中的霉变损失问题，提高了收获质量，改善了玉米品质。

3. 解放了农村生产力

有关专家研究表明，2003—2012年，我国农作物耕、种、收综合机械化水平每提高1个百分点，可替代389万名农业劳动力的投入。农业机械化的发展，把大量劳动力从传统的农业生产方式中解放出来，并促进其向非农产业转移。

据国家统计局发布的农民工监测调查报告，2023年全国农民工总量为29753万人，占农村劳动力总数的61%。而同年，我国粮食总产量达到13908亿斤，是1978年改革开放之初的2.3倍。以上数据表明，改革开放以来，我国在农村劳动力大量外出的情况下，农业生产快速发展，粮食等农产品成倍增加，其中农机化事业的快速发展功不可没。

提高农机化水平，有效促进农村劳动力向其他产业转移，推进了工业化城镇化的发展，拓宽了农民的就业渠道和增收渠道，促进了城乡融合发展。

4. 减轻农业生产劳动强度，改变了农民的生产生活方式

农业新技术、新机具、新模式加快普及，在许多农业生产环节，机械化代替了牛、代替了人。农民可在遥远的田边操控无人机在农作物上空施肥喷药，在农机驾驶室内驾驶农业机械耕整土地，收割农作物。广大农民告别了"面朝黄土背朝天，弯腰驼背几千年"的生产生活方式，劳动强度大大降低，工作环境实现巨变。农民可与工人、城里人一样共享现代社会物质文明和精神文明的成果。农机作业智能化和舒适性不断提高，吸引了年轻一代务农爱农，农民已成为有吸引力的职业。

5. 推动了农机服务产业的振兴

农业机械化横跨农业和工业两大领域，是工业反哺农业的具体体现。农机装备总量迅速增加，农机化的普及与推广，推动了农机服务业的振兴与发展。据统计，2017年我国农机化作业服务组织达到18.73万个，农机户4184.55万户，农机从业人员5128.14万人，年经营收入5336亿元，年利润2004亿元，农机服务产业总体规模已经超过农业装备制造产业。

农业机械化在改造传统农业生产方式的同时，农机行业中的农机制造、流通、维修、作业服务产业不断发展壮大，已成为促进农民就业增收的重要产业。农机化事业的发展，造就了一大批懂技术、有文化、会经营的新型农机作业能手。

（三）农业机械化的发展未来

没有农业机械化，就没有农业农村现代化。农业农村现代化的重要标志之一是农业机械作业服务替代人力和畜力作业。我国农业农村正处于机械化对人力畜力加速替代的历史进程中。

1. 明确发展目标

《"十四五"全国农业机械化发展规划》提出，农业机械化要完成的主要指标是：到2025年，实现农作物耕种收综合机械化率大于75%、丘陵山区县农作物耕种收机械化率大于55%、设施农业机械化率大于50%、畜牧养殖机械化率大于50%、水产养殖机械化率大于50%、农产品初加工机械化率大于50%。实现"在一切能够使用机器操作的部门和地方，统统使用机器操作"。

2. 坚持因地制宜

一个国家、一个地区选择适合的农机化模式，取决于许多因素：有自然条件、经济条件和社会环境等。在这些因素中，起决定作用的是"资源密集度"，即土地与劳动力的对比关系。一般地说，土地稀缺的，应该实行以提高土地生产率为主的农业机械化模式；而劳动力稀缺的，则宜采用以提高劳动生产率为主的农业机械化模式。我国属于土地稀缺严重而劳动力比较充裕的国家，所以，我国的农业机械化的总体目标应该是以提高土地生产率为主，并兼顾劳动生产率。

农业机械化是为农业生产服务的，必须在农业生产环境中进行。我国的农业生产，南方与北方差异较大，必须因地制宜。北方粮食主产区，农作物品类相对单一，同一作物生产规模较大，大型的耕种收机械有用武之地。而在南方地区，农作物品种多样，农田环境千差万别，发展农业机械化必须实现农机与农艺相结合。

农业耕作制度、农作物专业化种植布局等，应便于机械化作业；农业机械能否实现一机多用、机动灵活、可靠性和耐用性，地块的大小，机耕路的配套完善等与机械的使用效率、成本直接相关。坚持中小型为主，一机多用为主，农机服从农艺为主，以提高土地生产率为主，这应该是中国多数地区农业机械化的发展方向。

当前，我国农业机械化在区域、产业、品种、环节上发展不平衡不充分的矛盾仍然十分突出。从区域上看，北方平原地区机械化发展较快，南方地区特别是西南丘陵山区发展相对缓慢；从农业内部产业、品种和环节看，主要粮食作物机械化水平较高，棉油糖果菜茶等经济作物、农产品初加工、设施农业等领域机械化水平相对较低；从粮食产业看，主要粮食作物中小麦、玉米生产机械化水平较高，水稻生产机械化水平相对较低。这些相对落后的地区、领域、产业和环节都是现阶段亟须解决、加强和补齐的短板。

3. 强化社会支持

一般来说，农业机械化的发展，取决于两个方面的因素：一是农业生产的发展在客观上有了用机械代替人的需要；二是在机械、资金、能源等物质条件上有实现的可能。世界上一些实现农业机械化的国家，一般都是由于工业的迅速发展，农村劳动力大量流入大工业，造成农业中劳动力的缺乏，人力成本高昂，从而激起了用机械代替人的客观经济需要。

农业机械是不能由农业本身创造出来的，必须由工业来武装农业。发展先进的农机制造工业，是发展农机化的基础，农机工业发展水平决定农机化发展水平。用现代工业创造出来的物质技术来装备农业，需投入大量的资金。世界各国农业机械化的资金来源，主要是靠工业积累，还没有一个国家是依靠农民本身的积累实现机械化的。由于农业生产的高风险低效益、农业再生产周期长，资金周转慢，农业积累速度低等特殊性，完全依靠农业本身的积累搞机械化几乎是不可能的。因此，发展农业机械化，国家应该制定长期政策，通过各种渠道给予相应的扶持。

八、数字农业与数字乡村

许多学者将人类社会的发展划分为三大类型：农业经济时代、工业经济时代和数字经济时代。农业经济时代，主要的生产要素是劳动力和土地；工业经济时代，主要是资本和技术；数字经济时代，数据则成为最核心和最关键的生产要素。

（一）数字经济时代来临

数字经济是指以数字化的知识和信息作为关键生产要素，以数字技术为核心驱动力量，以现代信息网络为重要载体，通过数字技术与实体经济深度融合，不断提高经济社会的数字化、网络化、智能化水平，加速重构经济发展与治理模式的新型经济形态。

数字经济的核心内容主要包括：一是数字产业化，即信息通信产业，具体包括电子信息制造业、电信业、软件和信息技术服务业、互联网行业等；二是产业数字化，即传统产业应用数字技术所带来的产出增加和效率提升部分，包括但不限于工业互联网、两化融合、智能制造、车联网、平台经济等融合型新产业、新模式、新业态；三是数字化治理，包括但不限于多元治理，以"数字技术＋治理"为典型特征的技管结合，以及数字化公共服务等；四是数据价值化，包括但不限于数据采集、数据标准、数据确权、数据标注、数据定价、数据交易、数据流转、数据保护等。

近年来，我国数字经济发展迅速。数字经济的总体规模已从 2005 年的 2.62 万亿元增长至 2020 年的 39.2 万亿元；数字经济总体规模占 GDP 的比重也从 2005 年的 14.2% 提升至 2020 年的 38.6%。数字经济在国民经济中的地位愈发突出，贡献水平显著提升。据中国信通院预测，2025 年我国数字经济规模可达 60 万亿元。

（二）我国数字农业、数字乡村建设与发展

农业农村数字化是指生物体及环境等农业要素、生产经营管理等农业过程及乡村治理的数字化，是一场深刻革命。

在数字经济快速发展背景下，"数字农业""数字乡村"应运而生。数字乡村是伴随网络化、信息化和数字化在农业农村经济社会发展中的应用，以及农民现代信息技能的提高而内生的农业农村现代化发展和转型进程，既是乡村振兴的战略方向，也是建设数字中国的重要内容。数字农业是将数字化信息作为农业新的生产要素，用数字信息技术对农业对象、环境和全过程进行可视化表达、数字化设计、信息化管理的新兴农业发展形态，是数字经济范畴下用数字化重组方式对传统农业进行变革和升级的典型应用之一。

1. 中国数字农业、数字乡村发展历程

通信设施是数字化的基础设施，包括有线及无线电话、电视、互联网、邮政及

线路、机站，还包括相应的设备。20世纪80年代后期，有线电话首先在城镇家庭推广，到90年代中期在部分农村家庭推广。相应地电话线路及通信设备也得到技术改造与提升。在90年代后期无线电话首先在城镇兴起，并迅速在技术升级基础上得到扩散和向广大农村扩散。

相对于城镇及工商等产业，我国数字乡村、数字农业起步较晚，早期发展以政府政策引导和资金支持为主。

1990年，国家支持计算机研究"农业智能应用系统"等5个专家项目研究平台，研发了200多个实用专家系统，并在全国22个示范区应用。随后，"数字农业""数字城市""数字水利"等的探索与研究在中国全面展开。

2015年，随着大数据战略地位的提高，农业大数据也成为新焦点。年底，《农业部关于推进农业农村大数据发展的实施意见》发布，国家为"农业＋大数据"的发展应用指出了发展方向和重点。

2017年，农业部正式设立"数字农业"专项，加快中国农业现代化、数字化进程发展研究与推进。

党的十九大明确提出建设网络强国、数字中国、智慧社会，我国数字农业发展的顶层设计逐渐明晰。从国家层面来看，2018年，中央一号文件《中共中央、国务院关于实施乡村振兴战略的意见》对数字农业提出了发展要求和发展方向：大力发展数字农业，实施智慧农业、林业、水利工程，推进物联网试验示范和遥感技术应用。2019年5月，中共中央办公厅、国务院办公厅印发的《数字乡村发展战略纲要》，提出了我国数字乡村在2020年、2025年、2035年以及21世纪中叶等4个时间节点上要实现的战略目标。2020年1月，《数字农业农村发展规划（2019—2025年)》出台，明确了今后一段时期我国数字农业发展的主要目标、发展思路和重点任务。一系列政策文件的发布和出台，意味着我国数字农业发展在国家层面已经有了清晰的发展蓝图。

随后，各省份都出台了规划，加快农业数字化建设，发展特色高效现代智慧农业，建设农业基础数据资源体系，推进农业生产智能化、农业经营网络化、农业管理高效化和农业服务便捷化，数字农业和数字乡村发展的谋划与建设已经全面铺开。

2. 中国数字农业、数字乡村发展现状

近年来，全国各地各部门坚持网络强国的理念，实施数字乡村发展战略，推动乡村数字基础设施建设，总的来看，农村数字经济实现新突破，数字乡村发展取得阶段性成效。据《中国数字乡村发展报告（2022 年)》：2021 年全国数字乡村发展水平达到 39.1%，其中东部地区为 42.9%，中部地区为 42.5%，西部地区为 33.6%。超过 50% 的省份有五个，分别是浙江 68.3%、江苏 58.7%、上海 57.7%、安徽 55.0%、湖北 52.2%。

（1）农村网络基础设施实现全覆盖。截至 2021 年底，全国行政村通宽带比例达到100%，通光纤、通 4G 比例均超过 99%，基本实现农村城市"同网同速"。5G 加速向农村延伸，截至 2022 年 8 月，全国已累计建成并开通 5G 基站 196.8 万个，5G 网络覆盖所有地级市城区、县城城区和 96% 的乡镇镇区，实现"县县通5G"。2021 年农村居民平均每百户接入互联网移动电话 229 部，农村互联网普及率达到58%。

（2）农业产业数字化进程快速推进。2021 年全国农业生产信息化率为 25.4%。物联网、大数据、人工智能、卫星遥感、北斗导航等现代信息技术在种植业生产中加快应用，精准播种、变量施肥、智慧灌溉、环境控制、植保无人机等技术和装备开始大面积推广。2021 年全国大田种植信息化率为 21.8%。现代信息技术在畜禽养殖全过程得到广泛、深度应用，在传统三大农业行业中处于领先水平。2021 年全国畜禽养殖信息化率达 34.0%。养殖水体信息在线监测、精准饲喂、智能增氧、疾病预警与远程诊断等数字技术与装备在渔业行业不断推广应用。数字技术支撑的工厂化养殖、稻虾养殖、鱼菜共生模式相继投入生产，渔业生产信息化稳步推进。2021 年全国水产养殖信息化率为 16.6%。智能农机装备研发应用不断突破。2021 年全国植保无人机保有量 12.1 万架、年作业 10.7 亿亩次。数字技术和智能装备在农业生产、农产品分级包装、贮藏加工、物流配送等各个环节得到广泛应用。

截至 2021 年底，全国接受信息化农技推广服务的新型农业经营主体（包括农民合作社和家庭农场）共计 223.3 万个，农技推广服务信息化率为 61.3%。

（3）乡村数字产业化新业态、新模式不断涌现。现代信息技术推动农村经济提质增效，激发乡村旅游、休闲农业、民宿经济等乡村新业态蓬勃兴起。农村电商继续保持乡村数字经济"领头羊"地位。农村数字普惠金融服务可得性、便利性不断提升。"互联网＋"农产品出村进城工程有力促进了产销对接和农村电商发展。2021 年农产品网络销售额占农产品销售总额的 14.8%。快递服务不断向乡村基层延伸，"快递进村"比例超过 80%。

（4）乡村治理与服务数字化高位推进。2021 年，农村"三务"（党务、村务、财务）网上公开行政村覆盖率为 78.3%，全国县域社会保险、新型农村合作医疗、劳动就业、农村土地流转、宅基地管理和涉农补贴等六类涉农政务服务事项综合在线办事率达 68.2%。

2021 年全国村级在线议事（通过"智慧村庄"综合管理服务平台、微信群、QQ 群等信息化平台对村级事务进行讨论或决策，为村级组织落实基层群众自治制度提供了信息化支撑）行政村覆盖率为 72.3%。各地整合利用现有设施和场地，完善村级综合服务站点。推进以开展党务服务、基本公共服务和公共事业服务为重点内容的"一站式"便民服务。截至 2021 年底，村级综合服务站点行政村覆盖率达到 86.0%。

（三）数字农业、数字乡村发展展望

随着数字化技术在农业农村中应用的不断拓展，越来越多的国家意识到国家数字农业战略的重要性。

美国的农业信息化起步早，从 20 世纪 90 年代开始，经过多年发展，美国现已成为世界上农业信息化程度最高的国家之一。欧盟将农村数字服务平台、创新生态系统、智慧农村建设放在农村发展目标的首位，确保农业部门和农村地区与数字经济紧密相连。作为欧洲第一大农业生产国法国，近年来积极支持数字农业发展。法国农业和食品部 2022 年 2 月公布了"农业和数字化"路线图，将数字技术列为 2022 年至 2027 年农业和农村发展规划的重点。德国制定《农业数字政策未来计划》，以抓住农业和数字技术两个高度复杂系统集成所带来的机遇，到 2022 年底，德国联邦食品及农业部拨出 6000 万欧元用于农业部门的数字化和现代化建设。印度政府在 2023 年联邦预算中表示，正在建立一个以农业为重点的数字公共基础设施。

利用先进的数字信息技术实现农业和农村的跨越式发展，是当今世界各国农业生产与决策部门的共识。近年来，美国、欧盟和一些新兴经济体国家纷纷将区块链、物联网、人工智能、机器人和无人机等新兴数字化技术应用于农业领域，以实现降低运营成本、提高收益的目标。随着网络设施的普及、数字技术的成本下降以及农民的知识和技术意识增强，无论是在发达国家还是在发展中国家，越来越多的农民开始采用数字化"新农具"成为全球趋势。在美国，80% 的农场主使用了精准农业的定制服务，农场通过对作物生长环境和长势进行监测，利用大数据技术进行智能决策，相比传统农场节约用水、减少肥料施用，实现农药零投入。在以色

列,"节水农场"蜚声海外,技术人员采用农业大数据技术,通过电脑对灌溉、施肥、温度、湿度进行自动调节和控制;根据土壤的吸水能力、作物种类、作物生长阶段和气候条件等定时、定量、定位对农作物进行管理,不仅减少了各种投入,而且大幅提高了农作物单位面积产量。在日本,基于5G技术的发展,智慧浇灌管理、农业机器人、农业遥感等数字技术进一步推动精准农业、智慧农业的普及应用。

在数字技术进步的引领下,"融数注智"成为全球农业发展的重要趋势。世界各国加快释放数字技术在农业领域的活力,对于提升生产效率、稳定农民收入、促进乡村发展具有重要意义。

我国农业农村数字化立足基本国情农情,以推进物联网、大数据、人工智能、机器人等信息技术在农业农村领域全方位全链条普及应用为工作主线,以全面提高农业全要素生产率和农业农村管理服务效能为主要目标,加强顶层设计、加大政策支持、强化应用导向,着力破解信息感知、智能决策、精准作业各环节的瓶颈问题,统筹推进技术装备研发、集成应用、示范推广,大幅提升农业智能化水平,为加快农业农村现代化提供新动能。

国家数字农业、智慧农业规划提出,到2030年,智慧农业发展取得重要进展,农业生产信息化率达到35%左右;到2035年,智慧农业取得决定性进展,关键核心技术全面突破,技术装备达到国际先进水平,农业全方位、全链条实现数字化改造,农业生产信息化率达到40%以上。农业农村数字化的重点领域、重点任务主要是:

一是加快乡村信息基础设施建设。加快农村宽带通信网、移动互联网、数字电视网和下一代互联网发展。完善信息终端和服务供给。全面实施信息进村入户工程,构建为农综合服务平台。加快乡村基础设施数字化转型。推动农村地区水利、公路、电力、冷链物流、农业生产加工等基础设施的数字化、智能化转型,推进智慧水利、智慧交通、智能电网、智慧农业、智慧物流建设。国家及各级农业农村部门和各类主体依托用地"一张图",开发耕地种植用途管控、防灾减灾、生产托管、农机精准作业等各类应用。

二是发展农业农村数字经济。推进农业数字化转型,加快推广云计算、大数据、物联网、人工智能在农业生产经营管理中的运用,促进新一代信息技术与种植业、种业、畜牧业、渔业、农产品加工业全面深度融合应用。建设智慧农(牧)场,推广精准化农(牧)业作业。实施"互联网+"农产品出村进城工程,创新农村流通服务体系。推动人工智能、大数据赋能农村实体店，促进线上线下渠道融合发展。推动互联网与特色农业深度融合，发展创意农业、认养农业、观光农业、都市农业等新业态。促进游憩休闲、健康养生、创意民宿等新产业发展，规范有序发展乡村共享经济。

三是推进数字农业农村科技创新供给。推进数字赋能计划，着力增强数字农业科技支撑。将大数据、物联网、人工智能、区块链等技术研发应用作为重点产业科技支撑的重要创新任务，紧扣数字赋能产业高质量发展，积极推进农业产业数字化。围绕数字育种、智慧养殖、智能农机装备、农作物病虫害监测预警、高效节水等领域组织科技攻关。加速传统农业装备智能化改造升级，提升数字农业技术水平。加强科技培训，壮大数字农业人才力量。

四是建设多样化的智慧农（牧、渔）场。智慧农场：重点应用环境监测调控、水肥药精准管理、智能植保、无人巡检运输、智能农机等技术装备。完善田间气象、作物长势、土壤墒情、病虫害等监测预警网络建设，形成覆盖全域的一体化监测体系。智能农机创新与应用，在规模化场景下实现精准整地、精准播种、变量施药、变量施肥、变量灌溉、收获减损、运输减损、仓存减损、秸秆综合利用等精准作业。智慧牧场：重点应用个体体征监测管理、环境精准调控、自动巡检消杀、疾病智能诊断、精准配方饲喂、自动采集清污、废弃物无害化处理等技术装备。智慧渔场：重点应用环境和水质监测、自动增氧、智能巡检、智能投饲、个体行为观测、鱼病智能诊断、分级计数等技术装备。

五是推进乡村治理能力现代化，繁荣数字乡村网络文化。推动"互联网＋党建"。推动党务、村务、财务网上公开，畅通社情民意渠道。提升乡村治理能力。推动"互联网＋社区"向农村延伸，提高村级综合服务信息化水平。加快推进"互联网＋公共法律服务"，建设法治乡村。依托全国一体化在线政务服务平台，加快推广"不见面审批"等改革模式，推动政务服务网上办理，提高群众办事便捷程度。推进县级融媒体中心建设，推进数字广播电视户户通和智慧广电建设，推进乡村优秀文化资源数字化。以"互联网＋中华文明"行动计划为抓手，推进文物数字资源进乡村，大力宣传中华优秀农耕文化。

六是强化乡村数字化惠民服务。完善民生保障信息服务。推进全面覆盖乡村的社会保障、社会救助系统建设，加快实现城乡居民基本医疗保险异地就医直接结算、社会保险关系网上转移接续。大力发展"互联网＋医疗健康"，引导医疗机构向农村医疗卫生机构提供远程医疗、远程教学、远程培训等服务。完善面向孤寡和留守老人、留守儿童、困境儿童、残障人士等特殊人群的信息服务体系。创新农村普惠金融服务，改善网络支付、移动支付、网络信贷等普惠金融发展环境，为农民提供足不出村的便捷金融服务。

~~~~~ / 知行链接 / ~~~~~~~~~~~~~~~~~~~~~~~~~~~~~~~~~~~~~~

推进科技创新，努力实现从农业大省向农业强省的跨越

注：2012 年 2 月 1 日，中央一号文件《中共中央、国务院关于加快推进农业科技创新持续增强农产品供给保障能力的若干意见》公布。湖北省农业部门如何贯彻落实中央一号文件？2012 年 4 月，笔者先后两次接受湖北电视台公共频道《厅局长访谈》节目的专访。以下是专访笔录摘要。

主持人：农业是国民经济的基础，对人口超过 13 亿人的中国来说更为重要。在过去的 8 年中，党中央、国务院每年出台的中央一号文件，都是关注"三农"问题。今年中央一号文件，把焦点放在推进农业科技的创新上，农业科技已成为龙年关键词。您认为，中央今年为什么把农业的重点放在农业科技创新上？中央有怎样的考虑？

答：今年中央一号文件聚焦农业科技创新，我认为主要基于对当前和今后一个时期我国农业发展形势的正确判断。

我们经常说，农业发展靠"政策、科技、投入"。从某个角度讲，政策和投入是农业发展的外部推动力，而农业科技则是农业发展的内生动力，是农业发展永恒的力量源泉。在政策扶持和投入不变或变化不大的情况下，科技的作用尤为重要。

目前，我国已经进入现代农业发展新阶段。尽管国家通过各种途径支持农业发展，但是，耕地每年都在减少，农村劳动力大量外出。耕地资源压力越来越大，保持农业较快发展，靠拼资源消耗、靠增加劳动投入已经不可能，拼增加资金投入难度也很大。

但是，农业科技创新潜力巨大。靠科技进步可提高土地产出率、劳动生产率和资源利用率，可以促进农业和农村经济可持续、快速发展。抓住了科技创新，就抓住了要害。

问：每年中央一号文件出台之后都会有很多专家学者、领导干部对中央

一号文件做不同角度的解读。作为湖北省农业方面的领导，您如何解读今年中央一号文件？您认为今年中央一号文件的最大亮点是什么？

答：今年中央一号文件亮点很多，从推进农业科技创新方面看，主要亮点有：

之一：在国民经济建设中，把"农业科技"摆到更加突出的位置。进一步明确了农业科技是确保国家粮食安全的基础支撑，是突破资源环境约束的必然选择，是加快现代农业建设的决定力量。

之二：在"三农"投入上，要求"三个持续加大"，即：持续加大财政用于"三农"的支出；持续加大国家对农业农村固定资产的投资；持续加大对农业科技的投入，确保增量和比例均有提高。

之三：明确了农业科技创新的内容和重点。农业科技创新要面向产业需求，着力突破农业重大关键技术和共性技术，切实解决科技与经济脱节问题。一是完善农业科技创新机制。要打破部门、区域、学科界限，推动产学研、农科教紧密结合；要大力推进现代农业产业技术体系建设，建立符合支撑现代农业发展需求的产业技术体系；要大力培育以企业为主导的农业产业技术创新战略联盟，发展涉农新兴产业。二是着力抓好种业科技创新。科技兴农，良种先行。要重点支持重大育种科研项目。要优先支持育、繁、推一体化种子企业，加快建立以企业为主体的商业化育种新机制。

之四：今年中央一号文件对农业科技事业进行了定性。明确农业科技服务具有显著公共性、基础性、社会性。中央对农业科技事业"公共性、基础性、社会性"的定位很准确，表明了农业科技事业不能随意推向市场，必须坚持政府主导。长期以来，社会上对农业科技事业的定位比较模糊。"三性"定位意味着农业科技事业机构稳定了；广大农业科技人员吃了一颗"定心丸"，可以安心工作；特别是对乡镇一级农技推广体系"线断、网破、人散"的现状，起到了"织网、连线、聚才"的作用。农业科技事业机构稳定，各级党委、政府"三农"工作就有了抓手；广大农民有了科技服务依靠。同时，也让全社会放心，农业发展更有希望了。

之五：在基层农技推广体系建设上，提升服务能力，实现"一个相衔接、两个全覆盖"。一个相衔接是：基层农业科技服务在岗人员工资收入与其他基层事业单位人员工资收入平均水平相衔接，切实提高待遇水平；两个全覆盖是：基层农业技术推广体系改革与建设示范县项目基本覆盖所有农业县，农业技术推广机构条件建设项目覆盖全部乡镇。"一个衔接、两个覆盖"，中央财政拿出了"真金白银"，这无疑为完善农技推广体系改革送来了东风。

问： 自2004年以来的中央一号文件，每年聚焦一个主题，出台一系列强农、惠农、富农的重大政策举措，促进了农业农村持续稳定发展。今年的主题主要是开展农业科技创新，这对我们湖北农业来说会有什么样的机遇？

答： 湖北是农业大省，也是农业科教大省，但还算不上是农业强省。湖北省在农业科技研发与推广应用方面仍然存在不少问题。如，从横向看：农业科教资源比较丰富，但整合不够。农业行政、教育、科研三大体系相对独立，各自为政，导致农业科研、教育、推广在许多地方、许多环节不通畅。从纵向看，基层农技推广体系改革有待完善，"最后一公里""最后一道坎"的问题仍未解决好。从农业科技体系本身看，农业科技资源没有形成整体合力，农业科研体制机制有待完善，农业科技创新效率有待提高。

中央一号文件的出台，给农业发展带来了难得的机遇，给我们建设农业强省指明了方向。贯彻落实中央一号文件，我们将按照省委、省政府的统一部署安排，争取省直相关部门的支持，进一步加大农、科、教统筹力度，加大基层农技服务体系建设的力度，激活我省科教大省优势，提升科技进步对建设农业强省的支撑作用，为我省实现从农业大省向农业强省的跨越作出应有的贡献！

问： 科技对农业发展而言，具有举足轻重的地位。目前，科技对我省农业的贡献率是多少？在哪些领域农业科技贡献率较高，哪些方面又比较薄弱，今后我省科技兴农的重点是什么？

答： 据测算，2011年，我省农业科技进步贡献率为54%，高于全国51%的平均水平。这意味着我省农业科技进步对农业增长贡献的份额超过了生产资料、土地和劳动力等生产要素投入增加贡献的总和，换句话说，在促进农业增长的诸多因素中，科技进步所做的贡献已超出了"半壁江山"。

农业科技的主要载体是：新品种、新技术、新模式、新生产资料、新机具等。农业科技应用到位地区、领域，科技贡献率就高，相反则低。目前，我省优质高产品种、高效种植养殖模式、测土配方施肥、标准化生产技术和农业机械化作业技术等方面发展较快。

但是，我省农业科技进步成果应用，区域之间、产业之间发展不平衡。在产业科技进步上，优质水稻、马铃薯种植、规模化养猪、高山蔬菜、水生蔬菜等方面科技含量较高，发展较快。相比之下，油菜生产、茶叶生产、水产养殖等方面，良种推广应用不错，但在农机具研发与应用方面，还有很多工作要做。科技兴农工作要在平衡发展、整体推进上下功夫。

问：湖北省依托华中农业大学和中国农业科学院油料作物研究所研制开发的"双低"优质营养食用油，填补了我国"双低"菜籽油产业化的空白。"双低"菜籽油是我省农业科研成果产业化的一个典型。目前，湖北省像"双低"菜籽油这样做得成功的产业，还有哪些？或者说，还有哪些领域有潜力做成类似"双低"菜籽油这样成功的产业？

答：这个问题实际上是今年中央一号文件中提出的，建立现代农业产业技术体系问题。你说得很对，"双低"油菜的确是我省一大优势产业，也是我省"农、科、教、企"紧密结合，做大、做强农业产业技术体系的成功典范。

建立现代农业产业技术体系，是农业产业化、农业科技产业化的重要抓手，能够有效地将科研、推广、企业、产地紧密结合起来。

优质稻米开发：依托武汉大学、湖北省农科院等单位提供科技支撑，组织京山桥米、监利福娃、沙洋洪森等一批大米加工龙头企业，组建农业科研、生产、精深加工、品牌发展产业技术体系。稻米生产加工能力、水平得到了很大提高，高档优质米及精深加工产品都受到了消费者欢迎，产业规模位居全国前列。

马铃薯产业开发：以华中农业大学、恩施州农科院等单位为科技支撑，选育出一批适合我省种植的新品种，改变我省马铃薯用种主要依靠外调的局面，为冬闲田开发利用提供了充足种源。同时，在加工方面，宜昌、咸宁、恩施等地一批企业正在快速发展，马铃薯产业技术体系已经建立，有望建成一个大的产业。

魔芋、食用菌等产业：这几年发展较快，我省农产品出口，魔芋、食用菌占了很大份额。之所以有这么好的局面，主要的也是依靠华中农业大学、省农科院等高等科研院所提供的优质品种和种植加工生产技术。

还有，生猪产业、禽蛋产业、水产生产加工业等，都做得很出彩，在全国都有很重要的地位。

问：针对农业科技存在投入大、回报率偏低的问题，如何激发各地政府的积极性，加大对农业科技的投入，支持农业科技创新工作？

答：农业是一个特殊的产业。社会对农产品需求刚性强，农产品是特殊商品。农产品供求是经济，更是政治。中央一号文件要求要发挥政府在科技投入中的主导作用，要持续加大农业科技投入，保证财政农业科技投入增幅明显高于财政经常性收入增幅。

农业科技投入，关键在落实，主要依靠各级政府。一方面，要落实好农业科技的"三性"定位，提高各级领导的重视程度；另一方面，要将这项工作纳入各级政府政绩考核的范畴，靠制度来推动，靠制度来保障。今年湖北省市州党政领导班子年度考核指标评分办法已经下发，其中明确，把农业科学技术支出占地方一般预算支出的比重列入考核指标。这一举措十分有效，可以起到导向和约束的作用。

问：湖北省是科教大省，武汉是我国重要的教育中心城市，高等院校、国家和省级科研院所林立，农业科技资源丰富。今年中央一号文件把科技创新放在农业发展的重要位置上，省农业厅如何利用这一政策优势来推进我省农业科技的进步？

答：我省是农业科教大省，省内涉农院校有20余所。国家在鄂农业科研机构7所，省级和市州农业科研单位17个。现有从事研发的科技人员4000多人，其中两院院士12名，高级职称1781人，研究队伍阵容居全国前列。全省各级政府主管的农技推广服务机构齐全，现有农技人员4.6万余人。

我省的高校、科研单位，不仅在农业科技创新上发挥主体作用，而且在利用自身优势，服务农业和农村经济发展上也做出了积极贡献。如：华中农业大学启动了"一院带一村，辐射一个县"服务新农村建设行动计划和"百名教授进百企"科技支撑企业发展行动计划。省农科院积极开展与地方农业科技部门合作，共建20个专家大院，开展成果转化和技术服务。

发挥我省科教优势需要做的工作很多，如：充分发挥省农科教结合领导小组的作用，整合农科教资源，在农业科技创新、成果转化、科技服务等方面形成合力。明确工作目标、工作职责、工作重点，切实解决当前制约我省农业发展的重点、难点问题。

问：过去，春节过后农业部门就要开展科技下乡服务。今年是"农业科技促进年"，我省农业科技下乡活动会有什么不一样，这些活动要达到一个什么样的目标？

答：今年送科技下乡活动是在贯彻落实中央一号文件精神和省委、省政府"喜迎十八大、争创新业绩"主题实践活动的大背景下开展的，从内容到形式上都有一些新变化。

一是在时间上抓得早。春节刚过，省农业厅就在黄冈市团风县举办了"科技下乡活动"，较常年提前了一个多月。其实，春节前，我们就已经在崇阳县举办了"三送一促"活动。

二是在内容上抓得实。我们把送科技与送强农惠农富农政策、送农产品市场信息与送放心农资结合起来。仅黄冈市团风县这一次活动，省农业厅就发放了4万多份农业技术资料，赠送了价值30多万元的农业生产资料。

三是在形式上抓得活。我们不仅组织专家到现场与农民面对面咨询，还把农资经营企业请到现场展示新品种、新农药、新肥料、新机具，让农民看得见、学得到、用得放心，是一次便民服务活动。同时我们还针对当地农业产业实际，在村组举办技术培训班，由专家给农民面对面、手把手讲解相关农业生产技术。

四是在辐射带动示范效应上效果好。省农业厅在黄冈市团风县举办农业科技下乡活动之后，全省各地先后都以不同的形式开展农业科技下乡和春耕备耕技术培训活动。目前，农业科技下乡活动正在全省掀起了热潮。

问：谈到农业科技推广，不可避免的就会面临一个问题，就是农村青壮年都出外打工挣钱了，剩下大多是老人、妇女、儿童。以后，科教兴农依靠谁呢？农业科技入户难的问题怎样才能解决？请谈谈我省的具体措施。

答：你说的这个问题，说到底就是"谁来种田"的问题。目前，我省农村青壮年劳动力大多外出务工。据了解，2011年全省外出务工经商人数达1163万人，比上年增加45万人。外出务工劳动力占全省农村劳动力总数的51%。从外出地看，在省内就业达550万人，占外出务工总数的47%。

当前农业生产经营的特点是，传统的小农户经营在逐渐减少，新型农业经营主体在增多，他们将逐渐成为农业生产经营的主力军。与之相适应的农业社会化服务组织在迅速发展，农村全程或单项社会化服务组织在增多。解决农业科技入户难的问题，办法主要有：

一是培养农业生产新兴主体。包括培植种养大户、科技示范户，大力发展农民专业合作社、农业产业化龙头企业，培育新型"农场主"。在项目、资金、政策等多方面给予支持扶持，帮助他们成长。他们既是农业生产经营主体，也是推广应用农业科技成果的主体，是建设现代农业的主力军。

二是培育农业社会化服务组织。如：农业植物保护专业服务、农业机械化专业服务、动物疫病防治专业服务组织等。这些组织在一些领域、一些生产环节起到"保姆"作用，提供各类专业服务。

三是开展农业实用技术培训和科技示范。针对"在家留守农民"，组织农技人员进村办班、入户指导、下田示范，做给农民看、带领农民干，提高农民科学种养水平。

问：过去施用农药和化肥是提高粮食产量非常有效的手段。今年中央一号文件提出，要进一步提高粮食的产量，但又要控制农药和化肥的使用。请问我们采取什么措施来确保粮食增产目标？

答：提高粮食产量是一个系统工程。保粮食种植面积是保粮食增产目标的基础，提高单产关键是靠科技。

确保粮食增产目标，一是推广应用良种。良种的增产潜力巨大，如中稻生产，过去亩产500千克是高产，现在我们的目标一般是600千克，超级稻品种目标已经突破了800千克。20世纪90年代，我们提出要建设"吨粮田""吨粮县"；现在随着科技水平的提高，我们已经在组织开展"吨半粮"示范县建设。

省农业厅每年都要向社会发布主要农作物主推品种、主推农药、主推化肥和农业主推技术的公告，供各地和广大农民结合实际推广应用。今年，省农业厅已发布了全省主推 10 大类 106 项农业高新技术。

二是大力发展现代设施农业，如农膜覆盖、温室大棚、节水灌溉等，土地生产率水平大幅度提高。

三是推广良法。如通过测土配方施肥和科学防治病虫害，推广低残留高效农药新品种，既能减轻农业面源污染，又能提高农药的利用率，提高农产品产量。推广农业高产高效种养模式，效果十分显著。

四是发展机械化作业。提高机械化水平，不但能减轻农民的劳动强度，提高劳动生产率，还能够抢抓农时，减少损失，实现增产增效的目的。

五是推广各类避灾技术，通过抗灾、减灾夺丰收，等等。

问：中央一号文件强调，要强化农机推广服务，解决农机推广"最后一公里"问题。请问今年湖北省将采取哪些举措解决这个问题？

答：毛泽东主席曾经说过，"农业的根本出路在于机械化"。这句话非常经典。现代农业的重要标志之一就是农业机械化。

"十一五"以来，国家出台了农机购机补贴和燃油补贴，让农民买得起、用得起农业机械。一批农机大户、农机专业合作社发展壮大，农业机械化进入一个快速发展阶段。但是，面临的问题仍然不少，其中农机作业"最后一公里"的问题更为突出。主要表现：在农田基础设施建设方面，要畅通机耕道，让农业机械进得去；在农业生产经营方面，要解决土地"碎片化"问题，开展土地整理，扩大规模经营，让农业机械转得开；在农机与农艺结合上，如选育适合农业机械化操作的品种，让农业机械用得上，等等。这些问题已经引起各级各部门的高度重视，正在逐步解决之中。

问：前几年粮食实现了大丰收，2012 年我省农业生产的目标是多少？会不会定得更高？

答：截至 2011 年，我省粮食生产实现了"八连丰"，淡水产品实现全国"十六连冠"，农民收入实现"八连增"的良好局面。

2012 年，我省农业经济的预期目标是：农业增加值增长 4%，粮食增产 5 亿斤，生猪出栏数、肉类总产量、水产品产量分别增长 3% 以上，农产品质量安全水平保持在 95% 以上，农业科技贡献率提高 1 个百分点，农产品加工产值与农业产值之比达到 1.8∶1, 农民人均纯收入增长 10%。

要在高起点上实现 2012 年的增长目标, 任务是十分艰巨的。在农业生产经营方面, 我们的主要措施是:

一是增面积。力争全年粮食面积增加 100 万亩以上。

二是增单产。在不发生重大自然灾害的情况下, 争取粮食单产提高 1 个百分点, 即每亩 4 千克左右。

三是优品质。主要是优化品种结构, 提高优良品种比重。

四是求高效。主要是推广应用节本增效技术。今年国家再次提高了粮食最低收购价, 我们将全力搞好技术服务, 降低生产成本, 提高粮食产量及品质, 增加农业效益。

问: 您刚才提到, 2012 年我省"农业科技贡献率提高 1 个百分点"的目标。您怎么看待这"1 个百分点"? 1 个百分点是不是有点儿低? 确保完成 1 个百分点, 要在哪些方面做文章?

答: 农业科技进步贡献率是一个综合指标, 是从总体上衡量科学技术在农业生产中发挥的作用。

农业科技进步贡献率是除劳动、资金和土地要素之外的其他所有要素的作用集合, 包括农业新品种、新技术的应用、劳动力素质的提高、产业结构调整、资源配置的科学化和经营方式的改进等。

前面讲过, 2011 年我省农业科技进步贡献率为 54%, 这充分表明, 我省农业增长的主要因素是科技。

今年, 我省提出再增长 1 个百分点。从目前我们掌握的科技储备看, 完全有可能。如: 农作物高产创建技术; 农业机械化的普及技术; 畜牧水产养殖业科技提升技术; 农产品产业化加工和质量安全技术; 农民科技大培训, 提升农民科技素质等。另外, 还可以通过加强基层农技推广队伍建设, 提高农技推广服务能力, 解决农技推广"最后一公里"问题, 可有效提高农业科技的到田率、入户率。

问: 湖北农业要实现跨越发展,"十二五"农业科技兴农方面, 主要抓手有哪些?

答: 2011 年, 我省农业样样增产, 季季丰收。特别是我省粮食生产"八

连丰"、农民收入"八年增",为实现"十二五"规划目标奠定了良好的基础。今年是承上启下的关键年,我们的工作思路是:

一是加大科技研发创新力度。要充分发挥科研教育单位的作用,尽快研发、组装一批适合湖北现代农业发展实际的新品种、新技术、新成果,提供科技储备和支撑。

二是加大科技推广应用力度。重点是推广普及优质高产的新品种、新种苗和种禽。大力开展高产创建、生态养殖,努力提高农业科技的贡献率。

三是加大农业生产经营体制机制创新力度。大力培育新型农业生产经营主体,提高现代农业的经营水平;盘活土地经营权,促进土地规范流转,发展规模经营。

四是创新农业技术服务体系。贯彻落实中央一号文件精神,建立健全以"公益性"的农技推广为主体,各种经营性服务组织相结合的现代农业服务体系,满足农业发展和农民科学种田的需要。使先进适用农业技术能到田、入户,转化为现实生产力。

"十二五"是我省加快发展现代农业、实现从农业大省向农业强省跨越的重要机遇期。湖北省农业发展潜力很大,主要体现在土地生产率、劳动生产率、加工增值率、科技贡献率等方面的潜力都很大。有党的强农惠农富农政策、有各级领导的重视、有全社会的关心支持,一定能够激发广大农业生产者的生产积极性,调动广大农业科技人员服务"三农"的热情,我省实现从农业大省向农业强省的跨越是完全有可能的,我们充满信心。

问:立春过了,马上面临春播。春播期间,我们除了在选种优良种子上下功夫之外,还有哪些新技术的应用可以有利于我们农业的增产呢?

答:春天是播种的季节,"一年之计在于春",对于农业生产来说,春季决定全年。

"好种出好苗",推广优良品种是确保丰收的基础。目前,我省春播用种供应充足。省农业厅还发布了主推优良品种公告。在其他技术方面主要有:

一是抓备耕,主要是抓早稻集中育秧。今年,省政府专门列支2000万元专项资金,支持开展早稻集中育秧,主要是帮助小农户改善育秧条件,提高育秧水平，恢复扩大双季稻面积。省农业厅已组织召开了集中育秧的工作会和培训会，并组成 18 个工作组，由厅领导带队，在早稻主产县建立联系点。

二是抓田管。抓好小麦、油菜等在田作物的管理，确保夏粮夏油增产丰收。我省夏粮占全年粮食产量的 20% 左右，夏油占全年油料产量的 70% 以上。

三是抓畜禽春防。春季是补栏的高峰，也是重大动物疫情的多发季节，重点加强疫情监测，做好重大动物疫病防控工作。

四是抓水产养殖的春投、春放。我省是水产大省，目前的重点工作是继续加强鱼池改造，开展四大家鱼主导品种的更新换代，优化名特优种苗结构，提高养殖效益。

五是树立抗灾夺丰收的思想。及早做好应对自然灾害突发的应急预案。

第四章　农产品生产与粮食安全

"人是铁，饭是钢，一顿不吃饿得慌""王者以民为天，而民以食为天，食以粮为先"。

农业的社会功能，主要是为社会提供数量充足、丰富多彩、品质优良的农产品。农业生产的目标，不单是确保人们"吃得饱"，还要"吃得好"。

中国是粮食生产大国，也是粮食消费大国。由于粮食需求刚性增长，品种结构性矛盾加剧；土地资源严重短缺，粮食增产后劲不足；农民种粮积极性减弱，耕地撂荒和非粮化现象严重；全球粮食供求偏紧，国际贸易风险增加等，粮食安全仍然面临多重挑战。

粮食是一种同时具有一般商品和公共品属性的特殊产品。作为一般商品，粮食可以同其他商品一样，在市场上自由买卖，而粮食的不可代替性、需求的强刚性、增产的有限性、储藏的时限性等，决定了粮食是一类特殊产品，具有公共品属性。

粮食是国民经济和社会稳定的基础，是国家安全的命脉，是当今世界的"战略武器"。

发展粮食生产，提高粮食产能，保障粮食安全，责任重于泰山。

一、粮食的概念

农产品和粮食似乎是一个人人皆知的概念，其实不然。不同时期、不同部门、不同组织说法并不一致。农产品是农业生产的物品。国家规定初级农产品是指农业活动中获得的植物、动物及其产品，不包括经过加工的各类产品。社会上通常所说

的农产品大多是指种植或养殖获得的可食用的初级农产品。粮食是主要农产品之一。粮食的概念有多种表述:

我国传统的"五谷杂粮"概念:粮食,按照我国传统的含义叫做"五谷杂粮",主要是指禾本科作物和各种主食食料的总称。例如,谷物类、豆类、薯类及其他小杂粮,一般都称为粮食作物。

我国通常所说的"口粮"概念:"口粮"是指人们日常直接食用的粮食,也称基本口粮。"口粮"主要包括稻谷、小麦和玉米,是国家确保粮食安全的主要农产品。随着我国居民收入水平的提高,玉米作为直接食用的粮食将越来越少,故中国居民的口粮消费结构是以谷物中的稻谷与小麦为主。

联合国粮农组织谷物类粮食概念:联合国粮农组织(FAO)每年公布的粮食产量,实际上是"谷物总产量"。世界谷物主要有小麦、大米、玉米、高粱、大麦、小米、稞麦、燕麦、黑麦等,它不包括大豆、杂豆和薯类。

中国传统统计口径中的粮食产量概念:中国传统统计中应用的粮食概念及1996年中国政府发表的《中国的粮食问题》白皮书和《国家粮食安全中长期规划纲要(2008—2020)》中所指的粮食概念,"主要指谷物(包括小麦、稻谷、玉米等)、豆类和薯类(鲜薯按5∶1折算为原粮)"。我国每年公布的粮食产量与联合国的统计口径并不一致,以我国人均占有粮食量与世界人均占有的谷物量相比,结果偏高。

现代大粮食观的食物粮食概念:随着科学技术的发展,科学家认为,现代粮食应当有个新概念。从广义上说,凡是能够维持生命正常活动和增强体质的食物,都属于粮食。我国经济学界提出"大粮食"观点,指出粮食不仅限于谷物,而是包括一切能维系人类生命、保持机体发育、补充能量消耗的养料、滋补品和食物,都属于粮食的范畴。这与国际上通用的粮食范畴大体上是一致的。FAO出版的统计年鉴每年所列食物产品目录有8大类106种,这8大类是:谷物类,块根和块茎作物类,豆类,油籽、油果和油仁作物,蔬菜和瓜类,糖料作物,水果和浆果,家畜、家禽和畜产品等。

人体对食物营养的需要,不外乎蛋白质、脂肪、碳水化合物、维生素和无机盐五大类。碳水化合物和脂肪可为人体提供热量,但热量不能转化为蛋白质。以碳水化合物为主的食物结构是粮食的旧概念,以蛋白质为主的食物结构是现代粮食的新概念。

树立大农业观、大食物观,在保护好生态环境的前提下,从耕地资源向整个国土资源拓展、从传统农作物和畜禽资源向更丰富的生物资源拓展,构建多元化食物供给体系,实现各类食物供求平衡,是确保国家粮食安全的坚实保障。

二、粮食的特性及功能

马克思主义关于物质生产和人口生产的两种生产理论明确指出，粮食是人类赖以生存的首要条件，是社会扩大再生产的前提，是实现社会分工的物质准备，是一切社会存在和发展的基础。人类社会的延续和发展，实际上是物质资料（首先是粮食）生产发展历史和人类自身发展历史的对立统一。

（一）粮食的特殊性

粮食是满足人们食用的劳动产品，可以用来交换，是一种商品；但是，从粮食是人类生存的首要物质和一切社会存在与发展的基础来说，又不同于一般商品。与一般商品相比，粮食具有十分独特的重要性。

1. 粮食需求的强刚性

粮食是人类最基本的生活资料。粮食在使用上的普遍性、经常性和不可替代性，是它区别于一般商品的特点。粮食是人人必需，天天必需的物资，没有它就不能生存。

2. 粮食具有公共品属性

粮食是一种同时具有一般商品和公共品属性的特殊商品。作为商品，粮食平时可以同其他商品一样，在市场上自由买卖；作为特殊商品，指的是粮食的不可代替性、需求的强刚性而产生的公共品属性。在备战备荒时，粮食就成为一种公共品，其供应就需要政府来保障，市场在此是"失灵"的。粮食的准公共物品属性，决定了保障粮食安全是政府义不容辞的责任。

3. 粮食增产的有限性

与其他商品生产不同，粮食的基本生产资料是耕地。耕地是不可再生的、有限的自然资源。在单产不变的情况下，耕种面积决定粮食总产量。有限的耕地面积决定了粮食产量的有限性。单产与农业科技创新及成果应用紧密相关。科技进步是一个探索自然规律、遵循自然规律、应用自然规律改造自然的过程。科技进步在农业上的应用是一个步步推进的过程，因此，在一定的时间内，科技对粮食产量的增加也是有限的。

4. 粮食储藏的时限性

鉴于粮食生产收获的季节性与社会对粮食消费的连续性，粮食生产与粮食消费的地区差异性、不平衡性,社会应对丰年与灾年"以丰补歉"的必要性,现代社会家庭消费习惯与自家储藏越来越少的大趋势,国家粮食储备越显重要。粮食是一种特殊的物质,粮食储藏不仅有严格的硬件与软件要求,储藏成本高。更重要的是,粮食储藏的时效性是很强的,超过规定的时间,粮食就会变质而不能食用。因此,粮食储藏是有时限的。

(二)粮食的社会功能

1. 粮食是国民经济的基础

农业是国民经济的基础,粮食是基础的基础。一方面,人们只有首先解决吃粮问题,才可能从事其他生产活动,粮食不像其他商品,其他商品少一点只会涨价,而粮食是一个硬需求,少一点就会影响社会的稳定。另一方面,粮食是工业生产部门不可缺少的基本原料,如食品工业、调味品工业、制糖工业、酿酒工业、饲料工业、淀粉工业、酿造工业以及制药、化学工业等都离不开粮食。

粮食是国民经济综合平衡的重要物资。国民经济的总体平衡,包括物资、市场、劳动力、财政、信贷和外汇的平衡。粮食作为重要的商品物资,对这六大平衡都有直接影响。比如,粮食产需不平衡,就会发生连锁反应,引起其他物资的不平衡;市场粮食供求不平衡,物价就会波动,市场就会混乱;粮食产业链的效益水平,是劳动力流动的重要前提;粮食商业经营管理的成效,对财政收支影响较大;粮食商品流动过程占用资金甚多,购销业务变化直接影响信贷平衡;粮食进出口贸易量多少,也会影响外汇收支平衡。

2. 粮食是社会稳定的关键商品

粮食是稳增长、控物价、调结构、惠民生的关键商品,对于保障市场供给,抑制通货膨胀意义重大。粮食在历史上曾起过一种特殊等价物的作用,现在与其他商品仍然存在着内部联系的合理比价。粮价发生波动,其他物资商品价格必然随之波动。特别是粮价如果上涨过快,就会影响低收入人群的生活。粮食出现短缺,哪怕是局部的短缺,就会带来社会恐慌。受许多因素的影响,粮食短缺恐慌极易放大,会引发社会恐慌甚至社会混乱。历史经验表明,粮食一旦出现大的波动,将直接危及国民经济发展和社会稳定。

3. 粮食是国家安全的重要物质基础

"粮安天下"。粮食安全与能源安全、金融安全并称为当今世界三大经济安全。粮食作为生活必需品很早就渗入了政治因素。古人云"兵马未动,粮草先行"。当前，粮食危机已在不少国家引发了政治和社会问题，如近年非洲等一些国家发生的动乱，其直接原因就是粮食供应不足引起通货膨胀，饥饿人群骚乱造成社会动荡进而激化为国家动乱，如果不及时解决，有可能进一步危及世界和平与安全。当今社会，粮食市场日趋国际化。一个国家或地区粮食净进口占消费量的比例为粮食净进口依存度。粮食净进口依存度与粮食安全程度紧密相关。

三、中国农产品（粮食）生产发展历程

中华人民共和国成立以来，我国农产品生产不论是单产还是总产量都取得长足发展，农产品结构不断优化，由供给全面短缺转变为供求总量基本平衡。

（一）粮食产量稳步提高

粮食总产量：1949 年，我国粮食总产量仅为 1.1 亿吨，1978 年为 3 亿吨。此后一路攀升，到 1996 年首次突破 5 亿吨大关，2012 年迈上 6 亿吨台阶，2015 年达到 6.6 亿吨，此后大多年份都稳定在此水平之上。2024 年中国粮食总产量突破 7 亿吨大关。

粮食单产：1949 年我国粮食平均亩产仅为 68.6 千克，1965 年稳定在 100 千克以上，1982 年突破 200 千克，1998 年突破 300 千克。2023 年达到 389.7 千克，比中华人民共和国成立初增加 4.68 倍。

人均粮食占有量：1949 年我国人均粮食占有量仅为 209 千克，2023 年达到 493 千克。与 1949 年相比，在人口增加 1.6 倍的情况下，人均粮食占有量增长了 136%，十分不易。我国粮食人均占有量高于世界平均水平，粮食供给由全面短缺转变为供求总量基本平衡。

（二）经济作物从供给不足到平衡有余

2022 年，全国棉花种植面积 4500 万亩，总产量 597.7 万吨，是中华人民共和国成立初期的 1.08 倍、13.7 倍；糖料作物种植面积为 2205 多万亩，产量为 1.14 亿吨，是中华人民共和国成立初期的 11.8 倍、40 倍；蔬菜种植面积达 3.36 亿亩，产量约 8 亿吨，是中华人民共和国成立初期的 6.7 倍、3.1 倍；水果种植面积 1.95 亿亩、产量 2.28 亿吨，是中华人民共和国成立初期的 19.5 倍、91.2 倍；茶叶种植面积近 4995 万亩、产量 318 万吨，是中华人民共和国成立初期的 21.6 倍、77

倍；桑园面积 1170 万亩，蚕茧产量 88 万吨，是中华人民共和国成立初期的 5.3 倍、22 倍。

（三）畜产品产量快速增长

中华人民共和国成立后的前 30 年，我国畜产品供应总体不足。改革开放后，特别是 1985 年国家放开猪肉、蛋、禽、牛奶等畜产品价格后，大牲畜、生猪等传统养殖业发展迅猛，家禽养殖加快发展，畜禽产品产量快速增加，主要畜产品产量持续稳居世界第一。

1952 年全国猪、牛、羊肉总产量仅有 339 万吨，2022 年增加到 6784 万吨，增加 19 倍。在主要肉类品种中，1980 年猪、牛、羊肉产量分别为 1134 万吨、26.8 万吨、44.4 万吨，2022 年分别增加到 5541 万吨、718 万吨、525 万吨，分别增加了 3.88 倍、25.8 倍、10.8 倍。

从禽蛋产量来看，改革开放后我国禽蛋产业迅速发展，禽蛋产量连续多年居世界首位。2022 年全国禽蛋产量达 3456 万吨，比 1982 年的 282 万吨增加 11.2 倍。

从牛奶产量来看，改革开放后牛奶生产快速发展，牛奶产量稳步增长。1980 年全国牛奶产量 114 万吨，2022 年达 3932 万吨，增加 33.5 倍。

（四）渔业发展取得举世瞩目的成就

1950 年，我国水产品总产量 91 万吨，"吃鱼难"问题在相当长一段时间内十分突出。改革开放之后，水产业得到快速发展。2022 年，我国水产品总产量达到 6869 万吨，比 1950 年增加 74.5 倍，连续 30 年产量保持世界第一。水产品市场供应充足，种类繁多，价格稳定，水产蛋白消费占我国动物蛋白消费的 30% 以上，水产品人均占有量达到世界人均水平的 2 倍，产品结构不断优化。

（五）区域开发大见成效

长期以来，我国的自然条件和生态环境特点决定了"南粮北运"的粮食生产区域格局。直到 20 世纪 70 年代末，我国粮食生产的总量大部分还来源于黄河以南（包括黄淮海地区）。中华人民共和国成立后，国家组织开展了大规模的区域开发。到 20 世纪 70 年代中期之后，粮食生产区域逐渐由南方向北方转移，呈现"南退北进"的趋势。

如新疆生产建设兵团对曾经被称为"戈壁滩"的区域进行开发，实现从"戈壁荒漠"到"绿洲良田"的巨变。又如，中华人民共和国成立后先后有 14 万名转业复员官兵、10 万名大专院校毕业生、20 万名内地支边青年、54 万名城市知识青年投身于北大荒开发，过去的"北大荒"变成为如今的"北大仓"。我国东北地区拥有肥沃的黑土地，大量的后备土地资源得到充分利用，种植面积大规模扩大，大幅提升了粮食产量，为我国粮食安全做出重要贡献。

四、中国主要农产品供给与需求

在人民公社时期，在统购派购及城镇居民定量供给等制度条件下，我国粮食等主要农产品供给得到了一定程度的增长，初步满足了国家经济建设和人民生活在较低水平上的需要，农产品供求与国外市场联系不大。农村实行家庭联产承包责任制后，粮食等主要农产品供给得到较快的增长。供求关系在朝着基本平衡的方向变动过程中，波动加剧。进入世纪之交，粮食等主要农产品供求进入总体基本平衡、丰年有余的历史新阶段。国外农产品对国内市场构成较大冲击，农产品进出口规模加大。

进入 21 世纪以来，是我国城乡居民食物消费结构从"吃得饱"向"吃得好"转型升级的重要时期。随着人口增加、收入水平提高、城市化推进和消费结构升级，食用农产品需求快速扩张。

根据要素禀赋理论，一国的进出口商品结构应该是，出口商品密集在本国供给相对丰裕的生产要素生产的产品，进口商品密集在本国供给相对稀缺的生产要素生产的产品。在食物口径的粮食生产贸易中，水果和蔬菜，人工饲养生产的动物、肉类、水产品，属于劳动密集型产品；谷物和大豆则属于土地密集型产品。我国的要素禀赋状况是劳动力丰裕、土地稀缺。所以，我国在劳动密集型农产品的生产和贸易中具有比较优势，在土地密集型农产品的生产和贸易中处于比较劣势。

据国家信息中心经济预测部资料，自 2001 年加入世界贸易组织以来，我国对外开放的水平不断提升，国际贸易的领域不断拓宽。在此过程中，农产品贸易也在不断增长。通过国际贸易，我们利用国际市场进口更多更丰富的农产品满足国内的消费需求，同时也吸收国外先进的农业技术，更好地促进国内农产品的生产。

我国农产品中食用粮食作物主要是稻谷和小麦，玉米是主要的饲料作物，油料作物主要有大豆和油菜。这些农产品供需平衡的变动将在很大程度上反映出我国的粮食安全和农业产业安全状况。

（一）稻谷产需平衡状况

1. 稻谷生产

我国是全球最大的水稻生产国。水稻在我国农作物中的市场份额位居第二，90%以上的水稻种植分布在秦岭、淮河以南地区。2001年我国稻谷产量排前六位的省份依次是湖南、江苏、江西、四川、湖北和广东，这些省份的稻谷产量占全国稻谷总产量的55.2%。2012年，这种情况有所变化，明显的变动表现在广东退出了稻谷的主产区，而黑龙江稻谷产量占全国的份额明显上升，在全国排第二位，仅次于湖南。同时，区域的集中度进一步增强，排前六位省份的稻谷产量占全国总产量的比重上升至58.3%。从全国稻谷产量来看，2020年为21186万吨，已连续10年维持在2亿吨以上。

目前，全球前三大水稻生产国分别为中国、印度与印度尼西亚。2020年，我国水稻产量在全球占比为37.31%，位居世界第一，印度与印度尼西亚分别为31.97%和15.91%。

2. 稻谷消费

我国是全球最大的水稻消费国。从水稻的消费结构来看，水稻的下游消费端主要是食用消费、工业消费与饲用消费。与玉米有所不同，我国水稻的主要需求来源为食用消费，即食用大米和米制品加工。2020年，食用消费占水稻消费需求量的85%；工业消费与饲用消费占比均为7.5%。由于稻谷的消费属于维持生存所必需的一种消费（刚性消费需求），人均消费水平大体稳定，随着总人口的增长和产量的提升，消费量也在稳步增加。

3. 稻谷进出口贸易

我国稻谷进出口量的数据表明，在2011/2012市场年度之前，我国的稻谷贸易呈现净出口的状态。如2000/2001市场年度我国稻谷的出口量为296万吨，同一时期稻谷的进口量仅有24.8万吨，稻谷净出口量271.2万吨。从2011/2012市场年度开始，我国的稻谷贸易转变为净进口。2011—2019年，我国水稻进口量从280万吨增加至352万吨。2020年受新冠疫情影响，我国部分水稻企业停产停工，叠加中美签订第一阶段经贸协议，我国水稻进口量达到710万吨，同比增长101.70%，进口依存度为3.2%。总体而言，我国水稻基本自给自足，进口依赖度低。与玉米类似，我国水稻的自给率为97%左右，其他国家对我国水稻的影响有限。由于我国人口众多，从全球各国的进口量看，我国仍然是全球最大的水稻进口国。

（二）小麦产需平衡状况

1. 小麦生产

我国小麦的主产区主要位于华北平原、黄淮海平原以及四川盆地等地区，2001年小麦生产量排前六位的省份是河南、山东、河北、安徽、江苏、四川。相比于稻谷生产，小麦生产更为集中，排前六位省份的产量占到全国总产量的74.3%。2012年，小麦主产区发生了较大的变动，江苏退出了小麦的主产区，取而代之的是新疆。2012年，小麦的生产集中度进一步增强，前六位主产省份的小麦产量占全国的比重提升至79.8%。就全国小麦产量来看，2003/2004市场年度小麦产量达到最低，仅为8648.8万吨，之后逐渐回升。2020年，我国小麦获得丰收，产量为13425万吨。

2. 小麦消费

与稻谷消费不同的是，加入世贸组织后的前10年，我国小麦消费量总体保持了相对稳定的态势。从2010/2011市场年度开始，小麦的消费量有较为明显的增加，2011/2012市场年度达到12375万吨，2012/2013市场年度有所下降，但仍然达到11725万吨。2020年，小麦消费总量为13838万吨，其中，国内食用消费9110万吨，占65.83%；受本年度玉米价格持续走高影响，部分地区玉米价格高于小麦价格，小麦用于饲料的数量增加，饲料消费2145万吨，占15.50%。

3. 小麦进出口贸易

总体上看，小麦的出口贸易虽然有所波动，但总体贸易量较小。出口量最高的年份为2007/2008市场年度，达到230万吨，最低为2008/2009市场年度，几乎没有出口。小麦的进口量波动较为明显。2004/2005市场年度，小麦的进口量达到了728万吨，这也是我国加入世贸组织后第一个高峰年。此后，小麦进口在低迷期过后又有了较大的增加，2012/2013市场年度进口量达到290万吨。2020年小麦进口大幅增加，达到815万吨。从贸易平衡情况来看，小麦净进口的规模还有扩大态势。我国小麦进口主要来自法国、加拿大、美国和澳大利亚。

（三）玉米产需平衡状况

1. 玉米生产

我国是全球第二大玉米生产国，华北及东北地区是我国玉米主要的生产区域。

2001 年全国玉米产量排前六位的省份依次是山东、吉林、河南、河北、黑龙江和辽宁，玉米产量之和占全国玉米总产量的 59.8%。2012 年，这种格局有了明显的变化，黑龙江表现最为突出，取代山东占据了玉米产量第一的位置。此外，内蒙古的玉米产量也明显增加，排全国第四位。玉米产区的集中程度也在增强，2012 年六大主产省份的玉米产量占全国的份额为 74.3%。

全国玉米产量，2000/2001 市场年度为 1.06 亿吨。2008 年，国家在玉米主产区实施优惠政策，农民的种植积极性得到了提高，玉米播种面积不断增加，产量也表现出稳步增长的态势。2012/2013 市场年度的玉米总产量达到 1.99 亿吨；2016 年，我国玉米产量达到 2.65 亿吨，创历史新高。2015 年，我国玉米的库销比达到 118.92%，出现了供过于求的现象，2016 年国家取消了相关政策，全国玉米播种面积连续五年下降，单产基本持平，总产量有所降低。2020 年，我国玉米产量为 2.61 亿吨，在全球占比为 23.37%，仅次于美国。

2. 玉米消费

玉米的消费量变动呈现出逐年递增的趋势。2000/2001 市场年度玉米的年消费量仅为 1.12 亿吨，从 2003/2004 市场年度开始迅速增加，到 2012/2013 市场年度我国玉米的消费量已经达到 1.86 亿吨，在 12 年的时间里玉米的消费量增长了约 66%。

2020 年，全国玉米消费量总计约为 2.88 亿吨。玉米消费主要用于畜牧养殖业饲料消费和工业深加工消费。畜牧业的发展带来玉米需求的上升，2020 年我国玉米饲用消费呈恢复性增长态势，全年饲用消费量 1.86 亿吨，占总消费量的 64.58%。工业消费稳中有增，全年深加工玉米消费约 8050 万吨，占消费总量的 27.95%。口粮消费量约 955 万吨，占总消费量的 3.32%，主要是鲜食玉米及粗粮偏好消费。

3. 玉米进出口贸易

玉米进出口贸易的变动特征十分明显，表现为出口贸易逐渐减少，进口贸易逐渐增加。在 2007/2008 市场年度之前，我国的玉米出口贸易量能达到每年几百万吨甚至上千万吨的规模，而在这之后，玉米每年几乎只有微量的出口，2012/2013 市场年度仅出口 5 万吨。与此相反，在 2008/2009 市场年度之前，我国几乎没有进口玉米，从 2009/2010 市场年度开始，玉米进口量大幅上升，2012/2013 市场年度的玉米进口量达到 400 万吨。2020 年，我国玉米进口量达 1129.39 万吨，进口量创历史新高，并首次突破我国 720 万吨的年进口配额数量。从进口来源看，主要来自乌克兰、美国、保加利亚、俄罗斯等国家。玉米进口大幅增长，主要是由于国内玉米供求关系趋紧，需求旺盛，国内外价差扩大，进口有利可图。2020年我国玉米进口虽然大幅增加，但占国内市场的比重仍然较低，玉米自给率达到96.0%。

（四）大豆产需平衡状况

大豆是粮油兼用农产品，其较高的蛋白质和脂肪含量使之成为丰富的植物蛋白和食用植物油资源。

1. 大豆生产

我国大豆生产主要集中在北方尤其是东北地区，黑龙江是我国大豆最大的主产省份，2001年黑龙江大豆产量占全国大豆产量的29.4%。排名第二至第六的省份依次是吉林、河南、四川、山东和安徽。2012年，黑龙江大豆产量份额进一步上升至36.3%，山东退出了大豆的主产省份，而内蒙古大豆产量有所增加，排第二位。产区的集中程度也表现出增强的趋势，2012年六个主产省份的大豆产量占到全国大豆产量的79%。

中国是大豆起源国，大豆种植历史已经超过2000年，19世纪后期大豆开始从我国直接或间接传播到世界各地。我国粮食安全战略中，稳定和巩固粮食安全最重要的一个环节是必须实现主粮的安全。受耕地总量制约，近20年来，在水稻、小麦等农作物逐年增产的情况下，大豆产量表现出增减交替波动式小幅上升态势。2004/2005市场年度我国大豆产量达到1740.4万吨，到了2012/2013市场年度仅有1280万吨。2020年，大豆总产量1961万吨，创历史新高。

2. 大豆消费市场

我国大豆主要用于压榨加工，豆粕作为饲料原料进行畜禽养殖，豆油满足食用油需求；还有一部分用于豆制品等食品加工或蛋白加工，种用、膨化大豆消费的占比较小。

大豆消费的快速增加与我国居民食物消费结构的变动是分不开的。随着我国经济发展和居民生活水平的不断提高，居民消费需求逐渐向蛋白类制品（肉蛋奶）侧重，且需求越来越高，肉蛋奶的需求量连年增长；另一方面，我国居民总体食用油消费水平在不断上升，食用油消费模式逐渐由以动物油消费为主转变为动物油和植物油消费并重。受国内畜禽养殖饲用消费和植物油消费需求增长带动，导致我国大豆需求呈暴发式增长。自2001年以来，我国的大豆消费也呈现出逐年递增的趋势。2000/2001年度我国大豆的消费量为2933.5万吨，到了2012/2013市场年度时这一数字增加至 7350 万吨，大约是 2000/2001 市场年度的 2.5 倍。2016 年我国大豆消费量突破 1 亿吨，此后就一直维持在 1.1 亿吨以上，2020 年大豆消费量高达 1.17 亿吨。

3. 大豆进出口贸易

大豆进口贸易表现出的最显著特征就是贸易逆差快速扩大，大豆净进口量大幅度增加。

从 1996 年开始，我国从大豆净出口国变成了大豆进口国。2001 年以来，我国大豆贸易状况是，每年的大豆出口量很少，进口量却逐年快速增加。2000/2001 市场年度时，我国大豆进口量为 1324.5 万吨，到了 2012/2013 市场年度这一数值上升至 6000 万吨，12 年间大豆进口量增加了 3.53 倍。2020 年大豆进口 10033 万吨，进口量首次突破 1 亿吨，大豆自给率只有 16.3%。我国大豆大量进口，主要原因是满足国内的需求缺口，另一个原因就是目前国产大豆出油率低于进口大豆，并且国内的大豆生产成本偏高，因此榨油企业选择使用更多的进口大豆逐步代替国产大豆。

我国大豆进口主要来源国是巴西、美国、阿根廷。2020 年从以上三国进口大豆占进口总量的 97%。

总之，中国主要农产品从供求角度看，总量基本平衡，但结构性矛盾突出。分品种看，小麦、稻谷作为口粮，可确保绝对安全。在产需关系上，我国小麦、稻谷自给率较高，每年的消费量与生产量基本平衡；玉米的供求关系正在从前几年的过剩转为短缺，粮食供求结构性矛盾突出，当前主要是指玉米；大豆是恒定要进口的。

五、农产品质量安全

农产品质量安全主要是指食用农产品质量安全。食用农产品，有的可以直接食用，有的是食品的原材料。"民以食为天，食以安为先"，农产品质量安全是食品安全的基础。

（一）农产品质量安全问题的由来

农产品质量安全问题古往今来有之。在传统农业阶段，农产品质量安全事故大多是生物污染和自然本底污染造成的。农业生产以自给自足为主，农产品质量安全问题大多是局部性问题。进入现代农业后，由于大量农用化学物质的使用，农产品加工链条不断拉长，农产品化学污染、物理污染的风险加大，污染事故越来越多，食品质量安全事件频繁显现。

人民公社时期，许多地方农田化肥农药使用量不低，质量较差。杀虫类农药大多是高毒高残农药。使用方法多为喷粉、喷雾，在农药使用过程中人畜中毒事故时有发生。农作物收获时并没有留足必需的施药间隔期。但由于当时农产品紧缺，实行供给分配制，质量安全意识差，也没有实行质量检测，农产品质量安全问题很少暴露。

1978 年之后，农村实行家庭联产承包责任制，农村市场经济得到较快的发展。到 20 世纪 80 年代中期，我国粮食等少数品种出现结构性过剩，消费者对食品的质量安全需求在不断提高。特别是我国加入 WTO 以后，农产品进出口贸易增多，出口农产品经常因农药、兽药残留超标及相关贸易壁垒，与食品安全有关的贸易争端时有发生，农产品质量安全问题频频曝光。

（二）农产品质量安全问题的产生

农产品质量安全问题的发生，主要是农产品在生产、加工过程中，遭受到不同污染物质的污染。

从污染源类型看，影响农产品质量安全的主要污染源，可分为四个大类。

物理性污染。指由物理性因素对农产品质量安全产生的危害。由于在农产品收获或加工过程中操作不规范，不慎在农产品中混入有毒有害杂质，导致农产品受到污染。

化学性污染。指在生产、加工过程中不合理使用化学合成物质而对农产品质量安全产生的危害。如使用禁用农药，不合理使用农药、兽药、渔药、添加剂等造成的有毒有害物质残留污染。

生物性污染。指自然界中各类生物性因子对农产品质量安全产生的危害，如致病性细菌、病毒以及毒素污染等。

本底性污染。指农产品产地环境中的污染物对农产品质量安全产生的危害。主要包括产地环境中水、土、气的污染，如灌溉水、土壤、大气中的重金属超标等。

从全产业链看，食用农产品从田间到餐桌全过程中，每个环节都有可能带来农产品质量安全问题。

在产前环节，因农产品产地污染，进而危及农产品质量安全。在生产环节，由于有的生产者缺乏应有的安全意识、安全知识，有的受利益驱使，使用禁止或限制使用的农药及其他农用化学物质。在流通环节，作为生鲜或食品加工原料的农产品，在收购、储藏和运输过程中，由于质量控制不够严格，致使劣质农产品进入流通市场。在加工环节，由于从业人员文化素质低，加工生产环境差，食品添加剂的含量严重超标，产品保质期等与卫生质量有关的资料常常不全，农产品加工过程中的质量控制不严，导致农产品质量安全问题。

（三）农产品质量安全监督与管理

保障农产品质量安全，既是现代农业建设的重要任务和重要目标，也是政府相关管理服务的重要职责。主要措施是抓依法监管，抓农业标准化生产，大力发展"三品一标"农产品。

2006年，《中华人民共和国农产品质量安全法》颁布施行。同期实施的相关配套规章制度还有：《农产品产地安全管理办法》《农产品包装与标识管理办法》《农产品质量安全监测管理办法》《转基因食品管理办法》《保健食品管理办法》《国务院关于加强食品等产品安全监督管理的特别规定》等。2022年，全国人大常委会通过了新修订的《中华人民共和国农产品质量安全法》。修订后的农产品质量安全法明确：坚持源头治理、标本兼治；按照"最严谨的标准、最严格的监管、最严厉的处罚、最严肃的问责"，确保广大人民群众"舌尖上的安全"。

各级政府成立了农产品质量安全工作领导小组，各级农业农村部门也成立了相应的机构，建立健全农产品质量安全监督与管理工作体系。

一是实施农业标准化生产，发展品牌农产品。农产品质量安全生产，是确保农产品质量安全的第一道关口。健全农产品标准化体系，制定修订农药兽药残留、产地环境、投入品管控、产品加工、储运保鲜等标准，实行生产过程标准化管理。实施农业生产和农产品"三品一标"行动，扩大绿色、有机、名特优新和地理标志农产品生产规模。指导农产品生产、经营者严格按照标准组织生产和加工，积极推进品牌农产品发展。

二是建立农产品质检体系，实行农产品市场准入机制。农产品质检是监管工作的耳目，质检数据是行政执法的依据。启动农产品质量安全市场准入机制。农产品进入市场，必须持有由有关部门颁发的合格检验报告和检测合格证书，获得市场准入资格，亮牌生产、经营。凡抽检不合格的农产品禁止进入市场销售。健全市场管理和食品生产许可证制度、市场准入制度和不安全食品的强制召回制度，确保消费者吃上放心安全的食品。

三是强化农业投入品监管和生产源头治理。严格执行相关法规，健全农业投入品的市场准入制度，严格农业投入品的生产、经营许可和登记。加强对农业投入品市场的监督管理，严厉打击制售和使用假冒伪劣农业投入品行为。

四是实行农产品质量安全可追溯制度。要求包装上市的农产品，要标明产地和生产单位，建立农产品质量安全追溯制度，便于消费者选择和监督。以标识管理为重点，狠抓农产品产地安全、农产品生产记录、包装标识和市场准入的全程可追溯管理。在推进可追溯制度建立的同时，加强监督管理，规范农产品标识，强化标识监督检查。

（四）农产品质量安全监管任务艰巨

我国农产品质量安全工作取得了积极成效。近年来，主要农产品监测合格率稳定保持在97%以上，农产品质量安全形势持续向好，农产品总体质量安全，消费有保障。但是，农产品质量安全贯穿农业生产、加工、贮运、消费全过程，涉及面广，确保农产品质量安全难度极大。

一是农产品质量安全意识不高。我国有些农村地区还是刚刚摆脱贫困，对农产品质量要求总体还不高。

二是农业市场主体规模小。目前，我国农业生产领域，个体农民多，生产模式小；加工领域，设备简陋，工艺落后，质量控制难；流通领域，小个体工商户占比仍然很大，管理难度大、成本高。市场主体规模小，缺乏赔偿能力。

三是品牌市场没有建立。农产品市场品牌不多，品牌不大，品牌不强。品牌市场没有形成，以劣充优现象时有发生，未能实现优质优价。

四是农业环境污染严重。据资料显示，我国近几年中重度污染耕地已达到333万公顷，耕地污染超标率为19.4%，超标面积达2333万公顷。受污染农田的污染物一时难以消除，大多数只能改种非食用农作物。

五是市场监管乏力。监管责任主体不到位，管理部门之间职责不清；农产品质量安全检验检测设施设备及技术力量不足，不能及时、有效、全面掌握农产品质量安全状况。从田头到餐桌全过程中，还存在许多监管盲区。

食用农产品是食品的源头，强化农产品质量安全监管是发展现代农业、增强农产品市场竞争力、保障居民放心消费的重要举措。解决好上述问题，是一项长期而艰巨的任务，任何时候都不能放松。

六、粮食安全的困扰

联合国粮食及农业组织（FAO）1974年11月在罗马第一次世界粮食首脑会议上提出了"世界粮食安全（food security）"概念，其定义是：保证任何人在任何时候，都能得到为了生存和健康所需要的足够食物，并把世界谷物库存量至少占当年需求量的17%～18%视为全球粮食安全的最低限量，这也是最早的粮食安全概念。1983年4月，FAO通过了"粮食安全"的新概念：确保所有的人在任何时候，既能买得到、又能买得起他们所需要的基本食物。该概念强调了购买能力的内容。1996年11月，第二次世界粮食首脑会议通过的《罗马宣言》又对"粮食安全"作出第三次表述，即"只有当所有人在任何时候都能够在物质上和经济上获得足够、安全和富有营养的食物，来满足其积极和健康生活的膳食需要及食物偏好时，才实现了粮食安全"。此次概念在上述基础上又加入了质量上的需求，更加注重食物的安全、营养和消费偏好，而不仅仅是"吃饱"的问题。

进入21世纪，粮食安全内涵再次上升到生态安全层面。近年来，随着联合国2030年可持续发展目标的不断推进，环境可持续、气候适应型农业的发展需求不断推动粮食系统转型，粮食安全内涵再次扩展到兼顾可持续发展等相关理念，即要同时兼顾数量安全、质量安全和生态安全。

不同国家国情不同，粮食方面存在的问题也不相同。我国是人口大国、粮食消费大国。粮食安全始终是头等大事。

（一）粮食需求刚性强，品种结构性矛盾加剧

决定粮食消费需求的主要因素是两方面，即人口总量和消费结构。

2024年中国总人口为14.1亿人，比2023年末减少了139万人，开始出现负增长。但是，我国人口基数仍然很高，人口大国的基本国情没有改变，粮食需求巨大的格局没有改变。

从消费结构看，随着城镇化的快速发展，我国每年新增城镇人口1000多万人，带动粮食消费结构进一步升级。粮食品种结构性矛盾加剧主要包括品种结构、品质结构及营养结构。

今后一个时期，在粮食需求总量中，口粮消费稳中略增，新增需求主要集中在饲料粮上，大力发展养殖业，以满足社会对动物类食品增长的需求。

（二）土地资源严重短缺，"藏粮于地"面临压力

中国农业资源，特别是土地资源相对匮乏，粮食生产的根基薄弱。中华人民共和国成立以来，由于工业发展、城镇建设、基础设施建设、农业产业结构调整、生态环境建设等，耕地面积出现了较大变化。据统计，从 20 世纪 80 年代初至今的 40 年中，全国耕地净减少 2.64 亿亩，每年净减 660 万亩。而 2009—2019 年 10 年间，我国耕地净减少 1.13 亿亩，年均减少 1130 万亩。由于社会经济发展的需求及地方政府受"土地财政"的推动，耕地减少的局面仍在继续。

农地的可持续利用是指农地供求的持续平衡。它有两重含义：一是农地不因占用或损毁而减少，二是农地不因损坏或不当使用而肥力降低（利用价值降低）。现阶段，大量的耕地退出了农业利用，永久丧失了农用价值。在此期间，耕地被大量占用后，各地通过"占补平衡"的措施，新开发了一部分耕地。由于实际减少的耕地多是地势平坦、土质肥沃、肥力很高、产出能力强的好地，而开发的耕地又多是山地、丘陵坡地、贫瘠土地或有生产障碍的土地，造成耕地中优等地减少、劣等地增加。全国优质耕地的减少，而新开发的耕地在质量上难以快速提高，耕地产出能力受到削弱。

据专家测算，我国要保证农产品的供求平衡，至少需要 35 亿亩农作物种植面积，而目前国内能提供的农作物种植面积只有 25 亿亩。也就是说，约有相当于 10 亿亩种植面积的农产品需要进口，其中仅大豆进口折合面积的缺口就有 5 亿亩。这一局面，决定了中国的农业一定是国际开放体系中的农业，中国的粮食安全也必须在开放体系中统筹考虑国际国内两个市场。

万物土中生，有土斯有粮。要满足我国 14 亿人口的粮食需求，必须始终绷紧粮食安全这根弦。除了不断提高粮食亩产量，更要确保耕地面积只多不少，坚决守住 18 亿亩耕地红线。耕地是粮食等重要农产品生产的根基，耕地红线是粮食安全的基本底线。

（三）农产品市场竞争力下降，面临"天花板"和"地板"的双重挤压

以小麦、玉米、水稻三种粮食为例，《全国农产品成本收益汇编》数据显示，20 世纪 90 年代以来，我国三种粮食的亩均总成本呈加快上升趋势，其中尤以 1990—1997 年、2004—2014 年两个阶段上升速度最快。2004—2014 年，我国三种粮食亩均总成本从 395 元上升到 1069 元，增加了 1.71 倍，年均增速高达 10.5%；

其中，人工成本和土地成本年均增速分别达到12.2%和14.2%，是总成本加速上升的主要推手。与美国比较，我国小麦、玉米、水稻单位面积生产成本分别于1995年、2011年和2013年超过美国。2015年，我国三种粮食的亩均用工量5.61个工时，日均工价79.7元，亩均人工成本447.1元；而美国每亩用工量仅0.38个工时，尽管日均工价849元是我国的10倍之多，但亩均人工成本40.3元，仅为我国的9%。[①] 到2010年前后，我国三种粮食的农民出售价格已全面高于国际市场离岸价格；到2012年前后，又全面高于配额内进口完税价格。加入世贸组织20多年来，我国农产品自给率持续下降，背后的根本原因就在于，同全球主要农产品生产国相比较，我国农业的竞争优势总体呈下降趋势。

生猪养殖进入高成本时代，饲料粮供给和能繁母猪性能将影响未来生猪成本竞争。当前，饲料价格高和生产效率低是造成中国生猪养殖成本高的主要原因。据农业农村部资料，中美商品猪育肥期日增重分别为676克和857克；欧美等育种强国每头母猪平均每年出栏肥猪数在24头以上，中国仅为15.5头。饲料转化率不高，发达国家全群饲料报酬普遍在（2.5～2.6）∶1，中国为3.0∶1。中国规模养殖场人均饲养育肥猪数量约为650头，距离规划目标人均1000头还有较大差距。

中国农业发展面临"天花板"和"地板"的双重挤压。一方面，一些主要农产品的价格开始明显高于国外农产品进口到岸完税后的价格，国内外农产品价格出现倒挂，并且这种状况在一定时段内将成为常态。另一方面，农村劳动力价格和土地租金逐渐上涨，农业生产中像农机、化肥、农药、农膜等投入品越来越多，这些都快速推高了农产品生产成本。在价格倒挂的情况下，价格驱动性进口会不断增加。大量农产品进口对国内农业的冲击难以避免。

（四）农业生产经营主体种粮积极性不高，存在耕地撂荒和非粮化现象

农业生产经营主体是推动农业发展的主要力量，他们对农业发展的积极性越高、主动性越强，就会全身心地投入农业。如果他们积极性和主动性下降，就会缩小农业发展规模，降低农业发展速度，使农业发展停滞不前。如果丧失了积极性和主动性，就会放弃农业而另谋出路，直接后果就是弃耕，耕地撂荒。

21世纪以来，特别是近些年，农业生产物资与服务费用上涨，人工成本升，

[①]　数据来自中国国际经济交流中心课题组2021年度重点基金课题报告《新时期我国农业对外开放与高质量发展问题研究》。

土地成本剧增，使农业生产成本越来越高，生产效益越来越低，甚至严重亏损。我国有农户 2.3 亿户左右，这些农户中的绝大多数从事种植业。从事种植业的农户平均每户承包耕地 6 亩左右。东北、内蒙古、新疆等耕地较多的地区，农户的承包地可以达到 45～150 亩，在一些人多地少的省份，农户的承包地只有 3 亩左右。据戴思锐的调查资料，承包地面积 6 亩左右的大多数农户，无论种植何种粮油作物，也无论是一年种植一季或两季，从种植业获取的增加值总计，少者 1600 多元、多者 8200 多元，家庭人均少的只有 500 多元、多的也只有 2000 多元。承包地面积 3 亩左右的农户，无论种植什么粮油作物，也无论一年种植一季或两季，从种植业获取的增加值总计少者只有 800 多元、多者也只有 4100 多元，家庭人均少的仅 200 多元、多的仅有 1000 多元。农户辛辛苦苦耕作一年，从种植业生产中得到的收入如此之低，对务农特别是种粮不可能有积极性。承包地面积 45 亩及以上的农户，主要分布在东北、内蒙古、新疆等地，由于规模优势，使其获得的农业增加值较多，维持一家生计没有问题，发展得好的还会变得较为富裕。但这样的农户占比很少。

目前在农村务农的农民，一部分是留守老年人或家庭妇女，一部分是不适应外出务工的农民。这两类农民如果放弃农业生产经营，他们则没有机会从事其他工作而失去生活来源。他们坚持农业生产经营，虽不能获得盈利，但能生产出农产品，有了生活来源。同时，农户利用自家承包地从事农业生产经营，不用付土地租金，使用家庭劳动力也不用付人工费。生产经营成本只剩物资及服务费，农业生产经营还能产生一定增加值，一般不会出现连物资及服务费都不能收回的情况。这实际上是农户在坚持农业生产经营和放弃农业生产经营都无利可图的情况下，遵循"两害相权取其轻"的理性原则，选择坚持农业生产经营。但这并不表明这部分农民有农业发展的动力，只是不得已而为之。

近年来，由于多种原因造成农业生产经营主体务农特别是种粮的积极性下降。许多农民在自己的承包地上调整种植结构，将粮田改建为经济作物的园地，种植水果、蔬菜；还有许多农民弃耕抛荒，给农业生产和粮食安全带来很大隐患。

（五）全球粮食供求偏紧，国际贸易风险增加

根据联合国粮食及农业组织发布的报告，2011—2013 年，全球大约有 8.42 亿人口长期得不到维持健康生活所需要的基本食物。2022 年，全球人口达到 80 亿人，到本世纪中叶人口将突破 100 亿人。由于人口不断增长对粮食需求越来越大，

2021/2022 年度，全世界谷物产量是 27.97 亿吨，但消费量是 28.05 亿吨，两者相差 800 万吨。越来越频繁的极端天气事件、农产品市场的金融化和汇率波动等因素，未来粮食市场可能会更不稳定。

我国粮食对外依存度较高，粮食安全面临的风险较大。如：一些国家粮食禁运的风险、世界市场上无粮可买或世界市场粮价大幅度提高的风险等。此外，还有自然灾害构成的风险。

七、确保谷物基本自给、口粮绝对安全

2023 年 12 月，第十四届全国人民代表大会常务委员会第七次会议通过了《中华人民共和国粮食安全保障法》，于 2024 年 6 月 1 日起施行。该法明确，实施以我为主、立足国内、确保产能、适度进口、科技支撑的国家粮食安全战略，坚持"藏粮于地、藏粮于技"，提高粮食生产、储备、流通、加工能力，确保谷物基本自给、口粮绝对安全。

"确保谷物基本自给、口粮绝对安全"是基于中国的国情提出的，是可以实现又必须实现的粮食生产发展目标。《中华人民共和国粮食安全保障法》明确，国家建立粮食安全责任制，实行粮食安全党政同责。县级以上地方人民政府应当承担保障本行政区域粮食安全的具体责任。

（一）建立稳定的粮食生产基地，把"藏粮于地"落到实处

一是要稳定耕地存量，提高耕地质量。严守 18 亿亩耕地红线，夯实粮食生产基础。确定耕地和永久基本农田保护任务，确保耕地和永久基本农田总量不减少、质量有提高。

二是拓宽种养空间。树立大农业观、大食物观。面向耕地、草原、森林、海洋，向植物、动物、微生物要热量、要蛋白，全方位多途径开发食物资源。

三是推动农业"走出去"。统筹利用国际国内两个市场、两种资源，在全球范围内拓展土地资源配置空间。鼓励农业企业"走出去"建立满足国内市场需要的、相对稳定的粮食等农产品生产基地。根据 FAO 公布的 2011 年数据，非洲有 226453 万公顷、南美洲有 130832 万公顷可开发耕地，粮食生产潜力巨大。我国农业生产水平较高，如果能够帮助非洲和南美洲等地区粮食增产，既有利于解决该地区本身的粮食安全问题，也可为保障国内粮食安全创造良好的国际环境。

（二）建立完善粮食生产支持保护体系，调动农业生产经营主体种粮积极性

生产者的行为是受利益驱动的。农业企业从事粮食生产，如果得不到社会平均利润，就不愿意种粮，就会转行从事其他产业。农民也是如此。长此以往，农田就会撂荒，粮食种植面积和产量就会减少。

建立完善对农业的支持保护体系，加强对农业支持保护与发挥市场机制作用并不矛盾。发展农业不能排斥市场，但农业产业相对弱势，粮食又是特殊商品，支持农业特别是粮食产业的发展是国际通行的做法。

《中华人民共和国粮食安全保障法》明确，国家推进种业振兴，推动种业高质量发展；统筹做好肥料、农药、农用薄膜等农业生产资料稳定供应工作；加强农业基础设施建设，优化资源配置；加强农业机械化建设，促进粮食生产全程机械化；加强农业技术推广体系建设，支持推广应用先进适用的粮食生产技术；加强粮食生产功能区和重要农产品生产保护区建设，采取措施稳定粮食播种面积，合理布局粮食生产，保面积、保产量；扶持和培育家庭农场、农民专业合作社等新型农业经营主体从事粮食生产；支持面向粮食生产者的产前、产中、产后社会化服务，提高社会化服务水平；健全粮食主产区利益补偿机制，完善对粮食主产区和产粮大县的财政转移支付制度，调动粮食生产积极性。

（三）强力推进农业科技进步，稳定提高粮食生产能力

科技进步是农业发展的第一推动力。提高粮食产量、降低粮食生产成本、提高粮食生产效益必须依靠农业科技进步。我国土地资源稀缺，这决定了粮食发展模式要以提高土地生产率为基础，以提高劳动生产率为主导。改革开放以来，我国粮食生产发展迅猛。与1978年相比，当前我国种粮面积约减少了7000万亩，粮食产量约增加1.3倍，其中科技进步是重要的推动力量。现今，农业科技潜力仍然巨大。2014年世界粮食作物最高单产水平：荷兰谷物605千克/亩，小麦611千克/亩；澳大利亚稻谷728千克/亩；以色列玉米2273千克/亩。中国科学家袁隆平培育的超级杂交稻区域种植，单产每亩可达到1.2吨，刷新了世界纪录。

今后土地生产率大幅度提高，主要依靠的就是技术进步。保障国家粮食安全应当树立大食物观的理念，未来调整农业结构，向草原、森林、海洋进军，开发各类食品，同样必须依靠农业科技进步。

国家鼓励农业信息化建设，提高粮食生产信息化、智能化水平，推进智慧农业发

展。发展"智慧农业",可以改变农业生产方式,减轻农业生产劳动强度,不断提高粮食生产能力。"藏粮于技"是我国一项长期的粮食安全发展战略,必须抓牢抓实。

(四)建立完善国家粮食储备体系,确保粮食库存储备安全

"藏粮于地,藏粮于技"是国家粮食安全的长远保障,是战略举措。"谷为民命",作为突发性、季节性、区域性的粮食危机,粮食库存储备安全尤为重要。现阶段国家构建粮食安全储存责任体系和行为准则,确保粮食库存数量真实、质量良好、储存安全。中央储备粮主要用于全国范围守底线、应大灾、稳预期,是国家粮食安全的"压舱石";地方储备粮主要用于区域市场保应急、稳粮价、保供应,是国家粮食安全的第一道防线。

在建立完善政府粮食储备体系的基础上,国家采取有效措施,指导规模以上粮食加工企业建立企业社会责任储备,鼓励家庭农场、农民专业合作社、农业产业化龙头企业自主储粮,鼓励有条件的经营主体为农户提供粮食代储服务。

此外,居户(特别是农村居民)储备是粮食储备体系的重要组成部分,是确保粮食流通正常进行的"蓄水池",是"藏粮于民"并实现居民一日三餐无后顾之忧的有效举措。我国历来有"积谷防荒"的传统。国家应该引导、鼓励、扶持民间储备,有效减轻财政负担,确保国家粮食安全。

(五)制定粮食产销区,共同保障粮食安全的责任制度

由于国内粮食市场的统一性和不可分割性,由于区域间对粮食需求的同质性和产业结构效益的差异性,国家应制定宏观调控政策,建立中央统筹下的粮食产销区省际横向利益补偿机制,既要明确粮食主产区党政领导的粮食生产责任,同时也要明确粮食主销区的经济补偿责任。依靠完善的粮食补贴制度、粮食最低收购价格等粮食政策支持体系调动农民种粮的积极性,保证粮食种植面积和提高粮食单产,实现国家增粮与农民增收的一致性,保障粮食安全的可持续性。

展望未来,我国有条件、有能力、有信心依靠自身力量筑牢国家粮食安全防线。从中长期看,中国的粮食产需仍将维持紧平衡态势,确保国家粮食安全这根弦一刻也不能放松。

《中华人民共和国粮食安全保障法》的出台,标志我国确保粮食安全进入法治轨道。现在的关键是,要层层抓落实,真抓实干,一抓到底,常抓不懈。

第五章　农业环境资源保护与可持续发展

人类起源于自然，生存于自然，发展于自然。

工业革命以来，人类在发展经济的同时，过度消耗自然资源，大量排放各种污染物，大范围破坏生态环境。相较西方发达国家，中国工业化起步较晚，但带来的环境资源问题是相同的。生态环境问题已成为当今世界人类面临的主要问题之一。

农业环境资源是农业生产的基本条件，是自然环境的重要组成部分。工业和城镇排出的"三废"（废水、废气、废渣）都直接进入到农业环境，农业是"三废"污染的受害者；在农业生产过程中，农用化学物质的大量使用，集中养殖区畜禽粪便的任意排放，是农业环境的重要污染源。农业资源的不合理利用，给农业当前及长远发展带来巨大的影响。

农业环境资源问题，不只是对当前的农业生产、农产品质量安全带来威胁，还直接关系到子孙万代的生存。保护好农业环境资源，保持农业发展可持续性是现代农业发展的永恒目标。

绿水青山就是金山银山。保护好农业环境资源，就是保护农产品质量安全，就是保护生产力，就是保护人类的家园。

守护好绿水青山，就是守护我们共同的未来，就是守护广大人民群众最根本、最长远的福祉，功在当代，利及子孙万代。

一、世界环境问题及解决环境问题的探索历程

自人类出现以后，生物与环境、人与自然就紧密联系在一起。环境是指影响人

类生存和发展的各种天然的和经过人工改造的自然因素的总体。环境问题是人类在利用和改造自然过程中，对自然环境污染和破坏所产生的危害人类生存的各种负反馈效应。

（一）环境问题的出现

工业革命以来，人类征服和改造自然的能力大大增强。随着科学技术、商品经济的发展和工业化的快速推进，人类的生产力水平有了极大提高。传统工业化在创造无与伦比的物质财富的同时，也过度消耗自然资源，大范围破坏生态环境，大量排放各种污染物。从 20 世纪 30 年代开始，美、英、日等发达国家相继发生了美国洛杉矶烟雾事件、英国伦敦烟雾事件、日本水俣病事件等八大公害。例如，1943年 5 月至 10 月发生在美国洛杉矶的烟雾事件，大量汽车尾气产生的光化学烟雾，在 5 个月时间内造成 65 岁以上老人死亡 400 多人。1952 年 12 月英国伦敦由于冬季燃煤产生大量煤烟，引起大面积烟雾，发生严重烟雾事件，能见度突然变得极差，整座城市弥漫着浓烈的臭鸡蛋气味，居民普遍呼吸困难，短短几天就导致 4000 多人死亡，此后两个月内又有 8000 多人陆续丧生，震惊世界。环境问题特别是环境污染问题，使人类付出了沉重的代价。

（二）人类的觉醒

日趋严重的环境问题促使人类开始觉醒，许多关于环境保护的文章和书籍纷纷发表，其中有 2 本书最为著名。

第一本书是《增长的极限》。该书是 1972 年由来自世界各地的几十位科学家、教育家和经济学家会聚在罗马提出的一份报告。该报告的代表性观点是，"没有环境保护的繁荣是推迟执行的灾难"。

第二本书是《只有一个地球》。该书是在 1972 年斯德哥尔摩联合国第一次人类环境会议上，时任联合国副秘书长莫里斯·斯特朗委托经济学家芭芭拉·沃德和生物学家勒内·杜博斯撰写的。这本书的主要观点是，"不进行环境保护，人们将从摇篮直接到坟墓"。

（三）世界环境保护进程

经历了沉痛的代价和宝贵的觉醒之后，人类对环境问题的认识逐步深入，对发展不断进行深刻反思。以 4 次世界性环境与发展会议为标志，人类对环境问题的认识发生了历史性转变，其间发生了 4 次历史性飞跃。

第一次飞跃是 1972 年 6 月 5—16 日在瑞典斯德哥尔摩召开的联合国第一次人类环境会议上，世界各国开始共同研究解决环境问题。会议通过了《人类环境宣言》，确立了人类对环境问题的共同看法和原则。会议开幕日被联合国确定为世界环境日。

第二次飞跃是 1992 年 6 月 3—14 日在巴西里约热内卢召开的联合国环境与发展大会上，会议第一次把经济发展与环境保护结合起来进行认识，标志着环境保护事业在全世界范围内发生了历史性转变。

第三次飞跃是 2002 年 8 月 26 日至 9 月 4 日在南非约翰内斯堡召开的可持续发展世界首脑会议上，会议提出经济增长、社会进步和环境保护是可持续发展的三大支柱，经济增长和社会进步必须同环境保护、生态平衡相协调。

第四次飞跃是 2012 年 6 月 20—22 日在巴西里约热内卢召开的联合国可持续发展大会上，会议发起可持续发展目标讨论进程，提出绿色经济是实现可持续发展的重要手段，正式通过《我们憧憬的未来》这一成果文件。

（四）当今全球性环境问题

从 1972 年 6 月 5 日在瑞典斯德哥尔摩召开的联合国第一次人类环境会议至今的 50 多年里，世界各国特别是发达国家对环境问题的研究、探索和防范从未间断过，从理论到实践方面积累了许多成功的经验，但更多的是惨痛的教训和大自然的惩罚。

世界各国在环境保护方面，付出了艰辛的努力，取得了一定的成效。但从全球视角看，环境问题并没有得到根本性解决，在许多方面形势更为严峻。

多数发达国家通过环境治理、产业结构调整等措施，自身的环境问题得到了改善。但随着经济的发展，污染物类型不断增多，污染物排放总量仍然很高。

广大发展中国家在经济发展的同时，"三废"排放日益增多。一些发达国家到发展中国家兴办高污染企业以及输出"洋垃圾""转嫁危机"，环境问题已成为发展中国家社会经济发展的主要障碍。

环境问题无国界，世界各国的环境污染及生态破坏，已成为全球性的生态环境问题。其中大范围的、全球性的环境问题，主要表现在：臭氧层破坏、酸雨和温室效应等。

1. 臭氧层破坏

臭氧层是地球的保护伞。它在距地面 15～50 公里的空间中，承担着吸收近

99%太阳紫外线的使命,仅占1%左右的紫外线随太阳光流泻下来,普照大地的万事万物。20世纪70年代末,科学家们在南极上空首次发现臭氧层破了洞;1995年春天,破洞已发展到2500万平方公里,覆盖整个南极大陆和南极圈附近的海洋。

2. 酸雨

自然降雨pH一般在7左右,由于大气中二氧化硫和氧化氮气体浓度增高,有许多地区引起酸雨。如在北欧、加拿大、美国等一些地区,雨水pH达到4.5以下,对农业生产影响很大。

3. 温室效应

大气中二氧化碳浓度通常为0.03%左右。目前,世界耗燃量每年以2%~4%的速度递增,另一方面,森林砍伐速度加快,二氧化碳失去储存库,空气中二氧化碳浓度增加。如果二氧化碳浓度增加1倍,气温将上升2~3℃,危害难以想象。据美国环保局预测,到2050年,全球气温将平均升高2℃,而过去的1万年内,地球气温变化不到2℃。有关专家提出,为应对海平面升高的问题,今后对海拔4米以下的地区不宜投资,海拔1~2米地区应制定人口迁移计划。

4. 资源枯竭

据估计,全球1/3的土地遭侵蚀,每年流失240亿吨肥土冲入大海,荒漠化面积每年达600万公顷,世界淡水资源的使用量增加4倍以上,其中农业用水占2/3以上。发展中国家水资源紧缺,有1/3人口生活用水得不到保证。

(五) 中国环境保护历程与探索

我国是发展中国家,中华人民共和国成立初期,国家的中心任务是发展生产,解决人民温饱问题。由于工业化水平低,生态环境问题没有得到重视。

改革开放以来,我国经济得到了长足的发展,在环境保护方面付出了艰辛的努力,也取得了一定的成效,但仍然付出了沉重的环境代价。1988年设立国家环境保护局,成为国务院直属机构。地方政府也陆续成立环境保护机构。至2011年底,国务院先后召开7次全国环境保护会议,出台政策,解决各个时期中出现的环境问题。受发展阶段、环境法治水平、环境保护管理体制等多方面因素的制约,以及一些发达国家"转嫁危机"和"洋垃圾"入侵等影响,我国环境监管总体水平不高。从治污减排的进程来看,一些局部环境虽有阶段性改善,但主要污染排放处于增长的态势,总体环境仍在不断恶化。生态环境的污染由点源污染向面源污染转变,由城市向乡村延伸。

"十二五"后期，我国主要大气污染物排放总量快速递增的态势开始得到遏制，主要污染物排放进入"平台期"，"环境拐点"开始出现，环境质量总体向稳中向好的方向发展。目前，我国正处在绿色发展"转折期"，也是环境保护与经济增长"再平衡"的重要阶段，经济增长和污染物排放正在逐步"脱钩"。从理论和国际经验来看，平衡环境保护和经济增长关系是一个长期、艰难的过程。

尽管我国主要大气污染物排放量从总体上已跨越峰值，但由于一些区域污染物远超环境容量，因此，需要在大幅度削减污染物排放量后才能实现环境质量根本性改善，这需要一个长期过程。这也意味着我国近中期环境污染形势仍十分严峻和复杂。从当前到未来 20 年左右，主要污染物大幅度削减仍是环境治理的主线之一。由于我国所处的发展阶段、产业结构、能源结构等因素，在未来 20 年污染物大幅削减的过程中，环境监管的严格度和有效性丝毫不能放松。

二、中国农业环境问题

环境是以人类社会为主体的外部世界的总体，包括各种自然因素和社会因素的总和。环境是一个相对于主体而言的客体。农业环境是指以农业生物为中心的周围事物的总体，包括大气、水体、土壤、光照、热量，以及农业生产者的劳动、生活场所，是影响农业生物生存和发展的各种天然的和经过人工改造的自然因素的总体。农业环境是人类赖以生存的自然环境的重要组成部分。

农业环境问题主要是指环境污染及生态破坏。从污染来源看，农业环境污染有外来污染和内生污染。外来污染是指农业外部的人类活动给农业带来的污染，主要污染物是工业及城镇"三废"。内生污染是指农业生产活动过程中产生的污染，主要污染物是农用化学物质和畜禽粪便。农用化学物质的使用对提高农作物产量具有重要作用，同时，它又是农业环境的主要污染物。

（一）工业及城镇"三废"对农业环境的污染

改革开放以来，我国经济快速发展，工业、矿产业及城市化进程不断加快，一些耗能高、污染重的化工、造纸等行业进入农村地区。乡镇企业蓬勃发展，一些地方乡镇企业星罗棋布，"村村起火，畈畈冒烟"，曾一度成为农村环境的主要污染源。

2005 年，全国城市污水处理率仅为 52%；全国七大水系好于Ⅲ类水质比例只有 41%，劣Ⅴ类水质比例占 27%。

工业和城镇"三废"一直是农业环境的主要污染源,农业环境是"三废"的承接地和受害者。"三废"通过大气、河流、农业灌溉水等各种途径进入农业环境。有的是点源污染,即一个点,如一个企业排放污染物,给周边的农业生产造成污染;有的是线源污染,即一个或几个企业污染物排入一条河流,造成河流两岸的农业生产遭受污染;有的是面源污染,即污染的大气、灌溉水、废渣及垃圾等通过各种途径进入农业环境,造成整个区域遭受污染等。

(二)农用化学投入品对农业环境的污染

农业环境除了遭受外部的污染外,更多的是农业生产过程中,农用化学物质的使用带来的污染。对农业环境影响最大的农用化学物质主要有农药、化肥、农膜等。

1. 农药污染

第三章已对化学农药防治病虫草害的功效进行了介绍。农药也是一把"双刃剑",由于使用和管理不善,农药在生产、贮存、运输和使用过程中会污染环境和农产品。

联合国粮农组织发布的《2021年世界粮食和农业统计年鉴》显示,我国是全球最大的农药使用国,2019年农药使用量达180万吨,占世界总量的42%。另据农业农村部数据,2020年我国水稻、小麦、玉米三大粮食作物农药利用率达40.6%,而欧美发达国家的这一指标则是50%~60%。农药利用率低不仅是一种巨大的物质浪费,同时也带来了农地面源污染、农产品农残超标、施药人员健康风险等危害。农药流失到环境中,将造成严重的环境污染,有时甚至会造成极其危险的后果。如:流失到环境中的农药通过蒸发、蒸腾,飘到大气之中,飘动的农药又被空气中的尘埃吸附住,并随风扩散,造成大气环境的污染。大气中的农药,又通过降水,流入水里,从而造成水环境的污染,对人、畜,特别是水生生物(如鱼、虾)造成危害。同时,流失到土壤中的农药,也会造成土壤板结。长时间使用同一种农药,最终会增强病菌、害虫对农药的抗药性。绝大多数农药是无选择地杀伤各种生物的,其中包括有益的生物,如青蛙、蜜蜂、鸟类和蚯蚓等。这些有益生物的减少会导致害虫数量的增加,影响农业生产。

特别是一些高毒高残留农药,半衰期长,在环境中具有富集作用,可在环境中长时间残留,污染农业环境、农作物,影响农产品质量安全。许多有害物质还可以在生物链中富集,对人类的生存与健康带来巨大的危害。早在1962年,美国生物学家莱切尔·卡逊(Rachel carson)在著名的《寂静的春天》一书中,对某些化学农药的危害做过生动的描述。而现在，这种现象仍在世界各地蔓延。

2. 化肥污染

我国现阶段化肥利用率较低，一般在35%～40%，而发达国家一般在60%以上。大量施用或不合理使用化肥，导致土壤结构破坏和环境污染。化肥，特别是磷肥生产，从原料开采到加工制造，通常会带进一些重金属元素或有毒物质，如重金属 Cd、Cr、Hg、As，特别是 Cd。长期过量单纯施用化学肥料，会使土壤酸化，土壤结构遭到破坏，土地板结，土壤物理性质恶化，直接影响农作物的产量和质量。

3. 农膜污染

农膜是农用塑料薄膜的通称。地膜是农膜家族中的一大类，应用最为广泛。农膜在农业上的推广应用在第三章中已作介绍。

农膜生产原料是聚乙烯，属塑料制品。学术界认为，塑料产品由于物理化学结构稳定、在自然环境中可能数十年甚至数百年不会被分解。由于塑料的无法自然降解性，废弃残膜已经导致许多动物死亡。在农业生产中，长时间、大规模地使用地膜，加之回收率不高，导致我国农田地膜残留污染问题日益严重。这主要来自三方面的原因。第一，回收废膜没有直接经济效益，是纯粹的投入；回收废膜要投入非常多的人力，如果是小面积使用，回收还有可能，但大规模使用，使用者不愿意做。第二，使用的地膜太薄，最薄的可能只有5微米，在经过作物生长期后，碎片化很严重，很难回收，尤其是许多废膜埋在土里，回收更难，因此大量地膜被留在土壤中。第三，地膜回收渠道不畅，没办法处理。回收以后无论是焚烧还是填埋，都有很多问题和困难。

塑料污染是全球性的问题，而地膜残留污染在我国尤为突出。根据第二次全国污染源普查的调查结果，我国调查区域的地膜残留量为每亩4千克左右。目前，地膜年使用量达140万吨左右，主要用膜地区土壤中都有地膜残留。从区域看，地膜污染重点区域从西北往东南逐渐递减，污染严重区域主要是西北内陆的绿洲农业区、河套灌区和河西走廊等。2017年新疆生产建设兵团曾做过调查，结果显示，农田地膜平均残留量为每亩19.8千克左右。

废弃残膜在土壤中对农业生产最直接、最明显的问题是对土壤结构的影响。一是残膜有很强阻隔性，残留在土壤中会导致土壤通透性变差；二是地膜残留会影响土壤中水分养分运移；三是导致出苗受到影响，在播种时候，如果种子刚好落到残膜上，会导致死苗或者是烂苗；四是土壤中残留废膜，阻碍作物根系的正常生长发育；五是地膜残留影响农事作业包括播种时堵塞种孔、缠绕作业机具等。

（三）畜禽粪便对农业环境的污染

近 40 年来，特别是进入 21 世纪，我国大力发展现代农业。农业产业结构调整，畜牧水产业得到迅速发展。在以前传统小农经济条件下，我国养殖业大多是家庭养殖模式，家畜家禽粪便是优质肥料，分散施用，没有污染。进入 21 世纪，规模化生产经营发展加快，畜禽养殖全面进入规模化生产，许多地方家庭养殖退出了历史舞台。畜禽规模养殖带来巨大经济效益的同时，负面效应巨大：养殖场周边粪便堆积，未经处理的污水横流，臭气熏天，畜禽粪便污染给周边农业环境及居民生活造成巨大的危害。据统计资料，2020 年全国畜禽类粪污产生量为 30 亿吨，每年仍有几亿吨畜禽粪污未被有效处理和利用。

三、中国农业资源问题

资源既可以自然形态存在，亦可以人文形态存在，前者称为自然资源，后者称为人文资源。自然资源是人类社会可持续发展不可或缺的自然物质基础。

广义的自然资源是指对人类有用的一切自然物品，涉及地表、地下和地上三个层次。就目前人类控制能力而言，自然资源更多地是指地表及地下的自然资源，包括土地及土壤、矿产、地表及地下水、生物等。

一种自然物品要称之为自然资源，须具备的条件之一是人类在现有科学技术条件下可以控制的，任何超出人类控制能力的自然物品只能视为自然条件。因此，农业资源是一个动态概念，资源的含义随着人们对它的认识和利用程度的深化而不同。

农业自然资源是自然资源的主要组成部分之一，是指可供农业生产及其相关领域所利用的一切物质和能量的总称。

农业资源与农业环境是同一问题的两个侧面。在农业生态系统中，有利的农业环境和资源其本质是统一的，二者几乎是同义语。农业自然资源是农业环境的重要组成部分，而农业环境中能为农业生产所利用的部分就是农业资源。保护农业资源就是保护农业生态环境，保护农业生态环境是实现农业资源可持续利用的根本途径。

在农业资源中，与农业生产相关最密切的是土地资源、水资源和生物资源。农业资源问题主要是指不合理、不科学甚至滥用，是农业资源过度消耗及破坏带来的一系列问题。

（一）土地资源问题

农业土地资源是指可供农、林、牧业或其他所利用的土地，是人类生存的基本资料和劳动对象，是人类"财富之母"。关于土地资源问题在第一章第四节中已有介绍。

（二）水资源问题

水资源短缺地区越来越多。据《公元二〇〇〇年全球研究报告》数据，1975—2000 年，世界需水量增加了 2 ~ 3 倍，未来水危机最严重的地区是非洲、南亚、中东和拉美等欠发达国家。水危机是继粮食危机后的一大危机。

中国水资源总量大，全球水资源总量排名第六，但人均水资源占有量低，仅有世界平均水平的 1/4，是全球 13 个贫水国之一；水资源区域分布差异显著，按 400毫米年降水量分界线划分，西部半干旱、干旱和高寒牧区与东部湿润农业区分别占国土面积的一半。由于水土资源分布不均，长江流域及其以南地区降水量占全国的80% 以上，而耕地仅占 36%。

（三）生物资源问题

生物资源是生物圈中一切动、植物和微生物组成的生物群落的总和。生物资源种类繁多、形态各异、结构千差万别，分布极其广泛。除农业动植物资源外，与农业生产最直接、最紧密的是森林资源。

森林的经济功能众所周知，其实，森林的生态功能也十分巨大：一是调节气候，二是涵养水分，三是保持水土，四是防风固沙，五是净化空气，六是吸收噪音、吸尘。

全球森林资源问题集中表现在消失量大于增长量，森林面积在急剧缩小，生态"赤字"越来越大。主要原因是人为滥伐、酸雨和森林火灾等。国际上一般认为，一个国家森林覆盖率达 30% 以上，并分布均匀，就可以创造一个较适宜的生态环境，促进农业的发展。

（四）农业生态系统问题

农业生态系统是指在一定时间和地区内，人类从事农业生产，利用农业生物与非生物环境之间以及与生物种群之间的关系，在人工调节和控制下，建立起来的各种形式和不同发展水平的农业生产体系。

我国农业生态系统退化明显，建设生态保育型农业的任务十分艰巨。根据第一次全国水利普查和水土保持情况普查资料，中国土壤侵蚀总面积294.91万平方千米，占普查范围总面积的31.12%。其中，水力侵蚀129.32万平方千米，风力侵蚀165.59万平方千米。高强度的粗放生产方式导致农田生态系统结构失衡、功能退化，农林、农牧复合生态系统亟待建立。草原超载过牧问题依然突出，草原生态总体恶化局面尚未根本扭转。湖泊、湿地面积萎缩，生态服务功能弱化。生物多样性受到严重威胁，濒危物种增多。生态系统退化，现代农业发展面临诸多挑战。

四、中国农业环境资源保护

我国是发展中国家，工业化起步较晚。1973年8月召开第一次全国环境保护会议，标志着中华人民共和国环境保护工作正式拉开了序幕。1978年，第一次在《宪法》中对环境保护作出"国家保护环境和自然资源，防治污染和其他公害"的规定，为我国环境法治建设和环境保护事业的发展奠定了基础。1983年，我国召开第二次全国环境保护会议，正式把环境保护确定为我国的一项基本国策。1988年设立国家环境保护局，成为国务院直属机构。之后，地方政府也陆续成立环境保护机构。1989年召开第三次全国环境保护会议，提出环境影响评价等八项管理制度。1979年《中华人民共和国环境保护法（试行）》颁布实施，1989年颁布《中华人民共和国环境保护法》，2014年进行修订。

（一）中国农业环境资源保护历程

我国农业环境保护工作以1976年原农林部设立环保组为起点，大体经历以下几个阶段：

1. 政策引领阶段（1976—1984年）

从中华人民共和国成立之初到改革开放之前，在短缺经济时代，人们生活的主要目标是温饱，农业生产追求的主要目标是高产，环境保护政策基本是空白。环境污染及人畜中毒事件时有发生，但在面上并不突出，工业污染危害不大。

相对于工业和城市领域，农业农村环境保护明显滞后。我国农业农村环境保护工作首次被纳入行政管理体系是在1976年，其标志是在原农林部科教局内设处级环保组。

这一阶段，国家农业环境保护工作主要是组织开展调查研究、社会宣传教育及人才培训和政策引导等。在 1980 年前后，一些地区的农业环境问题已经开始显现，但并未引起政府及社会的重视。政府出台的环境保护政策，涉及农村环境保护方面大多以改善农村环境卫生为主，较少涉及农业农村环境污染防治的内容。

2. 起步推进阶段（1985—1999 年）

1985 年，农业环境保护工作明确由农牧渔业部门负责。农牧渔业部成立了环境管理委员会，办事机构设立在部能源环保办公室。农业环境保护机构和职能的确定，为政府推动农业环境保护工作提供了组织保障。

20 世纪 80 年代后，随着工业化、城市化不断加快，工业特别是乡镇企业"三废"以各种形式进入农业环境。这个阶段，我国开始出台了相关农业环保政策。国务院先后出台文件，保护农业环境，坚决制止"污染转嫁"，1985 年出台了《关于开展生态农业　加强农业生态环境保护工作的意见》。1989 年颁布的《中华人民共和国环境保护法》明确规定："加强农业环境保护，防止生态破坏，合理使用农药、化肥等农业生产投入品。"1999 年，国家环保总局印发《关于加强农村生态环境保护工作的若干意见》，农业部在农业用水、土地、生物资源等方面制定出台了专门规章，许多省、市及县相继出台了农业环境保护条例及政策文件。

这一阶段农业环境保护工作，主要任务是开展区域性的、局部性的工业、城镇"三废"和农药化肥污染防治。主要政策基调还是停留在农业环境保护必须与经济发展相协调的层面。

3. 综合整治阶段（2000—2016 年）

20 世纪末至 21 世纪初，我国农业农村经济进入快速发展阶段，农业化学物质投入力度加大，农业自身造成的污染和破坏效应日益显现。化肥、农药、农膜以及其他农业生产废弃物对环境造成的污染和安全问题越来越严重。农村生活污水和生活垃圾越来越多，管理难度大，许多地方面源污染的危害远超过工业"三废"污染。

世纪之交，我国农村环境问题表现为：点源污染与面源污染泛滥，农村生活污染与农业生产污染叠加，乡镇企业污染和城市污染转移威胁共存。

进入 21 世纪，国家经济实力不断增强，公众环保需求不断提升，国家对环境保护的重视程度也随之不断提高。2001 年《国家环境保护"十五"计划》明确："把控制农业面源污染、农村生活污染和改善农村环境质量作为农村环境保护的重要任务。"2007 年，国务院办公厅《关于加强农村环境保护工作的意见》。从 2008

年开始，中央财政设立农村环境保护专项资金，开展农业农村环境重点整治。

2014 年修订的《中华人民共和国环境保护法》在农业污染源监测、农村环境综合整治、农药化肥污染防治、畜禽养殖污染防治以及农村生活污染防治等方面做出了较全面的规定，为适应新时期农业农村环境保护工作奠定了法律基础。《"十二五"国民经济发展规划纲要》明确把治理农药、化肥、农膜、畜禽养殖等农业面源污染作为农业环境综合整治的重点领域，一是建立健全农业面源污染监测网络，二是积极推进农药化肥零增长行动计划，三是将养殖污染防治纳入法治轨道。

2015 年，先后出台《农业环境突出问题治理总体规划（2014—2018 年）》《全国农业可持续发展规划（2015—2030 年）》和《关于加快转变农业发展方式的意见》，明确要实现农业发展转型升级，即由数量增长为主转到数量和质量效益并重上来，由主要靠物质要素投入转到依靠科技创新和提高劳动者素质上来，由依赖资源消耗的粗放经营转到可持续发展上来，走产出高效、产品安全、资源节约、环境友好的现代农业发展道路。

4. 绿色发展阶段（2017 年至今）

经过艰辛的综合整治，从"十一五"末至"十二五"期间，我国主要污染物排放先后跨越峰值，"环境拐点"开始出现，环境质量总体进入稳中向好的方向发展。我国环境保护工作进入绿色发展"转折期"。

绿色发展理念于 2015 年 10 月在中共十八届五中全会上首次提出。绿色发展是以效率、和谐、可持续为目标的经济增长和社会发展方式。

从内涵看，绿色发展是在传统发展基础上的一种模式创新，是建立在生态环境容量和资源承载力的约束条件下，将环境保护作为实现可持续发展重要支柱的一种新型发展模式。核心要点是，要将环境资源作为社会经济发展的内在要素；把实现经济、社会和环境的可持续发展作为绿色发展的目标；把经济活动过程和结果的"绿色化""生态化"作为绿色发展的主要内容和途径。

2017 年，中共中央办公厅、国务院办公厅印发了《关于创新体制机制推进农业绿色发展的意见》（简称《意见》）。以该《意见》为标志，我国农业环境保护工作进入绿色发展阶段。

这一阶段农业环境保护工作的特点是，转变思想观念，坚持"绿水青山就是金山银山"的理念，走"产出高效、产品安全、资源节约、环境友好"的农业现代化道路。农业产业更加注重资源节约，依靠科技创新，提高土地产出率、资源利用率、劳动生产率，实现农业节本增效、节约增收。更加注重环境友好，大力推广绿色生产技术，加快农业环境突出问题治理，彰显农业绿色的本色。更加注重生态保护，加快推进生态农业建设，培育可持续、可循环的发展模式，将农业建设成为美丽中国的生态支撑。更加注重产品质量，努力增加优质、安全、特色农产品供给，促进农产品供给由主要满足"量"的需求向更加注重"质"的需求转变。

农业环境保护工作的重点任务是，着力解决农业绿色发展面临的突出问题。一是着力解决农业资源趋紧问题。实施"藏粮于地，藏粮于技"战略，坚持最严格的耕地保护制度和最严格的水资源管理制度，全面划定永久基本农田，统筹推进工程节水、品种节水、农艺节水、管理节水、治污节水。二是着力解决农业面源污染问题。杜绝生态环境欠新账，而且要逐步还旧账，打好农业面源污染防治攻坚战。实行农业用水总量控制，化肥、农药使用量减少，畜禽粪便、秸秆、农膜基本实现资源化利用。三是着力解决农业生态系统退化问题。调整优化种养业结构，实施草原生态奖补、休渔禁渔等制度，逐步修复农业生态系统。优化农业生产布局，坚持宜农则农、宜牧则牧、宜渔则渔、宜林则林，逐步建立起农业生产力与资源环境承载力相匹配的生态农业新格局。四是着力解决农产品质量安全问题。大力推进质量兴农，加快标准化、品牌化农业建设，强化质量安全监管，实现"从田头到餐桌"可追溯，保障人民群众"舌尖上的安全"。

绿色发展是一个长期过程，我国仍然处在起步阶段。但是，绿色发展理念深得人心，已开始成为全社会的共识，坚持绿色发展已开始成为农业生产经营者的自觉行动。

（二）农业环境资源保护工作与成效

20 世纪 70 年代，国家及各省份农业行政主管部门先后建立起农业环境保护机构。1993 年以前，包括农业生产和农村居民生活环境的保护工作，均由农业部门负责。1993 年国务院机构改革，重新界定了农业环境保护的概念和部门工作职责：明确有关农村生态环境保护工作职能划归环境保护部门。

由于全国各地生态环境类型不同，经济发展水平各异，存在的环境问题各不相同，环境保护工作重点也大不一样。中华人民共和国成立 70 多年来，我国农业环境保护工作在艰难中推进，取得了巨大成效，仍然存在不少的问题。

1. 加强工业、城镇"三废"污染的监管与防治

对城镇工业"三废"污染源管理，我国提出的总体原则和指导思想是"预防为主、防治结合""谁污染、谁治理、谁破坏、谁恢复"。对在建项目实行环境影

响"三同时"（同时设计、同时施工、同时投产使用）制度，对老项目存在的环境问题要求"限期改造"。这些措施对治理工业和城镇污染物的排放取得了一定的成效。针对大江、大河、大湖水污染防治，以"总量控制"为抓手，推动主要污染物减排，取得积极进展。

受发展阶段、环境法治水平、环境管理体制等多方面因素的制约，我国早期的"运动式"污染防治行动总体效果并不理想。从中华人民共和国成立到2010年，我国主要污染物排放量总体处在增长的态势。特别是改革开放后的前30年左右，环境质量总体趋于恶化。进入"十二五"后期，这种状况才开始逐步转变，主要污染物排放总量快速递增的态势得到遏制，环境质量总体上进入稳中向好的阶段。

党的十八大以后，我国生态文明建设进入新阶段，从2013年开始先后实施气、水、土三大污染防治行动计划。控制工业、城镇"三废"污染，农业直接从中受益。

2. 防治农用化学投入品污染

防治农用化学投入品对农业的污染，一直是农业环境保护工作的中心任务。

一是实施病虫害绿色防控技术。病虫害绿色防控是以促进农作物安全生产，减少化学农药使用量为目标，采取生态控制、生物防治、物理防治、科学用药等环境友好型措施来控制有害生物的重大举措，是建设"资源节约、环境友好"农业，促进农业生产安全、农产品质量安全、农业生态安全的有效途径，其核心措施是生物防治。

进入20世纪90年代，随着科学技术不断发展进步，我国加强了对农药的管理，开始限制、禁止生产使用高毒、高残留农药，推广高效、低毒、低残留农药。如"六六六"和"滴滴涕"，1983年全国停止生产，1984年全面禁止在农业生产中使用。随后，进一步加强了对其他高毒、高残留农药生产和使用的监管，逐年减少化学农药使用量，大力推广绿色防控技术。近年来，生物防治面积已达1.5亿多亩，约占全国耕地面积的15%，这还不包括林业生物防治面积。2015年，我国启动"到2020年农药使用量零增长行动"，利用生物农药防治害虫，有效减少农药使用。通过大力推进绿色防控、病虫统防统治等措施，全国农药使用总量得以下降。2019年全国主要农作物绿色防控实施面积超过6亿亩，绿色防控覆盖率达30%。

二是科学施肥，提高肥料利用效率，减少因流失造成的污染。根据作物需肥规律、土壤供肥性能与肥料效应，推广应用配方施肥技术。科学确定施肥量、施肥种类、施肥时期、施肥方式，实现土壤养分的平衡供应，减少化肥的浪费，避免对土壤环境造成污染。

强化措施，全力推进化肥农药减量增效，到2020年年底，我国化肥农药减量增效已顺利实现预期目标，农药利用率达40.6%，比2015年提高4个百分点；化肥利用率达到40.2%，比2015年提高5个百分点。化肥农药使用量显著减少，利用率明显提升，有效推进了农业发展方式的转变、农产品质量安全和生态环境安全，促进了农业可持续发展。

三是努力消除农田废弃残膜污染。2018年5月1日我国地膜新国标正式实施，加强地膜销售和使用的标准化管理。对农用薄膜的生产、销售、使用、回收、再利用及其监督管理都提出了明确的要求。主要措施是推广应用高强度，易分解的新农膜；及时回收废弃膜，减少耕地残膜污染。

3. 加强畜禽粪便污染防治

针对农村人畜粪便污染和农村能源问题，加强农村沼气建设。通过建设沼气池与改圈、改厕、改厨相结合，让人畜粪便、厨房污水进入沼气池，实现无害化处理。如南方地区的"猪-沼-果"模式，以农户为基本单元，建设猪圈、沼气池、果园，形成养殖-沼气-种植三位一体的生态庭院经济格局。全国户用沼气最高峰时有近4200万户，约占乡村总户数的18%，有效解决了人畜粪便的污染和农村能源紧缺问题。近年来，农村畜禽养殖大幅减少，规模养殖大幅增加，户用沼气大幅缩减，大中型沼气工程应运而生。

优化畜禽养殖区域布局，推进水产养殖业绿色发展，划定禁止养殖区、限制养殖区和养殖区。大力发展池塘养殖和工厂化循环水养殖、稻渔综合种养等生态健康养殖模式。

2013年10月，国务院出台了《畜禽规模养殖污染防治条例》，对包括畜禽粪便在内的农业污染物防治提出了新的发展方向和解决途径，鼓励支持推进畜禽粪便资源化利用，有效缓解了农业面源污染。2020年畜禽粪污综合利用率达75.9%。

4. 加强农业资源的保护与利用

坚持人与自然和谐共生的自然生态观，正确处理"三农"发展与生态环境保护的关系，自觉把尊重自然、顺应自然、保护自然的要求贯穿到"三农"发展全过程。深刻把握"绿水青山就是金山银山"的发展理念，坚定不移走生态优先、绿色发展新道路，推动农业高质量发展和农村生态文明建设。

一是加强农业种质资源保护与利用。2020年初，国务院办公厅发布《关于加强农业种质资源保护与利用的意见》。《意见》提出，要开展系统收集保护，实现应保尽保；要建立健全保护体系，提升保护能力；要强化鉴定评价，提高利用效率；要推进开发利用，提升种业竞争力；要完善政策支持，强化基础保障。力争到2035年，建成系统完整、科学高效的农业种质资源保护与利用体系，资源保存总量位居世界前列，珍稀、濒危、特有资源得到有效收集和保护，资源深度鉴定评价和综合开发利用水平显著提升，资源创新利用达到国际先进水平。

二是推动重点区域绿色发展。如：以共抓大保护、不搞大开发为导向推动长江经济带建设，坚持把修复长江生态环境摆在压倒性位置，协调推动经济发展和生态环境保护，努力建设人与自然和谐共生的绿色发展示范带；推动黄河流域生态保护和高质量发展，开展全流域生态环境保护治理，推动上中游水土流失和荒漠化防治以及下游河道和河滩区综合治理，黄河泥沙负荷稳步下降，确保黄河安澜。要坚决落实以水定城、以水定地、以水定人、以水定产，走好水安全有效保障、水资源高效利用、水生态明显改善的集约节约发展之路。

三是推进森林生态建设。退耕还林、还牧。逐步将25°以上的陡坡地纳入退耕还林还草。封山育林。在南方山区，发展速生用材林和木本油料基地。在华北、中原和南方平原地区，发展农田防护林网。在华北、西北、东北的西部，营造"三北"防护林。在一些山区、丘陵地区，发展特种经济林和商品林基地。在城镇及农村居民点房前屋后，植树种草，绿化美化环境。实施重点林业生态保护和建设工程：将长江、黄河等大江大河上中游防护林体系建设、西北风沙区治理和天然林保护等列为重中之重。建立自然资源保护区，依法保护森林资源。在城镇周边农村居民点开展义务植树，建设园林城镇、园林村庄。

中华人民共和国成立以来，我国森林资源恢复较快。1950年，我国森林覆盖率仅为8.6%，2021年达到了24.02%，提高了15.42个百分点。

四是加快发展节水农业。统筹推进工程节水、品种节水、农艺节水、管理节水、治污节水等工作。调整优化品种结构，调减耗水量大的作物，扩种耗水量小的作物，大力发展雨养农业。建设高标准节水农业示范区，集中展示膜下滴灌、集雨补灌、喷滴灌等模式，开展地下水超采区综合治理。

五是加强耕地质量保护与提升。开展农田水利基本建设，推进旱涝保收、高产稳产高标准农田建设。推行耕地轮作休耕制度，坚持生态优先、综合治理、轮作为主、休耕为辅，集成推广一批保护与治理并重的技术模式。

六是推进秸秆资源化综合利用。积极开展秸秆资源肥料化、饲料化、燃料化、基料化和原料化综合利用。打造深翻还田、打捆直燃供暖、秸秆青贮和颗粒饲料喂养等应用技术。2018 年我国农业秸秆综合利用率超过 80%。

5. 打造绿色生态宜居的和美乡村

积极发展休闲农业、乡村旅游、健康养老等新产业、新业态。在为城镇居民提供休闲服务产品的同时，增加农民自身的收入，推动实现农业强、农村美、农民富的目标。构建农业农村污染防治制度体系，加强生态保护与修复，加强农村人居环境整治和农业环境突出问题治理。推进农村厕所革命，加强生活垃圾、污水治理。加强传统村落保护利用，传承中华优秀传统文化，开展现代宜居农房建设，越来越多的乡村实现水源净化、道路硬化、夜晚亮化、能源清洁化。整治提升村容村貌，推动功能清晰、布局合理、生态宜居的美丽乡村建设。

（三）发展生态修复农业

生态修复农业是对农业环境中退化或原本恶劣的生态系统等用各种相关措施予以恢复与重建，从而进行农业生产。这是农业发展的新领域，也是生态环境建设的新途径。退化生态系统指原本稳定并可再生循环的生态系统，在遭到自然或人为破坏后已丧失植被而失去生态功能并不可再生循环，如石漠化、沙漠化土地等。恶劣生态系统指原本就是不稳定且无（少）植被，亦无再生循环的生态系统，如盐碱土地、沙漠、戈壁等。要修复这类生态系统，就必须恢复其植被。生态修复农业就是应用全新的技术和方法，使其植被恢复、系统稳定并步入良性循环。生态修复农业的目标是实现农业产业发展领域和规模的可扩张性、产品（或服务）质量的可优化性、产业发展效率和效益的可提升性。

生态修复农业将生态系统恢复重建与农业发展紧密结合，可以同时获取生态效益和经济效益，意义重大。我国有退化耕地（沙化、石漠化、盐渍化土地）上千万公顷，退化的草地数千万公顷，有未开发利用的盐碱土地上亿公顷，未开发利用的沙漠、戈壁面积更是数量惊人。这些生态环境退化或原本就恶劣的土地，有一部分是可以通过发展农业或改造后发展农业。利用现代技术改造和利用这些土地，在产业发展范围和规模上，具有广阔的发展空间。

经过几十年的科技攻关和生产实践，我国在生态修复农业技术上取得了多方面突破，并投入实际应用。运用工程和生物技术，已在海边盐碱滩种植小麦，能在盐碱率 6% 以下的水体中种植水稻，能种植耐盐碱牧草。发展生态修复农业，能使大片沙漠恢复林草植被，发展林业、畜牧业、果蔬业、中药材业、旅游业等农业产业，能在部分沙漠种植高产牧草、发展养牛和养羊业，能在石漠化土地上发展蚕桑业、花椒种植业和水果业并获得较高收益。

生态修复农业虽然意义重大、前景广阔、成长性好，但需要投入巨大人财物力，而且耗费的时间很长，在技术上还有许多难题需要破解，目前还只能在条件相对较好的地方发展。

（四）开展农业（土壤）环境污染治理

环境修复与治理，是指对被污染的环境采取物理、化学和生物学技术措施，使存在于环境中的污染物质浓度减少或毒性降低达到完全无害化，使环境能够部分或全部恢复到无污染的初始状态。

农业环境修复与治理，主要包括土壤环境、水体环境、大气环境的修复与治理。自"九五"以来，我国已开始花大力气重点整治"三湖"（太湖、巢湖、滇池）、"三河"（淮河、海河、辽河）、"两区"（酸雨控制区、二氧化硫控制区）、"一市"（北京市）、"一湾"（环渤海湾）等，并取得了明显的成效，为污染环境的修复积累了经验。

水体和大气具有流动性，环境变化较大；土壤位点相对固定，结构复杂，修复治理难度更大。

1. 土壤环境污染问题

2014 年《全国土壤污染状况调查公报》显示，全国土壤环境状况总体不容乐观，部分地区土壤污染较重，耕地土壤环境质量堪忧，工矿业废弃地土壤环境问题突出。全国土壤总超标率为 16.1%，其中轻微、轻度、中度和重度污染点位比例分别为 11.2%、2.3%、1.5% 和 1.1%。污染类型以无机型为主，无机污染物超标点位数占全部超标点位的 82.8%。从污染物情况看，无机污染物主要有镉、汞、砷、铜、铅、铬、锌、镍，其点位超标率分别为 7.0%、1.6%、2.7%、2.1%、1.5%、1.1%、0.9%、4.8%；有机污染物主要是六六六、滴滴涕、多环芳烃 3 类，其点位超标率分别为 0.5%、1.9%、1.4%。从土地利用类型看：耕地、林地、草地土壤点位超标率分别为 19.4%、10.0%、10.4%。

2015 年《中国耕地地球化学调查报告》显示，重金属中—重度污染或超标的点位比例占 2.5%，覆盖面积 3488 万亩；轻微—轻度污染或超标的点位比例占 5.7%，覆盖面积 7899 万亩。

以上数据表明，我国部分地区土壤污染较重，污染类型以无机型为主，在八大重金属污染物中，镉居首位。

2. 土壤重金属污染修复与治理的常用技术

目前在规模化的农田土壤修复工程中适用的技术主要有两种：

一是土壤重金属活性化学钝化/稳定化技术。化学钝化/稳定化技术是指通过向土壤中添加改良材料使重金属向固定态等低毒形态转化，达到降低生物污染物有效性和环境风险的方法。常用的钝化材料分为有机和无机两大类型。该技术的优点是原位固化（吸附或共沉淀）降低重金属的有效性，成本较低，缺点是污染物仍滞留在土壤中。

二是植物修复技术。植物修复技术是指利用植物及根际微生物来去除、转移、提取和固定土壤、沉积物、地表水、地下水甚至大气中的重金属。用于重金属污染土壤修复的理想植物需要满足对重金属有一定的耐性或超积累能力、生长迅速且具有较大的生物量等条件。该技术优点是实施简便，投资较少，对环境扰动性小，能减少土壤中重金属总量。缺点是修复效率低，同时因改变种植结构，农民不易接受。

实际工程中，规模化的耕地土壤重金属治理较多采用重金属活性化学钝化/稳定化＋植物（作物）＋农艺调控相结合的组合式（综合性）技术。即选择低成本的农田原位钝化加植物修复相结合治理技术，以"降活减存"为目标，以降低土壤重金属活性，植物安全生长，恢复土壤生态功能，同时减存总量，以时间换成本，达到安全利用大面积修复后的耕地，产生效益为主要治理目标的思路。将土壤污染修复和耕地综合利用有效结合起来，治理产生效果，耕地产生效益。

3. 土壤重金属污染规模化治理任重道远

我国土壤环境的历史欠账远比大气和水体多，土壤污染是隐秘且危害持久的一种污染。呛鼻的雾霾、变色的河水，意味着大气和水污染的存在，而一般人们很难从外表分辨出污染的土地。

环境修复与治理是最近几十年才发展起来的环境工程技术，它强调的是面源治理，主要是对人类生产生活重要区域进行治理。它不可能把整个修复对象包容进去，因为环境修复与治理难度大、成本高、时间长。如采用传统治理净化技术，即使对于局部小系统的修复，其运行费用也将是天文数字。如对耕地重金属污染修复治理，用客土法等，修复一亩需要花费上百万元；用植物吸收重金属的方法，需要上百年时间。

在土壤修复与治理过程中也存在许多问题，例如：修复装备研发不足；法规和标准不完善，目前尚未有针对农田污染土壤修复的专门法规及相关的评价标准；治理过程中施工和管理难，耕地土壤重金属污染规模化治理涉及连片万亩甚至更大范围，涉及广大农民的切身利益，农民群众统一思想、参与配合的组织难度大。

4. 坚持预防为主的方针不能动摇

在整个农业环境污染防控体系中，污染预防工程、传统的环境工程（即"三废"治理工程）和环境修复与治理工程分别属于污染物控制的产前、产中和产后三个环节，共同构成污染控制的全过程体系。大面积的土壤污染修复治理是世界性难题，是最末端和不得已的防治方式。因此，坚持以预防为主的农业环境污染防控方针不能动摇。

五、推进农业可持续发展

可持续发展已成为当今人类社会发展的主题。其思想主要起源于自然资源破坏和耗竭问题以及与此相关的环境问题。可持续发展定义很多，其中最受公认的是1989年联合国环境规划署第15届理事会《关于可持续发展的声明》中的表述："可持续发展系指既满足当前需要又不削弱子孙后代满足其需要之能力的发展。"

"可持续农业"是"可持续发展"概念在农业及农村领域的延伸，迄今没有一个完全统一的定义。1991年，联合国粮农组织提出：可持续农业是一种采取某种管理和保护自然资源的基础方式，实行技术和机制变革，以确保获得并持续地满足当代人类和今后世世代代人们的需要，能够保护和维护土地、水和动植物资源，不会造成环境退化；同时在技术上适当可行、经济上有活力、能够被社会广泛接受的农业。这一定义正在被越来越多的人所接受。

农业可持续发展的主要构成要素是农业资源可持续利用、环境保护及生态恢复和重建等。农业资源可持续利用是农业可持续发展的核心内容、重要基础。

（一）农业资源可持续利用

资源可持续利用是代际分配合理，产业（部门）配置得当，空间布局均衡，经济、社会和生态综合效益最佳的资源利用方式。

从农业自身发展看，现行家庭承包小农户经营，农业生产规模小，农业资源利用效率普遍较低。中国是人口大国，粮食安全仍面临多重挑战。过去，在如何最大限度地满足当代人基本需要与不损害后代人生存与发展长远问题的选择上，往往注重当代人自己的生存，忽视后代人的长远发展。

从社会各产业发展的相互关系看，由于自然资源特别是土地资源产出效益的产业差异，农业资源受到工业化和城镇化的巨大挤压而处于不利境地。耕地减少、水源污染已严重侵蚀农业可持续发展赖以实现的自然物质基础。中国农业资源可持续利用的外部环境较为不利。

从社会管理的角度看，既有农业资源保护意识淡薄的思想观念问题，也有对资源浪费受不到应有谴责、资源节约受不到应有崇尚的社会问题；既有资源法规体系尚不健全、市场体系发育不充分的宏观问题，也有资源管理手段落后的微观问题。

（二）世界农业可持续发展状况

当今世界，可持续农业模式层出不穷。主要有有机农业、生物农业、自然农业和生态农业。

1. 有机农业

我国传统农业中有机农业历史悠久，经验丰富。这些传统的经验和技术早在5000 年前就已经传到朝鲜、日本等地，形成东方农业。30 年代英国农业科学家A Howard 曾到东南亚各国总结东方农业使用堆肥、促进自然循环的经验，认为中国农民把一切有机残体和废物、垃圾制成堆肥施入农田，是长期维持大量农业人口生活而地力不衰的关键所在，并把这一经验上升到理论上写成《农业圣约》流传于世。

近年来，由于西方国家农业机械化出现了各种弊端，再次兴起了有机农业浪潮，其中既有理论呼吁者，也有实践者。国外有机农业的倡导者认为：土壤养分平衡是一个重要前提，通过有机肥料改善土壤理化条件，其核心思想是把土壤看作一个有生命的系统，必须促进土壤内有益生物的活动。为此，主张不施用或基本不施用化肥，不用或基本不用除草剂和杀虫剂，不用带犁壁的犁翻耕土壤。西方有机农业的实践表明，除草和积肥花费劳力多、成本高，但可以减少化肥用量，节省农药开支；种草及绿肥比重大，作物播种面积减少，产量有所下降，但有机农业产品销售价高，净收入不低。

2. 生物农业

生物农业的概念一般认为是由奥地利哲学家 Rudolf Steiner 于 1924 年提出的，它通行于欧洲德语国家及斯堪的纳维亚诸国，其中尤以德国采用较多，几乎遍及全国。

生物农业是根据生物学原理建立起来的一种保持和改进土地生产力的农业系

统。它通过促进自然过程良性循环，来保持土地生产力，控制杂草和病虫害。按照自然的生物学过程管理农业，适当投入能量和资源，避免过度利用资源和耗能的化学制品，而使自然过程发生"短路"，从而保持良好的生态环境和最佳的生产力。

生物农业的主要论点有三：一是靠各种生物学过程建立土壤的生物学肥力，使作物能从土壤的稳定变化中获取所需要的全部营养；二是建立完善的科学的物质循环系统，将系统中所有农业废物都投入到再循环利用中去，并努力使城镇和工业有机废物也参与农业再循环；三是建立有效的利用生物防治杂草和病虫害的技术体系。

3. 自然农业

自然农业的倡导者主张与自然合作而不是掠夺自然，不是以"征服"来改造自然。他们认为，人类对自然不宜干涉过多，在对待农业生产与自然的关系上，与其考虑要做什么，不如考虑一下不要做什么。自然农业的主要原则和措施包括：免耕、不耕翻是自然农业最基本的特点，土地实行自然耕作；不进行中耕，不使用除草剂；杂草在培育土壤肥力和平衡土壤生物群落中起一定作用，杂草应受到控制（如稻麦草覆盖等）而不是消灭；不施用化肥，土壤肥力靠有机肥来保持；不使用化学农药，培育健壮的植株是有效控制病虫害的方法之一。

（三）中国可持续农业选择的道路——生态农业

在西方国家中生态农业这一术语最早出现在美国，1971年由美国密苏里大学土壤学家 William Albrecht 提出。我国开展的生态农业建设与西方提倡的生态农业，无论在形式或内容上都有很大差别。在我国，一般认为生态农业就是从系统思想出发，按照生态学、经济学和生态经济学原理，运用现代科学技术成果、现代管理手段及其传统农业的有效经验，充分利用当地自然、社会和经济资源，以期获得较高的经济、生态和社会效益，形成区域生态经济系统良性循环的现代化的农业发展模式，解决农业发展与环境资源的矛盾，实施农业可持续发展战略的有效办法。

1. 中国生态农业实践的理论依据

中国的生态农业是在环境与经济协调发展思想的指导下，在总结和汲取了各种农业生产实践（尤其是中国传统有机农业）的成功经验的基础上，根据生态学原理，应用现代科学技术方法所建立和发展起来的一种多层次、多结构、多功能的集约经营管理的综合农业生产体系。中国生态农业实践的主要理论依据包括：

（1）生物与环境的协调进化原理。生物与环境之间存在着复杂的物质、能量交换关系。环境影响生物，生物也影响环境，二者不断地相互作用，协同进化。生物既是环境的占有者，同时又是自身所在环境的组成成分。生物一方面不断地利用环境资源，改造环境，另一方面又经常对环境资源进行补偿，使生态系统保持一定的平衡，以保证生物再生。生态农业遵循这一原理，强调全面规划，总体协调，因地、因时制宜，合理布局，优化产业结构。

（2）生物之间链索式的相互制约原理。生态系统中的许多生物通过食物营养关系相互依存、相互制约。系统中的绿色植物、草食性动物、肉食性动物，通过食与被食关系构成食物链、食物网。这种食物链索关系中包含着严格的量比关系。生态农业遵循这一原理，巧接食物链，合理组织生产，以挖掘资源潜力。

（3）能量多级利用与物质循环利用原理。系统中的食物链既是一条能量转换链，也是一条物质传递链。从经济上看还是一条价值增值链。因此，根据生态学原理合理设计食物链，多层分级利用，可以使有机废物资源化，使光合产物实现再生增殖；减少污染，增加土壤肥力。

（4）结构稳定性和功能协调性原理。在自然生态系统中，生物与环境经过长期的相互作用，在生物与生物、生物与环境之间，建立了相对稳定的结构，具有适应的功能。生态农业是一种人工生态系统，需要建立一个稳定的生态系统结构，以保持系统的稳定，保证功能的正常发挥。

（5）经济效益与生态效益相统一的原理。农业生产的目的是增加产出和经济收入，但是农业生产又受到自然生态环境的制约，改善生态环境可以为农业生产创造良好的物质条件，良好的经济效益必须以良好的生态环境为基础。因此，生态农业追求的是经济效益、生态效益和社会效益的有机统一。

2. 中国生态农业建设的基本内容

根据上述原理，生态农业建设的基本内容可以归纳为以下几个方面：

（1）调整优化农业内部结构。改进耕作制度，集约经营，多业结合，使农、林、牧、渔各业都能协调发展，不断地提高农业生态系统的生产力。

（2）扩大绿色植被面积。因地制宜，植树种草，发展适合当地生态特点的高效农作物，努力提高光能利用率，加强第一性的生产，即提高初级生产率。

（3）提高生物能的利用率和废物的循环转化率。提高农业内部资源的利用率，特别是废物资源的利用率，减少对外部投入的依赖。充分利用作物秸秆、树叶，发展畜牧业，利用牲畜粪便生产沼气，同时提供饲料和有机肥。

（4）开发农村新能源。兴建沼气池，推广省柴灶，发展小水电，利用风能、水能、太阳能、地热能等，解决农村能源短缺问题。

（5）保护、合理利用与增殖自然资源。一是保护森林、草原等；二是控制水土流失；第三是保护土地资源，提高土壤的肥力，用地养地相结合，秸秆还田，增施有机肥料，种豆科作物和绿肥，合理间混套作等。

（6）防治农村环境污染。一是防治工业及城镇污染物的污染；二是合理使用化肥农药，减少农业污染，保证农业生产和人民生活有一个美好的环境。

（7）保护生物多样性。一是保护各类生态系统类型；二是保护有益物种和害虫天敌；三是保护农业动植物野生种质资源。

3. 中国生态农业的主要类型

中国从南到北、从东到西，自然条件千差万别，历经长期的积累，已形成了许多适合不同地区的生态农业类型。

按生态农业的规模大小可分为：生态户、生态村、生态乡、生态县，甚至生态省（海南）；按自然地理条件可分为：山地丘陵型、平原型、湖区型及水域型；按农业经营的主导产业可分为：生态农业、生态林业、生态牧业、生态渔业，进而衍生出生态农场、生态林场、生态渔场及生态牧场等。但是，不管何种生态农业类型，它们都是一个结构和功能优化了的农业生态系统。因此，生态农业类型按生态系统的结构特征和功能特征大体可分为如下几种类型：

（1）生物立体共生的生态农业系统。这是一种根据各种生物类群的生物学、生态学特性和生物之间的互利共生关系而合理组合的生态农业系统。这种系统能使处于不同生态位的各生物类群在系统中各得其所，相得益彰。能更加充分地利用太阳能、水分和矿质营养元素，并建立一个空间上多层次、时间上多序列的产业结构，从而获得较高的经济效益和生态效益。根据生物的类型、生境差异和生物因子的数量等的不同，还可将此类生态农业系统划分为：立体种植、立体养殖、立体种养结合的类型。主要模式有林（果）、粮（药）结合；粮、棉结合；粮、粮结合；粮、经结合；粮、瓜、菜和棉、瓜菜结合；粮、渔结合等。

（2）物质循环利用生态农业系统。这是按照生态系统内能量流动和物质循环的规律而设计的一种良性循环的生态农业系统。在这种系统中，一个生产环节的产出（如废弃物排出）是另一个生产环节的投入。系统中各种废弃物在生产过程中得到多次循环利用，从而获得更高的资源利用率，并有效地防止了废弃物对农村环境的污染。这种系统根据生产结构的物质循环方式可分为：种植业内部种、养业结合；种、养、加三结合；种、养、沼三结合和种、养、加、沼四结合等物质循环利用类型。代表性的模式有农田种植农作物，配套："鸡、猪、沼""牛、鸡、猪、兔、鱼""鸡、猪、沼、菜"等。如利用棉花的副产品棉籽壳培养菌菇，残剩废物养蚯蚓喂鸡，鸡粪经发酵后喂猪，猪粪喂鱼或入沼气池，为种植业提供肥源和生活用能，鸡、猪等主产品可进入市场或进行蛋、肉、皮、毛等系列深加工。

（3）生物相克避害的生态农业系统。这种系统利用生物相克关系，人为地对生物种群进行调节。在生态系统中增殖有害生物的天敌种群，以降低害虫、害鸟、杂草、病菌的危害，从而减少农作物的经济损失。它们可以分为：以虫克虫、以鸟克虫、以草克虫、以草克草、以菌克虫等类型。

（4）主要因子调控的生态农业系统。这是一种针对当地主要环境问题，采取人为措施对其主要形成因素进行调控、治理的生态农业系统。如针对我国西北地区的沙漠化、黄土高原的水土流失、华北一些地区的土地贫瘠化、盐碱化，通过植株造林、改良土壤、兴修水利，农田基本建设等措施对农业生态系统进行人工调控，对农业生态系统中主要环境问题进行治理。在这些方面，我国已创造出许多行之有效的治理模式。

（5）区域整体规划的生态农业系统。这是在一定的区域内遵循生态经济规律将山、水、林、田、路进行全面规划的生态农业系统。该系统能够协调农业生态与经济、农业生产与农民生活、生产用地与庭院、房舍、草地、道路、林地等的比例及空间配置，把农、工、商连成一体，提高自然调节能力，从而取得较高的经济效益和生态效益。这种系统类型很多，如"农、林、牧、渔结合，农、工、商一体化""农、林、牧、渔、加工一体化"等模式。

4. 中国生态农业建设现状与成效

中国的生态农业是 20 世纪 80 年代初创建起来的。开始是生态农业户、生态农业村，以后逐步扩大到生态农业乡镇和一些生态农场，进而发展到生态农业县。中国 21 世纪议程"农业行动计划"提出：大力推进生态农业建设。"农业行动计划"目标：到 2010 年，国家级和省级生态农业县总数力争达到 350 个，其成果和技术逐步辐射到全国各县。2002 年，农业部向全国征集到了 370 种生态农业模式或技术体系，通过专家反复研讨，遴选出经过一定实践运行检验，具有代表性的十类生态模式，并正式将这十类生态模式作为今后一个时期重点推广模式。即：北方"四位一体"生态模式及配套技术、南方"猪-沼-果"生态模式及配套技术、平原农林牧复合生态模式及配套技术、草地生态恢复与持续利用生态模式及配套技术、生态种植模式及配套技术、生态畜牧业生产模式及配套技术、生态渔业模式及配套技术、丘陵山区小流域综合治理模式及配套技术、设施生态农业模式及配套技术、观光生态农业模式及配套技术。

实践表明，因地制宜，发展以生态农业为主要内容的多种类型的可持续农业，效果良好，意义深远。

（1）显著的生态环境效益。生态农业有利于自然资源的开发利用和保护，减少对生态环境的破坏和污染。发展生态农业，可以避免掠夺式经营和滥用、浪费资源，不仅能减少水土流失，避免生态环境恶化，而且有利于整个国土资源的开发利用和保护改造，使自然资源能得到持续利用，促进生态良性循环，为我国农业发展创造良好的生态环境。

（2）巨大的经济效益。生态农业能提高劳动生产率、土地生产率和资源利用率，并充分合理地利用、保护和增殖自然资源，加速物质循环和能量转化，投入少，产出多，具有显著的经济效益。

（3）良好的社会效益。生态农业有利于开发农村人力资源，为农村剩余劳动力广开就业门路。生态农业是一种综合性的农业，使农、林、牧、渔全面发展，农、工、商联合经营，进而为农民提供大量的就业机会，提高经济收入。生态农业还能为社会创造数量多、质量好的多样化的农产品，满足人们对优质农产品的需求。

（4）广泛的国际影响。中国的生态农业为世界，特别是为发展中国家提供了一条合理利用自然资源，持续发展农业生产，协调农村经济社会发展和生态环境保护的有效途径，已得到联合环境规划署和其他机构的充分肯定，并受到许多发展中国家的青睐和推崇。中国生态农业是中国农民的伟大创造，也是对世界可持续农业发展的一个突出贡献。

现在，生态农业理念已经被社会广泛接受，生态农业技术已经融入农业生产中的各个环节，生态农业建设已开始成为广大农业生产者、农业经营者、农民企业家的一种自觉行为。一些地方通过生态农业建设，农业生产快速发展，农业生态环境得到有效保护，生态、经济和社会协调发展的局面已经显现。

第六章　农业对外交往与合作

　　当今的世界是开放的世界。国际分工向广度和深度发展，世界经济相互依存。任何一个国家要发展，就不能自我孤立，闭关自守。

　　中国是世界农业交往与合作的贡献国，也是受益国，与世界各国开展农产品贸易，参与国际交流，分享国际专业化分工与协作带来的成果。

　　2001年12月11日，我国正式加入世界贸易组织（WTO），成为第142个成员，打开了农业对外开放之门。目前，我国已稳居全球第二大农产品贸易国、第一大进口国、第五大出口国。农产品国际贸易的快速增长有效促进了国内农业生产结构的调整，促进了城乡居民食物消费结构的改善，优化了农业生产力布局。

　　中国农业的特点是人多地少。劳动密集型农产品出口不断增长，相当于我国"出口"的劳动力在上升；土地密集型产品进口不断增长，相当于我国在不断"进口"短缺的水土资源。

　　农业"引进来"，学习外国先进的农业科学技术及管理经验，引进农业新品种、新技术及资金、项目、人才；引进先进的农业设施、设备。农业"走出去"，开展智力输出、农业援外、境外办企业等。充分利用国内、国际两种资源和两个市场，最大限度地利用国际分工和全球市场的有利条件，推动我国现代农业的发展。

一、中国农业对外交流

（一）中国历史上农业对外交流

　　中国是世界农业三大起源中心之一，自古以来以农立国。现存许多重要的农业生物，都是先民们一代代驯化、栽培的成果。

农业发展史也是一部对外交流史。中外农业交流由来已久。我国在秦汉时期，就实行了对外开放政策，但仅限于近邻的朝鲜、日本、越南、泰国、柬埔寨、缅甸等周边国家。直到东汉晚期，才和西亚、欧洲有了正式直接往来。隋唐时期，陆路由长安向东到达朝鲜、向西经陆上丝绸之路到达印度、伊朗、阿拉伯，以及欧洲和非洲国家；海路从登州、扬州出发，到达韩国、日本；从广州出发经海上丝绸之路到达波斯湾。南宋时期，指南针传到欧洲。元朝时期，火药传到欧洲。明朝至清初时期，是中国历史上空前的主动外交时期。如 1405 年，郑和开始下西洋到达亚非 30 多个国家和地区，最远到达红海沿岸和非洲东海岸地区。此后，中国由对外开放开始转入闭关自守，最终为防止西方殖民势力渗透，几乎完全隔断了与世界各国的联系。直至鸦片战争爆发，英国凭借坚船利炮打开了中国的大门，中国被迫实行对外开放。

1. 中国是世界农业交流的贡献国

据记载：我国是世界公认的粟、黍发源地。在我国最早驯化栽培后，培育出许多新品种，并在较早的历史时期，传到西方的瑞士、东方的朝鲜和日本，以及东南亚国家，然后传播至世界各地。

湖南道县玉蟾岩遗址发现的 1.2 万年前的人工栽培稻谷标本和江西万年县仙人洞遗址发现的 1.2 万年前的栽培稻硅石遗存，刷新了人类最早栽培水稻的历史纪录。日本的稻作栽培技术，源自中国大陆。中国是猕猴桃的原产地。据资料，新西兰的猕猴桃是于 20 世纪早期从湖北宜昌市夷陵区雾渡河镇引进的。

中国观赏植物种类丰富，被国外引种的种类极多。原产我国的桃花、萱草约在 2000 年前就传入欧洲。18 世纪下半叶，西方通过各种途径从我国输入的花卉和观赏树木包括蔷薇、月季、茶花、菊花、牡丹、银杏、荷包牡丹、槐树、臭椿、栾树等。一些花卉植物还被西方人冠以动听的名字，如荷包牡丹被称为闪耀红心，臭椿被称为天堂树，栾树被称为金雨树等。

2. 中国也是世界农业交流的受益国

汉武帝时期，张骞两次出使西域。张骞这两次出使，一方面联络了西域各国，在外交上取得了很大成功；另一方面，又开辟了从中国到中亚、西南亚，直到欧洲大陆的通道，把欧亚大陆连接起来。中国的蚕丝和丝织品便沿着这条道路源源不断地输出到西南亚和欧洲，因而后人称这条通道为"丝绸之路"。与此同时，原产于欧洲、西亚的一些农作物，也开始传入我国。据古籍记载，这一时期传入我国的农作物有葡萄、苜蓿、核桃、大蒜、黄瓜、芝麻、豌豆等。

棉花（粗绒棉，也叫亚洲棉）原产地是印度和阿拉伯国家。大约在南北朝时期就传入到我国，但多在边疆种植，到宋末元初才被大量传入内地。

唐代是我国封建社会的盛世，我国与西域的交往也相当频繁，这一时期又有一批西域的农作物被引入我国。据文献记载，当时引入我国的作物有波斯枣、扁桃（又名巴旦杏）、菠萝蜜、油橄榄、胡椒、菠菜、西瓜等。

中唐以后，中外商人便开辟了一条从中国广州，经东南亚、印度洋，到波斯湾的末罗国（伊拉克巴士拉），再西行到缚达（伊拉克巴格达）的海上丝绸之路。宋元时期，这条海路发展到了空前的程度。据记载，这一时期引入我国的农作物有占城稻、胡萝卜、凉薯（又名土瓜）、南瓜等。

1492 年，哥伦布发现了新大陆，打破了美洲与世隔绝的局面，从此一些美洲的农作物便开始传入菲律宾，再由菲律宾传到南洋各地，进一步传到我国。大量原产美洲的农作物，构成了我国明清时期引入海外作物的一个重要特点。据记载，当时引入的农作物有番薯、玉米、烟草、花生、马铃薯、辣椒、番茄、菜豆、结球甘蓝、花菜和向日葵等。

鸦片战争前后，西方的农业在近代自然科学和技术的助力下，得到了迅速的发展。随着西学东渐，西方近代的农业知识便同生物学一起传入我国，也给我国农业带来了变化。

（二）中国农业对外交往与合作

农业对外交往与经济技术合作是国家对外经济技术合作的一个重要组成部分，是农业农村工作中的重要内容。

1. 改革开放之前我国农业对外交往与合作

中华人民共和国成立之初，农业部（现为农业农村部）等部委都设有专管外事工作的机构。根据不同时期和不同要求，按照"平等互利，互通有无，取长补短，共同提高"的原则，同世界建交国联系交往，开展农业对外交往与经济技术合作。

1949 年 12 月，毛泽东主席首次出访苏联，此访的重要目的之一是为斯大林庆祝 70 大寿，所携带的国礼是一车皮的江西蜜橘和一车皮的山东大葱，这大概是 1949 年以来中国最早出口的农产品。

为了迅速改变贫穷落后的经济面貌，中国效仿苏联确立了优先发展工业的战略。为保证工业发展所需的资金，农业贸易成为出口创汇的重要来源，并确立了统一管理、统一经营、高度集中的对外贸易体制。陈云同志主持起草的《关于加强市场管理和改造私营商业的指示》中提到,"关于各种商品国内市场销售和出口的关系,除粮食、油料等物资特殊规定限量出口外,其他物资在今后一个相当长的时期内的一般方针应当是,国内市场销售服从出口的需要。有些商品如肉类应该压缩国内市场的销售,保证出口;有些商品如水果、茶叶和各种土特产,应尽量先出口,多余的再供国内市场销售……"

这一时期,我国农产品出口的主要目的是创汇。尽管这个时期国内农产品总量供给短缺,但农副产品及其加工产品占全国出口的比重一度高达80%,直至改革开放前的1978年占比仍然达到62.6%。正是农产品出口创汇,支撑了中华人民共和国成立初期的大规模工业建设。由于进口物质的资金主要源自出口创汇,有限的资金主要用于购买工业成套设备和技术,农产品进口几乎停滞。曾经在市场上流行的奶粉、罐头、饼干等舶来品销声匿迹。

改革开放前30年,我国对外开放主要内容体现在对亚非拉等国家的援助。大致经历了两个阶段。

无偿援助性质的农业合作。这个阶段始于1959年,止于20世纪70年代末。主要内容是由地方农业部门派遣农业、畜牧、水产等技术专家,帮助受援国进行繁育良种、种植粮食等作物,进行农业技术试验、推广,把中国先进适用的农业技术传授给非洲国家。这个阶段的中非农业合作是以中国向非洲国家提供无偿援助的方式进行的,没有任何附加条件,受援国单方面受益。

改革调整时期的农业合作。20世纪70年代末,我国农业对外交往与合作进入调整期。对外援助方式和经援项目管理体制也逐步进行了调整,试行经援项目目标责任制,加强经援项目管理。这个阶段的中非农业合作,仍是以中国向非洲国家提供无偿援助的方式进行的,但是强调了援助项目的管理,实现责权的统一,注重项目的经济效益。同时,中国的援外体制与国际惯例接轨,逐步推行国际经济合作的通行规则,探索新的合作形式,包括技术合作、管理合作、代管经营、租赁经营等,在平等互利的基础上发展新型双向合作关系。

2. 改革开放以来我国农业对外交往与合作

改革开放后40多年来,我国农业对外开放大体经历了三个阶段。

第一阶段是1979—1991年,计划与市场双轨并行时期,农业"走出去""引进来"开始起步。党的十一届三中全会后,我国的经济体制开始进行深层次调整,确立了对外开放的基本国策。1979年国家下放对外贸易管理权,各地设立了可直接开展进出口贸易的公司。在农业领域，除粮棉油糖等少数关系国计民生的产品外，其他产品陆续开放，由市场调节。

农业引资、引技、引智和贸易合作交流加速发展，为国内农业发展聚集积极要素。在这一历史背景下，大批农业管理人员和科技人员到发达国家考察学习，解放思想、开阔眼界、转变观念。与此同时，通过各种方式积极引进资金、技术、人才和管理经验。农业"引进来"逐渐成为对外合作的主流。以1994年8月启动的引进国际先进农业科学技术计划（948计划）为例，先后从40多个国家和地区，引进先进农业技术1500多项、种质资源8万多份和仪器设备1300余套，为国内相关产业发展提供了技术支撑。

第二阶段是1992—2001年，"复关"和"入世"准备阶段。这一时期，我国对高度集中的外贸管理体制进行调整，下放对外贸易管理权，不少企业走上了农工贸相结合的对外贸易发展道路；连续多次下调农产品关税税率，农产品关税由1992年的51%下调至2001年的21%，并逐步取消非关税壁垒；建立涉外动植物检验检疫制度；进一步深化外汇管理体制改革，放宽外贸经营主体权限。1979年我国农业贸易总额为100亿美元，2001年达到279亿美元，农业对外贸易整体增长，继续呈现顺差态势。这一阶段我国总体对外贸易快速发展，而农业对外贸易所占的比重明显下降，彻底改变了以农副产品出口为主的贸易格局。

第三阶段是2001—2011年，我国农业对外开放的新时期。2001年12月11日，中国正式加入WTO，成为第142个成员。农业在入世过程中做出了巨大贡献，大幅削减关税，实行关税配额管理制度，规范国内支持措施，取消出口补贴，如期开放了农业领域外资准入。中国农业开始全方位参与国际竞争，农产品贸易突飞猛进，农业"走出去"初具规模。2006年，商务部、农业部和财政部等对加快农业"走出去"提出了指导性意见，开始了我国农业"走出去"战略的实施。2011年全国有760家农林牧渔企业在境外开展涉农投资，一部分有实力的企业，包括一些民营企业开始主动参与全球农业资源配置。

第四阶段是2012年至今，农业进入全方位对外开放新阶段。党的十八大以来，农业对外开放服务国家政治外交大局和"三农"工作全局，农业贸易和投资合作深度融入全球农业资源配置，积极参与全球粮农治理，农业日益成为政治外交的优质资源。2016年出台《国务院办公厅关于促进农业对外合作的若干意见》，首次在国家层面对农业对外合作进行了系统部署。我国已与140多个国家开展农业合作，与80多个"一带一路"国家签署协议，主办二十国集团、金砖国家、上合组织、中拉、中非农业部长会议等重要活动，农业越发成为外交重要议题和优势资源。农业外经贸合作，已稳居全球第二大农产品贸易国、第一大进口国、第五大出口国，成为大豆、油菜籽、棉花、猪肉等大宗农产品的全球最大买家。

加入世贸组织 20 多年来，我国农业对外交往的范围与渠道不断加宽；对外合作的内容更加广泛深入，方式更加多样化；国际地位日益提高，国际影响力逐步扩大。

（三）世界物种交流有时也带来一些负效应——外来物种入侵

对于特定生态系统和栖息环境，任何非本地的物种都是外来物种。对国家而言，外来物种有的是人为引进的，有的是对外经济社会交往传入的，有的则是自然力传播的。外来物种也有好坏之分。有的外来物种能与本地物种和谐共生，是优良的种质资源，可以发挥重要的经济、社会、生态功能；有的外来物种能在传入的生态系统或栖息环境中建立种群，并对原有生态系统、栖息环境、物种、人类健康带来威胁，这类外来物种就成为外来入侵物种。

物种引进是增加引种地区生物多样性的重要举措。但不适当的引种会使缺乏自然天敌的外来物种迅速繁殖，并抢夺其他生物的生存空间，导致其他本地物种的减少和灭绝，有的严重危及引入地的生态安全。

当今社会，由于世界各个国家和地区人员往来日益增多、经济交往日趋密切，外来生物入侵概率亦随之增高。我国是世界上外来物种入侵最严重的国家之一。一是入侵种类多，近代入侵我国的物种有 400 多种，产生明显危害的有 100 多种。世界自然保护联盟列出的 100 种外来最有害的物种中，入侵我国的就有 50 多种。二是蔓延范围广且速度极快，除青藏高原及少数保护区外，各地都有外来入侵的物种。三是新的入侵物种不断增加，随种子、花卉、苗木的引进，不少新的入侵物种被传入。四是入侵物种来源广、势头猛。近年来，我国各口岸截获的有害物种种类和频次急剧增加，每年达 300 宗左右、近 20 万批次，来自 158 个国家和地区。

外来物种入侵已经给我国经济社会发展、生态环境保护、生物多样性维护等带来了严重的负面影响，并造成了一系列重大损失。据初步估计，外来物种入侵每年给我国造成数千亿元的经济损失。仅紫茎泽兰、豚草、稻水象甲、美洲斑潜蝇、松材线虫、美国白蛾等 13 个外来入侵物种，每年给农林牧渔业造成的直接经济损失就达 570 多亿元，间接经济损失更难以计算。

在世界各国、各地区在经济、社会、科技、文化方面的交流日益频繁的情况下，任何国家及地区都难以避免外来物种入侵，禁不了、也堵不住。在消极禁止及拦堵无效的情况下，应当采取主动措施加以应对。一方面对外来有害物种严格管理与控制，另一方面对外来有益物种善加利用，再就是对入侵有害物种进行控制及消灭。

二、农产品国际贸易

1978 年改革开放带来了外贸管理体制和指导思想的大调整。我国不再依靠农产品和原料产品创汇来进口工业建设所需的物资，并且对高度集中的外贸管理体制逐步"松绑"。1992 年邓小平南方谈话及党的十四大召开后，中国深化改革开放进入了新阶段，农业贸易政策开始加速调整。连续多次下调关税税率，逐步取消非关税壁垒，建立涉外动植物检验检疫制度。进行外汇体制改革，不再实行双轨制，改为单一的、有管理的浮动汇率制度。放宽外贸经营主体权限，扩大蚕丝、茶叶等农产品经营企业数目和业务范围。但是，对大宗农产品的调控一直没有放松，粮棉油糖等贸易权限定于国有外贸公司，年度进口量由国务院批准。

2021 年是我国加入世界贸易组织 20 周年。20 多年来，世界处于百年未有之大变局，我国加速构建"双循环"新的发展格局。我国农业对外开放在许多方面出现了积极的变化，包括与国际规则接轨，农业市场化国际化程度提高，特别是农产品国际贸易的深度融入，带动国内农业生产结构优化调整、加快促进现代农业建设步伐。

（一）农产品国际贸易规模持续扩大

2001—2011 年，中国农产品贸易总额由 279 亿美元增长到 1556 亿美元，年均增长 18.7%；其中，进口额由 119 亿美元增长到 949 亿美元，年均增长 23.1%；出口额由 161 亿美元增长到 608 亿美元，年均增长 14.2%。进口的快速增长使得中国农产品贸易从长期顺差转为持续性逆差。至 2011 年粮棉油糖肉乳等所有大宗农产品全部实现净进口。

2012 年以来，中国稳定成为全球最大货物贸易国，农业贸易也进入全方位开放新阶段。2020 年，农产品贸易额 2468 亿美元，与 2012 年相比年均增长 2.3%；其中进口额 1708 亿美元、出口额 760 亿美元，年均增速分别为 5.4% 和 2.3%。贸易地位显著提升，目前我国已稳居全球第二大农产品贸易国、第一大进口国、第五大出口国，是大豆、油菜籽、棉花、猪肉、羊肉、奶粉等大宗农产品全球最大买家，也是大蒜、生姜、罗非鱼、苹果、茶叶等产品的最大出口国。

（二）中国现阶段农产品国际贸易的特点

1. 农产品进口与出口比例，"大进小出"已成常态

2000—2020年，我国农产品贸易额年均增长11.7%。其中，出口额年均增长8.2%；进口额年均增长14.6%。值得注意的是，从2004年开始，我国农产品对外贸易从此前的净出口转而成为净进口，2009年后贸易逆差持续扩大，到2020年我国农产品贸易逆差扩大到947.7亿美元。"大进小出"已成常态。

2. 农产品贸易品种结构，突显比较优势原则

过去40多年，农产品的进出口变化主要是朝着有利于发挥我国农产品比较优势的方向发展。一方面，耕地相对密集型的农产品净出口不断下降或净进口不断上升；同时，高价值的劳动力相对密集型的农产品净出口不断增长。

我国进口的主要是土地密集型农产品和以此为基质的高蛋白食用农产品。从入世20多年农产品进口数量的变化可以看出，我国大米、小麦的进口量从24万吨、88万吨增加到294.3万吨和837.6万吨，玉米的进口量从不到1万吨增加到1129.6万吨，大豆的进口量从1041.6万吨增加到10033万吨；猪肉、牛肉的进口量从2013年的58.4万吨、29.4万吨增加到430.4万吨和211.8万吨，奶粉的进口量从2013年的86.4万吨增加到133.9万吨。

我国出口的主要是劳动密集型农产品。从入世20年来农产品出口数量的变化可以看出，劳动密集型的"两水一菜一叶"是我国主要的出口优势农产品。水产品的出口量从119万吨增加到375万吨，水果、蔬菜的出口量分别从2004年的312.6万吨和602万吨增加到492.1万吨和1163.1万吨，茶叶的出口量从22.8万吨增加到34.9万吨。大米虽属土地密集型产品，但由于成功开辟了非洲、菲律宾等新市场，低价大米的出口量从2017年开始扭转下降趋势，近几年的出口量仅略低于进口量。资源密集型的天然蜂蜜出口量略有增加；食用油籽和食用植物油的出口也有一定的规模，主要是天然大豆、花生及其油脂。

结构分析表明，我国农产品进出口结构大体符合比较优势原则，这对于增进国内消费者福祉、优化资源配置起到了一定的作用。但是也要看到，我国大多数农产品的比较优势呈明显的下降趋势。

劳动密集型农产品出口不断增长，相当于我国"出口"的劳动力在上升；土地密集型产品进口不断增长，相当于我国"进口"短缺的水、土资源在不断增加。

（三）农产品国际贸易带动了国内农业生产结构优化调整

随着农产品国际贸易规模及结构的重大变化，以及布局海外供应链的稳步推进，极大地拓宽了我国农业的发展空间，带动国内农业结构和生产力布局加快向具有比较优势的方向调整，资源配置的效率明显提高。

1. 优化了种植业内部"粮经饲"结构

20 多年来，我国土地资源密集型的粮食等作物播种面积调减，果蔬、水产、茶叶、药材等劳动密集型农作物播种面积调增。国家统计局数据显示，2019 年粮食作物（这里仅指小麦、稻谷）播种面积 8 亿亩，较 2000 年下降 5.6%；播种面积占比 32.2%，较 2000 年下降 4 个百分点。饲料作物（玉米和豆类）播种面积达 7.9 亿亩，较 2000 年增长 46.6%；播种面积占比 31.6%，较 2000 年提高 8.8 个百分点。出口优势农产品（2019 年出口量排名前 15 位的作物品种）播种面积 8.3 亿亩，较 2000 年增长 23.2%；播种面积占比 33.3%，较 2000 年提高 4.6 个百分点。从产量看，2019 年稻谷和小麦产量较 2000 年分别增长 11.6% 和 34.1%，玉米产量增长 146%、蔬菜产量增长 62.5%、水果产量增长 340.2%、茶叶产量增长 306.4%。

2. 优化了农业产业结构

根据国家统计局数据，2000—2019 年，我国农林牧渔业产值结构也在稳步调整。种植业产值占比从 55.7% 上升到 56.2%，提高了 0.5 个百分点；牧业产值占比从 29.7% 下降到 28.1%，下降了 1.6 个百分点；渔业产值占比从 10.9% 到 10.7%，基本持平；林业产值占比从 3.8% 上升到 4.9%，上升了 1.1 个百分点。农林牧渔业产值结构的变化与同期农产品消费结构是不一致的。种植业结构变化显然同国内饲料种植面积的扩大直接相关，牧业结构的变化与肉类进口增加直接相关。林业结构的变化说明，通过两个市场、两种资源的交换，扩大了我国自然生态建设的空间。

3. 优化了农业生产区域布局

优势产品向优势产区集中的趋向明显。根据国家统计局数据，2000—2019 年，我国 13 个粮食主产省份的粮食产量占全国粮食产量的比重从 70.3% 提高到 79.1%；其中河北、内蒙古、山东、河南，以及东北的黑吉辽 7 个北方省份粮食产量占全国总产量的比重从 36.6% 提高到 50.2%，粮食区域流通已从"南粮北运"

变为"北粮南运"。经济作物亦是如此,广西的甘蔗产量占全国的比重从 43.0% 提高到 68.5%,新疆棉花产量占全国的比重从 33.0% 提高到 84.9%。

(四)农产品国际贸易面临的问题和挑战

我国农业走向全面对外开放的时间还不太长,对外开放面对着日趋复杂的国际环境和千年未有之大变局,加上国内农业向高质量发展转变还处在爬坡过坎的艰难时期,农产品进口压力大,进出口结构不尽合理,农产品对外贸易面临不少问题和挑战。

1. 农产品进口增长过快,给农业产业安全带来隐患

如前所述,加入世贸组织 20 多年来我国农产品对外贸易"大进小出"已成常态,进口依存度不断提高,稳定进口供应链面临较大压力。如何做到"适度进口",确实需要科学把握与调控。前几年我国的确存在"非必要进口"问题。例如,海关总署数据显示,2012—2015 年,我国粮食总产量从 5.9 亿吨增加到 6.2 亿吨期间,同期粮食的进口量亦从 8263 万吨猛增到 13062 万吨,出现了前所未有的粮食产量、进口量、库存量"三量"齐增,"洋货进口、国货进库"的扭曲现象。这一阶段粮食进口量的大增,并不是由于国内消费需求增长所致,而是由政策性收储价格操作不当,人为扩大了国内外差价造成的。由此可知,现实中的进口并不总是合理的,其与国内农业供给侧存在的问题有着千丝万缕的联系,只有统筹好国内国外两个方面,才能对进口是否适度做出正确的判断。农产品的过量进口,不单冲击国内农产品市场,更重要的是给国内农业产业的发展带来了巨大的隐患。

2. 进口重要农产品来源地较集中,供应链的可控性面临挑战

我国主要进口农产品的来源地相对集中,且集中度有进一步提高的趋向。目前,我国大豆进口的约 30%、玉米进口的约 38%、猪肉进口的约 15%、棉花进口的约 30% 来自美国;牛肉进口的约 26%、棉花进口的约 25% 来自澳大利亚;油菜籽进口的约 90% 来自加拿大;另有约 60% 的进口大豆和猪肉分别来自巴西和欧盟。近年来,我国与一些主要国家在经贸等领域摩擦加剧,由此警示我们,进口产品市场的高度集中可能引发较大的市场风险,有必要调整和改善农产品贸易的全球布局。从进口渠道和贸易格局看,ADM、邦吉、嘉吉、路易达孚四大粮商控制了国际贸易的主要粮源,我国虽有进口大国优势,但主要定价权不在我国,这增加了我国农产品进口的不稳定性和市场风险。

3. 国际大宗商品价格波动加剧,国内储备调节能力建设不足

2000 年之前,农产品价格和大宗商品价格几乎与金融价格没有相关性。2000

年之后，随着国际金融市场的迅猛发展，国际农产品市场逐渐与货币市场、外汇市场、期货市场及其衍生品市场融为一体，两者的相关性明显增强，国际粮食及其他大宗农产品市场的大幅波动将成为常态。在此背景下，加强重要农产品的储备调节能力建设是稳定市场的重要保证。但是，自 2021 年以来，我国玉米、猪肉等农产品价格大幅波动，暴露出储备体系不健全、储备规模弹性不足、储备吞吐机制不灵活等问题。监测预警、风险研判的前瞻性还不够，缺少信息共享、统一协调的工作机制，不利于有效平衡、衔接国际国内两个市场。

4. 主要农产品在国际市场中缺乏竞争优势

一是出口优势农产品竞争力减弱，呈下滑态势。入世 20 年以来，我国农产品进口增长 13.4 倍，出口只增长 3.7 倍，贸易逆差不断扩大，突出问题是"进多出少、进快出慢"。从"十五"到"十三五"4 个五年计划期，我国农产品出口增速一路下滑，分别为 11.2%、9.8%、7.4% 和 0.8%，到 2019 年、2020 年，甚至出现出口"两连降"。我国一些原本具有比较优势的传统出口产品竞争力减弱，如蔬菜、水果、园艺产品、畜产品、水产品等，其直接原因是我国人口红利逐步丧失、劳动力成本逐年抬升。背后的原因则包括出口农产品加工水平不高、对照国际质量标准不够、开拓国际市场的能力不强、缺乏有实力的外向型大企业带动和品牌打造等。大量的农产品出口中小企业在质量、标准、加工、物流、品牌、营销等方面，需要全面提档升级，从而在激烈的国际竞争中站稳脚跟。

二是大宗农产品竞争优势总体弱化。以小麦、玉米、水稻三种粮食为例。历年《全国农产品成本收益汇编》数据显示，20 世纪 90 年代以来，我国三种粮食的亩均总成本呈加快上升趋势，其中尤以 1990—1997 年、2004—2014 年两个阶段上升速度最快。2004—2014 年，我国三种粮食亩均总成本从 395 元上升到 1069 元，增加了 1.71 倍，年均增速高达 10.5%；其中，人工成本和土地成本年均增速分别达到 12.2% 和 14.2%，是总成本加速上升的主要推手。与美国横向比较，我国小麦、玉米、水稻单位面积生产成本分别于 1995 年、2011 年和 2013 年超过美国。2015年，我国三种粮食的亩均用工量 5.61 个工时，日均工价 79.7 元，亩均人工成本447.1 元；而美国的每亩用工量仅 0.38 个工时，尽管日均工价 849 元是我国的 10倍之多，但亩均人工成本 40.3 元，仅为我国的 9%。到 2010 年前后，我国三种粮食的农民出售价格已全面高于国际市场离岸价格；到 2012 年前后，又全面高于配额内进口完税价格。

入世 20 多年来，我国包括稻谷、小麦、玉米在内的谷物自给率，以及蔬菜、水果、水产品的自给率一直保持在较高水平。但是，大豆的自给率下降很快，从60.2%快速下降到17.0%；糖类的自给率从92.8%下降到75.7%；肉类和奶类的自给率则分别从99.2%和98.3%下降到93.4%和91.6%。我国农产品进口规模持续扩大，食物自给率持续下降，背后的根本原因就在于，同全球主要农产品生产国相比较，我国农业的竞争优势总体呈下降趋势。展望未来，如何提高我国农业竞争力并将食物自给率保持在合理水平，毫无疑问是摆在我们面前的真正挑战。

三、农业"引进来"与"走出去"

改革开放后，特别是入世以来，我国农业发展与国际先进技术水平的差距有所缩小，在很大程度上得益于技术引进和国际合作。

（一）农业"引进来"，由引资向引技、引智等领域不断拓展，成效显著

为适应我国农业发展需要，农业"引进来"逐渐成为对外合作的主流。通过各种方式积极引进资金、技术、人才和管理经验。

1. 引进品种资源

遗传资源被认为是21世纪的战略资源之一。中国蕴藏着丰富的遗传资源，一直是西方发达国家进行生物资源掠夺的焦点地区。改革开放之后，我国对遗传资源也高度重视，一手抓保护，一手抓引进。据不完全统计，仅"十二五"期间，我国引进动植物、微生物种质资源及优良品种2.5万份，通过消化吸收再创新，共育成新品种260多个。

2. 引进农业实用技术和标准

以1994年8月启动的引进国际先进农业科学技术计划（948计划）为例，先后从40多个国家和地区引进先进农业技术1500多项。如引进塑料薄膜地面覆盖栽培、塑料薄膜大棚、设施农业、智能温室技术等，广泛用于经济作物、花卉、特用作物、水稻育秧以及养殖业，集约利用耕地，促进高产稳产。在标准引进方面，我国真正建立HACCP体系（食品危害分析与关键控制点管理体系）也是入世以后的事情。国家认证认可监督管理委员会数据显示，到2004年底，全部4000余家食品出口企业均取得了HACCP认证。质量标准体系的建立还促进了"三品一标"（无公害产品、绿色食品、有机农产品和地理标志）的发展。

3. 引进先进农业机械、仪器装备

通过实施"948 计划"，先后从 40 多个国家和地区，引进先进农业仪器设备 1300 余套，为国内相关产业发展提供了技术支撑。利用贷款、补偿贸易或技术援助等办法，从发达国家购置引进农田基本建设施工机械和喷灌、耕作机械，如联合收割机、秸秆粉碎还田机、割草机、种子加工机等，有效提高了劳动生产率、土地产出率、资源利用率，促进了我国农业机械化事业的快速发展。

4. 引进智力，培养人才

从 1979 年开始，我国先后出台了一系列优惠政策，引进人才、智力，邀请外国专家来华讲学指导。同时，国家先后派出大批领导干部、专家学者和技术骨干人员出国考察访问、培训学习。不少人回国后成为科研教育的精锐力量，担任了学科带头人或部门领导，有的还成了院士。

5. 引进外资

据商务部统计，2004—2020 年我国新增农业外资企业 1.4 万家，农业累计实际使用外资 246.6 亿美元。外资引进的意义不仅在于增加了投资，更重要的是同时引进了先进的技术、装备和管理，具有明显的溢出效应。

（二）农业"走出去"，互利共赢，促进世界农业进步

2007 年中央一号文件第一次提出农业"走出去"，特别是 2013 年我国提出"一带一路"倡议以来，农业"走出去"步伐加快。

1. 品种资源和技术输出

我国动植物品种资源丰富，根据"有来有往、平等互换、以宝换宝"的原则进行交流。多年来，向外提供农作物品种资源 2 万多份，如国际水稻研究所育成的一些新品种中，特别是有抗病和耐寒性基因的，大都来自中国的种质资源；中国的间作套种、多熟制栽培，充分利用水土光热、提高土地产出率，在许多发展中国家推广应用；中国的中小型农机具、渔具、风力发电机等深受发展中国家喜爱。

2. 农业对外援助

20 世纪 70 年代，我国派农业技术人员去非洲 22 个国家取代台湾当局农耕队，执行援外任务。1979 年后，在继续搞好 19 个农业援外项目的同时，按"守约、保质、薄利、重义"的原则开展对外经济合作，即由单项援助改为经济技术合作，履行负责任大国义务，大力帮助落后国家提高粮食生产能力和农业发展水平。"十三五"期间，仅我国农业部门就向 23 个国家派出了 225 名农业专家，向受援国家

转移传授新技术 428 项；培训外国官员、技术人员 1.1 万人。2000 年中非合作论坛成立后，农业援外进入新阶段，实行优势互补、互利合作，以建立农业技术示范中心、派出农业专家指导或受援国派人来华培训等方式进行援外。例如，1992—2000 年，我在湖北省农业干部学校担任校长，经联合国开发计划署和国家外经贸部批准，我校被列入"外国农业官员培训基地"，承担发展中国家农业官员培训任务。1994—2000 年，我校先后举办了七期外国农业官员国际培训班。有世界五大洲 60 多个发展中国家的 200 余名农业官员（有的是副部级官员）先后来我校培训学习。通过培训学习，学员们对我国增进了了解、加深了感情、建立了友谊，许多成为受援国的领导，成为传递中华文化的使者、促进双边友好往来的桥梁。

3. 境外办企业

我国农林牧渔业对外投资产业，由最初的远洋渔业向种植粮油、园艺、橡胶、棕榈油、剑麻和养鸡、水产的生产加工及兽药生产等方面扩展。投资地区主要在东盟、俄罗斯及中亚、非洲和巴西、阿根廷等。投资主体除国有企业如中粮、中农发、中国水产、农垦集团等大型企业外，地方国有、民营、乡镇企业在外创办的农业企业也逐步增加。据商务部统计，2011—2019 年我国农业对外直接投资企业有 1829 家，分布在 118 个国家（地区），对外直接投资存量达 196.7 亿美元，是同期外商对华农业直接投资的 1.5 倍。

农业"走出去"的主体是企业。现阶段农业企业"走出去"具有以下三个特点。一是理性程度提高，可持续性增强。在"走出去"初期，不少企业为追求更高的资本回报率，急于"走出去"，对海外投资风险和复杂环境估计不足，"花钱买教训"的事例不在少数。在付出学习成本和代价之后，更多的企业加强了前期工作和市场评估，审慎决策海外投资，注重海外项目的本地化建设和风险控制，使"走出去"步伐更加稳健、可持续。二是海外投资主要集中在我国国内短缺产品或自有技术优势项目领域，前者如橡胶、糖料、大豆、棕榈油、乳品、牛羊肉等的生产加工，后者如畜禽水产饲料、畜禽养殖、优质水稻生产加工等，与国内供给结构互补性较强。三是投资环节从买地种粮向全产业链发展，走向产业链高端趋向明显。如中粮集团通过购并尼德拉和来宝两家跨国农粮企业，在南美、黑海等主要产区和关键物流节点优化港口、码头、仓储设施战略布局；中化集团购并先正达，使我国种子研发、农药生产能力实现"弯道超车"；上海光明集团购并西班牙、新西兰、加拿大、阿根廷的企业，初步形成乳品、水产、肉类全球产业链布局；上海鹏欣集团在巴西布局大豆、玉米收储运产业链，具备 800 万吨粮食收储能力，约占巴西粮食采购市场的 4.7%。

4. 中国农业"走出去"，潜力巨大

中国在农业发展过程中，不论是育种、种植管理，还是流通与贸易，都积累了比较丰富的种养技术、农技推广、农田水利、机械化等方面的经验。这些技术和管理经验为我国农业"走出去"提供了坚实的技术支撑。

中国是人均土地资源极其短缺的国家，统筹利用国际国内两个市场、两种资源，在全球范围内拓展土地资源配置空间，是我国农业发展的必然趋势。2017 年我国进口的大豆、棉花、食用糖等农产品，按目前国内单产水平计算，相当于 8 亿多亩的播种面积。短缺农产品的进口，既满足了国内日益增长的农产品需求，也在一定程度上利用了国际耕地资源，减轻了国内土地资源压力，使国内有限的土地资源更多地配置到具有比较优势的农业产业，同时也为我国土地制度改革提供了空间和余地。

我国农业企业"走出去"的空间很大。如非洲、南美等地区，小麦、稻米、玉米等单产水平仍然很低，同时现存大量的可开发耕地。国内农业企业到南美洲与非洲等地兴办粮食生产经营产业，潜力巨大，既有利于解决这些地区的粮食不安全问题，也从更长远的角度为解决中国国内粮食安全问题创造良好的国际环境。在农业资源丰富的国家创办企业，建立相对稳定的农产品生产加工基地，既是国际政治、经济的需要，也是保证国内农业特别是食品安全的需要。

（三）农业"引进来""走出去"存在的问题与挑战

1. 在农业"引进来"方面，较为突出的问题是良种引进后未能充分发挥应有的作用

种子是农业的"芯片"，是支撑农业高质量发展的基础。无论过去、现在和将来，良种的引进都是缩小国内外农业发展差距的重要途径。但是，良种"引进—退化—再引进—再退化"的怪圈至今都没有打破。主要有以下几个原因。

（1）种子市场"多、杂、假、乱"，对知识产权保护不力。种业的高投入、周期长等特点决定了种业集中度一定要高。在世界范围内，德国拜尔、美国杜邦陶氏（科迪华）等世界十大种子企业的销售额占全球市场的 60%；而我国现有种业企业达 7200 多家，但前十大种子企业国内市场占有率却不足 20%。主体的"多而杂"，必然导致市场的"假而乱"。绝大多数种子企业并无研发能力，而是把引进的或别人的品种据为己有，做"模仿式"抄袭或"修饰性"改装后销往市场，导致种子市场上的套牌货泛滥成灾，让农民无所适从。混乱的种子市场格局，必然导致"劣币驱逐良币"，必然泯灭真正有研发能力企业的创新积极性。有人说我国种业仍然处在"模仿"阶段。

（2）种业自主创新能力不强，种质资源库建设滞后。我国农作物、畜禽、水产种质资源数量仅次于美国，居全球第二位。但我国种质资源库建设起步较晚、投入不足，种质资源的普查、搜集、整理、保存工作滞后，尤其是对入库种质资源DNA指纹图谱鉴定和开发不够，致使育种材料短缺。基础研究差距大。总体来看，当前发达国家已进入"生物技术 + 人工智能 + 大数据信息技术"的育种时代，而我国尚处在以杂交选育和分子标识辅助选育阶段，主要差距体现在生物育种上。有专家认为，我国生物育种整体落后世界先进水平20年。技术路线不明确、研究力量分散、大量仪器设备依赖进口、投入不足、科研人员激励机制不足等，是基础研究普遍存在的问题。产学研、育繁推脱节。一方面，国内绝大多数种子企业不具备研发能力和风险承担能力，无力打破"引进—退化"的怪圈；另一方面，大专院校、科研机构力量分散，单兵作战，受现有科研体制、职称评定体系和成果评价体系制约，不能真正面向生产应用主战场，与企业合作意愿不强。还有种子审定和管理制度不完善问题。

2. 在农业"走出去"方面，企业分散与风险并存，缺乏统筹引导和政策支持

我国农业企业"走出去"时间不长，但问题暴露得比较充分，主要有以下几个问题。

（1）普遍存在"单打独斗"的现象，相关信息、资源缺乏整合机制。农业企业"走出去"明显带有"四多四少"特征。即：中小企业多，大企业少；民营企业多，国有企业少；分散决策的多，"抱团出海"的少；投资农业生产环节或其他单项环节的多，投资农业全产业链或采取贸投一体化方式的少。据农业农村部的一次问卷调查：在983家农业"走出去"企业中，单一从事农业生产的有434家，主要从事加工、科研、仓储物流的分别有39家、45家和25家，仅有73家的投资和业务贯通全产业链，总体上看大多数处在产业链的低端。不少企业反映，企业在海外大多是各自为战，获取海外市场信息的手段匮乏，时效性差；参与对外交流、谈判，感到力量单薄无助，难以与国内其他上下游企业协同配合等。有的企业缺乏资金，有的企业有资金但找不到好项目；有的企业产品回运困难，而有些贸易企业又缺少货源。说明我国在资源、信息整合上的工作力度还不够。不仅地方政府对农业"走出去"企业的情况了解不足，在国家层面上农业"走出去"部际联席会议机制的作用也没有较好发挥。

（2）企业融资难、融资贵问题突出，缺乏信贷、保险等金融支持。一是国内金融机构对"走出去"企业的信贷支持较少。商业银行等金融机构要求提供仓单质押、保理、内保外贷等融资产品的门槛过高，许多农业企业没有获得贷款的资格。二是境内外资金流动不畅。由于政策调整、外汇管理等原因，企业对外资金支付和境外资金流动需要多层审批，既麻烦又费时。三是海外融资难。企业反映境外贷款实际利率不低，融资担保条件与国内差异较大，手续较为烦琐。在获取所在国投资政策优惠方面，难以获得有效文件，流程复杂。四是汇率风险大，保险品种少。虽然可以通过购买中国出口信用保险公司的海外投资保险对冲汇兑风险，但审批时间过长。五是享受不到优惠政策支持。政府对"走出去"企业虽有外经贸专项资金支持等，但据企业反映，因其海外投资单个项目金额小，很难达到政策的扶持门槛。

（3）专业型、复合型人才匮乏，不能适应国际化经营需要。企业的竞争说到底是人才的竞争。随着企业"由内而外"的转型，多数企业都受到人才储备不足、不能满足业务拓展需要的困扰。企业反映，境外投资项目缺乏有海外工作经历的人才，不仅专业岗位人才、合格外语人才短缺，而且国际化、综合型的管理人才更是严重稀缺。熟悉国际相关产业、国际市场运作规则、国际财务和税务、国际金融和法律方面的专业人才及复合型人才也十分缺乏。培养能够马上上手并符合国际业务要求的人才，是企业海外经营安排中最难解决的部分。目前，企业的国际化人才储备不足，发现、培养、使用外籍人才也明显滞后。

（4）"走出去"企业本土化尚显不足，社会责任意识有待增强。企业本土化是决定海外投资项目成功与否的关键性因素之一。"走出去"企业对融入当地社会普遍比较重视，积累了不少好做法、好经验，但仍然存在一些缺陷和短板。有的企业虽然吸纳了当地员工就业，但出于成本的考虑，对做好培训、劳保、社保工作不够积极主动；有的企业"无事不登三宝殿"，与当地政府和有关机构少有沟通；有的企业未主动开展文化交流、做争取民意民心工作，不愿意承担惠及当地教育、医疗、扶贫等公益事业的社会责任。这些问题的存在，不利于树立中国企业的良好形象，也不利于企业海外项目的行稳致远。在"予"与"取"、"义"与"利"的关系处理上看得不够全面、不够长远。

另外，海外企业权益产品回运有障碍。有关海外权益产品回运方面的问题，主要是指国家实行配额管理的农产品品种，因受国内配额限制无法回运。

今后一个时期，我国农业对外合作将紧紧围绕服务国家外交、外经、外贸的大局，围绕我国农业对外交往中的短板弱项和全球共性挑战，不断加强国际交流合作、提升国际协同创新能力，以助力形成农业双循环新发展格局为使命，以助推农业农村现代化为重要目标，以共赢、共担、共治为基本原则，创新农业交往交流、贸易投资、科技合作、对外援助和参与全球粮农治理方式，实现更大范围、更宽领域、更深层次的农业对外开放。全面推进乡村振兴加快农业农村现代化。

~~~~ / 知行链接 / ~~~~~~~~~~~~~~~~~~~~~~~~~~~~~~

出国考察学与思

根据工作需要，经组织安排，我先后出国考察了荷兰、英国、美国、巴西、澳大利亚、南非、日本等20多个国家。

对于出国人员，出国考察是一次学习的过程，每到一个国家，都能学到新知识；是解放思想、更新观念、自我提高的过程。考察回国后，我都要写一份考察报告，向单位、向领导汇报，将考察学习的成果，在单位、在部门、在行业、在地方宣传与推广。以下是我赴荷兰和日本的两份考察报告。

之一：

荷兰农业考察报告

背景：1997年6月28—7月10日，我赴荷兰考察农业职业教育。

这是我第一次出国考察学习。在荷兰，除了业务考察外，还有两件事情让我记忆犹新。第一件事：7月1日是香港回归日，受当地华人组织的邀请，一同观看香港回归仪式，参加庆祝活动。活动中，海外华人对民族、对祖国的热爱之情，深深打动了我！第二件事：到中国大使馆，听取使馆相关参赞介绍该国国情、相关法律规定及社会经济发展情况，以及该国的农业生产、农业贸易和农业职业教育、农业科学技术方面的情况。我一边听一边在想，中国工商、教育、科技等方面相对落后，但我国是农业大国，是农业科技大国，难道农业还不如荷兰吗？虽然没有讲出来，但心底是不服气的。

我们先后考察了荷兰瓦格宁根大学、部分农业生产基地、阿斯梅尔花市等。与荷兰相比，我国的农业基础设施建设、农业生产、农业教育、农业科技、农业贸易等，在许多方面差距十分明显，必须向荷兰虚心学习。考察回国后，我向相关领导作了汇报，同时撰写了考察报告《荷兰农业的现状与启示》。此文在《计划与市场》杂志1999年第3期上发表。

荷兰，位于欧洲西部，国土面积4.1万平方公里，人口1500万，实属"弹丸之地"。然而，荷兰农业举世瞩目，荷兰的农业发展也给人以启迪！

一、农业——并非天生弱质产业

历史上，荷兰曾是海上殖民强国，农业生产水平并不高。第二次世界大战后，荷兰重点发展农业，当时几乎是从零开始。经过50多年的努力，荷兰的农业有了长足发展，一跃成为农业强国。

（1）从劳动生产率看，荷兰从事农业的人口占全国就业人口的5.8%，农业生产总值占国内生产总值（GDP）的8.6%，农业劳动生产率明显高于全国平均水平。据FAO资料，1991年荷兰农业劳动生产率为44339美元/人，同期美国为51561美元/人，法国为26331美元/人。

（2）从出口创汇看，荷兰农产品出口额仅次于美国和法国，位居世界第三，有些行业如花卉、奶酪、蔬菜、啤酒等出口量位居世界第一。在荷兰的全部出口额中，农业出口额占1/4左右。以农业人口人均创汇计算，1990年荷兰为56600美元（法国和美国分别为8050和6310美元）。

（3）从土地生产率看，据FAO资料，1991年荷兰的土地生产率为2468美元/公顷，同期美国为410美元/公顷，法国为892美元/公顷。温室栽培蔬菜产量：圆番茄508.4吨/公顷、小扁番茄206.9吨/公顷、大扁番茄263.6吨/公顷、串状番茄275.9吨/公顷、樱桃番茄275.9吨/公顷、甜椒（红、绿、黄色）241.8吨/公顷、黄瓜633.2吨/公顷、茄子333.3吨/公顷、小胡萝卜42吨/公顷、苦头生菜59.7吨/公顷。可见，荷兰农业土地生产率和劳动生产率都很高。

由于历史原因和社会原因，农业与其他产业相比，是一个需要扶持的弱质产业。发展中国家如此，发达国家亦如此。然而，荷兰农业的实践表明，农业并不是天生的弱质产业，也不永远是弱质产业。农业完全可以由弱变强。

二、农田水利——保持农业稳定之本

荷兰古称为"尼德兰"，是低地国家之意。荷兰地势低洼，全国有近1/4的土地低于海平面，仅有1/3的地面高于海平面，其余地区海拔多在10～30米。

荷兰，曾是一个自然灾害频繁的国家。莱茵河的洪水和大西洋北海的海潮给荷兰的农业生产和人民生活造成了严重的威胁。荷兰人为了生存，从13世纪已开始在北部的须德海造田，与海争地，迄今已持续700多年。共修筑堤坝1800多公里，造地7000多平方公里（1000多万亩），相当于荷兰全国陆地面积的1/5。自然地理环境迫使荷兰成为世界上水土工程技术最先进的国家。"上帝造人，荷兰人造地"是荷兰人与海水作斗争的豪言壮语。

围垦须德海是荷兰最大的造田工程。须德海是深入内陆的内海，面积3500平方公里。1927—1932年修筑了长32公里、宽90米的拦海大坝，使其与北海分开，变成一个内陆湖（名为艾瑟尔湖），规划将其分为五个区，可把原60%以上的水域变成陆地。

围海造田，兴修水利，使荷兰农业摆脱了自然灾害，从此迎来了一个相对稳定的发展阶段。

三、市场机制——推进农业发展的"无形之手"

荷兰是发达的资本主义国家，市场体系十分完善，市场规则相当规范，市场机制十分健全。

以花卉产业为例。从就业结构看，花卉产业就业总人数为7.1万人，其中直接参加生产的只有2.5万人，占就业总数的35.2%；其余均从事花卉服务业，是典型的贸—工—农一体化产业经济。出口商和经纪人在市场流通中起着很重要的作用。经纪人除了为客户进行就地采购外，还提供合同定购服务。

从市场体系看，荷兰花卉流通体系由三方面组成。一是以七个花卉拍卖市场组成的联合流通贸易中心，它是流通、出口的主体。如阿姆斯特丹附近的阿斯梅尔花市是世界上最大的鲜花拍卖市场，面积为50万平方米，拍卖系统均由计算机控制，每天大约有1400万枝鲜切花和150万盆盆栽植物在那里成交，其中80%销往国外。该花市常年固定买主有350多个，年销售额近40亿荷兰盾（1荷兰盾约等于0.57美元）。二是全国约有500家专营鲜花的出口商，与世界100多个国家保持密切的联系。三是国内共有花店和零售网点1.08万个，承担国内消费者和外国旅客的零售业务。

从市场运作看，生产商、贸易商与拍卖市场形成一个统一的、庞大的运输、包装、内部调控、运送体系。如阿斯梅尔拍卖市场，其建立了严格的质量检验制度，并选派高素质的检验人员从事这项工作；农户必须根据市场规定的质量标准，对产品进行挑选、分级、包装后再送到拍卖市场，经验收合格后才能上市拍卖；买者不必当面验收产品，只要根据交易大厅提供的信息即可成交；该市场有专机和2000多辆冷藏车，24～48小时就可送至世界各地的零售点。这种市场运作方式，大大减少了交易成本、提高了商品流转速度。

从组织形式及管理机制看，花卉拍卖市场是由数千位花卉生产者以入股的形式组成的，雇用专业人员进行经营管理，其经营管理制度十分严格。市场会员生产的花卉产品必须全部通过市场拍卖，不得私自直销出口或给零售商，如被发现违反规则，必须退股。在市场上除批发国产花卉外，亦有条件地受理进口花卉，但必须以国内无法生产或因冬季产量不足的产品为主，并定有最低底价，如以底价仍无人承购则必须销毁，损失由供货商负担。政府依季节机动调节关税以保护国内生产者的利益。

市场竞争大大促进了生产经营各个领域专业化分工与协作。农户将致力于生产1～2种产品，努力提高产品质量和数量；生产者通过合作方式建立起拍卖市场销售自己的产品，无需顾及产品销售。

市场价格、销售量及销售地信息等是组织生产销售的向导，发达的市场中介组织是联系生产者与消费者的桥梁。农民按照市场行情发展生产，经销商按照市场行情组织经营。真正做到什么赚钱就生产什么、经营什么。农业生产经营透明度高、预见性强，将市场风险降到最低。

四、集约经营——农业高效之路

荷兰农业集约经营体现在方方面面。包括生产领域、加工领域和流通领域，也包括财力、人力、物力和智力。据 FAO 统计，早在 20 世纪 80 年代初，荷兰每公顷耕地农业固定资本投入最多的达 1953 美元，相当于美国的 12.3 倍，荷兰农业以其高度化集约经营而闻名于世界。

人工智能温室在荷兰十分普遍。由于温室是高度集约化的生产系统，所有蔬菜品种均使用幼苗移栽的方式，并由专用小机械来完成。目前，荷兰所有温室均采用无土栽培，基质均为岩棉，可重复使用 2~4 次，当重复使用时必须进行熏蒸消毒处理，尽量减少病虫害发生的可能。水肥管理：农民一般每一个月到一个半月采集灌溉用营养液水样、回流水样、植物叶样，送往有关试验站（单位）进行分析，试验站将根据分析结果提供营养液配方，农民将参数输入计算机，进而实现全自动水肥供应。病虫害控制的主要方法：选用抗病虫害种苗和生物防治。栽培措施：种植前对温室进行熏蒸消毒，每季使用新栽培基质，若更换有困难，应对基质进行严格的杀菌消毒处理，防止进入温室的人员或器具将病虫害带入。

由于荷兰农业的集约化经营，带来了农业的高产出。荷兰农业是典型的高效农业，耕地单产位居世界前列。如温室番茄平均每平方米可生产 30~35 千克，经营者一般 3 年就可收回温室的全部投资。荷兰温室农业占地面积 0.5%，产值却占整个农业产值的 20%，是通常情况下产值的 20 倍。花卉的投入产出率更高，每个劳动力创造的附加值和净创汇都位居世界前列。

五、名牌产品——农业经济顶梁之柱

荷兰农业的特色之一是具有强竞争力的特色产业和名牌产品。

1. 花卉产业

人们称荷兰为"鲜花之国"。花的品种很多，以郁金香、风信子、兹姑花等最为出名。特别是郁金香已成为荷兰的象征，它与风车、奶酪、木鞋并列为"荷兰四宝"，因此荷兰又有"郁金香之国"的美称。1993 年，荷兰鲜切花出口量占世界总量的 59%，盆栽植物出口量占世界总量的 48%，在世界花卉王国中处于霸主地位。

2. 草业

荷兰是一个多草国家，全国农用地共有201.4万公顷，其中109万公顷用于种植牧草。牧草种子年产25万多吨，主要是外销，年贸易额高达10亿荷兰盾，是世界上最大的牧草种子输出国之一。

牧草的生产带动了奶牛业的发展。荷兰全国有4.9万个奶牛场，饲养了190万头奶牛，年产鲜奶1130万吨，产品主要有鲜奶、奶酪等，销往欧洲共同体和其他国家。

3. 果树园艺业

荷兰属温带海洋性季风气候，冬暖夏凉、温和湿润，适于栽培温带落叶果树，是当今园艺发达国家之一。

荷兰果树主要包括苹果和梨等仁果类果树，樱桃和李子等核果类果树，欧洲穗醋栗、树莓和欧洲越橘等小浆果类果树，以及草莓等。全国栽培果树的平均产量已达20吨/公顷，水果年产量约50万吨，年产值可达7亿荷兰盾左右。各类栽培果树的单位面积年产值平均高达2.7万荷兰盾/公顷。

荷兰大部分果树专业户和果品经销合作社都有现代化装备的果品冷藏保鲜库，可以在较低的温度和氧气浓度下保存大量的水果。其中，大多数为气调储藏库，有些已采用超低氧储藏库。各种水果采收后都必须在1~2小时就放进冷藏保鲜库中预藏7~10天，使其适当后熟。然后，再经过果品分级筛选和打蜡包装等处理后，上市销售。多年来，花卉（特别是郁金香球茎）、奶酪、牧草种子等名牌产品是荷兰农业的经济支柱。"人无我有，人有我优，人优我新"，规模经营，始终在国际市场中具有强劲的竞争力，这也是荷兰农业生产经营的一大特色。

六、科技进步——农业发展动力之源

荷兰农业科技体系由相关农业教育、科研和其他中介组织等组成，承担农业科技引进、改造、复制、创新、管理、应用、推广等职能。农业科技是推进农业发展的核心力量。

1. 农业职业教育

荷兰的教育由国家教育科技部主管，唯独农业例外。荷兰农业教育，从低等的职业教育到大学教育，都由农业、自然管理和渔业部管理。

目前，荷兰全国仅有一所农业大学，即瓦赫宁根农业大学，承担农业高等教育的任务；有21个农业教育中心，提供低等和中等教育。在各个层次的农业教育中心或院校，都要安排2～3周的时间让学生在实用技术培训学校进行培训。除了普通教育外，技术培训和职业教育是荷兰农业教育的主要内容。职业教育范围全面、形式灵活、目的明确、制度严格、结合实际。

荷兰国际农业中心，成立于1951年，由荷兰农业部资助，主要为国际农业和农村发展提供服务咨询和人员培训。每年除选派专家赴发展中国家和地区进行研究和技术服务外，还举办多种农业专门项目培训。学员主要来自亚洲、非洲、拉丁美洲以及东欧的一些发展中国家和地区。该培训班注重实践教学，注重培养学员的实际操作能力。适当安排学员参观荷兰的温室、大田、果园、菜地等，使他们了解荷兰的种植技术情况，增强学员对所学专业知识的理解，并对荷兰先进的农业技术有较全面的认识。

同欧洲发达国家一样，荷兰十分重视"终身教育"，将提高农业生产者、经营者、组织领导者和科技工作者的整体素质放在十分突出的位置上。

2. 农业科学研究

荷兰的农业科学研究分三个层次，分别是实用技术研究、应用研究和基础研究。应用研究主要由农业部下属的17个研究所和其他研究机构承担。农业部研究所的科研经费75%来自农业部拨款，其余由研究所自筹。荷兰最重要的农业基础研究主要在瓦赫宁根大学进行。大约70%的研究经费由荷兰农业部提供。

3. 农业科技推广

荷兰的农业推广分一线推广和二线推广。主要服务组织有以下几个。

（1）农业推广服务组织。这个组织曾是荷兰政府职能机构，从1993年开始独立，逐步私有化。该组织共雇用600多名农业专家，这些专家以"地区工作小组"的形式开展咨询服务。

（2）社会经济咨询服务组织。主要为农户提供经营策略、财务、保险、乡镇规划、环境、专利及立法等方面的咨询服务。共有200多名专家在该组织工作，由各地区的农民组织及相关商务组织聘请。

（3）农民组织提供的其他技术推广服务。各地区农民组织除了在社会经济方面提供服务外，还通过"栽培指导基金"为农户提供园艺方面的技术经济服务。这些基金会就栽培技术进行集中指导，农户根据其经营规模的大小按年支付一定的咨询费。此外，农民组织还经常聘请法律及其他领域的专家，为农民提供有偿服务。

（4）农产品供应、收购及储藏行业的技术推广服务。这方面的服务自成体系、形式多样，与产品供应合同相联系。由农产品供应企业和加工的工商企业雇佣 2000 多位专家来为农民提供技术咨询服务。

（5）个体的技术推广服务。近年来，为了满足农民对自动化技术的需求，适应农业技术的日新月异，一些个体的农业技术推广机构应运而生。

（6）其他形式的推广服务。如农业建筑技术专家、兽医师、育种专家、温室制造商及其他方面的专家，他们会传播相关的科技知识和信息。

4. 农民组织

（1）农业行业委员会和商品委员会。荷兰建立了许多地区性农民组织，这些组织代表农民的利益，反映农民的需求。在全国范围内，农民组织的利益由"农业行业委员会"代表。该委员会不仅在财力上支持农业知识网络中的有关机构，而且积极参与科技开发和推广普及工作。此外，在全国几乎所有的重要农业教育、信息、咨询及研究机构的管理委员会中，都有"农业行业委员会"的代表。"农业行业委员会"还是政府工作的重要伙伴，在各种问题上会向政府提建议、表达其意愿，并代表农场主及其雇员讲话。

除了"农业行业委员会"外，各"商业委员会"也代表它们所属行业在农业研究方面投资。"商业委员会"是一个代表同一生产门类所有企业利益的机构。在荷兰农业中，有奶制品、动物和肉类、家禽和蛋类、谷物、蔬菜、水果和花卉等"商业委员会"。

（2）技术性农业组织。在政府的资助下，荷兰农业组织创建了许多农业服务性机构，主要提供科技信息和管理服务。如农民中心实验室、育种协会及协调产品质量控制的组织等。近年来，相继出现协调农业自动化技术的组织。这些技术性农业组织大多由农民组织筹建，由农民自己管理，并经常与农业教育、推广和研究机构共同开展工作。

（3）专业俱乐部。俱乐部是农民自己组织、自愿参加的民间组织，如马铃薯俱乐部、甜菜俱乐部、洋葱俱乐部、菊苣俱乐部等。在这里，农民通过交流经验及科技信息，比较经营成果，寻求改进经营管理和生产计划的可能性和途径。俱乐部的成员不受人数限制，活动时间也不完全固定，每周基本上能活动一两次。

5. 农业信息

荷兰的农业信息发达。全国科研、教学、推广等单位，生产、经营、销售等部门，基本上实行计算机互联网。国内与国外（特别是与欧共体），农业与其他相关行业，农业内部不同地区部门，科技信息、商品信息、人才信息等交流活跃，透明度高。在整个农业知识网络系统中，不同层次、不同部门的组织机构，相互联系、相互配合、相互补充、相互促进，从而实现农业知识网络系统的有效运行。

中国是一个农业大国，与荷兰相比，社会制度、自然环境、农业基础和生产习惯等都有很大的差异，但是荷兰的农业生产、经营与管理，农业教育、科技与推广，农业法律、政策与机制等，都值得我们思考、学习和借鉴。

之二：

日本茶产业考察情况和加快我省茶产业发展的报告（摘要）

2010 年 8 月，湖北省农业厅组织全省主要茶叶企业负责人和有关专家对日本茶产业发展情况进行了考察。现报告如下。

一、日本茶产业考察情况

在日期间，先后参观考察了日本伊藤园、川崎技工茶机会社、杉村制茶工厂、茶之乡博物馆等，并与日本中国茶协会等进行了交流。总体看来，日本茶产业发展处于世界领先水平，具有"六高"特点。

1. 单产和良种化率高

2008 年，日本茶园总面积 4.8 万公顷，茶叶产量 9.55 万吨，单产达 132.6 千克/亩。茶叶主要分布在静冈、鹿儿岛等 10 个县，其中最大产茶区静冈县茶叶种植面积 1.97 万公顷、产量 4.01 万吨，分别占全国 41% 和 42%。日本茶树无性系良种普及率高达 90% 以上，其中静冈县达到 98.8%。

2. 经济效益高

日本以蒸青绿茶为主，还有少量乌龙茶和红茶。2008 年，日本茶叶农业产值（含鲜叶生产和毛茶加工环节）约 1390 亿日元，折合人民币 111.2 亿元（按 1 万日元折合人民币 800 元计），按总量计，茶叶农业产值 15450 元/亩，毛茶均价 116.5 元/千克。日本市场上销售的茶叶都是毛茶通过拣梗、割末、去杂等精制加工后的精制茶，其销售额达 2990 亿日元，折合人民币 239.2 亿元，精制茶均价 250.5 元/千克。日本初精制茶合计总产值 350.4 亿元。

3. 茶园管理水平高

日本茶园管理由茶协提供全面技术指导和服务协调，标准化生产程度很高。茶园基础设施完善，路、电、渠、林等配套。无论是山区还是平地茶园，园貌整齐划一，长势旺盛，茶园机械采剪和管理十分方便。茶园大量使用有机肥，土壤结构好、肥力足，以生物农药为主防治病虫害。部分山区茶园实行喷灌防旱，冬季秸秆覆盖。为防止霜冻，茶园普遍安装防霜风扇，当发生霜冻时，防霜风扇自动开启，促进空气流通，保护茶树嫩芽免受冻害影响。

4. 机械化程度高

日本在茶叶采摘、修剪、耕作、施肥、喷药等全面推广机械化生产。静冈县乘用型采茶修剪机 3110 台、鹿儿岛 3132 台。使用乘用型机采鲜叶，每人约 13 分钟可采摘 1 亩、1 小时可采摘 5 亩，工作效率高，劳动强度大为减轻。茶叶加工和包装全程实现机械化、智能化流水线作业，不仅台时产量大，而且产品质量稳定。如川崎茶机 250K 生产线，一条流水线每小时可加工鲜叶 250 千克以上，日加工鲜叶 5.5 吨，整条生产线只需 2 人操作。

5. 茶叶综合利用率高

日本茶叶多途径开发十分广泛,产品广受消费者欢迎。茶产品主要有三大类,一是饮用类,如茶饮料、茶奶等;二是食用类,如茶糖果、茶饼干、茶面条、茶食用油等;三是茶利用类,如茶衣料、茶化妆品等日用品、茶医疗用品、建材、抗氧化剂及茶化工化纤产品等。这些深度系列开发产品,极大地增加了茶产业的附加值。据调查,日本茶饮料企业达10多家,2008年日本茶饮料产值9105亿日元,折合人民币728亿元。

6. 组织化程度高

日本的农协或茶协是由茶农组成的共同生产组织,类似我国的农民专业合作社,一般由10～20家农户自愿组合在一起,茶园分户管理,鲜叶统一加工。茶叶生产、加工和市场流通等环节相互紧密衔接,组成形式多样的经营体,稳定了茶园栽培生产和毛茶加工。茶协流通批发市场为茶农和毛茶加工企业提供交易场所和仓库,解决了茶农卖茶的后顾之忧;茶叶精加工提高了茶叶品质并开拓了茶叶的销售渠道。同时,日本农林水产省和主产县对建设茶叶生产基地和加工厂的政策性支持力度大。如企业新建茶叶加工厂,除土地外,由国家补助厂房建设和购置茶机设备费用的50%。

二、几点启示

1. 湖北省茶产业发展潜力巨大

湖北省茶园总面积309.6万亩,总产量14.4万吨,茶叶农业产值41.6亿元,茶叶系列产值85亿元,面积、产量和产值分别居全国第二、第四、第三位,是全国产茶大省。与日本相较差距巨大。湖北省茶园面积是日本的4.3倍,产量是日本的1.5倍,但是日本茶产业产值是湖北省的12.7倍。日本人均年茶叶消费量850克,户均年茶饮料消费额455元,是湖北省的2倍以上。日本茶产业的发展为湖北省茶产业的未来展示出了非常广阔的前景,只要我们正确引导,充分发挥资源和规模优势,扬长避短,相信在"十二五"期间,完全有可能把湖北省茶产业做成一个超过300亿元以上的农业大产业。

2. 加强标准化生产是产业发展的基础

日本高度重视茶园标准化建设,软硬件设施配套,种植无性系良种化、管理精细化，是现代农业的典范。茶园良种率达92.6%，茶树鲜叶生长一致，为机采机修奠定了良好基础。而湖北省无性系良种仅占18.4%，按采摘园计，湖北省茶园单产64.5千克/亩、亩产值1861.8元，分别是日本的1/2和1/8。今后，湖北省要加强茶园基础设施建设，加快良种繁育推广，建设标准茶园，夯实产业发展基础，努力提高单位面积的产量和效益。

3. 加快机械化进程是发展方向

随着社会经济的发展，湖北省农村劳动力短缺、老龄化和采茶成本高等问题越来越突出，与日本类似。特别是当前人工采茶成本占30%以上，大力推广机采、机修、机耕和机械化施肥喷药，以及机械化加工流水线作业乃大势所趋，依靠科技进步提高生产机械化和加工现代化水平显得十分重要和紧迫。

4. 提高组织化程度是茶产业发展的前提

湖北省茶叶千家万户生产、加工分散、市场建设滞后、配套服务不完善。今后要大胆探索茶农与企业和市场利益的联结机制，加强体制和机制创新，推进茶农专业合作组织建设，提高组织化程度。这是实现专业化生产、规模化经营和品牌化营销的重大举措。

5. 突出精深加工是转变产业发展方式的根本途径

据调查，2009年我国深加工茶叶约10万吨，占总量的7.4%，远低于日本30%的水平。日本茶饮料、茶食品、茶日用品等在市场上琳琅满目，茶叶深度开发潜力巨大，已在日本显示出无限商机。湖北省在茶饮料、茶食品、茶日用品等领域的深度开发才刚刚起步，发展空间很大。今后应围绕"喝茶、食茶、用茶"狠下功夫，大力调整产品结构，以绿茶、红茶、乌龙茶及茶饮料、茶食品、茶日用品等多元化产品适应市场需求。要努力实现产业化经营，这是全面促进茶产业提档升级、茶经济大幅提升、转变茶业经济增长方式的根本途径。

6. 政府加大扶持力度是保障茶产业健康快速发展的关键

日本政府通过农林水产省和农业协会等机构，全面统筹对茶园基础设施、加工机械设备、加工厂技术改造提升、高附加值新产品研发攻关等提供资金扶持，促进企业健康发展。我们应借鉴日本茶产业的先进经验，加大产业投入力度，建设高标准茶园，大力研发推广新产品，全方位开发茶产品，提高生产效率和产品附加值，这是提升湖北省茶叶市场竞争力的战略选择。

三、

（略）

四、几点建议

1. 编制发展规划

由湖北省政府发布《湖北省"十二五"茶产业发展规划》，把茶产业纳入全省经济和社会发展"十二五"规划纲要，将其作为富民强县的重点工作予以推进。

2. 加大政策扶持力度

设立茶产业发展专项资金，将其列入"十二五"省级财政预算，用于支持茶树良种推广补贴、标准茶园创建和品牌建设及茶饮料、茶食品、茶日用品等终端产品的深度加工研发。

3. 加强组织领导

一是建立由省委、省政府分管领导和有关部门负责人参加的联席会议制度，负责协调解决有关茶产业发展的重大问题；二是成立茶产业科技创新团队。由省农业厅、省农科院、华中农业大学以及重点龙头企业科技人员联合组成茶产业科技创新团队，研究解决茶产业链中的重大技术难题。

注：《日本茶产业考察情况和加快我省茶产业发展的报告》以省农业厅文件报省委政府领导。根据时任省委书记罗清泉、省长李鸿忠、省委副书记张昌尔等领导的意见，该报告于 2010 年 11 月 22 日中共湖北省委办公厅《决策参考》第 57 期转发全省各地各部门参阅。省委副书记张昌尔同志批示："农业厅的茶产业考察和建议很好。我省茶产业发展态势方兴未艾、大有可为。"从 2011 年起，湖北省财政每年列出 1000 万元专项资金，支持茶产业发展。

第七章　农业农村管理与社会化服务

政府机构是国家治理体系的重要组成部分，是国家制度运行的载体和保障。各级政府农业农村行政主管部门，是政府的组成部分，主管本级农业和农村经济发展工作。同级农业行政事业单位，是涉农公益性事业服务机构。各级农业教育培训及科研机构是实施科教兴国战略的主力军，是自主创新的重要平台，是农业产业发展的重要技术来源。乡镇基层农业服务体系是公益性农业技术服务机构，是打通农业技术推广"最后一公里"，实现农技与农民无缝对接，提升农技推广"零距离"服务的重要环节，是推进农业高新技术进村入户的基本力量。

农村实行家庭承包经营体制后，随着市场经济的快速发展，农业农村生产经营市场主体发生了巨大变化；农业科技进步快速发展，农技推广的外延在不断扩大；农业服务的形式、内容、机制等发生了巨大的变化。原有的单一的公益性服务组织不能适应新的形势，相关教学科研单位、农民合作社、涉农企业、群众性科技组织、农民技术人员等相结合的各类商业性、经营性社会服务组织应运而生。

适应现代农业发展的需要，在政府农业农村行政主管部门的统领下，加快构建以公共服务机构为依托、合作经济组织为基础、龙头企业为骨干、其他社会力量为补充，促进公益性服务和经营性服务相结合、专项服务和综合服务协调发展的新型农业社会化服务体系，是发展现代农业的必然要求。

一、农业行政事业管理与服务

农业是国计民生的基础产业，农业发展需要有效的管理与服务，而有效的管理与服务又离不开相应机构去履行相关职责。建立完善与中国国情相适应的、服务"三农"发展需要的农业行政事业管理及社会化服务机构，是建设现代农业强国的组织保障。

（一）农业行政事业服务机构与职责

我国国家的建制分为中央、省（自治区、直辖市）、县（市、区）、乡（镇）四个层级，省级及以下为地方政府。在国家层面，党中央和国务院都设有管理农业、农村工作的专门机构。政府农业部门具有双重功能，一是对农业产业发展进行行政管理，二是对涉农事业进行公共性服务。因此，政府农业部门管理机构可分为行政管理机构和涉农事业服务机构，前者是政府的组成部门，后者是政府直接主管的为农业生产经营主体提供公共性服务的事业单位。

1. 国家农业行政事业服务机构与职责

国务院的农业管理机构，过去分别是农业部、林业部、农垦部、农机部、水产总局等。经过多次改革，至2024年，除林业外，其他相关涉农单位的职能合并，组建为农业农村部。国务院的农业行政管理部门的主要职责是，贯彻党中央农业发展方针政策，落实党中央农业发展目标和任务，制定农业发展的专门法规、条例、标准，推进农业发展条件建设与改善，推动各农业产业有序协调发展，从全局上对农业发展进行指导和引领。

过去，在国家农业部门内部，农业行政管理机构和涉农事业服务机构虽然分设，但都属于行政机构。后来实行"政事分开"改革，将涉农事业服务机构从农业行政系列中分离出来。"政事分开"后的涉农事业服务机构虽然单位属性发生了改变，但仍然是农业部门中提供"公共性"技术服务和经营管理的事业单位，仍未脱离政府农业部门，故将其称为政府部门内的涉农事业服务机构，它所提供的是公共性、公益性无偿服务。政府涉农事业服务机构的主要任务就是围绕党委、政府农业发展的目标任务，在同级农业行政主管部门的领导或指导下，开展农业科学技术及农村经营管理服务。

2. 地方农业行政事业服务机构与职责

地方政府机构的建立与改革都是按照国家的部署要求进行的。省、市县两级的党委和政府都分别设有专门的农业管理机构。由于各地农业的特色不同，农业在国民经济中的地位不同等原因，地方政府农业行政事业机构的设置及职责分工也不相同；同一地方，不同时期职责也不相同。由于农村大多数乡（镇）主要是农业产业，农业农村工作是党委政府的主要工作，因此一般没有设立农业管理机构。

在省（自治区、直辖市）一级，党委和政府都设有管理农业、农村工作的专门机构。政府的农业管理机构，过去分别设有农业、林业、畜牧、水产、农机等厅局级机构，现在大多改革组建为农业农村厅。省政府农业管理机构的主要职责是，贯彻中央农业发展方针政策，落实省委农业发展政策法规，加快农业发展条件建设与改善，对辖区农业发展进行组织、指导、协调，推进农业产业发展，完成辖区农业发展目标和任务等。

在县（市、区）一级，县委和县政府也都设有管理农业、农村工作的机构。县政府管理农业的机构，过去分别设有农业局、畜牧局、农机局、水产局、特产局、经营管理局等，现在县政府组成部门多为农业农村局，同时各地根据当地的农业农村产业实际，保留了部分其他农业相关产业局，为政府直管机构。县政府农业管理部门贯彻上级党和政府关于农业发展的政策法规，对辖区农业发展进行组织指导、协调，为辖区农业提供技术服务，推进农业产业发展，完成辖区农业发展目标及任务。

（二）农业行政事业服务机构职能的特性

从我国政府机构的建立与改革完善的历程看，可以得出几点结论：一是农业行政主管部门机构建立最早，在中华人民共和国成立之初就是政府的重要组成部分。二是在历次机构改革中，农业行政主管部门从未撤销，并在每次改革中都得到强化。三是适应市场经济发展的要求，农业部门内部机构及职能进行必要的调整，但任务越来越重。以上状况，在政府组成部门中是不多见的。究其原因，是由农业部门自身的特点决定的。

1. 农业部门及其事业单位是公益性服务机构

农业是弱质产业，农民是弱势群体。农业生产要承受自然和市场双重风险。我国农业生产规模小，市场主体发育不充分。农业生产要以市场为导向，但农业产业不能完全推向市场，政府应给予必要的保护、扶持，这是世界各国的惯例。不论是在计划经济时期还是在市场经济条件下，政府及相关部门都要提供必要的公益性服务。

2. 农业部门是政府不可或缺的重要职能部门

农业是国民经济中的基础产业，是安天下的产业。在市县特别是乡镇，农业产业规模大，从事农业产业的社会群体大，社会化服务量大面广。农业农村工作是党委政府工作中的重中之重，决定了农业农村行政主管部门履行社会职责的重要性。在世界各国中，农业行政主管部门都是政府的重要组成部分。即使是最发达的国家——美国，其政府拥有一支强大的农业管理服务机构。

3. 农业部门及其事业单位是农业农村综合性服务部门

农村是一个社区，农业是一条生产、加工、流通、销售的产业链。在政府机关，没有不涉农的部门，各部门各自都有明确的服务领域、服务职责。全国不同地区、不同生态类型，农业的产业结构、产业特色千差万别。农业服务主体众多，有学校、科研单位、企业和各类社会服务组织。农业服务性质大不相同，有公益性服务和经营性服务。农业服务对象不同，有的是对企业服务，有的则是服务分散的小农户。农业服务的内容不同，有生产资料的使用方法服务，有生产上的技术指导服务，还有惠农政策服务等。农业农村工作是一个有机整体，不能各吹各的号，各唱各的调，需要农业部门进行相关协调与服务。

（三）依法强化各级农业行政事业服务。

我国农业行政主管部门机构的建立与改革，目标方向是正确的，总体思路是清晰的，成效是明显的。近40年来的建设与改革，机构得到精简、优化，职能得到转变，行政效能得到有效提升，服务"三农"的指导思想、工作目标更加清晰。但仍然存在一些问题，主要表现在：

在职能定位上，政府职能和市场职能在一些领域仍然没有厘清。行政管理体制仍未完成由计划经济时代的管制型、全能型政府向市场经济时代的规制型、服务型政府转变。在政府部门之间的职能关系上，部门之间职能相互交叉、分割、重复，服务"三农"时，"缺位"和"越位"现象仍然存在。在农业产业内部，各级农业行政部门与同级农业科研、教育、推广及其他社会服务部门，由于机构设置，领导配备及职能界定不到位、不明确、不科学，服务"三农"的工作合力难以形成。

农业是永恒的朝阳产业。随着农业农村事业的发展，不同时期农业农村工作任务重点不同、工作职责将不断得到调整和完善。科学的机构设置是科学发展的制度保障。机构设置不合理是不作为、乱作为的制度根源，是效率低下的重要原因之一。坚持精简、统一、效能原则，依法科学建立健全政府农业行政部门、事业单位机构，明确各自岗位职责，协调同级涉农部门之间相关工作，形成整体合力，是实现农业农村现代化的制度安排和组织保障。

二、农业教育培训体系

农业教育培训是提高广大农业生产经营者和管理者素质的教育活动，是整个教育体系中的重要组成部分，也是"三农"社会化服务体系的重要组成部分。按教育培训对象不同，农业教育培训可分为三个层次。一是高校和中专学校面向社会招生，通过全日制教育，培养各类农业专业技术人才；二是面向农业干部开展各类继续教育及成人学历教育，提升农业干部服务"三农"的能力水平；三是面向广大农民开展的各类知识培训。

（一）高校和中专学校开展农业专业技术人才教育

1. 高等院校开展农业专业技术人才教育

农业高等院校是农业人才的摇篮。农业高校毕业生接受了系统的知识教育，掌握了现代科技知识和技能。他们有的成为党政领导，有的成为科研人员、企业家和职业农业生产经营者，是一代接一代推动农业发展的中坚力量。农业高校是农业科技创新园地，在科研人员的努力下，推进农业科技进步、引领现代农业发展。农业高校是农业科技成果推广转化的重要力量，大批教授专家深入农村一线，通过建立科技大院、教授工作站、校外试验场站等平台，开展技术指导、培训和示范推广活动，将先进的农业技术送到田间地头，帮助农民解决生产中的实际问题，促进农业增产增效和农民增收。

2. 农业中专学校开展专业技术人才培养教育

农业中专毕业生大多就业于基层农技站、畜牧站、农机站等基层涉农单位，在推广农业技术、服务农村经济发展等方面发挥了重要作用。20 世纪 80—90 年代是我国农业中专发展的黄金期，年均毕业生 30 万～50 万人，占当时农业技术人才的60% 以上；全国 70% 以上的乡镇农技人员来自农业中专。2023 年，全国村级农技员中，仍有 40% 接受过农业中专教育。

3. 农业广播电视学校开展专业技术人才培养教育

1980 年，中央农业广播电视学校成立。起始阶段，主要是通过广播媒体进行农业基础知识和技术培训，帮助农民学习农业科技知识。1986 年，中央电视台和中央人民广播电台开设了农业教育栏目，逐步建立起覆盖全国的农业广播电视教育网络体系。2000 年，"中国农村远程教育网"正式运行，标志着我国农业教育培训进入了网络时代。从 2011 年开始,利用大数据、智能终端、移动互联、云计算等技术,建立智慧农民云平台,开启智能化和互动化的教学模式。农业广播电视学校综合运用广播、电视、互联网、卫星网络、移动终端等多种媒体手段,开展多层次、多形式的教育培训,培养了大量农村实用人才。

4. 加强农业职业教育,加快农业专业技术人才的培养

我国农业高校和中专学校为专业技术人才的培养做出了巨大的努力,但同时也存在许多不足。相比之下,农业职业教育是一个"短板"。我国正处于传统农业向现代农业转型的时期,需要大量高素质的现代人才。职业教育是解决农业技术人才缺口的有效途径。加强农业职业教育需要政府、院校、企业、农民等多方协同,只有通过体系优化、模式创新和资源整合,才能培养出与现代农业发展需求相适应的懂技术、会经营、能创新、有情怀的复合型农业职业人才。

(二)农业农村干部教育培训

农业干部教育培训的对象主要是分管农业的党政领导和农业农村部门领导、农业专业技术干部、农村经管干部和基层村级"两委"成员等。干部教育既包括成人学历教育,也包括继续教育,对已具有一定专业学历的在职干部进行知识更新和能力提升。农业干部教育培训具有政治性、实践性、针对性、创新性,旨在全面提高农业农村干部的组织领导能力、科技推广应用能力、农业农村社会化管理与服务能力。

农业管理干部院校曾经是农业干部教育培训的主渠道。农业干部教育培训可以追溯到 1956 年,在王震同志的关怀下,农业部国营农场干部学校创建。1985 年农业部国营农场干部学校改建为农牧渔业部北京农垦管理干部学院,1988 年更名为农业部农垦管理干部学院,之后又正式更名为农业部管理干部学院。在农业部的引领下,20 世纪 80 年代,各省份先后建立起了农业管理干部院校,一些农业高校也都建立了农业管理干部学院,农业干部培训体系逐渐形成。各级农业管理干部院校发挥自身优势,开展农业干部的教育培训工作。

不同时期,农业干部培训的重点任务不同。2000 年之前,农业干部教育培训的主要任务是以深化农村经营体制机制改革,推进农业科技进步为重点,开展农业干部轮训。2000 年之后,我国加入了 WTO,农业干部教育培训的重点是市场经济理论知识的培训,组织干部到发达国家及国内改革开放先行地区学习考察,推进农业农村市场化改革。现阶段,我国农业干部培训的重点是紧密围绕乡村振兴战略、农业现代化建设和农业农村高质量发展需求,聚焦政策落实、能力提升等现实问题，分层级开展干部轮训。

现代社会科技发展日新月异，终身教育不再是一种理念，而是一种紧迫的需求。农业干部身处农业农村改革和农业生产的最前线，在信息革命、科技革命的浪潮中，许多干部深感现代农业科技知识缺乏，创新能力不强，组织领导和服务"三农"的能力不足。农业干部多是农民教育培训的老师，农业干部培训也是师资培训，加强农业干部教育是一项长期战略性任务。

（三）农民培训教育

农民是农业生产的经营主体。农民素质的高低直接影响农业农村的发展进步。受历史与现实诸多因素的影响，我国农民总体素质相对较低。加强农民培训教育、通过各种途径提升农民素质，是农业农村工作的重要内容。我国目前已建立起了较为完备的农民教育培训体系。

中华人民共和国成立初期，农业教育培训由政府主导，农业部门和农村教育机构配合，以扫盲教育和农业技术培训为重点。农业集体化时期，农业教育培训的主体是政府农业部门和农业合作社。

改革开放初期，农业教育培训在政府的推动下，由农业部门、农业教育培训机构及农村基层组织开展相关培训。针对一家一户的小农经营、农村青壮年劳动力外流、农业从业者老龄化、人才短缺的实际，各级农业部门加大了农业科技推广与农业职业教育培训工作。培训的重点是种植、养殖、农机等实用技术。1990年，开展"绿色证书"培训，培养技术骨干农民。

进入21世纪以后，我国农民教育培训开始从技能培训向农民全面素质提升转型。针对农村劳动力转移，2004年启动"阳光工程"，开展农民工转移就业技能培训。2006年，启动新型农民科技培训工程，重点培养种养大户、合作社带头人，培养"土专家""田秀才"。2012年，农业部印发《新型职业农民培育试点工作方案》；2016年，国务院《全国农业现代化规划》将新型职业农民培育列为重点任务。

现阶段，高素质农民正在成为现代农业建设的主导力量。培育高素质农民是推进传统农民向专业化、职业化农业经营主体转型的必经之路，是解决"谁来种地"问题的根本途径，是加快农业现代化建设的战略任务，是推进城乡发展一体化的重要保障，是全面建成小康社会的重大举措。各地健全完善"一主多元"高素质农民教育培训体系，统筹利用涉农院校、农广校、农业科研院所、农技推广机构等各类公益性培训资源，开展高素质农民培育。

我国的农民教育培训工作,从扫盲识字到拓宽文化知识,从解决农村贫困到实现脱贫致富,从推广农业生产技术到培养农业技术人才、推动农业科技进步,从保障粮食安全到建设现代农业强国等,都发挥了关键作用。

中华人民共和国成立初期,我国农民文盲率极高,超过95%。为改变这一状况,中央政府在全国范围内开展了大规模的扫盲运动。全国人口普查显示,到1964年,15岁以上人口的文盲率下降到52%,2000年下降至6.72%,2010年下降至4.08%。2011年,中国向世界宣告,全面完成普及九年义务教育和扫除青壮年文盲的战略任务。

近年来,高素质农民培训规模不断扩大。据统计,截至2023年,全国累计培育高素质农民超2000万人。2022年"头雁"项目首批培育1.5万名农业带头人。产业带动型培训,参加培训农民平均增收20%～30%;电商培训,2023年推动农村网络零售额突破2万亿元。

乡村振兴,关键是人才振兴。未来的农民教育培训将呈现以下特点:农民教育培训精准化,从"教什么学什么"转向"缺什么补什么";教育培训方式数字化,手机成为"新农具",直播课、VR实训将成为新常态;教育培训主体多元化,政府、企业、高校、合作社共同参与;教育培训效果可视化,农民参加培训后,其家庭收入增长等成为核心考核指标。通过农业教育培训的驱动,真正实现"培养一个农民,带动一个家庭,激活一个产业"的目标。

三、农业科学技术研究体系

(一)中国历史上农业科研体系变迁

在传统的农业社会,农业技术创新通常是由分散生产经营的农民以经验试错的方式来实现的。这样的技术创新一般是一些随机的、没有专门组织的活动,技术进步的效率低,技术发明的传播应用慢。与传统农业技术创新的实践方式不同,现代农业技术创新是一项有科学理论和知识指导、有专门人员从事、以实验为主要手段的有意识的研究活动。这样的研究活动需要具备三个要素:(1)经过专门训练的专家;(2)一定的研究手段(包括信息、仪器、设备、场所等);(3)一定规模的投资。这三个要素所组成的独立于农业生产部门的有机整体就是现代农业科研单位。

1. 中国传统农业技术进步主要成效

在漫长的农业发展史中,传统农业大约经历了3000年,先后出现了《齐民要术》《农政全书》等影响深远的农学专著。中国传统农业技术进步的标志主要体现在：农业工具的发明和改良；作物品种的引进和改良；耕作制度的改进，建立精耕细作的耕作制度等。农业工具发明提高了农业劳动效率，而作物品种改良和耕作制度改进提高了土地生产力。截至 13 世纪，中国一直都是世界上农业生产较为精耕细作和单产较高的国家。到了 14 世纪，中国已经取得了巨大的农业技术成就，农业文明几乎达到了人类历史上的顶峰。然而从 14 世纪以后，中国开始关闭了对外交流的大门，在科学技术方面长期停滞不前。在 17 世纪西方工业革命爆发后，中国的农业生产和经济发展就日渐落后于世界先进水平。

2. 中国现代农业科研体系起步与发展

中国曾经以灿烂的古代文明和发达的农业经济闻名于世，相对完整的传统农业技术也在世界上处于领先地位。但是中国传统的政治、经济特别是人才选用制度严重制约了现代农业技术的产生。到 19 世纪中期，中国逐渐沦为半殖民地半封建社会，小农经济日渐衰落，农业科学技术呈现出停滞不前的状况。由于自身不具有产生现代农业科研体制的基础，所以在学习和引进西方现代农业技术的同时，中国也开始模仿建立具有现代技术特征的农业科研组织。

（1）清末中国农业科研体系的滥觞。在 19 世纪末至 20 世纪初，我国农业技术与发达国家相比已经落后约一百年左右。随着现代科学技术知识的引进，我国相继建立了一些专业性的农业科研机构。最早是 1898 年在上海成立的育蚕试验场，聘请日本桑蚕专家指导，以日本新式方法饲养并改良蚕种。最早的综合性农业研究机构是 1902 年在保定建立的直隶农事试验场，内设桑蚕、森林、园艺和农艺四科。同年在山东济南也设立了山东农事试验场，试种各种谷类、菜类、瓜类、豆类和棉花。这些试验研究机构的设立，标志着我国从经验农学向实验农学转变的开始。

1906 年清政府在北京建立了第一所国家级的农事试验机构——中央农事试验场，隶属农工商部。1909 年广州成立了广东农事试验场。到辛亥革命前夕，全国各地类似的农业试验机构已有 20 多处，这些农业试验机构是我国近代农业科研活动的基础。

（2）北洋政府时期农业科研缓慢发展。在辛亥革命之后是军阀割据的北洋政府时期。1912—1915 年，在江苏南通、湖北武昌、河南彰德等地建立棉业试验场，并在各地设立农林试验场。当时共设立中央和地方农事试验场 552 个，发展速度远远超过清朝末年。这些农事试验机构 80% 是县立的。从 1914 年金陵大学（南京）开始从事小麦品种改良和筛选，东南大学、南通学院和广东大学也相继进行棉花虫害的防治。以上 4 所大学加上当时岭南大学的农科,成为 20 世纪 20 至 30 年代农业研究活动的主力。

(3)新民主主义革命时期农业科研发展变迁。1927 年南京国民政府成立后,于 1932 年在南京设立了直属农业部的中央农业实验所,1934 年全国经济委员会在南京设立中央棉产改进所和全国麦稻改进所。这一时期还成立了省、县级农业科研机构。当时全国农业科研机构合计为 641 个,其中国立 52 个、省立 356 个、县立 174 个、私立 26 个、团体 33 个。可见中国在抗战以前就形成了一个不完备、分散化的公共农业科研体系(以省、县立机构为主)。1937 年抗日战争全面爆发后,农业研究机构多数迁移、停办或调整。1940 年成立农林部并增设中央畜牧实验所和中央林业实验所,以及西北羊毛改进处等机构。抗战结束后,在接管日本遗留的农业科研机构的基础上,成立了东北、华北、西南以及台湾的农事试验场(所、站)。据 1947 年的调查,当时直属农业部的各类农业试验场(所)有 45 处。到 1949 年中华人民共和国成立前,农业科研体系共有职工 1638 人,其中科技人员 472 人,这与当时的农业人口相比是微不足道的。

从清朝末年一直到中华人民共和国成立以前,中国开始引进西方的近代农业科技,并与传统的农业技术相嫁接,在耕作栽培技术、优良品种选育、土壤肥料、病虫害防治、农机具以及畜牧兽医等方面,逐步形成了以科学实验方法为主要研究手段的近代农业科技进步模式。由于常年战争的破坏,以及农业科研机构人员和设备资料在动荡中失散和丢失,农业科学技术并没有取得大的突破。

(二)中华人民共和国农业科研体系建立与发展

1. 中华人民共和国成立之初至农业合作化时期,农业科研体系的恢复和创建

1949 年,我国农业科学知识和技术研究的积累还很少,尽管现代农业科研活动已经开展了近半个世纪,但在农业生产中起主导作用的仍然是传统农业技术,所以当时农业科研工作在许多领域差不多是白手起家。中华人民共和国成立初期我国农业科研组织的建立具有恢复性质,主要是对原来遗留的部分研究机构进行调整、合并与重建。

(1)大区农业科研机构。首先按照地域分布(主要是行政区域),在接管原有农业科研机构的基础上,改组成立了东北农业科学研究所(原公主岭农事试验场)、华北农业科学研究所(原北平农事试验场)、华东农业科学研究所(原中央农业实验所)、华中农业科学研究所(原湖北省农业改进所)、华南农业科学研究

所（原广东稻作改进所）、西南农业科学研究所（原北碚农事试验场）和西北农业科学研究所（原陕西省农业改进所）七个大区综合性的农业科研机构，同时建立了兽医生物药品监察所（原中央畜牧实验所北平工作站）、水产科学研究所（原中央水产实验所）、林业科学研究所（原北平农事试验场森林系）、西安农具研究所、辽阳棉作试验场和兴城园艺试验场等专业性研究、试验机构，基本上涵盖了农业科研的各个学科，科技人员总数达 1091 人。这些大区农业科研机构成为后来中国农业科学院和各大区中心省份农业科学院所组建的基础。

（2）省级及以下农业科研机构。各省份由于原有的科研基础不同，其农业科研机构的恢复和创建也有一定的差异。一些基础较好的地方分别对原有的农业科研机构进行调整，建立省级直属的综合性农事试验场（所），同时国家着手帮助少数几个农业科研空白的省份组建农业研究机构。如山东省，于 1952 年在山东农业实验所的基础上建立了山东省农业科学研究所；而宁夏回族自治区，到 1958 年才在中国农业科学院、北京农业大学等单位的帮助下建立了农业科学研究所。当时，一些有条件的地区也开始建立地区农业科学研究所、试验站。据 1956 年不完全统计，综合性和专业性的省级农业科研机构由 1949 年的 35 个增加到 93 个；地（市）级农业科研单位由 1949 年的 10 个增加到 76 个，一个分散化的农业科研体系初步显现。20 世纪 50 年代末至 70 年代，许多省份在原农业科学研究所、试验站的基础上相继成立了省级农业科学院。地区一级也开始在农业试验站的基础上，建立了地区农业科学研究所、试验站。省级及以下农业科研机构与中国农业科学院等一起构成了中国农业科研体系。

（3）相关行业、农业院校、科研机构。一些与农业相关的国家和地方行政部门为了便于研究职能范围内的一些技术问题，也各自建立了一些与农业有关的专业性科研机构。如粮食部门的粮食加工、储藏研究机构；第一机械工业部的农机研究所根据当时农业发展的要求，建立了一批直属农业部的农具改良研究所；林业部在华北农业科学研究所森林系的基础上，组建了林业科学研究所；农垦部将原林业部华南特种作物研究所改为华南热带作物科学研究所；食品工业部相继在青岛、广州和南京改建和新设了黄海水产研究所、南海水产研究所和长江水产研究所。这些研究机构的出现，体现了我国大农业的技术进步。

中国农业院校是 1952 年照搬苏联模式建立起来的。当时高等农业院校和一些综合性大学集中了一批农业科研力量（约占全国农业科技人员的 60% 左右），其中有些专家被调去组建新的农业科研机构，有的被充实到独立的科研机构从事研究工作，还有较大一部分则留在学校，既任教员又从事科研活动。农业研究和农业教育在体制上的分离，是中国农业科研体系有别于其他国家的一个重要特征。

（4）国家级农业科研机构——中国农业科学院。中国农业科学院于 1957 年 3 月 1 日在北京正式成立，基本上是以苏联列宁农业科学院为样板，在华北农业科学研究所和其他六大区研究所，以及一些专业研究所的基础上建立起来的。建院初期设立了作物育种栽培研究所、植物保护研究所、土壤肥料研究所、畜牧研究所、棉花研究所、原子能利用研究室和气象研究室 7 个专业研究所（室），并将农业部所属的 7 个大区研究所和哈尔滨兽医研究所、兰州畜牧兽医研究所筹备处、镇江蚕业研究所、农业机械化研究所筹备处 4 个专业性研究所划归中国农业科学院。

到 1959 年，中国农业科学院已经初具规模，门类较为齐全。研究领域主要包括以下几个方面。以作物为对象的，包括作物栽培育种、棉花、果树、蔬菜、烟草、茶叶、花生、油菜、甘薯、甜菜、甘蔗和麻类等研究所；以畜禽为对象的，包括畜牧、兽医、养猪、黄牛、水牛、家禽、皮毛等研究所；以探讨农业"八字宪法"增产规律为对象的，包括作物育种、农田灌溉、植物保护、农业机械化、农业气象、原子能利用和沼气等研究所；此外，还有农业遗产研究室、农业经济、养蜂、养蚕、柞蚕等研究所。中国农业科学院成为中国农业科学研究中心和各地农业科研活动的协调指导中心，是农业科研中基础研究和应用基础研究的主要承担者。

2. 农村改革开放以来，农业科研体系在全面恢复发展的基础上进行改革与创新

1978 年以后，我国政府提出要把国家工作重心转移到经济建设上来。1978 年 8 月，中共中央召开了全国科学大会，提出"科学技术是第一生产力"。中共中央要求迅速恢复和加强农业科研院所必需的研究条件，提出"中央要办好中国农业科学院""各省份要根据农业区域规划办好一批农业科研机构""逐步形成门类齐全、布局合理的农业科学技术研究体系"。

中国农业科学院的恢复和发展。1978 年初恢复中国农业科学院的建制，到 1983 年中国农业科学院已有科研机构 35 个，总人数 9877 人，其中科技人员 4187 人，已经超过 20 世纪 60 年代末中国农业科学院解散时的规模。到 1988 年科研机构增加到 37 个（分布在 14 个省份），职工总人数增加到 10110 人，起用科技人员达 5152 人。

地方农业科研机构的恢复与发展。地方农业科研机构也得到了同步恢复和发展。到 1979 年，各省份都恢复和建立了农业（林、牧、渔）科学院，各地区完善了农业科学研究所。此外，还恢复建立了高等院校所属的农业科研机构、县市农科所，一个具有相当规模、门类齐全的农业科研体系在我国已建成。

1978—1985 年，是我国农业科研体系迅速恢复发展的时期。农业科研机构和高校中的农业科研工作得到迅速恢复和重建，大批农业科研人员返回单位，各级农业科研单位迅速恢复，科研队伍不断壮大，农业科研快速发展。此后，为适应市场农业发展的需要，我国政府直接主管的农业科研体系在改革中探索与发展，由企业投入的农业科研主体也开始建立。

（1）农业科研商业化改革。伴随社会改革的浪潮，1985 年底中央启动了允许科研部门从事以经营创收为主的商业化活动的改革，以增加科研单位的总体收入，改善职工福利。农业科研部门实施"放活"性改革，允许开办各类经营性实体，开展创收服务。这一时期，在农业科研系统内部，有些科研单位、有些科技人员收入增加了，但同期政府的财政拨款却明显下降。从 20 世纪 80 年代后期开始，受创收压力和财政拨款减少的双重冲击，出现部分科研人才流失的现象，科研活动也受到了显著影响。与商业化改革同步，政府也对科研拨款方式进行了改革，许多科研项目经费从原来的计划分配制改为竞争制。政府对农业部门科研单位的竞争性项目拨款占全部经费的比例逐年增高。

（2）农业科研单位转制改革。进入 21 世纪，国家又启动了新一轮较大规模的科研体制改革。全国地级以上农业研究所与全国其他非农科研单位一样，分别转制为技术开发类、科技服务类和社会公益类三大类型的机构，采取不同支持方式。改革确实精简了农业科研队伍，一部分农业科研单位也被整体归入科技服务类和技术开发类机构，有的整体转制为企业，也有的转制为不同类型的事业单位，有的并入大专院校，有的保留、合并组成为非营利研究所，有的转为咨询机构，较多的保留为社会公益性科研机构。

国家在推进这轮改革前后，也相继出台了一系列促进农业企业科技创新的政策，引导、支持、促进企业投资农业科研。但由于农业科研投资回报率低、周期长及科技人才缺乏等原因，企业投资积极性不高，以企业为农业科技创新主体的农业科研体系并没有真正形成。

（3）多元化农业科研体系开始建立。鉴于前几次农业科研部门改革所出现的问题，我国加大了对农业科研部门改革的支持力度。首先是完善农业科研单位性质分类，国家、省、市三级农业科研机构绝大多数都列入了全额拨款的公益类事业单位。国家在工作经费上给予保障，在科研基础设施建设与研究经费上给予支持。

2007 年，农业部、科技部等七部委和中央机构编制委员会办公室联合下发了关于印发《国家农业科技创新体系建设方案》，提出了构建由国家基地、区域性农业科研中心、试验站和企业技术研发中心等组成的国家农业科技创新体系的方案，在全国建立了 50 个创新产业。该方案打破了创新产业中部门、单位间的限制，建立了有固定岗位的国家农业科技创新体系。此后，许多省份也相继组建农业科技创新体系，安排专项经费，开展农业科技创新工作。

《国家农业科技创新体系建设方案》的出台，鼓励各类社会力量投入农业科技创新事业。具备条件的民营科研机构在同等条件下，可以单独或与体系内机构联合申报承担科技创新任务。

在此期间，政府直管的公益类农业科研机构和企业经营类科研机构都在稳步发展，多元化农业科研体系开始建立。

（三）我国农业科研体系现状与改革发展

中华人民共和国成立以来，我国农业科研体系改革发展成效显著。一是逐渐建立起庞大的、学科门类齐全的公共农业科研体系，为加速国家农业科技创新提供了机构及人才队伍保障。二是确立了国家、省、市三级农业科研单位的性质，公益性农业科研事业经费有较大幅度的增加，单位的正常运转得到基本保障。科研单位内部人员身份得到明确，用人机制得到完善，研究单位办社会问题也得到解决。三是科研管理的运行机制得以改善。科研单位实行全员聘任制，虽然在执行过程中还存在不少问题，但在一定程度上使得科研管理的运行机制得以改善。引入竞争机制后，一批年富力强的青年科技骨干很快走上了关键的科研岗位。此外，以"基础工资＋岗位津贴＋绩效奖励"为核心的工资制度改革，初步实现了科技人员绩效与收入挂钩，提高了科研人员的收入水平和科研积极性。四是政府通过科技创新体系等项目强化农业科研体系基础设施建设及研发工作，为农业科研单位的条件建设和科技研发提供了资金保障。五是国家农业科研与技术推广体系对接，为加速农业技术成果的转化利用提供了体系保障。六是企业科研队伍的兴起为科技创新注入了新的生命力。自从 20 世纪末开始，随着相关法规的颁布与实施，我国逐步形成了鼓励企业进入农业科研投资领域的法规体系与制度，对农业科研投资的企业数量快速增加。企业参与农业科技的投资，为农业科技创新与推广应用注入了新的生命力。

1. 农业科研体系现状

据统计，我国共建有本专科农业院校 81 所、林业院校 20 所，在校学生总规模 62.9 万人。全国共有地（市）级以上农业科研机构（不含林业、水利）1115 个，农业科研人员 6.6 万人。农业院校及科研院所集中了大批农业科技人才，拥有先进齐全的设施与设备，是我国最重要的农业科研基地，是我国农业科学技术创新的源头。

现阶段，由于我国农业企业实力不强，还不能充当农业技术创新的主角，所以农业科学技术的研发重任仍然落在农业院校及国家农业科研院所身上。全国农业高校及农业科研院（所）每年投入大量的人力物力，从事动植物优良品种选育、作物栽培与管理、动物饲养与疫病防治、新型肥料及创新开发、高效节能农业机械及设备研发、农地整治与改造、节水节肥及省工技术应用、农业废弃物利用等方面研究，产生了大量的先进适用技术成果。这些成果经政府科学技术部门及农业部门鉴定、检验、审核后，通过政府渠道及现代传媒向社会推介，成为发展现代农业的技术来源。

农业院校及科研院所，一方面有主动推广自己研发技术成果的内在动力，另一方面也有应政府要求推广应用先进技术成果的责任。他们带着农业技术成果到生产第一线，向农业生产经营主体直接传授。有不少农业院校及科研院所还专门建有固定的农业科技成果示范基地，并有常驻专业技术人员，将先进成熟的技术成果率先在示范基地示范、应用、推广。由此，农业院校及科研院所都在农业技术推广服务中发挥了不可替代的作用，成为农业技术服务的重要依托。

2. 农业科研体系的力量布局

我国由政府主管的国家、省、地市三级农业科研体系整体实力明显加强，科技力量布局较为清晰，逐渐形成相互分工合作的机制。

（1）国家农业科研院所、农业高校等。主要包括中国农业科学院、中国科学院等涉农方面的研究所、国家农业大专院校及其他综合院校涉农院系。研究的主要任务是面向全国，开展战略性、基础性、综合性研究。研究重点是，着重加强基础研究和前沿技术、关键技术、重大共性技术研究，以及事关全局的基础性科技工作。

（2）省级农业科研院校。研究重点是，围绕区域优势农产品的产业发展，开展区域性产业关键技术和共性技术研究，有优势和特色的应用基础与高新技术研究，以及重大技术集成与转移。

（3）地市级农业科研所。研究重点是在本省的统一规划下，着重开展科技成果的集成创新、试验示范和技术传播扩散活动，有条件的也可以开展具有本地特色的应用研究工作。

国家与地方农业科研机构之间、地方农业科研机构之间还可通过机构重组、资源整合、合作共建、人员互相兼职等方式，开展农业科研与农技推广，加速农业科技成果的转化应用。

3. 当前需要解决的主要问题

我国经过 40 年的发展与改革，农业科研事业得到长足的发展，农业科研体系在学科建设、运行机制等方面取得了很大的进展，缓解了一些矛盾，但也暴露出一些深层次的问题。这些问题主要包括以下几点。

一是缺少领军人才和优秀创新群体。经过几轮改革，各地各部门引进了一批农业科研创新人才，初步建立了学科门类较为齐全的农业科研体系。但许多学科还缺少在国内外有影响力的优秀创新群体，特别是领军级的科研帅才和将才相对比较缺乏。

二是国家科研立项同农业生产应用的技术需求存在许多脱节现象。形成这种现象的深层次原因是"闭门立项""主观立项"所致。

三是相关部门社会公益性和商业性科研活动依然混淆。农业科研既有商业性也有公益性。世纪之交启动的新一轮改革，试图强化公共科研单位的科技创新能力和社会公益性职能，弱化其商业性职能；同时致力培育和吸引大型企业参与农业科技创新，并使之成为创新的主体。然而，改革并没有完全达到这个目的。有些被确定为公益性的研究单位，在"公益性研究所"的牌子下，受市场利益的诱惑，反而强化其商业性的研究活动，从而与企业在农业科研领域形成竞争，阻碍了企业参与农业科技创新的积极性；有些被确定为技术开发类的研究所，被整体推向市场，忽视了这些研究所同时拥有公益性和商业性职能的特性，严重影响了其基础性和应用基础性学科的发展。

四是科研投入仍然不足和竞争性项目投入比例偏大。近年来，虽然农业科研投资显著增加，但农业科研投资强度仍远低于全国所有行业科研投资强度的平均数。同其他国家相比，我国目前的农业科研投资强度仅相当于 21 世纪初发达国家政府平均农业科研投资强度的 1/3 左右。同时，农业科研投入的结构失衡，竞争性项目投入比例偏大，基本事业经费和固定研究经费所占比例偏低。近年来，国家对农业科研的投入增加，主要是依靠竞争性项目经费的提高。过度依赖竞争性项目及其经费，往往使研究院所和科研人员的研究方向随研究课题的改变而改变，难以做出战略性规划，也难以形成长期的科研大协作。同时，导致科研人员整年忙于申请项目、应付各种检查和汇报，影响科研精力。

当前及今后一个时期，农业科研体系发展改革的主要任务应该是，实施农业科技创新人才战略，培养和吸引一批领军级农业科技人才和大批优秀创新群体。探讨建立全新的农业科研投入机制，使其更好地适应国家和农民对农业技术的需求。强化农业公共科研单位的公益职能和在现阶段的主体地位，加快培育现代农业科研企业。继续增大农业科研投资力度，改善农业科研的投入结构。

四、基层农业技术推广体系

（一）基层农业技术推广机构与服务

我国农业技术推广体系从纵向上看，形成了国家、省、地、县、乡（镇）五个层次，各级推广机构有各自的职能分工，上下级之间的联系具备行政领导和业务指导两条主线。在横向职能上，按照专业分设了农业（种植业）、畜牧兽医、水产业、农机化服务业和农业经营管理等多个相互独立的体系，共同承担公益性农业技术推广服务工作。

乡镇是我国最基层的行政机构，一头连着城市，一头连着农村，在农村乃至整个国家经济社会发展中发挥着基础性作用。县市农业农村工作，主要是县委、县政府各部门与乡镇里的"七站八所"，通过"条条块块"的双重领导与指导来推动。

乡镇农技推广作为一种单纯的农技推广活动，其初始内涵就是把教学科研单位的研究成果，用适当的方式方法介绍给农业生产者，让农业生产者获得新的知识和技能，并在生产中应用，从而提高产量、增加效益。农技推广主要包括农技推广内容、农技推广服务主体和农技服务对象。

由政府主管的基层农技推广体系是公益性农业技术服务机构，是实施科教兴农战略的重要载体，是打通农业技术推广"最后一公里"、实现农技与农民的无缝对接、提升农技推广的"零距离"服务的重要环节，是引领各类社会化服务组织建设现代农业的基本力量。

（二）基层农技推广体系的建立与发展

1. 改革开放初始阶段，公益性农技推广体系快速发展

人民公社在经历了二十多年的风风雨雨以后，最终在党的十一届三中全会后走向了解体。而依附于这种体制基础上的农业科学实验网也被迫解体。

农村实行家庭承包经营后，以土地为主的农业生产资料均分到千家万户。农民的生产积极性得到充分发挥，迫切期盼科技支持。与此同时，农业科技部门的科研成果大量涌现，如杂交水稻新品种等新成果需要推广应用。

为适应新形势，党和政府决定，建立健全各级农技推广机构，逐步建成以县农技推广中心、乡农技站和村级农业技术推广组织构成的农技推广体系。"六五"和"七五"期间，国家和省级通过投资建设商品基地及实施农业综合开发等项目，建设县市农业技术推广中心和乡镇农技站。20世纪80年代末，湖北全省的农技推广体系基本实现乡镇站有住房、有办公场所、有经营门面、有仓库等，大大改善了县、乡农技推广机构的生活及工作条件。全省以省级农技推广总站为龙头，地（市）、县级机构为桥梁，乡镇机构为纽带，以服务到户、指导到田的村级农技服务小组为依托的五级农技科技服务网络已基本形成。

农村改革推进了农技服务组织的发展，五级农技科技服务体系的建立，为千家万户的农民生产提供了强有力的科技支撑。这一时期，农业生产得到前所未有的发展。

2. 农村市场经济进入快速发展阶段，多元化农技服务体系开始形成

农村改革开放以后，农资经营逐步走向市场机制。1990年前后，农药、化肥、种子等农资流通开始发生变化，尽管流通体系仍由政府掌控，农资价格却已经开始形成"双轨制"，计划外的农资价格由市场调节。2000年前后，农药、化肥、种子等农资的经营权都已经全面开放。国家对农技推广体系的改革和对农资市场的开放，使农业技术推广活动日益市场化。

在市场化改革的浪潮下，农技推广体系发生了重大变化，其中最突出的就是农业技术推广开始从无偿服务转向有偿服务。1982年，中央一号文件强调要恢复和健全各级农技推广机构，此时农技推广仍然是一种无偿的公共服务。从1983年开始，中央文件开始出现"技术承包制""技术服务公司"等概念，政策也允许农技人员通过提供技术服务来获取额外报酬。后来又提出农技推广机构可以举办企业型经营主体，鼓励和支持有条件的单位逐步做到事业费自给。1989年，国务院印发《关于依靠科技进步振兴农业，加强农业科技成果推广工作的决定》，提出要逐步改变农技推广机构经济上单靠财政拨款、无偿服务的办法，引入"有偿服务和竞争机制"。这些政策表明，农技推广机构可以从事经营性服务。

在农技服务逐渐从"无偿服务"向"有偿服务"转变的同时，农技推广体系的管理体制也在发生变化。如湖北省乡镇农业服务组织原来大多实行"县乡双重管理、以县业务主管部门管理为主"的运行体制。1990年前后，学习山东"莱芜经验"，湖北省先后有30个县（市）将农业"五站"（即农技站、畜牧兽医站、农机站、水产站、经管站）的人、财、物权力下放到乡镇，成为农技推广体系变迁的一个重要转折点。

随着商品经济的发展，一些地方认为农技推广工作也应该推向市场。有的地方核减已有的事业经费投入，有的实行"断奶"。在此期间，许多有能力的专业技术人员被农资经销商聘用，离开农技推广部门，自谋职业。农技推广体系出现了"网破""线断""人散"的解体局面。许多乡镇农技干部"吃饭没有锅、睡觉没有窝，办公没有桌"。农技服务组织随即出现上面管不着、下面没人管的窘态。

据调查，1993 年底湖北省乡镇农业"五站"中，能正常开展工作的只有20%，到 1994 年仍有 50% 不能"务正业"。基层农技推广体系面临的问题日益突出：一是机构膨胀、人员超编严重；二是经费不足、后顾之忧大；三是队伍结构不合理、人员整体素质不高；四是包袱沉重、正常工作运转艰难；五是职责不清、农技干部科技服务精力不集中；六是机制不活、缺少服务活力。

3. 农村税费改革前后，农业技术推广体系改革与调整

21 世纪之初，是农民负担最重、农村干群矛盾最突出的时期，农村税费改革及乡镇综合配套改革在全国铺开。针对农业技术推广工作出现的诸多问题，2002年中共中央、国务院发文，提出推进农业技术推广体系改革，2003 年国家农业技术推广体系改革全面展开。改革涉及机构性质、管理体制、机构设置、投入保障、队伍建设、扶持多元化服务主体等内容，逐步建立承担公益性职责和经营性服务相结合的农业技术推广体系。通过改革，到 2011 年底全国农业系统共有推广机构9.9 万个、农业技术推广人员 69 万人，形成了一支与当前农业生产特点、农村基本经营体制相适应的农业技术推广体系。

农业技术推广体系改革，全国没有统一的模式。湖北省农业技术推广体系改革与农村税费改革和综合配套改革同步进行。2005 年 7 月，湖北省委、省政府下发《关于推进乡镇事业单位改革加快农村公益性事业发展的意见》（简称《意见》）。乡镇农技推广机构改革的核心目标是建立"以钱养事"新机制，重点是"减人、减事、减费"。《意见》明确将原有乡镇农技站、兽医站、水产站、农机站等农口单位全部转制为自主经营、自负盈亏企业或中介组织；人员全部退出事业编制，脱离财政供养。通过加大经费投入，变"养人"为"养事"。全面推进乡镇事业单位改革，构建农村公益性服务"以钱养事"新机制。在农技服务运行模式上，提出了三种服务模式。第一种是委托服务制。乡镇政府提出公益性服务项目，与企业或服务组织签订合同，明确经费数额和考核方式。企业或服务组织接受委托后，组织

工作人员完成合同规定的公益性服务项目。第二种是定岗服务招聘制。乡镇设置一定的服务岗位，定岗不定人，由乡镇政府或县（市、区）业务主管部门，面向社会公开招聘具有从事公益性服务资质的人员。对招聘人员实行"三卡"管理，即农民签字卡、村干部签字卡、乡镇签字卡管理。第三种是县级行政主管部门派出制。即"管理在县，服务在基层"。县级行政主管部门会同人事部门根据需要，设置一定的服务岗位，定岗不定人，从原乡镇事业单位人员中公开招考、竞争上岗、择优录用。签订一定期限的聘用合同，将人派驻乡镇或区域专门从事公益性服务。

湖北省农业技术推广体系本轮改革提出的三种模式，由于省"综改办"的引导，各地选择第一种模式的较多，选择第二、第三种模式相对较少。具体结果：乡镇农业各服务中心实行委托服务模式有 51 个县市，占县市区的 60%；实行县级行政主管部门派出制的有 20 个县市，占县市区的 23.6%；实行定岗服务招聘模式的有 14 个县市，占县市区的 16.4%。

湖北省乡镇农业推广机构建立"以钱养事"新机制改革，从实现"减人、减事、减费"的目标看，取得了明显成效，但在农业技术推广等公共服务方面，存在许多问题。湖北省财政厅曾组织人员对全省有关县市乡镇农业推广机构改革后的情况进行调查，对"委托服务制""定岗服务招聘制"和"县级行政主管部门派出制"三种模式的实际效果进行了分析。该调查表明，许多乡镇农业技术推广部门改革后，转制为自主经营、自负盈亏企业或中介组织，单位实行企业化管理，服务人员临时聘请，工作经费来源于乡镇的购买服务项目。结果是：服务部门机构不稳定，工作人员不稳定，业务职责不稳定；乡镇和县级业务主管部门队伍管理难，农技服务项目落实难，服务质量监督考核难；农技服务工作经费无保障，服务队伍素质无保障，农技服务质量无保障。改革后乡镇公益性农技服务明显削弱，其影响是深远的。

湖北省"以钱养事"新机制在全国产生了较大的影响，社会评价不一。许多领导、专家学者认为：湖北省基层农技服务体系改革，政府列出专项资金来购买公益性服务，实行以钱养事，乡镇公益性农技服务机构、队伍名存实亡，公益性农技服务工作很难长期、稳定开展。《中华人民共和国农业技术推广法》对基层农技推广机构及事业性质都作出了明确规定，应进一步在深化改革中继续完善。

（三）依法完善国家农业技术推广体系

2012 年 8 月 31 日，第十一届全国人民代表大会常务委员会第二十八次会议对

1993 年 7 月 2 日第八届全国人民代表大会常务委员会第二次会议通过的《中华人民共和国农业技术推广法》进行了修正。2013 年 1 月,农业部发布了《关于贯彻实施〈中华人民共和国农业技术推广法〉的意见》。《中华人民共和国农业技术推广法》是我国当前和今后一个时期农技推广工作的法律遵循。

农业技术推广法明确了国家农业技术推广机构的公共服务机构性质。农业技术推广法规定:各级国家农业技术推广机构属于公共服务机构,履行下列公益性职责。(1)各级人民政府确定的关键农业技术的引进、试验、示范;(2)植物病虫害、动物疫病及农业灾害的监测、预报和预防;(3)农产品生产过程中的检验、检测、监测咨询技术服务;(4)农业资源、森林资源、农业生态安全和农业投入品使用的监测服务;(5)水资源管理、防汛抗旱和农田水利建设技术服务;(6)农业公共信息和农业技术宣传教育、培训服务;(7)法律、法规规定的其他职责。国家农业技术推广机构承担公益性职责是国家支持农业发展的重要渠道。将国家农业技术推广机构定性为公共服务机构,无偿向农民提供公益性服务,减少农民的生产成本,既补贴了农民、又拉动了生产,对增产增收都有利,是国家扶持农业和农村经济发展的有效渠道。同时,还保留、发展了一批长期在农业技术推广第一线的人才队伍,这支队伍是构建集约化、专业化、组织化、社会化相结合的新型农业经营体系的重要技术支撑。

《中华人民共和国农业技术推广法》确立了农业技术推广的分类管理原则,实行"公益性推广与经营性推广分类管理"。公益性推广主要由国家农业技术推广机构承担,经营性推广主要由多元化主体承担,构成"一主多元"的格局。全国人大农业与农村委员会副主任委员刘振伟在该法的新闻发布会上指出:一些地方农业技术推广机构改革存在误区,将农业技术推广体系改革简单理解为"减员减支",随意撤并农业技术推广机构、压缩编制、精简人员、削减经费;有的地方侵占、变卖农业技术推广设施、设备的问题时有发生,农业技术推广体系建设出现倒退。实践证明,将国家农业技术推广机构推向市场的做法,不符合我国农业和农村经济发展的实际。

《中华人民共和国农业技术推广法》明确了国家农业技术推广机构队伍建设的原则。要求各地"因地制宜设置县、乡镇或者区域国家农业技术推广机构。""国家农业技术推广机构的人员编制应当根据所服务区域的种养规模、服务范围和工作任务等合理确定,保证公益性职责的履行。""各级人民政府应当采取措施,保障和改善县、乡镇国家农业技术推广机构的专业技术人员的工作条件、生活条件和待遇，并按照国家规定给予补贴，保持国家农业技术推广队伍的稳定。"

《中华人民共和国农业技术推广法》修改后于 2013 年 1 月 1 日开始实施，这是依法治农、科教兴农的一大进步，也是广大农民和农业科技人员的多年期盼，是实现科教兴农、科教兴国的法治保障。

五、农业社会化服务体系

农业社会化服务是一个十分宽泛的概念，涵盖农村经济、社会、文化生活各个领域。由不同服务主体彼此连接的网络体系就称为农业社会化服务体系。

从农业生产经营过程看，农业社会化服务可分为基础性服务、生产性服务和流通性服务。基础性服务，主要是指通常所说的公共服务。由于此类服务存在明显的"外部效益"，任何一个服务实体来承担都有困难，因此应以各级政府及相关部门为主来承担。生产性服务，主要指种养生产领域的服务，即所谓"产中"的服务。由于此类服务时限性与地域性十分强烈，跨地域、远距离的服务主体难以满足，故宜以本地的服务主体承担为佳。农业生产技术推广服务是农业产业链中的生产性服务，是农业社会化服务的重要内容。流通性服务，主要是指产前的生产资料供给与信贷支持和产后的销售、运输、加工贮藏等服务。由于此类服务超越了微观领域，主要应该由那些信息灵敏、渠道畅通，有较大投资实力的农产品加工和流通企业、合作经济组织及规模较大的市场型企业来承担。

从农业社会化服务的性质看，可分为公益性服务和经营性服务。公益性服务是非营利性的公共性服务，经营性服务是指公益性服务之外的盈利性商业服务。农业社会化服务按服务主体划分，可分为公益性服务机构和经营性服务组织。公益性服务机构主要是指以各级政府为主建设的公益性服务机构，承担的是非营利性、公共性和公益性服务。经营性服务组织是指独立于政府公益服务体系之外，由各类服务企业、农民合作组织、家庭农场及其他社会化组织开展商业服务的机构或组织。广义的社会化服务包括公共性、公益性服务和经营性服务，狭义的社会化服务通常是指经营性社会化服务。社会化服务组织大多是指农民专业合作社、专业服务公司、专业技术协会、农民经纪人、龙头企业等经营性服务组织。

改革开放后，随着市场经济的快速发展，农业农村生产经营市场主体发生了巨大变化；农业科技进步快速发展，农业服务的外延在不断扩大；农业服务的形式、内容、机制等发生了巨大的变化。原有的单一的公益性服务组织不能适应新的形势，相关教学科研单位、农民专业合作社、涉农企业、群众性科技组织、农民技术人员等相结合的各类商业性、经营性社会服务组织应运而生。

（一）农业社会化服务体系的历史渊源

回顾人类经济发展的历史可以清楚地看到：作为原生部门的农业，它的任何一次质的发展，都是同社会分工的突破密切地联系在一起的。所谓社会分工，就是一部分社会资源（包括劳动力资源）用于生产或经营这一部分产品或活动，另一部分资源则用于另一种产品或活动。

在封闭的、自给自足的小农社会，农业生产大多是以亲帮亲、邻帮邻的方式进行，很少有社会化服务。经济愈是发达，这种原来由一个劳动者或一个经济主体所完成的过程，便会愈来愈被分割成众多分工细密而又相互依存、保持千丝万缕联系的社会化群体来完成。

1. 人民公社时期：政府提供"全能型服务"

人民公社时期，在计划经济条件下，适应"三级所有，队为基础"的经营体制，我国在农村相继建立了农业、林业、农技、农机、水利、气象等由政府部门主导的经济技术服务部门，以及供销合作社、信用合作社等各种服务组织，形成了以各部门纵向管理为主的服务网络。这一时期的农业服务体系是与计划经济体制下集中统一经营的产品经济相联系的。农村服务的对象，主要是人民公社中的生产队。国家（政府）通过高度集中的政治经济体制控制着全部的经济资源和社会组织，政府扮演着"全能主义"的角色。采取行政手段分解下达工作任务，开展农业技术服务、生产资料的供应和农产品流通等方面的工作。服务组织结构单一、服务内容和方式单一，算不上本来意义上的社会化服务。

2. 家庭承包经营体制呼唤社会化服务

党的十一届三中全会以后，农村实行家庭承包经营，农户成为独立的生产经营者。农村经营体制的变革，呼唤农业社会化服务体系的建立。

从人民公社到家庭承包经营，中国农村生产经营体制机制发生了巨大的变化。"大国小农"的特点更加显著。全国小农户数量约占各类农业经营户总数的98%，经营耕地面积约占耕地总面积的七成。人均一亩三分地、户均不过十亩田的小农生产方式，是我国的基本现实，农业在相当长的时期仍将是我国几亿农民生存和就业的基础产业。我国国情决定了我们不能学欧美的模式，短期内不应该、也不可能把农民的土地集中到少数经营主体手上搞大规模集中经营，同时也不可能走日韩高投入、高成本、家家户户设施装备小而全的路子。最现实、最有效的途径就是通过发展农业社会化服务，把一家一户干不了、干不好、干起来不划算的生产环节，通过各种利益连接方式，交由农业社会化服务主体去完成。农业社会化服务组织将先进适用的品种、技术、装备、组织形式等现代生产要素有效地导入农业生产，实现农业生产过程的专业化、标准化、集约化，从而实现农业现代化。

3. 现代农业需要农业社会化服务

从本质上讲，农业社会化服务体系，就是农业的分工体系和市场化体系。随着农业生产力的发展和农业商品化程度的不断提高，传统上由农民直接承担的农业生产环节越来越多地从农业生产过程中分化出来，发展成为独立、新型的农业服务组织。这些组织同农业生产部门通过各种方式建立不同类型的利益关系，从而提供服务。有的还通过合同或其他形式，在市场机制的作用下，同农业生产结成稳定的相互依赖的有机整体。发展农业社会化服务，通过服务主体集中组织现代农业生产部门，可以降低农业物化成本；统一开展规模化机械作业，可以提高农业生产效率；集成应用先进技术，开展标准化生产，可以提升农产品品质和产量。农业社会化服务已成为现代农业发展的迫切需求。

（二）我国农业社会化服务体系现状

党的十七届三中全会首次提出，要加快构建以公共服务机构为依托、合作经济组织为基础、龙头企业为骨干、其他社会力量为补充，促进公益性服务和经营性服务相结合、专项服务和综合服务协调发展的新型农业社会化服务体系。

新型农业社会化服务是为农业规模化、集约化、社会化生产提供全方位、多领域、高效便捷服务的组织系统和制度安排，是实现农业产业链向二三产业纵向延伸的客观要求，也是一种覆盖农业生产全过程的社会化服务体系。改革开放以来，我国农业社会化服务体系建设发展先后经历了由过去单一的公共服务向多元化、多层次、多形式的无偿服务与有偿服务相结合，公共服务与非公共服务相补充的混合服务转变。

据农业农村部资料：截至2020年底，全国各类社会化服务主体超过90万个，服务面积超过16亿亩次，其中服务粮食作物超过9亿亩次，服务带动小农户超过7000万户。农业社会化服务的长足发展，为农业农村经济注入了新的活力，成为深化农村改革、推进农业现代化的突出亮点。

农业社会化服务主体主要有专业服务公司、农民合作社、农业企业、农村集体经济组织、服务专业户等类型。从实践看，这些主体各具优势、各有所长。不同服务主体呈现出不同的服务特点、不同的功能定位，各尽其能、共同发展。专业服务公司和服务型农民合作社是农业社会化服务的主角，服务能力较强、服务规模较大、服务小农户数量最多。这两类主体作为社会化服务的骨干力量，仍在扩大其专业化、规模化，不断拓展服务半径。农村集体经济组织是小农户的经济联合体，大多以提供"居间"服务为主，其在引导组织小农户接受社会化服务过程中发挥桥梁纽带作用。服务专业户最贴近小农户，这类主体是农业社会化服务的重要补充力量，弥补其他服务主体的不足。

在实践中，各地探索出许多服务模式。按照农业不同的生产环节，农业社会化服务可分为产前、产中、产后及一体化服务模式；从服务的项目看，可分为单项服务、多项服务和全面服务；从服务的生产内容看，可分为农田耕整服务、病虫害统防统治服务、农作物机收、脱粒、烘干服务等。按照基层形象的语言，常分为菜单式服务和托管服务。

农业生产托管服务是各地在实践中总结出来并广泛推广的一种农业社会化服务方式，显现出广泛的适应性和发展潜力。农业生产托管是农户等经营主体在不流转土地经营权的条件下，将农业生产中的耕、种、防、收等全部或部分环节委托给农业生产性服务组织完成的农业经营方式。农业生产托管模式很多，如单环节托管、多环节托管、关键环节综合托管和全程托管等。

发展农业生产托管作用巨大。一是有利于引领小农户参与农业现代化进程。随着农村青壮年劳动力大量外出务工，农业劳动力呈现出老龄化、兼业化趋势，许多地方农业劳动力短缺现象相当普遍。发展农业生产托管服务，既强化了承包农户对土地经营的决策权控制，确保耕地不撂荒，防止出现土地流转的非农化和非粮化，又促进了农业的分工和专业化，有效解决了"谁来种田、如何种田"等问题。二是有利于发展服务类规模经营。开展农业生产托管，实现在不流转土地经营权的前提下发展适度规模经营的新路径，既满足一些农户继续从事家庭经营的愿望，又让农户分享到规模经营的收益。三是有利于促进农业节本增效。通过开展托管服务，服务组织可以集中采购农业生产资料，降低农业物化成本；可以采用先进农业技术，充分发挥农业机械装备的作业能力，降低生产作业成本；可以采用新品种，实行标准化生产，提高农产品产量和品质，实现农业节本增效。四是有利于推进农业绿色发展。专业化的农业生产托管服务组织，技术装备先进，统防统治、科学施肥等绿色生产技术的应用推广能力强，可以有效解决部分农户缺乏科学使用农资、绿色防控病虫害等先进技术的困难，促进农业绿色生产和可持续发展。

（三）未来农业社会化服务体系建设与发展

大力发展社会化服务是进一步完善农村基本经营制度的需求，是推动小农户与现代农业有机衔接的重要途径，是发展现代农业的必然要求。

1. 当前农业社会化服务存在的主要问题

一是农业社会化服务供需矛盾仍然突出，农民对农业社会化服务的有效需求未能得到满足。主要原因是农业社会化服务市场还不成熟，服务主体与服务对象之间的服务供需信息不畅；农业社会化服务主体发育不全，服务范围不广，服务方式可行性差，未能实现全覆盖服务；服务各主体间服务内容同质化与服务对象的异质需求不相适应。

二是农民合作组织在农业社会化服务中的作用未能充分发挥。农民合作组织的主要功能之一，就是为成员提供各类服务。由于新型农民合作组织起步较晚，有不少农民专业合作组织是在政府机构、相关部门的引导支持下建立起来的，多数发展欠规范。合作社中的制度建设、人才培育、财务管理及成员之间的服务等有待完善。

三是公益性服务和市场性服务的整体功能需要进一步强化。公益性服务应由政府提供，经营性服务应由社会各类服务组织及个人提供。有些服务本属公益性服务，但由于政府投入不足、力量有限、服务不到位，不得不借助市场的力量来推动；有些服务本属商业性服务，但由于服务成本高、效益低，为了调动企业的积极性，政府通过各种方式给予补贴支持。在这些过程中，经常造成公益性与经营性界限不清，公益性组织进行经营性活动，经营性组织也提供公益性服务等。政府机构与市场组织定位不明确问题也普遍存在，制约了农业社会化服务体系整体功能的发挥。政府各公益性服务主体之间、公益性与经营性服务主体之间，服务衔接机制不完善，导致服务的效率大打折扣。

2. 现阶段推进农业社会化服务的主要任务

一是培育壮大服务主体。重点培育各类专业服务公司和服务型农民合作社。推进专业化、规模化服务，拓展服务领域、增强服务能力。支持服务专业户的发展，发挥其贴近小农、服务小农的优势，使其真正成为重要的补充力量。充分发挥农村集体经济组织自身作用，特别是发挥其在联系、协调服务主体与服务对象中的作用。

二是创新服务机制。鼓励服务主体积极创新服务模式和组织形式，大力发展多层次、多类型的专业化服务。运用市场机制，充分发挥合作性、经营性服务组织的社会化服务优势，实现农业社会化服务全覆盖。开展多样化的联合与合作，提升小农户组织化程度。大力培育新型服务主体加快发展"一站式"农业社会化服务业。把农业生产托管作为推进农业社会化服务、带动农业规模经营的重要方式，因地制宜发展单环节、多环节、全程生产托管等服务模式，有效满足农民多样化的服务需求。

三是推进资源整合。按照资源共享、填平补齐的要求，把盘活存量设施、装备、技术、人才及各类主体作为重点，探索建设多种类型的农业综合服务中心。围绕农业全产业链，提供集农资供应、技术集成、农机作业、仓储物流、农产品营销等服务于一体的农业生产经营综合解决方案，破解小农生产主体做不了、做不好的共性难题。实现更大范围的服务资源整合、供需有效对接，促进资源集约、节约和高效利用。

四是提升科技服务水平。充分发挥农业社会化服务在集成推广应用绿色优质新品种、先进适用技术和现代物质装备中的重要作用。促进服务与科技深度融合，着力解决农业科技落地的"最后一公里"问题。鼓励服务主体充分利用互联网、大数据、云计算、区块链、人工智能等信息技术和手段，推广应用遥感、航拍、定位系统、视频监控等成熟的智能化设备和数据平台，对农业生产过程、生产环境、服务质量等进行精准监测，提升农业的信息化、智能化水平。鼓励服务主体与高等院校、职业学校、科研院所等加强合作，开展服务行业重大关键技术和装备研发，解决服务主体普遍面临的技术、装备、人才等难题。

五是强化行业协调与指导。鼓励相关部门、服务主体、行业协会研究制定符合当地实际的服务标准和服务规范，强化服务过程指导和服务效果评估；鼓励建立全国性或区域性的农业社会化服务行业协会、行业联盟等，发挥其联系政府、服务会员、整合资源、自律规范的功能。

第八章 家庭承包经营与农村税费改革

中华人民共和国成立后，建立"互助组""初级社"和"高级社"。1958年8月，《中共中央关于在农村建立人民公社问题的决议》下发后，人民公社在全国迅速建立。1978年中共中央十一届三中全会，改革农村经营体制机制。1983年，中共中央国务院发出《关于实行政社分开建立乡政府的通知》，在中国实行长达25年之久的人民公社体制完全废除。

自1949年以来，前30年农村经营制度改革的主线是"由分到统"，农地所有制关系"由私到公"的过程；农业生产由个体单干到人民公社集体经营。1978年以后的40多年，农村经营制度改革的主线是"从统到分"（统分结合），土地经营权"从公到私"的过程；农业生产经营由人民公社集体到农户家庭承包经营。

与农村经营体制机制改革相适应，我国农村最早引入了市场机制，农民率先进入市场。市场机制给农业农村经济发展带来了生机活力。

农村税费改革是党中央、国务院为加强农业基础地位、保护农民利益、维护农村稳定作出的重大决策。2000年开始试点，2006年全面取消农业税。农业税在中国历史上实行了整整2600年。取消农业税是中国共产党的德政工程，深得人民的拥护。

一、家庭承包经营

（一）建立家庭承包经营体制机制

1978年12月，党的十一届三中全会开启了改革开放和社会主义现代化的伟大征程。中国特色社会主义道路以这次全会为起点，进入改革开放和社会主义现代化建设的历史新时期。农村改革的核心是建立家庭承包经营责任制。

家庭联产承包责任制，就是土地归集体所有的性质不变，把经营权承包给农民家庭，其产品在缴纳国家税收和集体提留之后的剩余部分归自己。我国确立以家庭承包经营为基础、统分结合的双层经营体制，从改革进程看，经历了"探索""确立"到"稳定与完善"三个阶段。

1. 探索"包产到户""包干到户"机制

中国农村改革，发端于安徽省凤阳县小岗村的"大包干"。1978 年 11 月 24 日，安徽省凤阳县梨园公社小岗村，全村 18 户农家代表，召开了一次关于土地包干到户的会议，立下了"包干"保证书。这次会议及其产生的"包干"保证书是中国农村改革迈出的第一步，并从此载入史册。随后，在四川、贵州、甘肃、广东等省份一些生产发展较差的社队，也开展了"包产到户"。

"包产到户"和"包干到户"虽一字之差，两者内涵大不相同。

"包产到户"是以土地等生产资料公有制为前提，以户为单位承包土地，包工、包产、包费用。按合同规定完成一定的生产任务，实现承包合同指标的受奖，达不到合同指标的受罚。包产到户的制度意义在于打破了人民公社生产队内部在分配上的平均主义。但是，农户虽然有了在承包地上支配劳动的自主权，却没有经济核算和分配产品的自主权。因为，农户生产劳动最终的经营核算权还是在集体。

"包干到户"又称"大包干"，就是指土地承包合同中不规定生产指标，由承包者自行安排生产活动，产品除向国家缴纳征收任务、向集体缴纳公共提留外，剩余部分全部归承包者所有。用老百姓的话说："大包干、大包干，直来直去不拐弯，交够国家的，留够集体的，剩下都是自己的"。"包干到户"是土地经营制度的改革。这个制度之所以能极大地调动承包农户的生产积极性，不仅因为它能够促使承包农户努力增产，以扩大"剩下都是自己的"那部分的比重，而且还因为它可以促使承包农户按市场供求状况来配置资源。实行"包干到户"后，只要承包户能够完成国家的征购任务和集体所要的提留外，自己怎么种都可以。

1980 年 9 月，中央在北京召开各省（自治区、直辖市）党委第一书记座谈会，专题讨论加强和完善农业生产责任制，并批准印发了《关于进一步加强和完善农业生产责任制的几个问题》会议纪要。文件指出"在那些边远山区和贫穷落后的地区，长期'吃粮靠返销、生产靠贷款、生活靠救济'的生产队，应当支持群众的要求，可以包产到户，也可以包干到户，并在一个较长的时间内保持稳定。"从此,"包产到户""包干到户"在全国各地广泛推行。

2. 确立家庭承包经营体制机制

"包产到户"和"包干到户"推行初期,社会上及领导、学者的看法不尽相同。在经过较长时间统一思想后,1981 年党的十一届六中全会发文,充分肯定了联产计酬责任制。1982 年,改革开放后第一个关于"三农"工作的中央一号文件《全国农村工作会议纪要》正式出台,明确指出"目前实行的各种责任制,包括小段包工定额计酬,专业承包联产计酬,联产到劳,包产到户、到组,包干到户、到组等,都是社会主义集体经济的生产责任制。"

1982—1986 年,中央连续出台 5 个一号文件,都强调要稳定和完善家庭联产承包责任制。1984 年的中央一号文件还明确规定土地承包期限一般应在 15 年以上。到 1986 年年初,全国有超过 99.6% 的农户实行大包干。至此,家庭承包经营制度在我国农村全面确立。

到 1984 年底,已有 99% 以上的农村人民公社完成了政社分开工作,建立了9.1 万个乡(镇)政府及 92.6 万个村民委员会。8.03 亿农村人口分得了耕地。

农村家庭联产承包责任制自 1978 年后在全国各地迅速推广实行,但第一次提到"基本制度"这个概念,则是在 1991 年颁布的《中共中央关于进一步加强农业和农村工作的决定》,其指出:"要把家庭联产承包为主的责任制,统分结合的双层经营体制,作为我国乡村集体经济组织的一项基本制度长期稳定下来,并不断充实完善。"1992 年的《中华人民共和国宪法》修正案正式将这一中国农村的基本制度确定下来。农村基本经营制度的确立与农村土地的家庭承包在中国大地的迅速普及有着直接关系。中央政府不但认可了普通人民群众创造的这项制度,而且赋予了它明确的法律地位。

我国农村基本经营制度,现在的《中华人民共和国宪法》中是这样表述的:"农村集体经济组织实行以家庭承包经营为基础、统分结合的双层经营体制"。通俗一点讲,所谓"家庭经营为基础"就是农户家庭是承包集体土地的基本单位,农民能够自主决定种什么、怎么种、如何卖、卖给谁,生产的收益全部由自己来支配,这就使得农民家庭成了农业生产经营的真正主体。只有这样,才能打破收益分配上的平均主义,才能充分调动亿万农民的积极性,老百姓才会对未来充满希望。所谓"统分结合的双层经营",就是指在农户家庭经营的同时,也要坚持必要的集体统一经营。如对一些没有到户和不好到户的"集体三资";对一些不适合农户分散经营或者农户不愿承包经营的经济活动,比如大规模的农田水利建设,农作物的植保、防疫、制种以及产前准备、产中管理、产后销售等服务，可以由集体组织来统一经营和管理。家庭分散经营与集体统一经营相结合的这种经营体制，能够有效协调集体利益和个人利益的关系，既能调动农民的生产积极性、又能发挥集体经营的优势。

3. 稳定家庭承包经营体制机制

稳定家庭承包经营体制机制，其核心就是稳定土地承包关系。

1991 年党的十三届八中全会明确，把以家庭联产承包为主、统分结合的双层经营体制，作为我国乡村集体经济组织的一项基本制度长期稳定下来。

1993 年 11 月，在关于"土地承包期一般应该十五年以上"的规定即将到期时，中央颁布了《关于当前农业和农村经济发展若干政策措施》决定，其中明确："为了稳定土地承包关系，鼓励农民增加投入，提高土地的生产率，在原定的耕地承包期到期后，再延长三十年不变。"

2002 年《中华人民共和国农村土地承包法》又明确规定了"耕地的承包期为三十年"。对土地承包经营权的取得、保护、流转以及发包方和承包方的权利和义务等作出了全面规定。明确土地承包经营权可以采取转包、出租、互换、转让或者其他方式流转。2007 年颁布的《中华人民共和国物权法》，将土地承包经营权确定为用益物权，明确承包农户对承包土地依法享有占有、使用、流转、收益等权利。2009 年颁布的《中华人民共和国农村土地承包经营纠纷调解仲裁法》，对有关农村土地承包经营纠纷方面的调解和仲裁作出相关规定。我国已建立了比较健全的农村土地承包法律法规体系。

2017 年 10 月，习近平总书记在党的十九大报告中提出：第二轮土地承包到期后再延长三十年。2018 年，《中华人民共和国农村土地承包法修正案（草案）》明确：耕地的承包期为三十年，承包期届满后再延长三十年。

我国农村第一轮土地承包大多是从 1984 年前后开始的。第一轮承包期是十五年，在 1998 年前后到期；第二轮是在第一轮的基础上，延长三十年期限，2028 年前后到期；2018 年《中华人民共和国农村土地承包法修正案（草案）》又明确，第二轮土地承包期届满后，再延长三十年。这样，我国农村土地承包关系在法律规定上将可稳定七十五年。

党中央多次强调，现有土地承包关系要保持稳定并长久不变。土地承包关系从长期稳定到长久不变，凸显了党中央坚持农村基本经营制度、稳定农村土地承包关系的决心，意味着今后土地集体所有、家庭承包经营的农村基本经营制度不会改变，集体经济组织成员依法承包集体土地的基本权利不会改变。

农村土地承包，如果承包期过短，农民担心在承包期内对土地的投资得不到应有的回报，农民不可能对土地进行必要的长期投资，从而影响土地的产出率。土地承包期稳定，无论是拥有承包地的农户、还是流入承包地的新型经营主体，都有了稳定的预期。稳定的投入，有利于促进农村生产力发展，保持农村社会稳定。

（二）家庭承包经营体制机制顺利建立的原因

农村实行家庭承包经营责任制，是在政府的组织推动下进行的。从安徽省凤阳县小岗村的"大包干"算起，只用几年的时间在全国推行并得到社会的广泛响应和支持，展现出家庭承包经营体制机制自身具有较强的包容性和适应性。同时，也表明家庭承包经营体制机制有其建立与发展的社会土壤。

1. 家庭承包经营符合农村社会各方的利益

家庭承包经营制度变革是典型的增量改革，基本上没有改变现有的利益格局，没有损害任何人的当期利益。

一是针对村集体，家庭承包经营没有改变集体所有土地制度。农民在"包"来的土地上自主经营，耕地仍然归村集体所有，农户只有承包经营权，村集体的利益没有改变。

二是针对农民，家庭承包经营是农民在土地归集体所有的条件下最愿意接受的一种经营制度安排。中国农业传统经营方式就是家庭经营，农民对家庭经营不生疏，而是轻车熟路，对经营的前景心中有数。家庭承包经营后，农户与国家、集体的关系是交够国家的，留足集体的，剩下的都是自己的，没有增加新的负担。从集体经营向家庭承包经营转变，农民获得了一项盼望已久的重要的土地经营权，且完全没有任何损失。

三是对于农村干部，他们目睹过人民公社的一些弊端，认为农村经营体制机制应当改革创新。因此，大多数农村干部在家庭承包制的制度创新中，采取了支持态度。

四是对政府而言，人民公社时期，面对千家万户，从生产到生活，事无巨细，件件都要管，经常出力不讨好。土地承包到户后，化整为零，千斤担子万人挑，两全其美。

农村实行承包经营制，不但农民有得无失，而且其他社会群体、社会集团的利益也不会受到大的损害。各级政府满意，改革成本低，改革风险低。

2. 家庭经营符合农业生产的特点

与其他产业相比，农业是一个特殊的产业。

（1）农业的主要生产资料是土地。土地是一种特殊的生产资料，要努力养地才能越种越好，这就要求生产者与土地之间建立稳定的利益关系，使生产者高度关怀土地。农用土地是一个复杂的土壤生态系统。肥沃的良田是千百年形成的，而毁坏只需一旦。农田的毁坏与工业工厂中的机器不一样，其表现形式是隐性的，其时间效应是滞后的，对农业的影响是持续的，恢复原状是艰难的、长远的。

（2）农业是生物生产过程，生产的对象是动植物。由于动植物的生命活动具有连续性，因而不可能像工业中那样，可以分别计算生产过程各个环节劳动者付出的有效劳动量和劳动质量。农业的收益集中在最终产品上，这就要求把生产者的利益和最终经济成果挂上钩，通过最终经济成果来评价劳动者在整个生产过程中的劳动贡献。

（3）农业生产是自然再生产的过程，受气温、日照、降水、气流等自然过程的影响。不同的农业生物对自然环境变化的要求大不相同，这就对业主提出了特殊的要求，即他们必须主持日常经营，以便随时准确地捕捉动植物的生长状况和自然条件变化的信息，并及时采取应对措施。农业生产季节长，劳动工序多，大多是野外分散作业，环境、季节及时空差别大，生产管理极其复杂。这就要求业主利益与日常经营者利益紧密相关。

（4）农业生产也是社会再生产，除了受自然影响外，农业生产的市场风险很大。农业生产种养什么？如何实现成本最低、效益最高？在生产过程中，种苗、农业生产资料、农业社会化服务、农产品加工、销售等各个经营环节，都需要有随机应变的能力，需要有高度责任感的人来照管。

农业的特点决定了农业是一个内部经营时空较分散，劳动质量监督难，外部社会关系较复杂，市场风险防范难的产业。家庭成员是一个关系十分紧密的经济利益共同体，家庭成员之间目标差异和利益摩擦不大，有高度的生产经营自觉性，很少计较每个人的劳动付出和经济收入。如果把土地交由家庭去经营，就大大降低了经营风险，减少了经营成本，提高了经营质效。因此，农业是一个适宜家庭经营的产业。

正因如此，1991年党的十三届八中全会通过的《中共中央关于进一步加强农业和农村工作的决定》中指出：这种双层经营体制，在统分结合的具体形式和内容上有很大的灵活性，可以容纳不同水平的生产力，具有广泛的适应性和旺盛的生命力。1998年中共十五届三中全会通过的《关于农业和农村工作若干重大问题的决定》中指出：家庭经营"符合农业生产自身的特点，可以使农户根据市场、气候、环境和农作物生长情况及时作出决策，保证生产顺利进行，也有利于农户自主安排剩余劳动力和剩余劳动时间，增加收入。这种经营方式，不仅适应以手工劳动为主的传统农业，也能适应采用先进科学技术和生产手段的现代农业，具有广泛的适应性和旺盛的生命力，必须长期坚持。"

3. 家庭经营是大多数国家选择的农业产业模式

发达国家农业发展的历史表明：工业革命以来，大量的旧式小农被消灭，农业生产经营主体依然是依靠家庭劳动力的家庭农场。发达国家家庭农场生产规模大多占到总量的 90% 以上，是最具有竞争力的农业生产经营主体。

英国是最早进入资本主义的国家，现在农业经营主体是家庭农场。其中有 3/4 以上的农场靠其家庭成员全天劳动，未雇用工人。法国农业的基本经营单位是家庭农场。第二次世界大战以后，法国家庭农场的规模经历了一个由小到大，数量由多到少的演变过程。1988 年平均每个家庭农场的经营面积为 28 公顷，1995 年经营面积达到 36 公顷。美国是移民国家，历史较短，人地矛盾不突出，土地私有产权制度清晰，家庭农场主要通过垦荒或购买等方式取得土地所有权。战后的日本，由于人多地少和土改后分田到农户，普遍采取一家一户的小规模经营，每户平均土地规模只有 1 公顷。

纵观国外主要国家的土地制度，由于社会制度、资源禀赋不同，业主经营规模差异很大，但大多数国家的共同点是，土地私有，以家庭经营类型为主。世界各国的农业发展历史也表明，农业是最适于家庭经营的一个部门。

（三）家庭承包经营体制机制带来的成效

改革开放 40 多年来，我国经济发展、社会繁荣、科技进步，从某个角度来讲，都与农村改革有直接或间接的关系。家庭承包经营体制机制表现出了强大的生命力与活力。

1. 激活了农业生产要素，推进农业快速、持续发展

农村改革，实行家庭承包制度，核心是突破了人民公社体制对人的束缚，解放了农村生产力。农村在实行"包产到户"的制度改革之初，广大农民获得了自主经营权，生产积极性、创造性得到了空前的发挥。农业产业结构得到了快速调整，农业效益快速提高。一时间，我国农村出现了前所未有的生机与活力，农业生产发生了巨大的变化。据经济学家林毅夫的测算，各项农村改革对 1978—1984 年的农村产出增长贡献率总和为 48.64%，其中承包经营制的贡献率为 46.89%。随着农业生产的大幅增长，农民收入也有了大幅度的增长。农村人均纯收入由 1978 年的

133.6 元增加到 1984 年的 353 元。

2. 解放了农业劳动生产力，推进城镇化、工业化的快速发展

人多地少、人地矛盾突出的小农经济是中国农业特色。人民公社时期，生产队及农民自身无择业自由。在生产队内部劳动力无限供给，习惯以大量不计成效的劳动投入替代资本投入，劳动生产率低下。

实行家庭经营最显著的效果就是把长期积累下来并压抑的剩余劳动力解放出来。伴随国家城镇化和工业化的发展，大量农民进城务工，既推进了工业化、城镇化的快速发展，同时还增加了农民家庭工资性收入，带动农业、农村经济的快速发展。

3. 冲破了"计划经济"的束缚，推进了市场经济的快速发展

人民公社，社员除了住宅以外几乎没有自己的财产。实行家庭承包经营制改革以后，我国农民的资产有了较大的增长。农民拥有土地的承包经营权。土地所有权尽管属于集体所有，但由于其经营权归农民，且给农民长期承包。农民可在自家的承包土地上自主种植经营，这使农民获得了前所未有的较为稳定的收益权利。农民具有自家的私人财产，如家庭存款、私宅、家用生产资料和生活资料等。农民可任意投资，发展自家的优势产业。农民获得了支配自己劳动力的权利，可以自主择业，如外出打工、经商或办企业，大大拓宽了农民增收的渠道。农村这种社会经济结构的变化，对于中国农村社会的影响无疑是十分深远的。

（四）家庭承包经营体制机制面临的新问题

我国农村实行家庭承包经营制度取得了举世瞩目的成效，但是随着时间的推移和现代农业的发展，新的问题逐步显现出来。

一是农户经营土地细碎化。人民公社时期，每个生产队的土地都是由远近不同、水利及交通条件不同、土地质量各异的地块组成。分地到户时，由于历史的局限，没有系统地找到既能解决农户间公平承包问题又能提升土地使用效率的办法。为了实现相对公平，一般都是把同一地段、质量相近的整块土地分割成许多小块，按人平均分配到户。实行好坏搭配、瘦地和肥地折算的方法将集体土地平均分配到户，导致家庭承包地细碎化。家庭承包当初，由于普遍缺乏大型农机具，主要依靠人畜力耕种，小地块种植问题不十分突出。相对农民而言，当时主要要求就是解决温饱，照顾公平的平均分配是普遍能够接受的可行方法。此后一直实行的是"增人不增地，减人不减地"的家庭承包政策，随着家庭自身人口的变化和工业化、城镇化及农业生产机械的发展进步，农地细碎化问题也就日益显现出来。土地细碎化已严重影响农业生产效率，不利于规模化生产，不利于现代农业的发展。

二是小生产难以与现代大市场实现有效对接。分田到户后，农民经营规模小。家庭承包经营，人均一亩三分地很难维系一个家庭的日常生计。在南方许多人口稠密的地区，人均不足一亩地。在这种状况下，农民对土地的占有和使用是不稳定的，对土地缺乏长期投资的热情，土地经营短期化行为不可避免。农业生产掠夺经营土地资源，导致土地质量下降。土地质量是农业生产能力的根本保障，土地质量下降直接影响土地生产率水平。小规模分散化的土地经营，难以克服生产上的盲目性，市场风险无法把控，农业生产经营处在一种不稳定的震荡之中。农产品生产规模小、成本高，缺乏市场竞争力，不能适应现代市场经济发展的需要。

三是农业基础设施落后，先进的科学技术和设施设备难应用。现代农业必须有现代的基础设施。国家开展土地平整、水利设施等基本农田建设，每个项目区域涉及千家万户，建设难度大。现阶段各家各户狭窄的田块，无法适应大型农机具及现代设施设备的使用需求。

四是土地流转不畅，适度规模经营难以形成。农民有恋土情怀，许多农民已经在非农部门有稳定的岗位就业，土地无能力经营时宁愿土地抛荒，也不愿意放弃土地的经营权。进城农户为防止进城失业而保留随时收回土地耕种的权利，土地流转大多数都是非正式、短期的、无固定合同期限的自发流转。土地经营农户，经营规模扩大了，但不可能在短期流转的土地上进行基础设施建设。因基础设施薄弱，农业生产陷入低投入、低回报的困境，难以形成适度高效的规模经营。

五是村级集体经济组织虚空，"统"的功能缺失。《中华人民共和国物权法》规定，"属于村农民集体所有的，由村集体经济组织或者村民委员会代表集体行使所有权"。名义上村集体的财产是全体成员共同所有，但"集体所有"产权界定模糊、所有权缺位。许多地方，集体经济组织有名无实，集体产权呆滞、流失、浪费严重。集体经济虚空，"统"的功能难以发挥。农民与村集体的关系松散，大多数农户重新回到分散小农状态。村民自治也越来越困难，农村集体经济组织很难有效发挥作用，村级经济组织行政化趋势明显。

现代农业发展方向是市场化、规模化、机械化、集约化和科技化。传统小农生产方式已经对现代农业的发展产生了极大的制约。

（五）家庭承包经营体制机制改革与创新

我国农村改革是从调整农民和土地的关系开启的，新形势下深化农村改革，核心仍然是处理好农民与土地的关系。今后一个时期，我国农业经营体制机制创新的主要任务是：构建与农村基本经营制度相适应的土地产权制度和农业经营体系。

1. 探索土地流转新机制，发展适度规模经营

实现土地流转，是发展规模经营的前提和必要途径。根据我国现行法律规定，土地承包经营权的流转方式主要包括以下几种：一是转包。转包是指承包方将部分或全部土地承包经营权以一定期限转给第三方，由第三方继续从事农业生产经营。二是出租。出租是指承包方将部分或全部土地承包经营权以一定期限租赁给他人从事农业生产经营。三是转让。转让是指承包方有稳定的非农职业或者有稳定的收入来源，经承包方申请和发包方同意，将部分或全部土地承包经营权让渡给其他从事农业生产经营的农户，由其履行相应的土地承包合同的权利和义务。四是互换。互换是指承包方之间为方便耕作或者各自需要，对属于同一集体经济组织的承包地块进行交换，同时交换相应的土地承包经营权的一种流转方式。五是入股。入股是指实行家庭承包方式的承包方之间为发展农业经济将土地承包经营权作为股权，自愿联合从事农业合作生产经营。

针对农村"有地无人种，有人无地种"日益突出的矛盾，各地开展了各种类型的土地流转，推进规模经营。湖北省创新土地流转方式，鼓励县（市、区）开展连片流转、适度规模、集约经营。如通过经营权出租等形式流转土地，使土地向专业大户、家庭农场、农民合作社等规模经营主体集中。通过土地入股流转，在不改变土地承包经营权的前提下，按照合作制原则，农户以土地入股农民合作社，推进农业由分散经营向规模化、产业化转变。开展委托流转，农户与村集体经济组织签订委托合同，由村集体经济组织代理与农民合作社等新型农业经营主体合作，村集体经济组织收取居间服务费，农民获得"土地租金＋务工收入＋分红"收益等。

针对土地细碎化的状况，土地二轮延包前后，湖北省荆门市沙洋县等一些地方农民主动并田、连片，逐步实现按户连片耕种。2013 年起，荆门市顺应民意，因势利导，通过农地确权登记，着力推进土地"按户连片耕种"。"按户"就是严格保护农户的土地承包权，以农户为单位调整耕种土地位置；"连片"就是通过村组内部经营权流转、承包权互换和承包地重分等形式，使每户耕种土地连成一片，最多不超过两片且"不插花"，最大限度实现家庭规模经营；"耕种"就是不改变农地性质，守住耕地红线。对沙洋县农地"连片耕种"的实践经验，农业农村部、中国农业大学、中国农业科学院的领导专家称为"沙洋模式"，认为沙洋县的探索和做法具有承包权稳定不变，承包地合理互换，经营权有序流转，财产权有效实现等特点，是对农村经营体制的重要完善，是农村经营制度的一次重大创新。

许多地方通过国家基本农田建设和土地整理等项目，积极探索基本农田连片整治，破解耕地细碎化问题，推动"小田变大田""碎田变良田"。如湖北省云梦县，在开展土地整理项目过程中，村里将项目区内的土地集中统一规划、统一整治。土地整理完成后，以抽签方式分到各户，确保公平、公正。该县朱祠村一区域通过土地整治，全村50户农民原有227块田，整治后变成50块农田，实现一户一田。同时，将原农田旁边的四荒地进行整理，新增11亩可耕种耕地。"小田变大田"后，农户种地全部实现了全程机械化操作，劳动生产力水平得到大大提高。

2020年，全国家庭承包经营的耕地面积为15.6亿亩，家庭承包经营的农户数为2.2亿户，土地流转面积为5.32亿亩，流转面积占家庭承包经营耕地面积的34.1%。

2. 构建新型土地产权制度，优化农村资源要素合理配置

土地产权是以土地所有权、使用权的形态表现出来，随着产权体系的不断完善，土地产权涉及的范畴与内容也在不断拓展，如土地所有权、土地承包权、土地经营权、土地租赁权、土地抵押权和土地管理权等。

人民公社时期，我国农村集体土地所有权和经营权是一个整体，土地集体所有、集体经营。农村实行家庭承包经营后，把土地所有权和承包经营权分开，所有权仍然归农民集体，经营权归承包农户，实现了所有权和承包经营权"两权分离"。

随着现代农业的快速发展，针对"两权分置"家庭承包经营制度的局限性，从2014年以来，我国农村土地产权制度开始进行"三权分置"改革。所谓"三权分置"是在集体所有权和农户享有的土地承包经营权分置的基础上，将农户享有的承包经营权进一步分为"承包权"和"经营权"。农户享有的承包权是基于成员权的权利，只有具有集体成员的资格才拥有承包权，具有明显的社区封闭性和不可交易性。经营权是农户或其他主体通过在农地上耕作获得收益的权利，是一种财产性的权利，具有可交易性，可以通过市场机制配置到有能力经营土地的人手中。

"三权分置"制度的基本要求是，落实集体所有权，稳定农户承包权，放活土地经营权。

落实集体所有权，就是落实农民集体所有的不动产和动产，属于本集体成员集体所有，明确界定农民的集体成员权，明晰集体土地产权归属，实现集体产权主体清晰。所有权是集体的：第一，这是宪法的要求；第二，有利于对农村土地进行用途管制，农户不能随意改变用途，不能搞各种非农业活动；第三，有利于国家出于公共利益需要，征用土地。

稳定农户承包权，就是要依法公正地将集体土地的承包经营权落实到本集体组织的每个农户。承包权是农户的，农户的土地承包权任何人不得剥夺，并且不得流转买卖。农户承包权的法律证书是"农村土地承包经营权证"。不管土地经营权怎么流转，农户承包权这个证书都不能流转。土地的承包权实际上是对农民的托底性社会保障，尤其是在农村还没有建立起完善的社会保障制度时期，土地的社会保障功能就显得非常重要。规定承包权不能流转买卖，就是不能让农民失去这个托底性的社会保障。

土地的经营权也是农户的。农户有了土地承包经营权证，承包了集体土地，可以自己种地，也可以把土地流转给别人种。放活土地经营权，就是允许承包农户将土地经营权依法自愿配置给有经营意愿和经营能力的主体，发展多种形式的适度规模经营。农户在流转土地经营权时，并不转让承包经营权证书，而只需要按规范程序签订一个承包地流转合同，把各种权利义务约定好就可以了。

实行"三权分置"，坚持集体所有权，稳定农户承包权，放活土地经营权，既能够让农户保留承包权，拥有土地的托底性保障，又能够让外出务工的农民打消顾虑，把土地经营权流转出去，实现了农民集体、承包农户、新型农业经营主体对土地权利的共享，为促进农村资源要素合理配置、引导土地经营权流转、发展多种形式适度规模经营奠定了制度基础，使我国农村基本经营制度焕发出新的生机和活力。

2009年，武汉市率先成立了湖北省第一家市州级农村产权市场——武汉农村综合产权交易所，开展农村集体产权交易。2011年底，中央批准武汉市设立农村产权制度改革试验区，为深化武汉市农村产权制度改革、带动全省统一的农村产权市场建设提供了良好的契机。2013年7月22日，习近平总书记亲临武汉农村综合产权交易所视察，给予了充分肯定。2015年，武汉农村综合产权交易所完成武汉"1+8城市圈"农村产权交易系统建设，实现了对城市圈农村产权交易项目全流程电子化操作和管理。

湖北省提出，建立健全省市县乡联网的农村综合产权流转交易体系，重点抓好县级流转交易市场建设，带动乡镇流转交易市场建设，鼓励市、县联合共建或者区域联建。到2023年底，每个农业县（市、区）要建立一个覆盖乡、村的农村产权流转交易市场，引导土地经营权进场公开交易，向新型农业经营主体流转集聚。

3. 培育新型经营主体，构建新型农业生产经营体系

新型农业经营主体是相对传统农业经营主体（传统小农户）而言，其规模化、集约化、专业化、市场化、社会化程度和劳动生产率水平更高。现阶段新型农业经营主体主要包括专业大户、家庭农场、农民合作社、农业企业等。

专业大户和家庭农场虽然都是家庭经营，但他们的经营性质是不同的。农村实行家庭联产承包责任制初期，绝大多数农户经营规模非常小，收入水平很低，靠几亩地养家糊口也变得困难，要想致富就更难了。随着越来越多的农民离开农村、外出务工经商，导致大量耕地要么撂荒，要么粗放经营。在这种情况下，在农村中有些种田能手和农机手等新型农民看到了致富机会，把本村或邻村农户的承包地和集体荒地流转过来统一经营，变成了专业大户，每年的收入水平相对可观。但专业大户中大部分是雇工生产和粗放经营，有的是一个人务农，家庭其他成员仍然务工经商，农业主要依靠雇工管理和生产。土地流转不规范、租期短，只有口头约定，没有书面合同，抱着种一年算一年的心态，不愿对土地进行长期投资和精耕细作。由此可见，专业大户虽然实现了规模化经营，但还没有实现集约化经营，虽然提高了家庭收入水平，但对提高土地生产率和促进农业可持续发展的作用有限。专业大户经营是中国农村独特的从传统经营方式向现代经营方式转变的一种过渡形态。

家庭农场（本书第十三章有专门介绍）是在专业大户的大背景中发展起来的一种农业经营模式。"新型家庭农场"不再是原来意义上的家庭，外壳上虽然仍是"家庭"，内容上则是一个具有法人资格的现代企业。它的经济基础是现代市场经济，它的动力机制是市场竞争、是现代产权制度。在中国农业现代化建设中，"新型家庭农场"是现代农业最主要的微观生产经营主体，也是农业现代化的重要组织形式。

农民合作社是在家庭经营基础上的合作，没有家庭经营的基础单位，合作就不会发生。合作社如果取代了家庭经营，合作社经营就变成了公司化经营。农民合作社的主要功能是为合作社内部传统农户、专业大户和家庭农场提供各种产前、产中、产后的社会化服务，解决分散农户规模小、技术水平偏低、与千变万化的大市场难以对接的问题。有的还为农户提供融资、担保、保险等配套服务。农民合作社等为主体的农业合作经济组织已经成为现代农村集体经济组织的有效实现形式，成为农村经营体制中统一经营层次的重要组成部分。

家庭承包经营体制机制创新带来了生机与活力。土地向农业新型经营主体及大户聚集，农业适度规模经营快速发展。新型农业经营主体已成为农村高素质人才的

集合体、农业强国建设的新生力量、农业科技应用的主要载体、带领小农户现代化生产和进入大市场的纽带。

二、从计划经济到市场经济

中国经济体制改革，其中核心的主线就是坚持市场化的改革方向。从计划经济到社会主义市场经济的转变，极大调动了人民群众的积极性、创造性，释放出巨大的经济活力。中国农村取得的巨大变化，也是社会主义市场经济不断发展的结果。1978 年改革开放以来，农村最早引入了市场机制，农民率先进入市场。

（一）农村经营体制机制改革，让农民走上市场农业之路

实行家庭承包经营制改革以后，农民不仅获得了私宅、家用生产资料和生活资料等私人财产，国家充分赋予了农民生产经营自主权和支配自己劳动力的权利，极大地解放了农村生产力。农民成为独立的市场主体，为建立社会主义市场经济奠定了基础。

1. 赋予农民对承包土地的自主经营权

实行家庭承包经营责任制，国家现行政策明确，土地承包期至少 75 年不变，赋予农民长期而有保障的土地使用权。农民成为土地真正的主人，享有在自己承包土地上的自主经营权利。在土地承包权不变的前提下，允许土地使用权的流动和转移及其他多种形式的经营。

2. 赋予农民在承包土地上的自主种植权

中华人民共和国成立至改革开放，农村通过土地改革、农业合作化和人民公社化运动，建立了人民公社制度。人民公社在农业生产上实行高度集中的计划种植模式。农民没有种植自主权，完全按照上级部门下达的指令进行种植。实行家庭承包经营责任制后，特别是在取消统购统销和农产品生产指令性计划后，农民在承包的土地里种什么、种多少，完全由自己决定，不再受行政的干预。

3. 赋予农民对农产品的自主销售权

通过农村流通体制改革，开放农村市场。取消统购定购任务，实行购销放开、价格放开、产销直接见面，农民完全取得了农产品自主销售的权利。

4. 赋予农民劳动自主支配权

在实行家庭联产承包责任制后，农民不仅取得了土地的自主经营权，更重要的

是获得了劳动自主支配权。农村劳动力流动从"松绑"到全面开放,农村剩余劳动力有的搞起了商业,发展农村集市贸易;有的创办家庭私营企业,发展二三产业;有的进城务工,成为市民等。

(二)农产品流通体制改革,从统购统销到购销市场化

中华人民共和国成立之初,农产品市场上多种经济成分并存。1949—1952年,农村市场实行的是自由购销体制。1953年起,农产品出现供需紧张,为了控制局面、保障基本的生产生活需要,开始实行统购统销的流通体系。此后,农产品(特别是粮食)流通体制进行了多次改革。

1. 农产品统购统销的历史

(1)统购统销体制的形成。中国大陆地区的土地改革基本完成后,农民"耕者有其田"的梦想得以实现,农民的生产积极性得到空前提高,粮食产量开始加快恢复;但在当时的历史背景下,新生的人民政府却又面临着一系列新的矛盾和挑战。

一是当时的国内粮食供求关系总体上相当紧张,尤其是迫切需要解决好城镇人口的口粮和工业等其他用粮的供给问题。通过土地改革,农户拥有了自己的土地,由此免除了过去需向地主缴纳的3000多万吨粮食的地租。而长期温饱不足的农民,此时也有了多吃粮食的条件,因此尽管粮食产量有所增加,但农民能向市场销售的余粮反而有所减少。1952年,全国国有粮食机构和供销合作社系统在整个农村收购到的粮食只有620亿斤,只占当年粮食总产量的18.9%。据当时估算,在1953—1954年,为了保障城镇居民的口粮以及工业等其他用粮的需要,国家至少需要掌握700亿斤以上的粮食。粮食的供求缺口到底如何解决?理想的办法是按市场价格向农民收购。但这样做,市场的粮价必然会逐步提高,由此会带动物价上涨、带动城镇职工工资水平提高,这就意味着工商企业的利润和国家的税收可能会减少,从而影响到国家工业化资金的积累。而采取行政手段以较低的价格向农民强制性收购,又必然会损害农民的利益、挫伤农民的生产积极性,从而可能影响农业特别是粮食生产的持续稳定发展。

二是原来农村作为余粮归集者的地主阶层被消除了,而能从数千万小规模经营的农户手中归集粮食的新机制尚未建立起来。过去普通农户手中的余粮主要以缴纳地租的形式集中到地主手里,各类粮商再通过向地主以及有较多余粮的富农等收购粮食,使其进入市场。土地改革以后,地主打倒了、富农也没有了,农村中原有的粮食归集环节也不存在了,所有的农户都是分散经营的小规模生产者。面对高度分

散又与市场缺乏联系的农户，如何才能把农户手中的余粮收购起来，显然必须有一套全新的办法。

三是中国要加快实施国家的工业化，需要建立相应的积累机制。大国工业化的核心是重工业，而重工业是资本和技术密集型产业，如等待民间资本自发积累到足以能够投资发展重工业的时候，这必将是一个漫长的过程。重工业优先的工业化发展战略，是要以大量的资金和技术支持为前提的。在中国当时所处的历史背景和条件下，既不可能像发达资本主义国家当年那样通过对外掠夺来实现资本的原始积累，也不可能通过引进外资来补充国内资本的不足，这样就必须有一种新的制度设计和安排，以从中国自身寻找工业化所需资本积累的源泉。从当时的可行性来看，国家工业化所需要的大量资金，相当大部分只能从农业中提取。只有通过低价收购农产品，才能实现低物价、低工资、低福利，才能将工商业产生的利润更多地转化为国家的工业化资金。因此，压低农产品的价格、牺牲部分农户的利益，就必然成为当时为工业化提供积累资金的途径。

为了破解以上难题，中共中央决定建立统购统销体制。所谓统购统销，就是借助政权的强制力量，对农民的余粮全部实行按国家制定的价格统一收购，即统购；对城市人口和农村缺粮户所需要的粮食也全部按国家规定的价格，实行粮食定量配售，即统销。同时，要求农民自己食用的粮食数量和品种也须由国家批准。农民的余粮只能卖给国有粮食机构，城镇居民只能向国有粮食机构购买口粮。由此，国家实际上关闭了粮食市场。

统购统销体制不仅是当时解决粮食供求问题的重要手段，而且成为奠定实行计划经济体制的基础。

（2）统购统销体制机制的运行。对农民生产的粮食实行"统购"。国家对于农民主要通过农业税征收和粮食计划征购这两个体系来进行统一购粮。包括三个方面：一是通过农业税的实物征收制度，国家可以稳定地征收到一部分粮食。1958年6月3日颁布的《农业税条例》，规定的平均税率是常年产量的15.5%。如果农户没有种植粮食作物，可比照粮食作物折合后征收。当时这一部分可以征收约600亿斤粮食。但之后实际上并未按产量的增长来增加征收农业税的数额，因此直到改革开放前，以农业税名义征收的粮食数量一直比较稳定。二是实行粮食计划统一收购。从1953年11月开始，农户、农民合作社等粮食生产者在留足自己的口粮、种子粮、饲料粮以及扣除要缴纳农业税的粮食征购之后，如果还有剩余，那余粮的80%～90%要按照国家规定的价格由国家收购。三是粮食超购。如果前两方面征收还不够，再向农民征购，叫超购。对超购的粮食实行加价，其价格比按计划统一收购的价格高30%。在对粮食实行统购统销后，对其他主要农产品，如生猪、鸡蛋、糖料、桑丝、蚕茧、黄红麻、烤烟、水产品等实行派购，即通过分配收购指标或在产量中确定一定比例，按照国家规定的价格和数量（比例）收购。

对城镇居民和部分缺粮地区农民实行"统销"。当年，城镇居民买粮食，必须要有两样东西：一是按家庭发给的购粮本，凭购粮本到国有粮食机构购买口粮；二是根据每个人定量发放粮票，通过票证实行粮食定量供应。

有些地方，农民自产的粮食不够吃，有些地方的农民主要生产经济作物或蔬菜等，国家还要将一部分粮食"返销"给农村。每年返销给农村的粮食占国家征购粮食的比重达38.9%～49.3%。所以，部分缺粮地区农民吃的就是返销粮。吃返销粮的农民也实行计划定量供应。

1953年，中共中央发布《关于实行粮食的计划收购与计划供应的决议》，政务院于同年发布了《关于实行粮食的计划收购与计划供应的命令》。1955年，国务院发布了《市镇粮食定量供应暂行办法》和《农村粮食统购统销暂行办法》，粮食统购统销制度正式形成。1957年后，农产品基本都由国营商业独家收购。1961年提出三种收购政策，第一类物资（粮食、食油、棉花）实行统购统销政策，第二类物资（其他重要农产品）实行合同派购政策，第三类物资（统购派购以外的农副产品）实行议价政策。

（3）统购统销制度对经济社会各方面的深刻影响。政策是被现实逼出来的，制度也不一定都完美。讨论国家粮食政策不能离开当时的时代背景，不能离开粮食的特殊属性，更不能离开当时国家整体的迫切发展要求。因此，当年的统购统销政策自然也有它的功过得失。

从当时的政策执行效果来看，统购统销是1953年12月开始实行的。1953—1954年，粮食收购量比1952年增加了77.78%，1954年6月底以前的库存比1953年同期增加了51%。这仅是统购统销实行半年的结果。在当时全国粮食的总供求极度紧张的背景下，统购统销保证了城乡居民基本的食物消费需要。在"一五"时期（1953—1957年），尽管国民经济以每年平均11.3%的速度高速增长，但物价指数的平均上涨幅度只有1.1%。保证在这一百废待兴的最为困难的阶段，全国经济社会能够保持相对平稳地发展。

中国农民为此做出了巨大的牺牲，为工业化提供了巨大的经济积累。据专家估计，从统购统销开始到改革开放前期，工农业产品交换的价格"剪刀差"总计达

4500 亿～7000 亿元。1958 年 6 月，国家还专门颁布了农业税条例。1949—2005 年中国征收的农业税累计达到 4200 亿元，虽然后来农业税占财政收入的比重下降 2%～3%，但在 20 世纪 50—60 年代中则长期占到 10% 以上。如果把农业特产税、牧业税、屠宰税等税种及各种收费计算在内，数字还要大得多。

不可否认，统购统销体制在运行过程中也给农业生产、农民生活带来了深远的负面影响。

一是由于粮食的统购制度造成了农村自留粮水平过低，给农民生活带来了巨大的影响。到 1978 年，尚有约 30% 的农民（约 2.5 亿人）未能解决温饱。

二是统购派购，价格也由国家统一规定，使得农民根本不可能向市场自由销售这些产品。国家制定的低价格，剥夺了农民的基本权益，伤害了农民的生产积极性。

三是农产品流通体制长期处于政府统一收购、配给的计划经济模式，农产品供给流通的市场化水平极低，农业生产流通与市场需求严重脱节，致使市场在资源配置中的作用得不到发挥，导致粮食等重要农产品的生产潜力没有充分发挥出来。

四是由于统购使农民难以剩余任何重要的农产品，农村手工业和农产品加工业原料缺乏，大量剩余劳动力和剩余劳动时间得不到充分利用，抑制了农村经济的活力，限制了农民收入的增长。

五是城乡户籍和粮票等各种票证的制度设计，限制了人口流动，使农村人口被严格禁锢在土地上。农业内部的剩余劳动力不断积累，农村劳动力就业极不充分，中国的城乡二元经济结构更加突出，工农之间的利益矛盾不断加剧。

2. 农产品市场机制的建立与完善

我国农产品市场改革的路径主要是：

首先，农村土地实行家庭承包经营后，农民的生产积极性得到极大释放，农产品的供给有了明显起色。农村人均粮食能够满足温饱，而城镇人口的收入已经有了较大提高，可以负担更高价格的食品支出，这是改革的基础和前提。其次，着手提高农产品的价格，进一步调动农民生产积极性。为了防止因大幅度提价造成的农产品价格暴涨，引发严重的社会问题，开始引入流通价格的"双轨制"，即国家掌控一部分、市场流通一部分同步进行。再次，逐步缩小统购统销的农产品品种范围和收购规模，扩大市场调节的比重。最后，在农产品供求基本平衡以后，取消统购统销制度和相应的配套制度，从计划经济和市场经济并存的双轨制逐步过渡到以市场经济为主的单轨制，从而实现农产品购销和定价向市场化转型。

（1）从提高农产品收购价格入手，开始市场化改革。中国在特殊时期建立起来的农产品统购统销制度，在农村实行家庭联产承包责任制后，开始出现松动。最主要的原因是农民有了生产和销售农产品的自主权。农民在完成国家、集体所需要的粮食等农产品生产任务之后，有了自己的生产剩余。有剩余就有交易的需求，有交易的需求就会产生市场，有了市场就可以根据市场需求不断优化配置资源，从而形成生产、流通和消费的良性循环。在农产品供求矛盾缓解之后，改革面向了新的突破口，那就是价格。

从 1979 年起，国家有计划地提高农产品收购价格，陆续减少统购派购的农产品品种。从 1979 年 3 月起，陆续提高粮食、油脂、油料、棉花等 18 种主要农产品的收购价格，平均提价幅度达到 24.8%。其中，粮食的全国平均提价幅度为 20%，同时超购加价幅度由原来的按统购加价 30% 提高到 50%。油脂和棉花的提价幅度也分别达到 25% 和 15%。1979 年 11 月，又相应提高了猪肉、牛羊肉、蛋、奶、水产品等 8 种主要副食品的销售价格。同时，对职工发放适当的副食品价格补贴，粮食、油脂、棉花、食糖等生活必需品的销售价格保持不变，购、销价格倒挂的亏损主要由国家补贴。当年，还逐步恢复了粮食和油料等农产品的议价收购，允许有一定的价格浮动范围。

通过以上措施，社会农产品的价格总水平有了较大提高。特别是粮食价格的提高，对促进农业生产和保障农产品供给的进一步充裕功不可没。1979—1984 年，对于农民来说实际上有三个粮食价格，一是政府制定的统购牌价；二是超购价格，即比统购牌价高 50% 的价格；三是按市场价格收购的议价。由于收购价格的提高，农民的种粮增产积极性空前提高。到 1982 年，全国农产品收购价格总水平比 1978 年提高了 41.6%，明显高于同期农村工业品零售价格 3.6% 的上升幅度，初步缓和了长期以来工农业产品差价过大、价格严重背离价值的状况，增强了农业的自身发展能力，同时也为后来的改革打下了基础。

（2）从价格"双轨制"到价格完全放开。计划经济是靠行政力量配置资源，市场经济是靠市场力量配置资源，市场的主要力量则是价格。在一个已经实行了 20 多年计划经济的人口大国，要一下放开价格，从政府的制度安排到人们的心理承受都还远没有做好充分准备。这对没有市场经济管理经验的中国执政者们而言，确实是一场异常严峻的考验。1984 年，中国共产党十二届三中全会将"有计划的商品经济"定为经济体制改革的目标。在实行经济管制时期，由于信息不对称，在短缺型的供求关系中实际上隐藏着大量潜在的通货膨胀因素。要从原来仅仅是理顺价格关系调整到建立一套新的价格形成机制，用市场定价机制取代行政定价机制，从管制价格过渡到自由价格，充满了物价暴涨的风险。而一旦出现物价飞涨，对人民生活和社会稳定必将造成巨大冲击。

于是，我国采取了一个计划与市场并行的过渡性办法，即先放开一部分对人民生活影响小的产品的价格，而对人民生活影响大的产品，则保留一部分数量的计划价格，以保障大多数普通群众的基本需求；放开其他部分数量的价格，以满足部分有支付能力人群的消费需求。同一商品，两种价格，这就是人们所说的价格"双轨制"，即保留的那一部分是计划价格，放开的那一部分就是市场价格。有了市场价格这一"轨"，就打破了指令性计划一统天下的僵局，使经济生活出现生机。上面提到，1979—1984 年中国农民面对三个粮食价格，从 1985 年开始，国家不再向农民下达农产品统购派购任务，而是实行合同定购和市场收购，即在定购以外的粮食可以自由上市。如果市场粮价低于原来的统购价格，国家仍按照统购价格收购，以保护农民利益。当然，在供不应求的情况下，市场价格自然会明显高于政府价格，这对调动农民的生产积极性无疑具有巨大好处。

"双轨制"实际上是同一商品在同一时间、同一地方有着两种不同的贸易规则。有人说"双轨制是平稳过渡的桥梁"，也有外国人说中国实行的"双轨价格"是由统制价格转向市场价格的"天才的解决办法"。但是，双轨价格的确曾在一定程度上带来了经济秩序的混乱。在实行"双轨价格"政策的过程中，作为生产厂家，总会千方百计地少生产价格较低的计划内产品，多生产价格较高的计划外产品，还要想尽办法把计划内产品拿到市场上卖高价。因此，一些计划范围内的合同往往就难以完成；作为用户，就千方百计地多买计划内的商品，少买计划外的商品，还会套购计划内的商品，将其按计划外商品倒卖。于是，当时社会上出现了一个特有的名词"倒爷"。这些人通过各种手段把计划内的东西倒腾到市场上去卖，以赚取差额利润。在农业中表现最为明显的，就是出现了"平转议"和"议转平"现象，即将平价收购的粮食转为议价销售，或是将议价收购的粮食进行平价销售，以违规赚取差价或套取政府的财政补贴。对这种灰色交易和腐败行为，群众深恶痛绝，也使得国家的价格补贴压力越来越大，最终导致不可承受。

1988 年，我国最高领导层对价格改革下了大决心，要进行"物价闯关"。4 月 5 日，国务院发出通知，猪肉、鲜蛋、食糖、大路菜 4 种副食品的价格补贴，由暗补改为明补。给居民以一定数额的副食价格补贴后，把价格完全放开。结果，猪肉价格上涨了 50% ~60%，鲜菜价格上涨了 31.7%。在这一年，国家又对农产品收购价格做了调整，提高了粮食合同定购的价格，棉花收购价格也有较大幅度上调。与此同时，其他商品价格也出现了迅猛上涨，如煤、原油、电都有了较大幅度的提高。

从社会反映看，物价上涨势头已经给群众造成了心理预期，一些地方出现抢购的狂潮，有的地方还出现了小的骚乱。在这种情况下，政府部门马上采取了应急举措，抢购风潮在较短的时间内终于得到平息。自此，中国农产品价格体系的改革向前推进了一大步。

（3）从农产品统购派购到市场化销售。随着农产品供给的日渐充裕，国家决定逐步缩小农产品指令性计划收购的范围，扩大市场的调节比重。在改革初期，因为看不太清楚放开价格的后果，较为稳妥的办法是从不太敏感的产品开始，既能当作试验，又对大局不会造成太大影响。因此，农产品价格的放开，是从放开水产品、水果以及蔬菜开始的。1979 年着手缩小水产品统派购范围，将 1978 年以前除自留外全部纳入派购改为 1979 年的只派购 60% 的剩余产品。1981 年海水鱼派购品种减少到了 21 种，1983 年放开全部淡水鱼价格。在随后的 1984 年中央一号文件中提出，要减少统购派购的品种范围，而且提出对农民完成统购派购任务后的产品和非统购派购的产品允许多渠道经营。收购统派购任务以外的农副产品，购销价格可升可降，这样市场就被初步激活了。到 1984 年底，国家统购、派购的农产品品种由过去最多时的 180 多种减到 38 种，统派购品种的范围大大缩小了。在农民出售的农副产品总额中，国家按计划统购的比重从 1978 年的 84.7% 下降到 1984 年的39.4%，国营农产品的市场份额也从 82% 下降到 73%。价格的放开，使农产品的真实价格得到了体现，促使农产品的供给大幅增加。

1985 年 1 月，国家发布了《关于进一步活跃农村经济的十项政策》，全面改革农产品统购派购制度。其中提出：从当年起，除个别品种外，国家不再向农民下达农产品统购、派购任务，按照不同情况，分别实行合同定购和市场收购。至此，除少数商品外，中国长达 30 余年的农产品统购派购制度宣告取消。

1991 年，国家要求在保证定购任务的前提下，对粮食实行长年放开经营的政策。1993 年底，全国宣布放开粮价的县（市）已超过总数的 98%。也是在这一年，我国在全国范围内取消了实行了 40 年的口粮定量办法，价格随行就市；实行了 40 年的城镇居民粮食供应制度——即统销制度被取消；作为计划经济的标志物，"粮票"也退出了中国的历史舞台。至此，中国农产品由计划经济体制向市场经济体制转轨的历史性任务已基本完成。

（三）农村市场体系改革与发展，从"赶场"到"网络"交易

在中国历史上的村庄社会，集贸市场一般与若干个村庄相对应。在清代末期，集市的辐射半径平原地区一般为 3～5 公里，山区则为 5～7 公里，也就是说小农往返集市一般可在半日之内完成。传统的、古老的农产品交换，在一些农村俗称"赶场"。直到 20 世纪，特别是在一些贫困地区，"赶场"仍是该地农产品交换的主要场所和形式。即：在某一区域内，以某一小集镇为中心，3～7 天一"场"不等。农民一早就背着自己生产的产品，步行到几里或几十里的集市"赶场"。待自己的产品销售完后，就地买一点自己需要的商品回家。

改革开放以来，随着商品经济的快速发展，我国农村市场体系发生了巨大的变化。

1. 农村商品市场体系基本框架初步形成阶段（1978—1999 年）

在计划经济体制下，随着农产品统购统销体制的建立与运行，农村传统集贸市场就没有那么活跃了，多数"场"已经衰退。在人民公社时期，供销合作社体系在农村商品流通中居于垄断地位，农业生产资料和农民日常生活用品的供应主要通过这个体系进行。农村改革开放后，农业农村发展活力迅速增强，农产品及其他产品供应迅速增多，农民需要将剩余的农产品销售出去。与此同时，国家的统购统销范围不断缩小，农产品自主流通和农村市场体系得到迅速发展。传统农产品集贸市场得到迅速恢复与发展，专业批发市场等新型的农产品贸易平台大量兴起。

1978—1987 年，农村的集市数量从 3.33 万个增加到 6.97 万个，集市贸易成交额从 125 亿元增加到 810.8 亿元。专业批发市场的发展，给农村市场带来了新的活力。到 1998 年，农村市场交易额达到 8793 亿元，到 1986 年时全国已有农产品批发市场 892 个。进入 20 世纪 90 年代中后期，批发市场的发展明显加快。1995—2000 年，农产品批发市场从 3190 个增加到 4532 个。1990 年 10 月，商业部和河南省政府联合兴办的中国郑州粮食批发市场（后于 1993 年更名为郑州商品交易所）正式成立，这是中国第一个以期货为目标的商品交易市场。此后，其他交易所也陆续推出了一些农产品的期货合约。

2. 多层次、多类型、多渠道、多主体的农村流通体系新格局逐步建立与完善阶段（2000—2012 年）

传统的农村集市交易固然方便，但交易规模小而散，迫切需要更高层次的市场发展起来。党的十六大报告中提出，要在更大程度上发挥市场在资源配置中的基础

性作用，健全统一、开放、竞争、有序的现代市场体系。市场体系主要包括消费品市场、生产资料市场和要素市场。农村市场体系的建立与完善，就是要求农村商品流通的渠道扩大，成交量大幅提升，形成包括消费品市场和生产资料市场、批发市场和集贸市场、有形市场和无形市场在内的农村市场体系；形成多层次、多类型、多渠道、多主体的农村市场流通体系新格局，使农村市场体系建设取得重要进展，农村市场规模不断扩大。农产品交易由过去的传统集市贸易扩展到专业批发、"订单"购销等现代方式，连锁经营、超市、便利店、专卖店等新兴市场业态开始走向农村。农村市场主体多元化格局初步形成，多种市场主体迅速发展。

到世纪之交时，中国已经初步建立了期货市场、批发市场和零售市场相互支撑，以原产品和初加工产品为主要交易对象，以农民经纪人、运销商贩、中介组织、加工企业为主体，以产品集散、现货交易为基本流通模式，能够基本覆盖城乡和连接产销区的农产品市场体系。

3. 农村现代网络体系迅猛发展，农村电商成为流通主渠道（2012 年至今）

自 1994 年中国农业信息网和中国农业科技信息网相继开通，标志着我国农产品信息化开始起步。1998 年第一笔农产品电子交易是粮食交易；2005 年生鲜农产品网上交易的出现，可以说是生鲜农产品网上交易元年。粮食和生鲜农产品电商可以说是一个"颠覆性"的事件。

2012—2021 年，是我国农村电商最重要的十年。2012 年前，虽然已经有许多电商诞生和发展起来，但 2012 年后，电商又进入了一个新的高潮。中华粮网（1995 年）、网库（1999 年）、全国棉花交易市场（1999 年）、阿里（1999 年）、淘宝（2003 年）、京东（1998/2013 年）、京东电商（2004 年）、双十一（2009 年）、美团网（2010 年）、天猫（2012 年）、拼多多（2015 年）、淘特（2021 年）等电商企业先后涌现并发展壮大。

2012 年，天猫的出现（原为"淘宝商城"，2008 年成立），让品牌农产品实现网上交易；2013 年，8 种电子商务模式创新；2014 年，大量农产品电商融资进入高潮；2015 年，阿里持股苏宁，京东入股永辉和投资天天果园；2018 年我国农产品进入数字农产品电商新阶段。

2012 年 12 月底，我国农村网民 1.56 亿人，占农村人口的比例为 24.29%。2021 年底，我国农村网民达到 2.84 亿人，较 2012 年增加了 1.28 亿人，占农村人口的比例为 56.99%，较 2012 年提升了 32.7 个百分点。

商务部统计数据，2017 年全国农村地区网络零售额为 12448 亿元，较 2014 年的 1800 亿元年均增长 96.23%；农村网络零售额在全国网络零售总额中的比重由 2014 年的 6% 逐年提升到 2017 年的 17.4%。截至 2017 年底，全国共有农村网店 985 万家，阿里巴巴淘宝村 2118 个，农产品大宗商品电子交易市场 585 家；生鲜农产品电商交易额 1391 亿元。

农村电子商务的飞速发展，彻底改变了农产品营销的传统模式，冲破了农产品传统营销的局限与约束，为农产品营销提供了全新的交易平台，极大地拓展了农产品交易市场、缩短了交易时间、节省了交易费用。电子商务的扩大、拓展和水平的提升，不仅使农产品生产与供给信息能及时传递给需求者，也使农产品需求信息及时反馈给生产者或供给者，从而促进农产品生产与需求的有效对接。电商交易不仅使包括偏僻地域的农产品能销往广阔市场，也使相距遥远的消费者能及时获得所需的特定农产品，并且使农产品直接从生产者手中传递到消费者手中。电商交易打破了农产品传统的收购—储存—批发—零售的营销模式，以及买卖双方面对面的交易方式，既给需求者购买农产品提供了很大便利，更为农业生产经营微观主体销售农产品提供了极大的方便，使电商经营成了新的农产品营销服务主体。

我国农村电商由自发产生到政府推动，手机成了新农具、直播带货成了新农活、数字成为新农资、文化成为农民新生活、电商成为推动乡村振兴的新动能。

（四）农业农村市场化体制机制日趋完善

中华人民共和国成立 70 多年来，我国农业农村市场化水平持续提升，特别是 1978 年改革开放以来，市场化一直引领着农业农村现代化发展，引导农业农村市场化改革不断向纵深推进。从统购统销到放开市场经营，从农民肩挑背扛、提篮小卖到买全国、卖全国的批发市场网络，从政府定价定购到如今的现货、期货市场共同发挥巨大作用，农产品流通体制不断健全，市场配置资源的决定性作用日益凸显。我国农业农村市场化的改革与发展，在流通体系建设、市场主体培育、农业品牌创建、市场调控机制完善等方面均取得了令人瞩目的成就。

1. 农产品市场体系已经建立

在我国农业"小生产、大市场"的背景下，农产品批发市场的集散功能得到充分发挥。批发市场建设从无到有、从弱到强，逐步形成了沟通城乡、衔接产销、运行快捷的流通网络。建立起了以批发市场为中心，以集贸市场为基础，以连锁超市、物流配送和电子商务等为先导，以生产者、经销商、经纪人、中介机构、龙头企业为参与者的现代农产品市场流通体系。随着我国冷链物流建设的日趋完善，除了传统批发零售平台，农产品电子商务平台也呈现出快速发展趋势。

2. 多元化市场主体发展壮大

多元化主体的积极参与是活跃市场交易、发挥市场功能的基础。在市场力量和国家政策的双重驱动下，多元化市场主体得到了充分发育，日益成为市场运行的主导力量。农业生产经营主体除了众多分散的小农户外，还涌现出多种形式的新型生产经营主体，如专业大户、家庭农场、农民合作社、农业龙头企业等；农产品流通主体则由众多农产品生产加工企业、经销商、经纪人和中介机构等组成。多元化市场主体之间的利益紧密连接，催生了多种多样的农产品流通模式，包括"农户+收购商+批发商+零售终端""农户+合作社+龙头企业""订单农业""农超对接"和"农社对接"等。

3. 农产品市场调控机制逐步健全

建立市场调控机制、有效发挥"政府之手"作用，是减少市场盲目性、提高市场运行效率的重要保障。中华人民共和国成立以来，特别是改革开放40多年以来，在推动充分发挥市场机制作用的同时，各级政府综合运用多种手段加强了对农产品市场的宏观调控，提高了应对市场异常变化的能力。在粮棉油糖等大宗农产品领域，以中央政府调控为主，已经建立了包括价格支持、储备调节、关税配额等在内的市场调控制度，有效抑制了农产品价格暴涨暴跌、滞销卖难、进口过度冲击，促进了市场平稳运行，保障了生产者和消费者的利益。在鲜活农产品领域，以地方各级政府调控为主，各地认真落实"菜篮子"市长负责制，建立健全"菜篮子"调控保障体系，通过生产支持、储备调节、信息服务、保险保障等措施，有效引导"菜篮子"产品生产、经营和消费。

三、农村税费改革

从1992年开始，我国一些地区为缓解矛盾、保证税费顺利收缴，相继采取了多种形式，自发地进行农村税费改革的尝试。起初在安徽、河北、河南三省出现，并且迅速蔓延到了湖南、贵州、陕西、甘肃等地。各地自发进行的对解决农民负担过重问题的探索，为国家全面推进农村税费改革作了充分的准备。

从国家层面看，自20世纪90年代以来，党中央、国务院先后出台了一系列文件政策，着力改善农村分配关系，保障农民利益，但是农民负担重的问题并没有从根本上得到解决。为探索减轻农民负担的治本之策，党中央、国务院决定通过农村税费改革和相关配套改革，规范农村分配制度，遏制面向农民的"三乱"问题，促进基层政府职能转变，保护和发展农村生产力。

（一）农村税费改革的主要历程

1. 制定工作方案，开展农村税费改革试点

按照中央统一部署，1998 年 9 月，由财政部牵头农业部和中央农村工作领导小组办公室参加，组成国务院农村税费改革工作小组及其办公室。

2000 年 2 月 18 日，中央政治局召开会议讨论通过了《中共中央、国务院关于进行农村税费改革试点工作的通知》，确定了以"减轻、规范、稳定"六字方针为指导思想和指导原则，以"三取消、两调整、一改革"为主要内容，同时进行配套改革的总体思路。接着党中央、国务院发布《关于进行农村税费改革试点工作的通知》，至此中国农村税费改革正式启动。

试点地区改革中的"三取消、两调整、一改革"，"三取消"是取消屠宰税，取消乡统筹费、农村教育集资等专门面向农民征收的行政事业性收费和政府性基金，用三年的时间逐步取消统一规定的劳动积累工和义务工（简称"两工"）；"两调整"是调整农业税、调整农业特产税征收办法；"一改革"是改革村提留征收使用办法。同时，推进相关配套改革，规范农村收费管理，精简乡镇机构和压缩人员，改革和完善县、乡财政管理体制，建立健全农民负担监督管理机制等。

为慎重起见，中央决定 2000 年率先在安徽，以省为单位进行试点。另外，在河北、内蒙古、吉林、黑龙江、河南、湖南、甘肃和陕西 8 个省份选择了 34 个县（市）进行局部试点，在总结经验、完善政策的基础上逐步推开。2002 年，改革试点范围扩大到全国 20 个省份，2003 年改革试点工作在全国范围内全面铺开。

截至 2003 年底，全国全面取消了屠宰税，以及乡统筹费、农村教育集资、"两工"等专门面向农民的负担项目；通过调整农业税和农业特产税政策，全国农民除缴纳不超过 7% 的农业税和 1.4% 的农业税附加外，不再承担其他任何费用；村内生产公益事业投入实行村民会议"一事一议"，上限控制。

2. 完善相关政策，确保农村税费改革健康有序推进

农村税费改革试点工作表明，"三取消"改革，内容和目标十分明确，易于操作。"两调整、一改革"，各地情况不一，内容复杂，涉及面宽，工作量大。确保农村税费改革健康有序推进，必须完善相关政策。

一是完善核定农业税计税要素政策。进一步明确规定，农业税计税面积坚持以二轮承包土地面积为依据，按照实际情况进行局部调整；农业税计税价格由省级人民政府确定，并保持相对稳定。

二是调整完善农业特产税政策，减轻生产环节税负水平。按照税率略高于农业税税率的原则，进一步降低茶叶、水果、原木和原竹等农业特产税税率。对某些适宜在收购环节征收农业特产税的应税产品，原来从生产环节征收的改在收购环节征收，以减轻农民负担。

三是在不增加农民总体负担的前提下，妥善解决村级三项费用（村干部报酬、村办公经费、五保户供养经费）。明确规定，征收农业税附加用于村级"三项费用"，经费缺口由乡镇财政部门适当补助；也可在农业税及附加总体负担水平不超过8.4%的前提下，通过适当降低农业税税率，相应提高农业税附加比例的办法，增加村级收入，保证村级"三项费用"。

四是妥善解决取消统一规定的"两工"后出现的问题。要求地方对逐步取消的"两工"明确过渡期限和分年度用工上限。各级政府安排的公路建设、农业综合开发、水利设施等基本建设投资，不得要求农民出资出劳配套。将农业综合开发中农民筹资投劳纳入村内"一事一议"筹资筹劳管理。

五是切实加强涉农收费管理。清理整顿涉农收费项目，加强对农村中小学就学、计划生育指标审批、农村结婚登记、农民建房、农民外出务工等方面乱收费的专项治理；农村经营服务性收费，应按照自愿、有偿原则向农民收取，并实行公示制度，不准强制服务、强行收费，或者只收费不服务。规定今后任何地方和部门一律不得出台涉及农民负担的行政事业性收费和政府性基金。

3. 稳步推进改革，全面废止农业税

根据国务院《关于做好 2004 年深化农村税费改革试点工作的通知》规定，2004 年在全国全面取消除烟叶外的农业特产税。2006 年 4 月 28 日，国务院颁布实施《中华人民共和国烟叶税暂行条例》，将烟叶特产税改为烟叶税，标志着农业特产税的全面取消。

按照国务院统一部署，2004 年在黑龙江、吉林两省进行免征农业税改革试点；河北、内蒙古等 11 个粮食主产省份的农业税税率降低 3 个百分点；其余省份农业税税率降低 1 个百分点。农业税附加随正税同步降低或取消。同年，北京、上海、天津、浙江和福建等省份自主免征农业税。2005 年，全国免征农业税的省份达到

28 个，享受到这一福利的农民达 8 亿人。湖北省于 2005 年元月宣布在全省范围内全部取消农业税。

从 2000 年提出农村税费改革，到 2005 年全国广大地区税费改革取得成果，充分表明这一改革已经基本成熟。2005 年 12 月 29 日，第十届全国人大常委会第十九次会议通过决定，2006 年 1 月 1 日起废止《农业税条例》。

农村税费改革是党中央、国务院为加强农业基础地位、保护农民利益、维护农村稳定做出的重大决策。从 2000 年率先在安徽全省试点，到 2006 年全面取消农业税，专门针对农民收取的"皇粮国税"制度在中国的土地上实行了 2600 年之后彻底退出了历史舞台。取消农业税不仅减轻了农民负担，而且对调整国民经济分配格局具有重大意义。农业税和"三提五统"一并免除，每年减轻农民负担 1335 亿元。

（二）推进相关配套改革，努力实现"三个确保"

中央提出，农村税费改革必须实现"三个确保"的目标，即：确保减轻农民负担，确保乡镇政权和乡村组织正常运转，确保农村义务教育的必要投入。"三个确保"是衡量农村税费改革是否成功的重要标志。各地按照中央改革精神和要求，稳步推进相关配套改革，制定了一系列行之有效的政策措施，基本实现了"三个确保"目标。

一是大力精简乡镇机构和人员，促进乡镇政府职能转变。科学界定乡镇政府职能和机构设置，精简乡镇党政机构和人员编制。清退编外和临时招聘人员，压缩乡镇干部和事业单位人员，妥善安置富余人员。通过改革，有效促进了减人、减事、减支，实现了有人办事、有钱办事和乡镇政府转变职能，促进了工作人员的作风转变。

二是加大对农村义务教育的投入力度，逐步形成政府投入为主的农村义务教育管理体制。为进一步保障农村义务教育经费投入需要，国家实施了农村义务教育经费保障机制改革，逐步将农村义务教育全面纳入公共财政保障范围。

三是围绕缓解县乡财政困难，大力推进县乡财政管理体制改革。自 2000 年开展农村税费改革试点至 2006 年全面取消农业税，中央财政累计安排农村税费改革转移支付资金 2612 亿元，地方各级财政安排改革补助资金约 250 亿元。通过实施所得税收入分享改革、出口退税分担机制改革等一系列政策措施，不断加大对地方的一般性转移支付力度。

2005 年出台了 "三奖一补" 政策措施，通过对地方撤并乡镇、精简人员和种粮大县等给予奖励，既支持了基层推进乡镇机构改革，又提高了困难县乡财政保障能力。积极推行 "省直管县" 财政管理体制和 "乡财县管乡用" 财政管理方式改革。探索开展乡村债务化解试点工作，国务院先后下发了一系列文件。对历史债务，要求各地 "摸清底数、分清责任、区别情况、分类处理、逐步化解"。为了制止新债务的发生，出台 "约法三章"：即各地一律不得给乡镇下达招商引资指标，乡镇政府一律不得为经济活动提供担保，乡镇政府和村级组织一律不得举债搞建设；制定出台了两项制度，即对发生新债的地方实行责任追究和乡村干部离任债务审计制度。同时，要求各地对 2005 年 12 月 31 日以前乡镇政府和村级组织形成的债务进行全面核实，分类清理。从农民群众和乡村干部最关心、利益最直接、矛盾最集中的涉农债务着手，重点突破，积累经验。

四是不断加大财政对村级组织补助力度，确保村级组织正常运转需要。各地通过合村并组、精减村组干部、取消村级招待费、实行村级报刊订阅限额制、加强村级财务管理、推行 "村财乡代管" 等措施大力压缩村级开支。加大对村级组织补助力度，对村级组织正常运转不足的部分由财政给予适当补助，确保村级组织正常运转。加大对基层财力的转移支付力度，将农村五保户供养经费统一纳入乡镇财政予以保障。有些地方还将村干部报酬纳入财政保障范围，建立村干部养老保险等，基本保障了村级组织的正常运转与功能发挥。

五是逐步健全农民负担监督机制。对现行涉及农民负担的各种收费项目进行全面清理整顿，坚决取消涉及农民的各种摊派和达标升级活动。对农村经营服务性收费进行整顿，建立规范的管理制度。坚决落实减轻农民负担的四项制度，即涉农收费价格 "公示制"、贫困地区农村义务教育收费 "一费制"、农村订阅报刊费用 "限额制"、违反农民负担政策 "责任追究制"。

（三）农村税费改革取得的主要成效

"交够国家的，留足集体的，剩下的全是自己的"，是 "大包干" 的经典分配原则。但当时什么是 "交够"，什么算 "留足"，缺乏客观标准，很难界定清楚。从而导致了国家、集体与农民三者关系的不明确、不清楚，这就给后来一些地方集体、单位随意向农民伸手、摊派留下了制度性缺陷和隐患。

农村税费改革，表面看是减轻农民负担，其实质是按照市场经济与依法治国的要求，规范国家、集体与农民之间的分配关系，因而是整个国家层面分配领域的重大改革。当时农民负担问题十分复杂，也十分繁重，在启动农村税费改革之前，农民负担还十分"乱"。表现在对农民征收税费的主体乱、项目乱、标准乱、程序乱、监督乱等。农村税费改革是以法治的方式规范农村的分配制度，遏制面向农民的乱收费、乱集资、乱罚款和各种摊派，理顺和规范国家、集体、农民三者之间利益关系的重要举措，从制度上以法律明确和规范国家、集体和农民之间的权利义务关系。

1. 理顺了农村分配关系，维护了农民的合法权益

农村税费改革坚持从规范制度入手，通过实施"三取消、三补贴"等一系列政策措施，坚决取消了不应该由农民负担的各种税费。农村分配关系和农民负担管理进一步规范化、法治化。农民负担大幅度减轻，有效调动了农民的积极性，促进了农民持续增收，保障了农民的合法权益。2006 年全面取消农业税后，与农村税费改革前的 1999 年相比，全国农民减负总额约 1250 亿元，人均减负约 140 元。此后陆续实施的粮食直补、良种补贴、农机具购置补贴等政策措施，国家与农民之间的分配关系由过去"多取少予"开始向"多予少取"转变，农民问题开始由"减负"向"增收"转变。

2. 完善了公共财政职能，加快了城乡统筹发展步伐

按照社会主义市场经济条件下建立公共财政和现代税制的要求，农村税费改革在减轻农民负担的同时，加大对农村基层组织运转和有关社会事业投入的保障力度，有力地推进了农村地区的公共事业建设。实现了农村义务教育由政府和农民共同办学向政府投入办学的历史性转变，农村免费义务教育改革稳步推进。全面取消农业税，不再开征专门面向农民的税种，打破了城乡二元税制结构。明确把农村五保户供养、民兵训练和乡村道路修建等社会公益事业纳入财政保障范围，财政在农村公共服务方面的职能明显加强，初步形成了全方位、多层次向农村倾斜的投入格局，统筹城乡发展取得实质性进展。

3. 带动农村相关改革，促进农村上层建筑深刻变革

在推进农村税费改革的过程中，各地按照中央要求，积极开展了乡镇机构、农村义务教育和县乡财政管理体制等配套改革试点。在转变基层政府职能、精简乡镇机构人员、合理调整乡村区划、推进农村义务教育经费保障机制改革、实施"省直管县"财政管理体制和"乡财县管"财政管理方式改革、积极清理化解乡村债务、加强村级组织建设及保证村级运转等方面，做了大量卓有成效的工作，带来了农村上层建筑等领域的深刻变革，农村发展环境、农业生产经营方式、农村经济社会结构、农民收入结构也因此发生了一系列积极变化。

4. 有效舒缓了农村干群矛盾，促进了农村和谐社会建设

农村税费改革以减轻农民负担为首要目标，始终坚持从解决关系农民群众切身利益的负担问题入手，正确处理改革、发展、稳定的关系，有效缓解了农村矛盾、促进了农村社会和谐稳定。通过减轻农民负担，规范了政府行为，密切了干群关系。通过增加农村投入，改善了农民生产生活条件，发展了农村社会公共事业，让广大农民真正分享到改革的成果，促进了社会公平。通过完善农村民主议事制度，推进村务公开和民主监督，增强农民法治意识和参与意识，促进了基层干部思想观念和工作方式的转变，巩固了党在农村的执政基础。

5. 通过税费改革，农村出现政通人和的良好局面

农民负担大幅度减轻，农村"三乱"得到遏制，涉农收费逐步规范，农村"三乱"行为大为减少。

农村干群关系得到改善。改革促进了基层干部工作思路和工作作风的转变。基层干部能集中精力到社会管理、公共服务和发展经济上来，出现了"三多三少"的可喜变化：宣传政策的多了，讲道理的多了，为民服务的多了；违反政策的少了，强拿恶要的少了，大吃大喝的少了。农村干群关系的改善，对巩固农村基层政权，促进农村经济和社会全面发展起到了十分重要的作用。

基层民主法治建设进一步加强。"一事一议"筹资、"两工"使用、农村财务管理，实行民主决策，完善议事制度，做到大家事、大家议、大家干、大家管，农民群众自我保护、自我发展意识增强。乡镇政府职能逐步转变，做到依法行政，自觉替群众排忧解难，农村民主建设出现新的良好局面。

基层政府的行政行为将会得到规范，既减轻了基层干部的工作压力，又有利于"精兵简政"，降低行政成本，有利于密切党群干群关系。过去基层干部主要工作是"要农民种，找农民收"，农民怕干部、躲干部；现在基层干部能全身心地投入到社会公共事业的发展上，变为"给农民实惠，帮农民致富"，密切了党群干群关系。

几千年来，"耕者有其田""均田免粮"一直是中国农民心头的梦想。在中国共产党的领导下，农业税的取消，中国农民"免粮"的梦想最终实现。免除农业税，为中国农村的税费改革画上了圆满的句号。全面取消农业税，破除了对农民的不平等待遇，中国农民从此卸下了这份沉重的负担，昂首迈进社会主义新时代。

第九章　农村贫困与开发

贫困是人类社会的顽疾，是全世界面临的共同挑战。贫困及其伴随的饥饿、疾病、社会冲突等一系列难题，严重阻碍人类对美好生活的追求。消除贫困是人类的理想，人类发展史就是与贫困的斗争史。

中国拥有 14 亿多人口，是世界上最大的发展中国家，基础差、底子薄，发展不平衡，长期饱受贫困问题困扰。在我国历史上，贫困规模之大、贫困分布之广、贫困程度之深，贫困治理难度超乎想象。

中国共产党团结带领人民与贫困作斗争，打响了人类历史上规模空前、力度最大、惠及人口最多的脱贫攻坚战。2021 年 2 月 25 日，习近平总书记在全国脱贫攻坚总结表彰大会上庄严宣告：中国脱贫攻坚战取得了全面胜利，完成了消除绝对贫困的艰巨任务。这不仅是中华民族发展史上具有里程碑意义的大事件，也是人类减贫史乃至人类发展史上的大事件，为全球减贫事业发展和人类发展进步做出了重大贡献。

我国脱贫地区农业基础设施、生产条件仍然十分落后，脱贫地区支柱产业仍未稳固建立，相对贫困问题仍然突出。持续巩固拓展脱贫攻坚成果，实现与乡村全面振兴有效衔接，防止出现规模性返贫，任重道远。实现长期、稳定的减贫、脱贫、致富，是一项长期而艰巨的任务。

一、贫困与贫困线

（一）贫困

贫困是相对于富足的一个概念，类似于贫穷。贫困是一种社会物质生活和精神生活贫乏的综合现象，其主要根源是物质生活条件缺乏与精神生活条件没有或缺乏出路。通常所说的贫困一般是指物质生活困难，即一个人或一个家庭的生活水平达不到社会可接受的最低标准，缺乏某些必要的生活资料和服务，生活处于困难境地。

贫困有绝对贫困和相对贫困之分。绝对贫困又叫生存贫困。是指在一定的社会生产方式和生活方式下，个人和家庭依靠其劳动所得和其他合法收入不能维持其基本的生存需要，这样的个人或家庭就称之为贫困人口或贫困户。相对贫困是指与社会平均水平相比，其收入水平少到一定程度时维持的那种社会生活状况，各个社会阶层之间和各阶层内部的收入差异。世界银行的看法是，收入只有（或少于）平均收入 1/3 的社会成员，便可以视为相对贫困。

发达国家所谓的贫困大多是相对贫困，而不发达国家所指的贫困一般是绝对贫困。随着一国经济的持续发展，人民收入和生活水准不断提高，以及政府对低收入人口和家庭的持续扶持，温饱问题将会逐步得到解决，绝对贫困问题也将随之消除。与此相适应，政府的反贫困政策也需要解决相对贫困问题，即通过实施收入再分配和社会福利政策来改善低收入阶层的生活状况。

贫困有区域贫困与个体贫困之分。区域贫困是指区域范围内整体或绝大部分人口贫困，个体贫困是指同一区域内少数或个别人口贫困。区域贫困与个体贫困，这两者虽然有联系，但绝对不是一回事。事实上，在贫困地区也有富人，在富裕地区也有穷人。

区域贫困与个体贫困致贫原因是不同的。区域性贫困大多是由于生产生活环境恶劣、经济不发达、交通通信不畅等因素导致发展不够造成的。个体贫困大多是家庭及其成员身体、智力、文化等因素不佳所致。

区域贫困与个体贫困的解决办法应该是不同的。政府对区域贫困的关心帮扶主要应是通过区域发展政策去解决，对个体贫困则是通过因户因人的实际情况，通过落实扶持救济政策进行帮扶。过去，我国的扶贫政策大都是以贫困地区（如贫困县、贫困乡）为扶贫对象，而不是以贫困家庭和贫困人口为扶贫对象。只对贫困地区实施扶贫政策，有可能造成贫困地区的富人获得更多的好处，而富裕地区的穷人有可能被忽视，这就偏离了扶贫济贫的宗旨和目标。

（二）贫困线

贫困线是指，在一定的时间、空间和社会发展阶段的条件下，维持人们的基本生存所必需消费的物品和服务的最低费用，贫困线又叫贫困标准。贫困线的计算方

法各不相同。国际贫困标准实际上是一种收入比例法。经济合作与发展组织在
1976 年组织了对其成员的一次大规模调查，然后提出了一个贫困标准，即以一个
国家或地区社会中位收入或平均收入的 50% 作为这个国家或地区的贫困线，这就
是后来被广泛运用的国际贫困标准。世界银行按照购买力平价数值计算，2015 年
10 月初宣布，将国际贫困线从此前的每人每天生活支出 1.25 美元上调至 1.9 美
元；2022 年 5 月，又将全球贫困线由 1.9 美元上调至 2.15 美元。

中国的贫困线。1986 年以前，中国还没有一个统一的、量化的贫困线。社会
上讲的贫困大都是局部的、相对的、模糊的概念。由于全社会普遍物资匮乏，贫困
人口并没有像今天这样，成为一个指标清晰的政策帮扶群体。

1986 年，国家扶贫开发领导小组办公室成立，随后制定出我国的贫困线，作
为确定扶贫对象的标准依据。制定贫困线的方法，简单来说，就是将当时每人每天
2100 千卡热量的最低营养需求，折算成食物量，再按照当时的消费价格换算成货
币。1985 年，我国的贫困线标准为 200 元。以后每一年的实际贫困线，都在此标
准上加入通胀的价格因素。按 1985 年 200 元的不变价计算，1986 年贫困线是 206
元。按此标准，中国当时有 1.25 亿贫困人口。

根据统计年鉴数据，1985 年城镇居民人均可支配收入为 739.08 元，农村居民
人均可支配收入为 547.31 元。二者与 200 元贫困线的倍差分别是 3.7 倍和 2.7 倍，
远远低于今天的标准，它也是当时国人普遍贫困的缩影。1985 年，我国每百户家
庭中有接近 20 户买不起自行车。农村的家电"老三样"更是奢侈品（洗衣机每百
户拥有量是 1.9 台，电冰箱每百户拥有量是 0.06 台；黑白电视机每百户拥有量是
10.94 台，彩电每百户拥有量是 0.8 台）。

中国是人口较多的发展中国家，贫困人口规模大，扶贫标准与基本国情相适
应，并随着经济社会发展逐步提高。1986 年中国第一次制定国家扶贫标准：农民
人均年纯收入 206 元。该标准经过多次调整提高，如 2000 年的现价标准是 625 元，
2001 年提高到 865 元，到 2010 年的标准是 1274 元，2011 年提高到 2300 元。从
2015 年起，我国国家扶贫现价标准调整到 2855 元。但各省市可以制定高于这个标
准的地方扶贫标准，其中有 12 个省市制定了高于国家标准的地方标准，一般在
4000 元左右，有的高达 6000 元以上。

美国的贫困线。在美国，贫困线是衡量美国人贫困水平的标准，主要是供政府
用来决定什么人符合享受某些政府福利项目的依据。此贫困线每年年初由美国健康
与人类服务部根据上一年的贫困水平得出新一年的贫困线标准，并在网站"联邦

注册"上发表。贫困线标准是根据家庭人数和所在州来决定的。美国大陆相连接的 48 个州和首都华盛顿为一个标准，另外阿拉斯加和夏威夷分别有自己的标准。相连的 48 个州，2008 年、2009 年两口之家家庭现金收入的贫困线分别为 14000 美元/年、14570 美元/年。

（三）贫困问题是一个世界性的难题

世界贫困地区主要集中在发展中国家，其中 90% 的贫困人口集中在南亚、撒哈拉以南非洲、东南亚、蒙古国、中美洲、巴西及中国的中西部地区。这些国家和地区，由于长期饱受帝国主义和殖民主义的奴役和剥削，导致贫困的产生加剧。尽管随着殖民体系的瓦解，部分发展中国家先后取得独立，但由于经济起步较晚、基础薄弱，导致多数发展中国家经济不发达，长期处在贫困的深渊。据联合国统计，2007 年全世界大约有 13 亿贫困人口，而且以每年 2500 万人的速度增长。

消除贫困是人类的共同使命。1997 年，联合国把反贫困定义为国家最基本的功能之一。2000 年召开的联合国千年峰会上，190 多个成员通过了"千年发展目标"，共同承诺为缓解全球贫困而继续努力。不过从世界范围看，这些年来减贫效果并不尽如人意，当今世界上还有 14 多亿贫困人口，摆脱贫困依然任重而道远。

二、中国式扶贫开发

同其他发展中国家一样，我国一直饱受贫困困扰。我国贫困问题的产生既有受区域恶劣自然环境的影响，更有长期遭受帝国主义、殖民主义剥削的历史原因，还有长期以来封建社会制度的束缚导致经济社会发展滞后的原因。

中国共产党从成立之日起就把消灭剥削、消除贫困、实现共同富裕作为始终不变的追求和使命。中华人民共和国成立时，国家一穷二白，人民生活处于极端贫困的状态。70 多年来，中国共产党以彻底解决困扰中华民族几千年的贫困进而实现社会主义现代化强国为目标，根据不同历史时期的具体国情，带领人民走出一条脱贫、减贫，实现共同富裕的道路。

1949—1977 年，社会主义革命和建设时期，我国实施计划经济体制下的广义扶贫战略。中华人民共和国成立之初，面对一穷二白、百业凋敝的困难局面，中国共产党团结带领人民自力更生、艰苦奋斗，发奋图强、重整山河。在全国开展轰轰烈烈的土地改革，延续 2000 多年的封建土地制度被废除，消除了造成农民贫困的主要制度因素。废除地主阶级封建剥削的土地所有制，实行农民的土地所有制，使3亿多无地农民获得土地。社会主义制度建立、国民经济发展，为从根本上解决中国的贫困问题提供了最基本的制度保障和物质保障。通过大规模的农业水利设施建设、农村基础设施改善和农业生产能力的提高，为减缓贫困奠定了基础。通过社会资源的再分配，包括土地改革、集体化运动等来缩小贫富差距和阻断收入的两极分化，再加上改善基础教育和建立农村合作医疗制度，建立以"五保"制度和特困群体救济为主的基本社会保障体系，有效消除了极端贫困，大多数农民的基本生活需求得到初步满足。

与中华人民共和国成立初期相比，到1978年，全国人民的生活水平虽有较大的改善，但仍然是世界上贫困人口较多的发展中国家之一。国家统计局在《关于中国农村贫困状态的评估和监测》中，将1978年的贫困线划定在100元以内，按这个标准计算，当时全国贫困人口的规模为2.5亿人，占全国人口总数的25.97%，占当时农村人口总数的30.7%，占世界贫困人口总数的1/4。如果以人均年收入200元作为农村温饱线，则贫困人口的数量更为巨大。因此，改革开放之初的1978年，中国农村贫困主要表现为普遍性贫困、绝对性贫困、极端贫困。这一时期，国家的减贫战略是以极端贫困人口为对象，实行小规模救济式扶贫，即依托自上而下的民政救济系统，对边远落后地区、因灾致贫人口和战争伤残人口实施生活救济。

1978—1985年，国家实施农村经济体制变革推动减贫的战略。这一战略实施的宏观背景是中国开始实施改革开放政策。在农村实行以家庭经营为基础、统分结合的双层经营体制，极大地解放了农村生产力，推动扶贫减贫取得成效显著。农村经济体制的深刻变革，促进了中国农村经济的超常规增长。在这一阶段，中国农村贫困人口从1978年的2.5亿人下降到1985年的1.25亿人，贫困人口平均每年减少1786万人。农村贫困发生率从1978年末的30.7%下降到1985年底的14.8%。到1986年前后，中国农村大多数人解决了温饱问题，部分农民开始走向富裕。在农村贫困问题大大缓解的同时，贫困问题由普遍性分布转为分层、分块、分化等新特征，区域间发展不均衡问题凸显。这时中国农村的贫困问题由制度约束转向区域约束和能力约束，贫困人口主要分布在革命老区、少数民族地区、边疆地区和贫困地区。

针对区域发展不均衡的问题，20世纪80年代中期，我国确立以贫困地区为重点，开始有计划、有针对性地制定并实施扶贫开发政策。1982年，国家启动"三西"（甘肃定西、河西，宁夏西海固）专项扶贫计划，这实际上是中国专项扶贫计划的雏形，是有组织、有计划、大规模扶贫开发的序幕。1984 年，中共中央和国务院联合发布了《关于帮助贫困地区尽快改变面貌的通知》，这是中国开展有计划扶贫的基础性文件，标志着国家专项扶贫工作将全面开始。

在全国范围内对特困地区开展大规模扶贫开发行动，是从 1986 年开始的，主要经历了以下四个阶段。

第一阶段：大规模区域开发式扶贫启动阶段（1986—1993 年）。

这一时期中国的贫困问题呈现三大特征：一是贫困人口区域集中，主要分布在"老、少、边、穷"地区。二是区域性贫困与群体性贫困并重。农村区域发展不平衡问题开始凸显，特别是偏远地区的经济、社会和文化发展水平，大大落后于沿海发达地区，成为"需要特殊对待的政策问题"。三是贫困问题综合性突出。区域性贫困以及分布在贫困区域的贫困人口规模大、致贫原因复杂，低收入人口中有相当一部分人经济收入不能维持其生存的基本需求，有组织大规模的帮扶需求明显。

对于制度性改革无法解决的农村贫困问题，我国启动了"政府主导型"的区域开发式扶贫，进一步促进扶贫减贫工作的制度化、体系化。国家扶贫战略由"救济式"转变为"开发式"。

这一时期，各级党委、政府采取了一系列重大措施：成立专门扶贫工作机构，1986 年国务院成立了国务院贫困地区经济开发领导小组及其办公室，随后各省市县政府都建立了专门的扶贫工作机构。制定全国统一的贫困线标准，按该标准确定贫困对象，明确扶贫区域、扶贫县市。制定专门的优惠政策，并对传统的救济式扶贫进行彻底改革，确定了开发式扶贫方针，安排专项资金，实施有计划、有组织、大规模的农村扶贫开发。

全国共划分了十八个扎堆的贫困带，确定了一批国家级贫困县和省级贫困县。通过政府给予的政策、资金、技术等支持，利用贫困地区的自然资源，进行开发式建设，提高贫困地区自我发展、自我积累和自我脱贫能力。这一阶段扶贫工作的特点是"开发式扶贫"。强调扶贫开发要注重开发贫困人口的人力资源，把物质资源开发和贫困群众开发及利用资源、市场的能力结合起来，克服"输血式"扶贫的不足，增强农村贫困地区的"造血功能"，以推进"区域发展带动"扶贫。这些有针对性的政策有力促进了农村贫困地区的经济发展和人民生活水平的提高。1991 年，我国召开了第一次全国扶贫开发工作会议，全面推进扶贫开发工作。截至 1993 年，农村贫困人口由 1985 年的 1.25 亿人减少到 8000 万人，平均每年减少 640 万人。

第二阶段："八七扶贫攻坚"阶段（1994—2000 年）。

　　农村改革的深入发展和国家扶贫开发力度的不断加大，中国贫困人口逐年减少，贫困特征也随之发生较大变化，贫困人口分布呈现明显的地缘性特征。这些贫困人口主要集中在国家重点扶持的 592 个贫困县，分布在中西部的深山区、石山区、荒漠区、高寒山区、黄土高原区、地方病高发区以及水库区，而且多为革命老区和少数民族地区。共同特征是，地域偏远、交通不便、生态失调、经济发展缓慢、文化教育落后、人畜饮水困难，生产生活条件极为恶劣。与前一阶段扶贫工作相较，解决这些地区群众的温饱问题难度更大。所以，亟须实施更加有针对性的扶贫攻坚战略，解决特殊困难区域的贫困人口问题。

　　1994 年国务院颁布《国家八七扶贫攻坚计划（1994—2000 年）》，标志着我国农村扶贫开发工作进入了攻坚时期。"八七扶贫攻坚计划"的主要内涵是：明确要求集中人力、物力、财力，用 7 年左右的时间，基本解决当时全国农村 8000 万贫困人口的温饱问题。提出以贫困村为基本单位、以贫困户为主要帮扶对象、以发展种养业创造稳定解决温饱的条件为重点，坚持扶持到村到户，多渠道增加扶贫投入。该计划围绕扶贫资金安排、扶贫项目实施制定了一系列确保扶贫开发到村到户的措施。促进扶贫开发工作由道义性扶贫向制度性扶贫转变，由救济性扶贫向开发性扶贫转变，由扶持贫困地区（主要是贫困县）向扶持贫困村、贫困户转变，并且较大幅度地增加了扶贫资金。

　　2000 年底，我国基本解决了农村贫困人口的温饱问题，特别是集中连片的重点扶贫地区从整体上解决了温饱。农村贫困人口从 1994 年的 8000 万人减少到 2000 年底的 3209 万人。在一系列专项扶贫措施和区域经济发展的带动效应下，农村绝对贫困问题有了很大的改善。

　　第三阶段：扶贫开发深化发展阶段（2001—2012 年）。

　　进入 21 世纪，尽管农村贫困人口规模大幅缩小，但剩余贫困人口的一大特点是具有很强的分散性，不仅包括贫困县里的贫困村，一些非贫困县也有很多贫困村。这种状况说明，延续针对贫困县的扶贫方式已经不再有效，必须寻找新的扶贫开发措施。

　　这一时期扶贫战略主要体现在《中国农村扶贫开发纲要（2001—2010 年）》和《中国农村扶贫开发纲要（2011—2020）》（简称《纲要》）的政策制定和实施安排上。《纲要》对中国农村扶贫开发工作作出了全面部署和安排。国家扶贫开发工作以此为标志，进入解决和巩固温饱并重的新阶段。《纲要》要求，继续在瞄准西部地区的基础上，把贫困瞄准重心下移到村。战略政策主要以整村推进、产业发展、劳动力转移为重点进行构建与实施,贫困人口继续减少。这一工作重点的调整,不仅可以覆盖到贫困县的贫困村,还可以照顾到非贫困县的贫困村。全国重新划定了14.8万个贫困村,将贫困扶持资金直接投入到贫困村,以提高扶贫资金的针对性。从扶贫对象来看,国家重新确定低收入贫困标准线,将符合低收入贫困标准的农户纳入扶贫开发工作范围。

《纲要》确定的2001—2010年扶贫开发总奋斗目标是:"尽快解决极少数贫困人口温饱问题,进一步改善贫困地区的基本生产生活条件,巩固温饱成果,提高贫困人口的生活质量和综合素质,加强贫困乡村的基础设施建设,改善生态环境,逐步改变贫困地区经济、社会、文化的落后状况,为达到小康水平创造条件。"相较《国家八七扶贫攻坚计划(1994—2000年)》中"解决温饱问题"的目标,扶贫工作重心开始由"量"向"质"转移,坚持解决温饱和巩固温饱并重的新阶段。

在此阶段,随着经济社会的快速发展,国民收入、社会消费水平、生活成本等方面都有了较大变化。与社会发展相适应,我国对贫困线标准进行了多次调整:2007年,贫困线标准调整为人均年纯收入1067元;2009年,该标准提高到1196元。贫困线标准的调整也意味着中国扶贫标准已经不再仅仅从温饱角度来衡量贫困,而是开始从健康、教育、医疗、社会保障等多个角度进行衡量。

这一时期,中国反贫困事业取得了长足的进展:农村贫困人口规模锐减,贫困县农民收入快速增长,贫困地区基础设施和公共服务水平明显提升。按照2008年的贫困标准,2000—2010年全国贫困人口从9422万人降至2688万人,贫困发生率也从10.2%降至2.8%,农村贫困人口的温饱问题基本解决,贫困县农民人均纯收入增长了1.57倍(未扣除物价因素)。2011年11月,中国政府郑重宣布,中国农村居民的生存和温饱问题得到基本解决。

第四阶段:精准扶贫阶段(2013—2020年)。

精准扶贫是与粗放扶贫的相对概念,它的核心内容是做到"真扶贫、扶真贫",是将扶贫的政策和资源真正落实到贫困人群身上。经过近三十年的不懈努力,我国扶贫开发取得了举世公认的辉煌成就,但是由于长期以来扶贫管理相对粗放,一些地区对贫困居民底数不清、情况不明,扶贫资金和项目指向不准的问题较为突出。扶贫中的低质、低效问题普遍存在,如贫困居民底数不清,扶贫对象常由基层干部"推估",扶贫资金"天女散花",以致"年年扶贫年年贫";重点县舍不得"脱贫摘帽",数字弄虚作假,挤占浪费国家扶贫资源;人情扶贫、关系扶贫,造成应扶未扶、扶富不扶穷等社会不公,甚至滋生腐败。表面上看,粗放扶贫是工作方法存在问题，实质反映的是干部的群众观念。

2013 年 11 月 3 日，习近平总书记在湘西调研扶贫工作时，明确提出扶贫工作"要科学规划、因地制宜、抓住重点，不断提高精准性、有效性和持续性""要精准扶贫，切忌喊大口号，也不要定好高骛远的目标"。2015 年 10 月，党的十八届五中全会作出"打赢脱贫攻坚战"的决定，确定了新阶段中国扶贫开发战略政策体系和全新的扶贫目标，即"到 2020 年现行标准下贫困人口全部脱贫，贫困县全部摘帽，解决区域性整体贫困"。

精准扶贫的核心内容集中体现在做到"六个精准"。即扶持对象精准，确保符合标准的一户不漏，为精准脱贫提供可靠依据；项目安排精准，因地制宜确定项目；资金使用精准，提高资金使用效益，强化资金监督管理；措施到户精准，抓住当前困难群众最急需、最直接、最迫切解决的热点、难点问题，逐步帮助困难群众摆脱贫困；因村派人精准，进一步发挥好驻村干部的作用，确保驻村干部沉下去、待得住、干得好；脱贫成效精准，和脱贫攻坚总要求、总任务进行对表，和全面建成小康社会进程对表，要精准到县、到村、到户、到人，成熟一个、摘帽一个，脱贫一户、销号一户。

精准扶贫的具体措施是实施"五个一批"。发展生产脱贫一批。支持和引导贫困地区因地制宜发展特色产业，鼓励支持电商扶贫、光伏扶贫、旅游扶贫等新业态新产业发展，依托东西部扶贫协作推进劳动密集型产业梯度转移，增强贫困地区造血功能。易地搬迁脱贫一批。对生活在自然环境恶劣、生存条件极差、自然灾害频发地区，很难实现就地脱贫的贫困人口，实施易地扶贫搬迁。有 960 多万生活在"一方水土养不好一方人"地区的贫困人口通过易地搬迁实现脱贫。生态补偿脱贫一批。践行"绿水青山就是金山银山"的理念，增加重点生态功能区转移支付，引导贫困群众积极参与国土绿化、退耕还林还草等生态工程建设，开展森林、草原、湿地等生态系统保护修复工作，发展经济林种植及森林旅游。这些措施不仅拓宽了增收渠道，也明显改善了贫困地区的生态环境，实现了"双赢"。发展教育脱贫一批。持续提升贫困地区学校、学位、师资、资助等保障能力，全面实现适龄少年儿童义务教育有保障。实施定向招生、学生就业、职教脱贫等倾斜政策，帮助贫困家庭学生接受职业教育培训和高等教育。社会保障兜底一批。聚焦特殊贫困群体，落实兜底保障政策。实施特困人员供养服务设施改造提升工程，集中供养能力显著增强。农村低保制度与扶贫政策有效衔接，全国农村低保标准从 2012 年的每人每年 2068 元提高到 2020 年的 5962 元。扶贫部门与民政部门定期开展数据比对、摸排核实,实现贫困人口"应保尽保"。

精准扶贫工作推进机制,有效解决"四个问题":即扶持谁、谁来扶、怎么扶、如何退。坚持发挥中国共产党领导的政治优势和社会主义集中力量办大事的制度优势,构建省市县乡村五级抓扶贫、层层落实责任制的治理格局;坚持广泛动员全社会力量,支持和鼓励全社会采取灵活多样的形式参与扶贫;坚持创新扶贫开发机制,为贫困人口贫困村建档立卡,向贫困村派驻第一书记和工作队,出台一系列精准扶贫政策,为脱贫攻坚源源不断地释放改革红利;坚持扶贫扶志扶智有机结合,始终注重贫困人口内生动力的激发与培育;建立完善贫困地区基本公共服务体系、城乡基本养老保险制度和具有减贫兜底功能的社会保障体系。

三、中国扶贫开发成效

中华人民共和国成立时,国家一穷二白,人民生活处于极端贫困状态。社会主义基本制度的确立、大规模农村基础设施建设、农业技术的推广应用、农村义务教育的普及、农村合作医疗体系的建立等为减缓贫困奠定了基础。改革开放以后,农村率先进行经济制度改革,实行家庭联产承包经营责任制,生产力得到了极大解放,农民收入大幅提高,农民温饱问题逐步得以解决。

经过区域扶贫开发,贫困人口收入水平持续提升。贫困地区农村居民人均可支配收入从 2013 年的 6079 元增长到 2020 年的 12588 元,年均增长 11.6%,增速比全国农村高 2.3 个百分点。贫困人口工资性收入和经营性收入占比逐年上升,转移性收入占比逐年下降,自主增收脱贫能力稳步提高。对于老弱病残者进行兜底保障,全国共有近 2000 万贫困人口被纳入低保或特困人员救助供养范围,农村低保标准大幅提高。

"两不愁三保障"全面实现。贫困户全面实现不愁吃、不愁穿,平时吃得饱且能适当吃好。贫困人口受教育的机会显著增多、教育水平持续提高,农村贫困家庭子女义务教育阶段辍学问题实现动态清零。贫困人口全部纳入基本医疗保险、大病保险、医疗救助三重制度保障范围,实施大病集中救治、慢病签约管理、重病兜底保障等措施。实施农村危房改造,贫困人口全面实现住房安全有保障。实施农村饮水安全和巩固提升工程,饮用水量和水质全部达标。贫困地区自来水普及率 2020 年达到了 83%。

2020 年底,我国脱贫攻坚战取得了全面胜利。现行标准下 9899 万农村贫困人口全部脱贫，832 个贫困县全部摘帽，12.8 万个贫困村全部出列，960 多万贫困人口实现易地搬迁，区域性整体贫困得到解决，完成了消除绝对贫困这一历史性艰巨任务。

世界银行发布数据显示，按照每人每天 1.9 美元的国际贫困标准，从 1981 年至 2015 年底，我国贫困发生率累计下降了 87.6 个百分点，年均下降 2.6 个百分点，同期全球贫困发生率累计下降 32.2 个百分点，年均下降 0.9 个百分点，我国减贫速度明显快于全球，贫困发生率也大大低于全球。按照世界银行国际贫困标准，中国减贫人口占同期全球减贫人口的 70% 以上，提前十年实现《联合国 2030年可持续发展议程》减贫目标，成为全球最早实现联合国千年发展目标中减贫目标的发展中国家，加速了世界减贫进程，为全球减贫事业做出了巨大贡献。

世界银行 2018 年发布的《中国系统性国别诊断》报告称"中国在快速经济增长和减少贫困方面取得了'史无前例的成就'"。联合国秘书长古特雷斯在"2017减贫与发展高层论坛"发贺信盛赞中国减贫方略，称"精准减贫方略是帮助最贫困人口、实现 2030 年可持续发展议程宏伟目标的唯一途径。中国已实现数亿人脱贫，中国的经验可以为其他发展中国家提供有益借鉴"。

四、农村社会保障体系日益完善

作为脱贫攻坚重要的制度安排和精准扶贫重要举措之一，兜底保障对特殊贫困群体脱贫，特别是无劳动能力的贫困人口和贫困户脱贫起到了重要作用。聚焦特殊贫困群体，落实兜底保障政策，做到农村低保制度与扶贫政策有效衔接，实现贫困人口"应保尽保"，解决绝对贫困不落一人。

中华人民共和国成立以来，农村社会保障从无到有，目前已基本形成了保障比较齐全、具有中国特色的社会保障体系，农村社会养老、社会医疗和社会低保等农村社会保障制度逐步建立和完善，为社会主义新农村建设奠定了基础。

农村社会养老保险制度逐步完善。中华人民共和国成立 70 年以来，为满足农村居民养老需求，我国农村养老保险制度在改革中逐步形成与发展，分别经历了1992 年"老农保"、2009 年"新农保"、2014 年城乡居民社会养老保险制度等不同阶段。自 2009 年推行"新农保"以来，大量农民被纳入养老保险体系，2010 年参保人数达 10276 万人，2011 年同比增加两倍多。2014 年农村养老服务能力和保障水平进一步提高，截至 2018 年，城乡居民社会养老保险人数达 52392 万人；同时，针对农村居民最低标准的基础养老金也不断调整，从过去的每人55元/月提高到2015年的每人70元/月，2018年又提高到88元/月。此后，各地每年都有不同程度的上调。农村社会养老保险制度逐步完善，让老年人享受到经济发展的成果，也有利于增强他们的获得感、幸福感、安全感。

农民医疗保障水平不断提高。中华人民共和国成立之初，农村缺医少药，农民看病难问题突出。经过70年的探索，中国农村合作医疗制度从1955年初步建立之后，几经兴衰，终于创造了一条有中国特色的农村医疗卫生事业发展道路。为了更好地解决农民的医疗保障问题，2003年我国开始试点推行新型农村合作医疗制度，到2010年已基本覆盖全国农村居民，参合率为96%，2013年参合率近100%。新型农村合作医疗平稳运行，卫生服务水平逐步提高。2016年，城乡居民基本医疗保障制度整合，全民医保体系基本形成，覆盖城乡居民超过13亿人。

农村最低生活保障制度逐步增强。中华人民共和国成立以来，我国农村居民最低社会保障制度实现了从无到有的历史性突破。1992年，我国开始在少数省份的农村开展农村最低生活保障制度试点工作，到2007年才在全国范围内推广，农村低保对象月平均标准为70元/人。经过数年的发展，农村居民最低生活保障标准和覆盖范围逐步完善，截至2020年底，农村低保月平均标准达到487元/人，较2007年增长5.7倍。农村居民社会保障制度的保障效力进一步增强，在保障困难群众基本生活、促进经济社会和谐发展及防止返贫等方面发挥了积极的作用。

五、巩固脱贫攻坚成果，任重道远

2020年底，中国宣布现行贫困标准下农村贫困人口全部脱贫，农村绝对贫困问题已经解决。1986年5月成立的国务院扶贫开发领导小组办公室于2021年2月摘牌，被国家乡村振兴局所取代。但是，消除绝对贫困任务后，我国原贫困地区巩固拓展脱贫攻坚成果，坚决守住不发生规模性返贫致贫底线，任务十分艰巨。

我国现行贫困线标准仍然较低。30多年来，随着经济社会发展和物质价格水平的提高，中国贫困线标准虽然经过多次调整，但仍然处于较低水平。我国制定贫困线标准一直都是依据每人每天2100大卡的最低营养需求来推算，仍只是一条保障"吃饭权"的贫困线，标准不高。

2011年中国贫困线调升到2300元/年，新口径下的贫困人口数量是12238万人；按世界银行的标准，中国的贫困人口数量是8170万人。所以严格来讲，当时中国确定的贫困线标准比世界银行要高。2015 年，世界银行的贫困线升级，从 2005 年 1.25 美元的标准提升到 1.9 美元；2022 年 5 月，又再次由 1.9 美元上调至 2.15 美元。这意味着中国现在的贫困线标准仍然低于世界银行确定的最新标准。

脱贫地区农业基础设施、生产条件仍然较为落后。通过多年的扶贫开发，原有贫困地区农业生产基础设施及农村交通、通信、农民生活用水、农村用电及农村生活环境得到较大的改善，但这些地区自然条件恶劣、社会发展程度低和社会服务水平差，投入与产出效益的反差较大。贫困农户的基本生产生活条件还没有质的变化，贫困地区社会、经济、文化落后的状况还没有根本改观。由于受自然条件恶劣、社会保障系统薄弱和自身综合能力差等因素的掣肘，已经解决温饱问题的贫困人口还存在很大的脆弱性，容易重新返回贫困状态。

脱贫地区支柱产业仍未稳固建立。中国扶贫历经"输血"式就地扶贫、"换血"式搬迁扶贫、"造血"式开发扶贫的探索实践。受区位劣势的制约，多数贫困地区除了发展旅游、休闲、观光及特色农业外，其他产业发展严重滞后。通过扶贫帮困兴办的产业，同质化较高，市场竞争力不强。多数贫困农户没有相对稳定的、效益较好的支柱产业，自我发展能力弱、造血功能差、后劲不足。

脱贫地区劳动力整体素质不高、就业难度仍然很大。智力扶贫不是一个短期任务，而是一项关系到国计民生、人民生活福祉的长期事业。贫困地区劳动力整体素质不高，大多数年轻人外出务工后，留守人员大都是老弱病残。从农户的收入来源看，相当一部分农户是由外出务工而脱贫致富的。由于中国人口基数很大，在今后相当长的一个时期将面临就业压力，贫困地区劳动力就业难度会继续增大。外出务工农民由于年龄及身体原因返乡，没有稳定的收入来源，势必会导致返贫再次出现。

巩固拓展脱贫攻坚成果，防止再次返贫，任重道远。实现持续稳定的减贫脱贫致富，是一项长期而艰巨的任务。

第十章　休闲农业、乡村旅游与美丽乡村建设

休闲农业是指利用田园景观、自然生态及环境资源，结合农林渔牧生产、农业经营活动、农村民俗文化及农家生活，提供民众休闲、增进民众对农业及农村之生活体验为目的的农业经营方式。美丽乡村是指经济、政治、文化、社会和生态文明协调发展，规划科学、生产发展、生活宽裕、乡风文明、村容整洁、管理民主、宜居宜业的可持续发展乡村。乡村旅游是指依托休闲农业和美丽乡村资源条件为特色的新兴旅游活动。

休闲农业、美丽乡村建设，改变了农业农村的生产生活环境。城镇居民长期生活在高度集中的城镇里，从事高强度快节奏的工作，过着喧闹的生活，对美丽乡村的向往的需求越来越强烈。

休闲农业及乡村旅游，让游人在美丽乡村中缓解疲惫的身体，舒缓平日紧张的心情，享受大自然的美景；在体验农事和采摘果实的过程中，观览大自然的神奇，品尝大自然的馈赠，体验重新回归自然的乐趣。

传统农业的社会功能主要是向社会提供所需的农产品，现代农业不仅要向社会提供充足的、优质的、丰富多样的农产品，还要满足社会发展进步的需求，为城乡居民提供各类优质的服务。乡村休闲旅游产业已成为农村一项全新的服务类朝阳产业。

一、休闲农业与乡村旅游

休闲是美好生活最重要的组成部分之一，不同学科的学者对休闲有不同的认识

和定义。从与休闲相对应的工作角度看，休闲是指在非劳动及非工作时间内以各种"玩"的方式求得身心的调节与放松，达到身体保健、体能恢复、身心愉悦目的的一种业余生活。休闲之事古已有之。休闲的一般意义是指两个方面：一是消除体力的疲劳；二是获得精神上的慰藉。如果上升到文化范畴，休闲则是指人的闲情所至，为不断满足人的多方面需要而处于文化创造、文化欣赏、文化建构的一种生存状态或生命状态。休闲发端于物质文明，物质文明又为人类提供了闲暇、伴生了闲情逸致。休闲反映时代的风貌，是整个社会发展与变革的缩影。

农业也是一个充满美学的产业，既有自然美，更有过程美和结果美。在农作物种植生产过程中，农民利用种子、土肥、水汽等条件，创造出绿色的禾苗、金色的麦浪、大美的田野。在蔬菜花卉和水果生产过程中，人们常常把大小果园称之为"花果山"，把盛开花朵的蔬菜、花卉基地称为"美丽花园"。在畜牧业生产中，往往能在飘着洁白云彩的蓝天下、绿色的草原上，看到奔跑着的白色羊群、红褐色的马群、黑白相间的牛群，听到牧马人、牧羊人的长调歌声，让人想起"天苍苍，野茫茫，风吹草低见牛羊"的不朽诗句。在渔业生产过程中，能看到蓝蓝的湖水、青青的水草中，鱼儿在水中欢畅地游动，极目远眺，海天一色，令人心旷神怡。农业无处不美，无时不美。农业具有自然美，农业生产活动就是在创造美。农业本身就是休闲资源，具有一定的休闲娱乐功能。

休闲农业是指利用田园景观、自然生态及环境资源，结合农林渔牧生产、农业经营活动、农村民俗文化及农家生活，以为民众提供休闲内容、增进民众对农业及农村之生活体验为目的的农业经营方式。休闲农业的基本属性是以充分开发利用具有观光、旅游价值的农业资源和农业产品为前提，把农业生产、科技应用、艺术加工和游客参与的农事活动等融为一体的新生产业，是传统农业的延伸和发展。

乡村旅游是相对于城市旅游和名胜景区旅游的、特色明显的村野旅游形式。乡村旅游是依托特色村容村貌、乡村民俗风情、乡野田园风光等资源，依托农耕文化、农业生产、农业科技等农事活动，为游客提供观光游览、休闲度假、生活体验、科普教育、产品品尝、健康养生等项目的新兴旅游活动。乡村旅游植根于农村，与农业生产、农民生活息息相关，是农业和旅游业相融合的一种新型的交叉型产业。

休闲农业为乡村旅游提供了丰富的、市民渴求的旅游资源；乡村旅游为休闲农业带来了巨大的客源、财源。休闲农业与乡村旅游的结合，是农村一二三产业的融合，是城乡经济的融合，推动了农业农村经济的繁荣与发展。

（一）休闲农业与乡村旅游发展历程

由于休闲农业与乡村旅游发展的区域是农村，发展的主体是农民，开发的对象是农业农村资源，目标是一致的，二者发展基本是同步的。

中华人民共和国成立至人民公社时期，不论城市还是农村，人人都在忙于生计。在农村，农民忙于"先治坡，后治窝"；在城市，大多数居民既缺乏乡村旅游的理念，更无休闲旅游消费能力。休闲只是国民的一种奢望。我国休闲农业与乡村旅游是从农村改革开放之后开始的，其发展历程大致可分为以下几个阶段：

1. 休闲农业、乡村旅游萌芽阶段（1978—1997 年）

改革开放之初，中国经济开始恢复和快速发展，靠近城市和景区的农民，自发举办西瓜节、荔枝节、桃花节等节庆活动，吸引城市居民去品尝、观光旅游，这是中国休闲农业、乡村旅游的萌芽。随着城乡经济发展，经济发达地区、特色农产品地区，出现了以农业生产和观光旅游相结合的新农村，如江苏的华西村、浙江上虞的盖北葡萄休闲观光园。1987 年，一些从事乡村农家旅游发展和农村居民出游活动的社会人士在北京成立了"中国农民旅游协会"。1989 年，"中国农民旅游协会"更名为"中国乡村旅游协会"，标志着全社会开始关注乡村旅游。20 世纪 90 年代初，以华西村建立农民旅行社为标志，农业旅游市场开始形成，一些村镇开始兴办旅游企业，有计划地开发农业旅游资源。1995 年 5 月，我国实施双休日制度，城市居民休闲需求获得了释放机会，休闲农业和乡村旅游正式进入政策制定者的视野。

2. 休闲农业、乡村旅游起步阶段（1998—2005 年）

随着人民生活水平从温饱走向小康，休闲旅游需求增加，旅游交通体系不断完善，政府也不断出台扶持休闲农业与乡村旅游的政策。1998 年，国家旅游局开展"华夏城乡游"旅游年主题活动，提出"吃农家饭，住农家院，做农家活，看农家景，享农家乐"的口号；1999 年推出"生态旅游年"活动；同时，"黄金周"制度的实施进一步激发了我国休闲旅游的热潮。2001 年出台了《农业旅游发展指导规范》，公布了首批农业旅游示范点；2002 年倡导开展农业旅游，发布实施《全国农业旅游示范点检查标准（试行）》；2004 年在全国评出 203 个农业旅游示范点。

这一阶段休闲农业、乡村旅游仍处于农家乐的初级阶段。乡村旅游政策处于行业引导摸索期，政策主要由国家旅游局和农业部制定，以引导和规范为主。

3. 休闲农业、乡村旅游发展提速阶段（2006—2014 年）

2006 年，国家旅游局将当年全国旅游主题确定为"中国乡村旅游年"，宣传口号为"新农村、新旅游、新体验、新风尚"，出台了《关于促进农村旅游发展的指导意见》，指出"农村旅游是新农村建设的积极实践，是推动旅游业成为国民经济重要产业的主要力量"，同年，乡村旅游被写入"十一五"规划。2007 年，国家旅游局和农业部联合成立了"全国乡村旅游工作领导小组"，联合发布了《关于大力推进我国乡村旅游发展的通知》，改变了以往多头管理、责任不清的局面，为乡村旅游的发展提供了组织保障。

2010 年，农业部组织编制了《全国休闲农业发展"十二五"规划》；2013 年《国民休闲纲要》颁布；2014 年国务院发布的《关于促进旅游业改革发展的若干意见》提出了"大力发展乡村旅游"的具体指导意见。这些举措有力地助推了休闲农业和乡村旅游发展，相继出现了以农家乐、度假村、野营地、生态农业观光园、科普教育农业园、民俗文化村、乡村俱乐部等多种形式的休闲农业与乡村旅游，休闲农业和乡村旅游成为农村经济社会发展的新业态、新亮点。

4. 休闲农业、乡村旅游高速发展阶段（2014 年后）

进入"十三五"后，中国经济发展进入新常态，人均 GDP 超过 8000 美元，农业发展进入"休闲拐点"，休闲农业呈现出产业规模化、经营集约化、内涵多元化的发展趋势。2015 年以来，每年的中央一号文件都对发展休闲农业和乡村旅游进行了部署。休闲农业的社会投资增加，经营主体多元，类型模式多样，组织体系逐步健全。与之相关的规划设计、人才培训、信息咨询和宣传推广等中介服务机构也发展起来。

2014 年，国务院发布了《关于创新机制扎实推进农村扶贫开发工作的意见》，提出到 2020 年扶持约 6000 个贫困村开展乡村旅游的目标，乡村旅游政策进入密集发布期。这一时期乡村旅游地位空前提高，2016 年的中央一号文件提出将乡村旅游建成繁荣农村、富裕农民的新兴支柱产业。2018 年《中共中央、国务院关于实施乡村振兴战略的意见》提出，实施休闲农业和乡村旅游精品工程，建设一批设施完备、功能多样的休闲观光园区、森林人家、康养基地、乡村民宿、特色小镇。对利用闲置农房发展民宿、养老等项目。发展乡村共享经济、创意农业、特色文化产业。这一时期的政策主体更加注重联合协调。

截至 2018 年底，农业农村部已创建了 388 个全国休闲农业和乡村旅游示范县，聚集村达 9 万多个，推介了 710 个"中国美丽休闲乡村"和 248 个"中国美丽田园"。

2018年全国以休闲农业为主要景区的乡村旅游接待超30亿人次,比2015年增加9亿人次,年均增长12.6%;营业收入超8000亿元,比2015年翻了一番,年均增长26%,带动700多万户农民家庭就业和增收。据农业农村部资料,对13.5万家休闲农业经营主体进行观测可知,休闲农业中农民从业的占93%,平均每亩农地营业收入可达1.5万元,从事休闲农业的农民年人均收入在5万元以上。休闲农业对增加农民收入、精准扶贫精准脱贫、促进农村产业融合、城乡一体化发展以及拓展旅游业发展空间具有重要意义。2020年后,为适应城乡居民休闲热情高涨的市场需求,全国休闲农业布局更优化、类型更丰富、功能更完善、特色更鲜明。

(二)休闲农业与乡村旅游主要模式

"农家乐"模式是乡村休闲旅游的最初发展模式,也曾是我国乡村休闲旅游的主要模式。"农家乐"模式产品结构单一、消费体验不深,属于低层次休闲旅游消费形式。我国的政策重点也由最初的鼓励"农家乐"模式逐渐过渡到鼓励多种形式并存创新升级的经营模式。现阶段,我国休闲农业及乡村旅游主要模式可分为以下几个大类。

1. 田园农业休闲旅游模式

该模式以农村田园景观、农业生产活动和特色农产品为休闲吸引物,开发农业游、林果游、花卉游、渔业游、牧业游等不同特色的主题休闲活动,满足游客体验农业、回归自然的心理需求,主要类型有以下几种。

田园农业游。以大田农业为重点,组织开展欣赏田园风光、观看农业生产活动、品尝和购置绿色食品、学习农业技术知识等旅游活动,以达到了解和体验农业的目的。

园林观光游。以果林和园林为重点,开发采摘、观景、赏花、踏青、购置果品等旅游活动,让游客观看绿色景观,亲近美好自然。

休闲渔业游。以江河、湖泊及水产养殖区为重点,开展垂钓、捕捞等活动,品尝鲜美水产品。

农事体验游。通过参加农业生产活动,与农民同吃、同住、同劳动,让游客接触实际的农业生产、农耕文化和特殊的乡土气息。

2. 民俗风情休闲旅游模式

该模式以农村风土人情、民俗文化为休闲吸引物,充分突出农耕文化、乡土文化和民俗文化特色，开发农耕展示、民间技艺、时令民俗、节庆活动、民间歌舞等旅游活动，增加乡村休闲的文化内涵。主要类型有以下几种。

农耕文化游。利用农耕技艺、农耕用具、农耕节气、农产品加工活动等，开展农业文化休闲。

民俗文化游。利用居住民俗、服饰民俗、饮食民俗、礼仪民俗、节令民俗、游艺民俗等，开展民俗文化游。

乡土文化游。利用民俗歌舞、民间技艺、民间戏剧、民间表演等，开展乡土文化游。

民族文化游。利用民族风俗、民族习惯、民族村落、民族歌舞、民族节日、民族宗教等，开展民族文化游。

3. "农家乐" 休闲旅游模式

该模式指农民利用自家庭院、自己生产的农产品及周围的田园风光、自然景点，以价廉物美的休闲产品吸引游客前来吃、住、玩、游、娱、购等旅游活动。主要类型有以下几种。

庭院景观农家乐。利用家庭庭院的果园、花园、鱼塘等农业生产及农家生活环境设施，吸引游客前来观光、休闲、采摘、垂钓等体验。

休闲娱乐农家乐。以优美的环境、齐全的设施，舒适的服务，为游客提供吃、住、玩等旅游活动。

食宿接待农家乐。以舒适、卫生、安全的居住环境和可口的特色食品，吸引游客前来休闲旅游。

4. 村镇宅院休闲旅游模式

该模式以古村镇宅院建筑和新农村格局为旅游吸引物，开发观光旅游。主要类型有以下几种。

古民居和古宅院游。大多数是利用明、清两代村镇建筑来发展观光旅游。如山西王家大院和乔家大院、福建闽南土楼等。

民族村寨游。利用具有民族特色的村寨发展观光旅游，如云南瑞丽傣族自然村、红河哈尼族民俗村等。

古镇建筑游。利用古镇房屋建筑、民居、街道、店铺、古寺庙、园林来发展观光旅游，如山西平遥古城、云南丽江古城、浙江南浔古镇、安徽徽州古城等。

新村风貌游。利用现代农村建筑、民居庭院、街道格局、村庄绿化、工农企业等来发展观光旅游。如江苏华西村、河南南街村等。

5. 度假养生休闲旅游模式

该模式依托自然优美的乡野风景、舒适怡人的清新气候、独特的自然资源（如地热温泉资源等）、优质生态的绿色空间，结合周围的田园景观和民俗文化，兴建一些休闲、娱乐设施，为游客提供休憩、度假、娱乐、餐饮、健身等服务。主要类型有以下几种。

休闲度假村。以山水、森林、温泉为依托，以齐全、高档的设施和优质的服务，为游客提供休闲、度假旅游。

休闲农庄。以优越的自然环境、独特的田园景观、丰富的农业产品、优惠的餐饮和住宿，为游客提供休闲、观光旅游。

乡村酒店。以餐饮、住宿为主，配合周围自然景观和人文景观，为游客提供休闲旅游服务。

6. 科普教育和休闲旅游模式

该模式利用农业观光园、农业科技生态园、农业产品展览馆、农业博览园或博物馆，为游客提供以了解农业历史、学习农业科技、增长农业知识为主的旅游服务活动。主要类型有以下几种。

农业科技教育基地。是在农业科研基地的基础上，利用科研设施作景点，以高新农业技术为教材，向游客特别是中、小学生进行农业技术教育，形成集农业生产、科技示范、科研教育为一体的新型农业科技教育园地。

观光休闲教育农业园。利用当地农业园区的资源环境、现代农业设施、生物种养、农业生产经营、优质农产品展示等，开展农业观光、参与体验等教育活动。

少儿教育农业基地。利用当地农业种植、畜牧、渔业、农耕文化、农业技术等，让中、小学生参与休闲农业活动，接受农业技术知识的教育。

农业博览园。利用当地农业技术、农业生产过程、农业产品、农耕文化等进行展示，让游客参观。

7. 自然生态休闲旅游模式

该模式利用农村优美的自然景观、奇异的山水、绿色森林，发展观山、赏景、登山、森林浴、滑雪、滑水等旅游活动，让游客感悟大自然、亲近大自然、回归大自然。该模式主要是针对山区、湖区农民，利用森林、湿地、水体、人文等自然资源景观，开展观光、住宿、康养、科普等休闲活动。

8. 候鸟式休闲养生旅游模式

随着人们生活水平的提高，不少人特别是退休的中老年人，出于自身健康的考虑，为了回避长住地的不良气候环境而选择前往更适合自己生活的地方，如冬天选择到南方地区避寒，夏天去北方或山区避暑。候鸟式养生养老模式，是一种新型的养老方式，就像候鸟一样，到风景优美、适合度假养生的地方，一边游山玩水、一边康复疗养、一边颐养身心。"候鸟式"休闲养生模式将会成为一种常态。许多地区，借力夕阳"候鸟模式"，规划好区域性、特色性的养老产业，建立老年医疗卫生、老年公寓、老年户籍管理、老年公共交通等服务，将其推动和培育成生机勃勃的"阳光产业"。

二、美丽乡村建设

关于美丽乡村的内涵，《美丽乡村建设指南》（GB/T 32000—2015）给的定义是：经济、政治、文化、社会和生态文明协调发展，规划科学、生产发展、生活宽裕、乡风文明、村容整洁、管理民主，宜居、宜业的可持续发展乡村（包括建制村和自然村）。

如果从自然、社会、人文三个层面进行分析，美丽乡村的特征应是自然环境整洁、社会环境良好、人文环境优越的统一体。

（一）中国美丽乡村建设的背景

我国改革开放以后，农业生产、农民生活、农村环境、农村人口结构、工农关系、城乡关系等发生了巨大变化。

1. 在推进农业农村社会经济发展进步的同时，工业化的发展也给农业农村带来了一定的负面影响

农业生态环境问题影响到了农业生产、农产品质量安全及农民的生产生活安全，农村人居生活环境的改善迫在眉睫。美丽乡村建设最初就是从治理乡村环境污染和生态破坏起步的。

2. 城镇化的快速发展，农村劳动力及家庭向城镇转移，农村群落的经济社会生态发生了巨大改变

农民工大量进城，"空壳村"现象较为普遍，社会资源大量闲置，村落社区房屋倒塌，杂草丛生，"垃圾随风飘、污水四处流、环境脏乱差"，成为部分农村的常态。农村人居环境堪忧，大量传统、历史、民族文化古迹未能得到很好的保护。城乡二元户籍制度的管理模式，农村基础设施的落后，影响到了农村建设和社会发展。整治"空心村"、改善农村人居环境、重构乡村空间、缩小城乡差距,推进城乡融合发展,迫在眉睫。

3. 逆城市化给美丽乡村建设带来了无限发展空间和商机

逆城市化是"城市化"发展到一定阶段派生出来的新潮流。由于城市中生活、工作压力日渐增大,城市居民对生活环境自然化的需求倾向日趋显现,城市人口向郊区乃至农村流动的意愿不断加大。逆城市化要求农业农村推进供给侧结构性改革:要求农业农村的社会功能要进一步拓展,要求农村地区及农业产业不但要提供优质农产品,还要提供广泛的、多层次的、优质的服务。农业不再是单一的第一产业,必须实行三产融合,重构乡村空间,发展休闲产业、康养产业等新业态。

4. 建设美丽中国,工作重点和难点都在建设美丽乡村

"美丽中国"是中国共产党第十八次全国代表大会提出的概念,在党的十八届五中全会上,又被纳入"十三五"规划。从国土空间上讲,美丽中国由两部分组成:美丽城市和美丽乡村。美丽乡村才是美丽中国的根,只有建设多样的美丽乡村才会有千姿百态的美丽中国。美丽乡村建设是实现"美丽中国"战略目标的重要抓手。

5. 实施乡村振兴战略,美丽乡村建设是重要内容

近年来,我国一些地区特别是一些山区,休闲生态旅游产业快速发展,已成为农民致富的支柱产业。美丽乡村建设,有效改善了乡村穷山恶水的面貌。党的十九大提出乡村振兴战略,乡村振兴,首先是产业振兴。实施乡村振兴战略分"三步走",到 2035 年,基本实现农业农村现代化;到 2050 年,全面实现农业强、农村美、农民富的战略目标。乡村振兴战略把发展休闲旅游产业及美丽乡村建设作为乡村振兴的重要内容。

(二)中国美丽乡村建设历程

1. 浙江省美丽乡村建设

新时代中国的美丽乡村建设,从地方政府推动的层面看,起源于浙江省。浙江省美丽乡村建设从 2003 年起步至今,经历了四个发展阶段。

第一阶段:2003 年开始的"治乱、治脏"阶段,开展"千村示范、万村整治"农村环境工程。主要内容是全面推进村内道路硬化、垃圾收集、卫生改厕、河沟清淤、村庄绿化和环境整治。

第二阶段:2008 年开始的"美丽乡村"建设阶段,将整治内容拓展到面源污染治理、农房改造、农村公共设施建设。围绕"村村优美、家家创业、处处和谐、人人幸福"目标，开展"美丽乡村"建设。

第三阶段：2013 年开始的"美丽乡村"升级示范阶段，启动实施美丽乡村建设行动计划，开展历史文化村落保护利用工作，着力把农村建成规划科学布局美、村容整洁环境美、创业增收生活美、乡风文明身心美，宜居宜业宜游的农民幸福家园、市民休闲乐园。打造"连片美、内在美、发展美、风尚美、制度美"的中国美丽乡村示范地区。

第四阶段：2017 年起，突出践行"两山"理论，推动美丽乡村建设从一处美向全域美、一时美向持久美、外在美向内在美、环境美向生活美转型。聚焦实现乡村振兴，实施建、管、营全面发展，全力打造美丽乡村升级版。

2018 年 9 月，浙江省的美丽乡村"千万工程"获联合国最高环保荣誉——"地球卫士奖"。2020 年浙江省已有 1100 多个小城镇、97% 的建制村完成环境综合整治，创建美丽乡村先进县 58 个、示范县 23 个、美丽乡村风景线 500 多条、示范乡镇 300 个、精品村特色村 2500 多个、美丽庭院 60 多万户。

2. 国家对美丽乡村建设的部署安排

2012 年，党的十八大提出建设"美丽中国"。此后，以生态文明为核心的美丽乡村建设，无论从实践推进层面，还是理论研究层面都得到了广泛重视。

2013—2017 年，连续五年的中央一号文件都强调，要加强美丽乡村建设。2013 年的中央一号文件提出，"加强农村生态建设、环境保护和综合整治，努力建设美丽乡村"；2013 年 7 月，习近平总书记在考察湖北省鄂州市长港镇峒山村时说："实现城乡一体化，建设美丽乡村，是要给乡亲们造福。"在 2013 年底召开的中央农村工作会议上，习近平总书记强调：中国要强，农业必须强；中国要美，农村必须美；中国要富，农民必须富。

2017 年中央一号文件又进一步强调，"深入开展农村人居环境治理和美丽宜居乡村建设"。2017 年党的十九大报告提出，要按照"产业兴旺、生态宜居、乡风文明、治理有效、生活富裕的总要求"实施乡村振兴战略；同时要"加快生态文明体制改革，建设美丽中国"。

农业部于 2013 年启动"美丽乡村"创建活动，于 2014 年 2 月正式对外发布美丽乡村建设十大模式，为全国的美丽乡村建设提供范本、借鉴和指导。这十大模式分别为产业发展型、生态保护型、城郊集约型、社会综治型、文化传承型、渔业开发型、草原牧场型、环境整治型、休闲旅游型、高效农业型。

3. 全国各地开展美丽乡村建设

"十二五"期间，受浙江省美丽乡村建设的积极影响，广州市增城市（2014 年撤市设区）、花都区、从化区（2014 年撤市设区）等地从 2011 年开始启动美丽乡村建设。2012 年，海南省明确提出将以推进"美丽乡村"工程为抓手，加快推进全省农村危房改造建设和新农村建设的步伐。随后，"美丽乡村"建设已成为中国特色社会主义新农村建设的代名词，全国各地掀起美丽乡村建设的新热潮。

2019 年初，湖北省委、省政府出台《关于全面学习浙江'千万工程'经验 扎实推进美丽乡村建设的决定》，配套制定了《湖北省美丽乡村建设五年推进规划（2019—2023 年）》《湖北省美丽乡村建设 2019 年度实施计划》《关于加快编制村庄规划 促进乡村振兴的通知》《关于统筹整合乡村建设项目资金支持美丽乡村建设的意见》《湖北省 2019 年度美丽乡村建设成效评价办法》。美丽乡村建设在全省面上展开。

（三）美丽乡村建设的成效

国家积极推进美丽乡村建设，将美丽乡村建设作为推进生态文明建设和深化社会主义新农村建设的重点工程来抓。开展自然环境生态保护，大力整治农村环境，农村脏乱差状况明显好转，农村人居环境显著改善。第三次全国农业普查结果表明，2016 年底，91.3% 的乡镇集中或部分集中供水，90.8% 的乡镇生活垃圾集中处理或部分集中处理。73.9% 的村生活垃圾集中处理或部分集中处理，17.4% 的村生活污水集中处理或部分集中处理，53.5% 的村完成或部分完成改厕。传统村落和传统建筑得到有效保护，融自然、休闲、文化、旅游、养老于一体的美丽村镇建设在全国多地展开。

由于全国各地自然、社会、经济背景不同，美丽乡村建设起步早晚不一，工作力度大小不等，建设成效在各地大不一样。2020 年底，笔者同湖北省"三农"问题研究会课题组成员一道，先后赴浙江省杭州市、湖州市和湖北省武汉市、襄阳市、宜昌市、荆州市、咸宁市等多地，围绕推进美丽乡村建设情况开展调研。美丽乡村建设时间短，见效快，效果好。

1. 浙江省起步早，力度大，效果好

美丽乡村建设已实现从"整洁美"迈向"生态美"；从"局部美"迈向"全域美"；从"风景美"迈向"风尚美"；从"环境美"迈向"发展美"的几次跨越。浙江全省农村生态环境、村容村貌、农民生产生活环境发生巨大变化，同时为全国美丽乡村建设发挥了示范引领作用。

2. 湖北省的美丽乡村示范村建设也取得了明显成效

（1）路通了。如襄阳市加快推进农村公路"建养一体化"改革试点工作，提高通达度，打通"断头路"，连通循环路，促进干线公路提档升级，支线公路联网成片，实现100%撤并村、易地移民安置点、较大自然村通水泥路。枣阳市王城镇，实施美丽乡村整镇推进战略，对镇内所有主干道、循环路提档升级，扩宽道路100公里，新修道路50公里，构建起"三纵四横五循环"高规格路网骨架，让全镇内外道路互通，"毛细血管"支支相连。

（2）宅新了。美丽乡村试点村村容村貌大改善。村庄民宅外墙立面刷新、家庭围院改造、居民集中区的墙面建立了乡村文化墙、荣誉墙，民宅焕然一新。

（3）地绿了。如襄阳市提出"有路必有树、有树必有荫"的要求，抓好乡村道路绿化。积极建设村内小游园和环村绿化带。大力推进农户"小三园"（小菜园、小花园、小果园）建设，实现"房在园中，园在村中，村在景中"。推广绿色示范乡村建设模式，所有村庄全面建成绿色乡村，做到农村非耕地应绿尽绿。

（4）水净了。美丽乡村试点村抓农村人居环境整治，统筹推进农村污水处理和垃圾治理工作，乡镇建设了污水处理厂、生活垃圾中转站，实现了村庄生活垃圾标准化治理。以"五清一改"为重点内容，推进村庄清洁行动，农村"脏乱差"现象明显改善。如襄阳市，加强流域水生态保护，加强矿山污染、重金属污染、农业面源污染治理力度。全面巩固秸秆禁烧成果，充分利用农作物秸秆、农村人畜粪便建设大中型沼气工程。建设完善"户分拣、组归类、村收集、镇转运、县处理"的农村垃圾收集处理体系。加强农村生活污水处理，实现污水治理全覆盖，村庄生活污水随意排放得到有效遏制。推进"厕所革命"三年攻坚行动计划，到2020年农村农户无害化厕所占全部农户总户数的90%以上。

（5）村美了。改善村庄道路、河道、庭院、房前屋后环境，全面整治村庄内乱堆、乱放、乱贴、乱搭、乱建现象，促进村庄公共空间整洁与美化。如武汉市江夏区五里界街，按照"生态智慧小镇、滨湖宜居新城、全域景区乡村"的定位，点线面结合，打造"五里花香、七彩梁湖"的现代版富春山居图。一是建设美丽村湾。按照"一湾一品、一村一韵"的定位，以村湾环境整治为突破口，规划建设了一批各具特色的美丽村湾。二是打造美丽线路。精心规划旅游线路，打造时尚农耕文化的景观大道。大道沿线发展赏花休闲、生态庄园、周末亲子游等农庄经济片区，发展农事体验、康养小镇、茶文化等耕读休闲片区，初步形成了各种类型的休闲旅游示范带。

（6）业兴了。如枣阳市王城镇，以"小亮点"呼应"大战略"。创优发展环境，创优创业平台，创优投资渠道，吸引各方能人在美丽乡村建设中担当主力。通过实施"三乡工程"和"雁归计划"，全镇共吸引各方能人5000多人返乡，回老家当起了工匠、花匠和木匠等，修路架桥，修葺房舍，打理小院，种植花木，整治环境，星星点点，皆成风景。2019年以来，全镇累计由各方能人投资达5000万元，为家乡新修"富民路"50多公里，架起"连心桥"7座，栽下"经济林"300多亩，新建或改扩建党群服务中心6个，新建泵站15座，硬化渠道38公里，发展村级骨干企业6个。五湖四海各方能人踊跃返乡，办项目、建基地、做公益，成为建设家乡、反哺故土的"领头雁"和主力军。

3. 美丽乡村将成为美丽中国的基本底色

美丽乡村建设，使农村环境面貌得到较大改善，一二三产业实现了融合发展，农民收入增加了，生活质量提高了，干群关系好转了，村民的幸福指数提高了！

中国要美，农村必须美。2023年12月《中共中央、国务院关于全面推进美丽中国建设的意见》提出，到2027年，美丽乡村整县建成比例达到40%；到2035年，美丽乡村基本建成。一些美丽乡村建设示范村，其自然生态环境不断优化，村庄环境不断美化，美丽乡村将成为美丽中国的基本底色。

随着农村人口向城镇转移，农村村庄"空心化"现象较为普遍。经过对农村各类闲置资源的改造利用，古老的村庄显露出勃勃生机。民房老宅，修旧如旧，古朴庄重。前庭后院，白天阳光普照，夜晚明月床前；没有车马喧闹，处处鸟语花香，家家平静安宁。村落之外，青山绿水，阳光明媚。随着美丽乡村的建设，垃圾污水集中处理，门前花花草草，院内瓜果飘香。农民的房产资源不再闲置，城镇居民可通过入股、购买、租赁等方式，也可在乡村建一处宅院，邀三五好友，赏四季之风月。随着社会老龄化问题的日益突出，农村将成为社会化养老的最佳场所。

三、休闲农业、乡村旅游、美丽乡村建设"三位一体"

休闲农业、美丽乡村、乡村旅游是新时期实现农业农村现代化、实现乡村振兴的有效载体。

（一）休闲农业、乡村旅游、美丽乡村建设三者各有特色

传统农业的社会功能，主要是向社会提供充足、优质、多样的农产品，满足社

会生产、生活的需求。休闲农业是传统农业功能的拓展延伸，在保持传统农业原有的功能基础上，以农业产业为依托，利用农村田园景观、农业生产和设施、农产品加工和农耕文化等农业资源条件，提供观光、休闲、体验等服务产品，以促进农民就业增收和新农村建设的一种新型产业形态。各地发挥自身的特色优势，建设不同的休闲农业类型，如种养类产业、康养类产业、"候鸟类"产业、观光类产业、文化类产业等各种农业休闲服务业。

传统旅游的核心内容是六大要素，即吃、住、行、游、购、娱。这六个字精辟地概括了旅游活动的内容，到现在仍是对旅游业描述最简洁、准确，传播最广的概念。乡村旅游作为旅游行业的一种类型，其基本要素仍然是以上"六个字"，但内涵发生了巨大的变化，是到乡村去旅游，看的是"三农"文化，吃的是农家饭，住的是民宿。

美丽乡村建设的核心是乡村环境美化建设。一般而言，其有五大基本要素：生态环境美、村容村貌美、村庄文化美、村民生活美、社会和谐美。即加强生态环境建设与改善，实现生态环境美；加强村容村貌的整治与美化，实现村容村貌美；加强农村生产生活的便捷服务，实现生活美；加强农村历史文化的弘扬与发展，实现人文美；加强农村社会法制、机制的建立与完善，实现和谐美。以上五美，农村产业发展是前提，是基础。

（二）休闲农业、乡村旅游、美丽乡村建设三者密不可分

休闲农业、美丽乡村、乡村旅游三者是一个有机整体。休闲农业作为一种新型的农业服务产业，以科学利用乡村资源为手段，以服务城镇居民为主的消费者需求为目标，为旅客提供产需对路的农业农村旅游产品。美丽乡村建设，通过优化美化乡村自然生态、人文社会环境，在优化提升自我生活质量、水平的同时，吸引城镇居民前来旅游、休闲、度假。乡村旅游是一条联系城镇与乡村居民的渠道、纽带。通过乡村旅游，可以发挥农业农村资源优势，发展壮大农业农村服务产业，丰富城镇居民的生活，推动乡村一二三产业融合发展。

休闲农业、美丽乡村、乡村旅游三者的有机结合，极大丰富了传统旅游六大要素，可以说，乡村旅游是现代旅游的一种重要业态，是典型的休闲旅游。传统旅游六大要素仍然是游客的基本需求，但其内涵发生了巨大变化。旅游餐饮不是高档的山珍海味，而是原汁原味、原生态的农家菜肴；旅游住宿不是高档宾馆，而是鸟语花香、依山傍水的农家民宿；旅游客运不是坐车远行，而是就近自驾、徒步就可抵

达的庭院农庄；旅游景区不单是风景名胜、人文古迹，而是农业、农村、农民生产生活之地，是广阔的农村，是乡间别墅，是田园风光；旅游购物不单是传统的旅游产品，更多的是具有地方特色、乡土风味的土特产品；旅游娱乐不再是车水马龙、歌舞喧哗，而是修心养性、回归自然，享受自然原始田园的静谧之美。

此外，休闲农业、美丽乡村、乡村旅游三者的有机融合，丰富了传统的农耕文化，为乡村旅游注入了许多新的内涵。

一是学习。农业是最古老的产业，也是与人们生产生活息息相关的产业，乡村文化、民俗文化、农耕文化就是乡村的灵魂，也是乡村旅游最大的特色。对于有着古老悠久农业文明的中国，乡村和农耕文化的意义尤为特殊。游客可在休闲旅游中了解各地的风土人情，学习中国的传统文化，弘扬中国的传统文明。

二是休闲。休闲不是简简单单给游客提供一个工作之余放松休息的地方，而是要通过内容打造，让游客特别是城里人玩得开心、玩得放松、玩出水平和层次。休闲可以是一次知己的聚会，谈心交友，让人"归得了山林，回得了江湖"，也可以是一次全家人的度假，使休闲的地方成为居家之外的"第二居所"。

三是体验。可因地制宜发展集各类创意农业、农事体验于一体的休闲区，为旅客提供土地租赁、托管代种、产品认养、自行耕种等多种形式的订制服务，培育农旅融合发展新业态。旅客在休闲中体验，在体验中休闲。

四是休养。一些乡村可发挥独特的自然资源优势，发展医疗健康旅游，如发展温泉旅游、养老养生旅游，发展避暑、避寒"候鸟式"旅游度假，进而向全年养生休闲度假转变；促进养老旅游向高端化、品质化转型，优化养生旅游产品结构。

休闲农业、美丽乡村、乡村旅游有机融合，是推进城乡融合发展的重要手段，是转方式、调结构、满足城市居民日益增长的假日休闲需求，是从自发到自觉、从局部到整体，普遍性发展的朝阳产业。

（三）休闲农业、乡村旅游、美丽乡村建设融合发展前景展望

1. 休闲经济时代初见端倪

新的生活方式让我们认识到，当我们的物质需求满足之后，总是越来越追求人的精神享受，越来越追求休闲的生活。

马克思曾说："由于生产力提高一倍，以前需要使用100资本的地方，现在只需要使用50资本，于是就有50资本和相应的必要劳动游离出来；因此必须为游离出来的资本和劳动创造出一个在质上不同的新的生产部门，这个生产部门会满足并

引起新的需要。"

随着物质生产的不断丰富，消费已成为为数众多的人的主要休闲选择，休闲新的合理性被展现出来了。正是由于休闲消费的普遍存在，才使各种休闲产业不断诞生，休闲经济时代正在向我们走来！

休闲产业是工业化社会高度发达的产物，它发端于欧美，19 世纪中叶初露端倪，20 世纪 80 年代进入快速发展时期。1999 年第 12 期美国《时代》杂志文章描画，2015 年前后，发达国家将进入"休闲时代"，休闲将成为人类生活的重要组成部分。据美国权威人士预测，休闲、娱乐活动、旅游业将成为下一个经济大潮，并席卷世界各地；在 2015 年，专门提供休闲的产业将会主导劳务市场，在美国的国民生产总值中将占有一半的份额；新技术和其他一些趋势可以让人把生命中 50% 的时间用于休闲。

我国也不例外，我国现行的休假制度在推动休闲经济的形成、促进休闲产业的发展等方面作用巨大，尤其在促进产业结构的调整、拉动内需、解决就业、盘活经济、繁荣市场等方面立下了汗马功劳。休闲已开始成为我们这个时代的特征之一，它标志着人已经从繁重的体力劳动中解放出来，标志着人从满足现实的基本生活需要转向对精神生活的向往，标志着由传统的生产—消费模式逐渐转向了消费—生产模式的历史阶段。

以研究休闲、休闲生活和休闲经济著称的中国人民大学教授王琪延表示：在北欧一些国家，人们在一个星期里工作四天，休息三天。依据中国现在的经济增长速度，哪怕经济增速低一点儿，如果每年能增长 6%，到 2030 年，就可以实行工作四天、休息三天的制度。中国将迎来休闲经济时代。他还说："休闲经济时代有几个重要的指标：第一，人们的休闲时间会大幅增加，休闲时间能占到 40% ~45%；第二，时间更长远一点，到 2030 年，我们的 GDP 大约有 50% 来自休闲产业；第三，老百姓的消费支出有 50% 用于休闲消费；第四，我们的国土有二分之一的面积用于休闲娱乐。"

2. 休闲供给的资源潜力主要在农村

休闲产业是以旅游业、娱乐业、服务业为龙头形成的产业系统。传统休闲产业一般涉及国家公园、博物馆、体育、影视、交通、旅游部门、餐饮业、社区服务以及由此连带的产业群，不仅包括物质产品的生产，也为人们的文化精神生活提供保障。

现代休闲产业、休闲产品有了较大的转变和提升。走出城市，回归乡村，观赏农村田园景观、自然生态及环境资源；参与农林牧渔生产、农业农事体验、农村民俗文化及农家生活，已成为城市居民缓解都市生活的压力、享受悠闲与宁静生活的主要休闲需求。

休闲经济就是人类社会发展到一定阶段时的产物。我国的休闲经济起步相对较晚，与发达国家相比仍有较大差距。其中，休闲产品供给不足问题十分突出。解决休闲产品供给不足的问题，关键在农村，重要抓手就是要发展休闲农业，走休闲农业、乡村旅游、美丽乡村建设融合发展之路。

我国休闲农业、美丽乡村、乡村旅游发展的历史不长，许多方面有待完善。如：建设规划尚不完善，一些地方建设思路陷入传统模式，村容村貌建设呈现同质化；美丽乡村建设，以政府推动为主，许多地方追求全域化、讲规模重外表，存在"面子工程"；农民的主体地位在许多地方没有得到充分体现，导致投入不大，参与度不高；产业支撑力度不强，竞争力弱；项目投入大，监管乏力，效益不高，对农民的带动作用不强；项目建成后，经营管理滞后，应用功能及效益没有充分发挥出来；短期建设见效快，但长期维护很难做到位；乡村旅游发展存在地产化、去乡村化现象；项目投入成本大，村级债务不断加大，等等。

可以相信，随着休闲经济的快速发展，我国休闲农业、美丽乡村、乡村旅游事业发展中出现的问题一定会得到有效破解。休闲产业一定会不断壮大，休闲产品将日益丰富。

3. 休闲经济力促现代农业的快速发展

休闲与经济的关系密不可分。一方面，经济的发展使人们普遍"有闲"和"有钱"，为休闲生活打下了坚实的物质基础，休闲经济必然应运而生。另一方面，各种休闲消费可以用来支持有效的经济参与，正是这种消费的"再创造性"使得休闲消费变成一种新的社会经济形式。各种消费产业的快速发展，有效促进了经济社会的发展进步。

休闲农业、美丽乡村、乡村旅游产业是休闲经济的重要载体。农村休闲产业迅速发展，农村集体和农民个人闲置的资源将可得到充分利用；沉睡的荒山、荒漠、荒地等资源将会得到有效开发；各地各具特色、适合游客需要的休闲产品进入休闲市场。农村休闲类基础设施建设将有效拉动农村社会经济的发展。休闲消费水平的日益提高将有效促进农村经济的繁荣。农村休闲产业市场主体的发育壮大，将成为现代农业发展的新生力量，为农村发展带来无限生机与活力。

现代农业不再是传统的、单一的种养类产业，而是一二三产业的高度融合；农业的社会功能不再是单纯为社会提供农产品，还将为消费者特别是城镇居民提供所需的服务；土地不再全部由农民耕作，休闲共享农庄经营模式将通过产品认养、托管代种、自行耕种、房屋租赁等多种私人定制形式，让城镇居民在农村有一方良田，享受春播秋收之成果……休闲农业、乡村旅游、美丽乡村建设融合发展，将成为现代农业建设的一个全新模式，为农民增收提供新的重要渠道，是农村繁荣的一条金光大道。休闲农业、乡村旅游、美丽乡村建设融合发展，必将成为推动现代农业发展的强大动力。

第十一章 农村劳动力转移与城乡融合发展

"三农"问题的本质是农民问题。农民问题的核心是农村劳动力的有效就业及劳动生产比较效益问题。

中国农村最重要的资源就是劳动力，最大的浪费是农村劳动力的"隐蔽失业"带来的劳动力未充分利用。

1978 年党的十一届三中全会以后，"三农"工作的中心环节之一就是推进农村剩余劳动力的充分就业，特别是推动农村劳动力向非农产业的转移就业。到 2021 年，全国在非农产业务工农民总量达到 29251 万人，占农村劳动力总数的 59%。

城市是国家社会经济发展的引擎，是国家经济、政治和社会生活的中心。城市化程度是衡量一个国家和地区经济、社会、文化、科技发展、社会组织管理及其现代化发展水平的重要标志。2023 年底，我国居住在城镇的人口城镇化率达到 66.16%，其中户籍人口城镇化率达到 48.3%。

城乡融合发展，就是要破除城乡二元体制，形成工农互促、城乡互补、协调发展、共同繁荣的新型工农城乡关系；实现城乡户籍制度一体化、城乡资源要素配置一体化、城乡社会保障和基本公共服务均等化；实现工业化、城镇化、信息化、农业现代化协同发展。城乡融合发展是国家现代化的重要标志。

农业是母亲产业，农村是母亲社区，农民是母亲职业。人类社会的发展过程，从某个角度讲，就是一个农业非农化、农村城镇化、农民市民化的过程。

在早期的人类历史上，有三次社会大分工。一是畜牧业同农业的分离，形成牧民、农民，养殖业牧场、种植业耕地；二是手工业同农业的分离，出现简陋的手工业作坊，极少数手艺工人，此后，商品生产得到发展，以手工业为中心的"城市"

开始出现；三是出现的专门经营商品买卖的商人。商人的出现，有了商品，商业开始兴起。进入现代社会后，社会分工日益加快，工业化、城镇化进程加快，职业分工不断细化。

1949 年以来，我国农村劳动力快速向城镇、向非农产业转移，推进了现代社会经济的繁荣，推进了现代农业的发展。

一、农村劳动力转移

在农村劳动力转移过程中，我国社会上给予从农村转移到城镇从事非农业工作的持有农业户口的工人一个特殊称谓，即"农民工"。农村劳动力转移的过程也是农民工迁移的历史。

（一）农村劳动力转移的一般规律

发展中国家经济欠发达的一个显著的特点是，农业行业占主导地位，农业行业又以普遍的隐蔽性就业不足（剩余劳动力）为特征。发展中国家的现代化建设，要实现由传统的社会经济结构向现代的社会经济结构转变，就必须实现农业行业中的人力、物力资源向非农行业流动，从而带来社会产业、就业、收入、人口、消费、贸易乃至文化等诸多结构的本质变化。在这种结构转换过程中，起主导作用的要素，是剩余劳动力的转移，即劳动力（人口）从传统农业行业向现代非农业行业（二、三产业）转移。

劳动力是最重要的经济资源。从经济学的角度分析，实现劳动力转移的主要原因有以下几点。

一是外部的"拉力"。在国民经济各大产业中，劳动生产比较效益大不相同。第一产业与二、三产业相比，劳动生产比较效益差别较大。农业与非农业在比较利益上的差别，是吸引农村剩余劳动力向二、三产业转移的重要因素，是农村剩余劳动力向非农产业转移的强大"拉力"。

二是内部的"推力"。在农业产业内部，农业劳动生产率同农村剩余劳动力这两个变量之间，有着十分重要的关系。农业科学新技术得到应用，农业机械化得到发展，就会提高农业劳动生产率。一般来说，农业劳动生产率的状况，决定着农村剩余劳动力的规模。农业劳动生产率的提高，可以产生新的剩余劳动力。因此，农业劳动生产率的提高，是农村剩余劳动力向非农行业转移的强大"推力"。

此外，从社会管理学的角度分析，农村劳动力的转移与国家对农村劳动力的管理政策紧密相关。国家的户籍制度、产业政策、就业政策等决定着劳动力能否转移，直接影响着劳动力转移的速度、规模、方向。

综观世界各国农村劳动力转移的历史，大体有四种模式。

一是封闭型模式。指在农业部门内部动员剩余劳力和物力，形成农业内部资本积累，以提高农业本身的产出率和收益率。我国在党的十一届三中全会以前，基本属于这一模式。

二是外延型模式。指扩大农业的外延，不仅把农业看作初级农产品生产部门，同时也将其看作农业产品的加工部门。随着工业技术的不断发展，它也促进了农业的发展，促进了农业服务业的发展，使农民的就业机会增多了。农村剩余劳动力与物力向大农业和农村非农产业转移，推动了农村的现代化。

三是开放型模式。主要是指通过市场机制，引导农村剩余劳动力转移到城镇，转移到非农产业，以此推进农业现代化和国家工业化、城镇化。

四是复合型模式。指政府将工农业经济发展与城乡就业结合起来纳入宏观发展计划，通过经济社会发展规划、产业与就业政策以及各种经济杠杆来调控劳务市场，由市场来引导农村剩余劳动力有序地分层次转移。这是一个理想模式。

（二）中国农村劳动力转移的历程

中国是农业大国，又是人口大国，人多地少，农业生产率较低，农村有大量剩余劳动力是基本国情。中国是工业化后起国，中华人民共和国成立之初及之后相当长的一段时间内，工业发展缓慢。中国农村劳动力的转移，既有外部就业"拉力"，也有农业内部剩余劳动力的"推力"，但更多的是受到国家相关政策的影响。

中华人民共和国成立70多年来，我国农村劳动力的管理政策进行了多次调整，每次调整都有着深刻的政治和历史背景，直接影响着农村劳动力的迁徙转移。

从中华人民共和国成立到1978年改革开放前的30年，我国农村劳动力的管理体制经历了从自由迁徙到逐渐限制农村劳动力向城市转移，再到城乡二元户籍制度的形成及其不断固化的政策转变过程。

党的十一届三中全会以后，农村实行家庭联产承包责任制，促进了农业的发展，农村剩余劳动力增多，为农村劳动力向城市和非农产业转移积累了大量的势能。国家通过对相关领域进行体制改革，消除一系列制度性障碍，使农村劳动力能逐步突破城乡边界，跨地区、跨行业、跨所有制进行重新配置。

中国农村劳动力转移大致可分为五个阶段。

1. 计划调控转移阶段（1949—1978 年）

中华人民共和国成立之初，农村劳动力可以自由迁徙，自由选择就业的地点和职业。相对宽松的人口迁徙政策促进了农村人口向城市涌入。1949 年全国城镇人口为 5765 万人，人口城镇化率为 10.6%；到 1952 年底，我国城市人口达到 7163 万人，增长了 1398 万人，人口城镇化率也达到 12.5%。这一时期的城市增加人口主要来自农村。

农村大量人口转移到城市，在促进工业建设和城市发展的同时，带来了一系列的问题。城市的食品供给、就业、稳定、教育、交通、住房等方面压力明显加大；同时，农村青壮年劳动力的大量流失，在一定程度上不利于农业生产的恢复发展。在此背景下，中央及各级地方政府开始调整农村人口和劳动力管理政策，自由迁徙的制度逐渐被严格限制农村人口和劳动力向城市转移的城乡二元管理制度所取代。

1953 年，政务院发布了全国第一个关于控制人口流动的政令《关于劝阻农民盲目流入城市的指示》，开始限制农村人口和劳动力向城市转移。但由于力度较小，农民仍可相对自由地转移到城市。从 1955 年开始，中央和地方政府采取更为严格的限制措施，如在粮油供应、户口管理、企业招工、交通运输等各个领域出台政策，控制农村劳动力自由地流入城市。1958 年，全国人民代表大会常务委员会颁布了《中华人民共和国户口登记条例》（以下简称《条例》）。《条例》明确将户口划分为城镇居民户口和农村户口，规定农村人口转移到城市，必须持有城市劳动部门的录取证明或户口登记机关准予迁入的证明，并向常住地户口登记机关申请办理迁出手续。这是中国户籍制度史上重要的里程碑。至此，标志着我国城乡二元户籍体制正式形成。随后，相关配套政策相继出台。1959 年中共中央下发了《关于制止农村劳动力流动的指示》；1961 年，公安部在人口统计上对"农业人口"和"非农人口"有了明确的划分，明确"非农人口"为城镇不从事农、林、牧、副、渔五业的劳动者及其所供养的家属，其余为"农业人口"。与户籍制度相配套，国家先后出台了一系列相关制度，主要包括粮食及农副产品供给、住宅、生产资料、教育、就业、医疗、养老、劳保、兵役、婚姻生育等制度。吃国家供应粮的城镇居民划归"非农业户口"，其余则为"农业户口"。此户口划分办法一直持续到 2014 年。

这一时期，人口流动按国家计划进行，有少量的农村劳动力通过招工等途径向城市转移；也有出于一些社会因素需要，城市人员被下放到农村的情况。如 1967

年开始，有数百万党政干部被下放到农村、山区、基层；1968 年开始，先后有 2000 多万名城市知青到农村插队落户；1969 年开始，为了支持"三线"建设等，国家又分期分批将大批沿海职工迁到了内陆，等等。

从 1958 年《条例》的颁布到 1978 年党的十一届三中全会召开的 20 年，整体来看，我国的城乡二元户籍体制不断稳固，对农村劳动力向城市转移的管制不断强化，户籍和利益联结愈加密切，城乡分割的壁垒也更加森严，农村劳动力的流动受到严格的限制。

改革开放前的 30 年，我国城乡二元体制的设计与实施有其深刻的政治、经济和历史背景。其中最重要的制度就是人民公社制度、农产品统购统销制度和户籍管理制度。

2. 就地转移阶段 （1979—1988 年）

受城乡二元体制的影响，改革开放前 30 年，我国农村劳动力流动不畅，城镇化进展较慢。到 1978 年，我国城镇人口数量为 17245 万人，城镇化率仅为 17.92%。

改革开放之初，由于大量的知青返城及大批被下放的职工落实政策回城所带来的压力，限制农村劳动力流动和向城市转移的政策约束没有放开，农民流入城市同原来一样，受到严格控制。

随着农村家庭联产承包责任制的推行，大大提高了农业劳动生产率，大量的剩余劳动力从土地上解放出来，种粮不再是农民赖以生存的唯一方式，富余劳动力开始从事林牧副渔业多种经营。

同时，在城乡二元经济结构下，城市企业供应的产品很难满足国民生产和生活的需要。针对这一形势，中央明确提出社队企业要有一个大发展，鼓励农村大力发展种养业、加工业、建筑业、运输业和各种服务行业。1984 年，社队企业正式改称为"乡镇企业"。为了适应农村生产力水平较低的国情和所有制要求程度较低的民意，中央明确乡镇企业实行"多轮驱动、多轨并行"，即由原来的"两个轮子"（乡办和村办）改为"五个轮子"（乡办、村办、组办、联户办和户办）同时发展，农、工、商、建、运、服产业同时并进，突破了"三就地"（就地取材、就地加工、就地销售），乡镇企业可以广泛外引内联以增加社会有效供给。

乡镇企业在东部沿海地区率先发展，并形成了三大典型的区域经济发展模式，即苏南模式、温州模式和珠江模式。苏南模式下的乡镇企业，由乡镇政府主导、以集体经济为主；温州模式下的乡镇企业，发展家庭工业和专业化市场；珠江模式下的乡镇企业，利用毗邻港澳的优势，吸引外资发展"三来一补"（来料加工、来样加工、来件加工和补偿贸易）。

随着乡镇企业"异军突起"，就业空间不断扩大。部分农民开始离开土地，就近从事二、三产业。农村劳动力向非农产业转移的主要途径是到乡镇企业就业。1988年，全国在乡镇企业就业的农民工达到9545万人，乡镇企业为农民劳动力的转移及农民增收作出了贡献。

这一阶段，农村劳动力转移的特点：一是不离土不离乡，农村剩余劳动力在本乡村内调整农业产业结构，从原来只经营粮食作物种植转移到林、牧、副、渔等多种经营，开展各类开发式经营。二是半离土、不离乡，农村剩余劳动力在本社区内部分时段从事非农经济活动，部分时间仍从事农业生产，或农闲时从事非农经济活动，农忙时从事农业生产。三是离土不离乡，进厂不进城，即在本社区内，剩余劳动力个人完全脱离了农业部门，在乡镇企业得到相对稳定的就业，但家仍在农村或乡镇。

随着农村人口流动限制政策的放松，农村劳动力外出打工的数量在短期内大幅度增加，从此拉开农民大规模流动的序幕。1988年，我国城镇人口数量达到28661万人，外出务工农民工数量也达到了新高，为2600万人，其中跨省农民工为500万人，其余均在本地就业。

3. 跨地区流动阶段（1989—2002年）

我国大部分农村仍然遵循着中国传统的群体划分方式，即按照血缘、地缘和业缘形成各个不同的群体。外出农民工的从业地点，往往起始于自己家乡的周围城市或者是本省份内的城市。

20世纪80年代末，中国城市化进程和东部地区经济的迅速崛起，使第三产业和乡镇企业蓬勃发展，就业机会也迅速增加了。这正好迎合了中国农村地区劳动力大量增长、农村居民对生活水平发展的向往，这些对人口流动产生了前所未有的影响。于是，相对发展缓慢的落后地区大量人口向东南沿海地区流动，农村人口向城市流动。

这一时期，随着农村剩余劳动力的持续释放、城市改革的不断推进，农民工开始跨地区流动。到1989年春节后，我国首次出现了跨地区"民工潮"，全国"流动大军"达3000万人。

1989—1991年，农民工外出打工就业具有较大的盲目性。外出农民工的急速增加，给城市的物资供应、交通运输、社会治安、政府管理带来了极大挑战。在此期间，国家先后发出了《关于严格控制民工盲目外出的紧急通知》《关于进一步做好劳动就业的通知》等系列文件，引导农民工"离土不离乡"，就地消化和转移，防止出现大量农民工盲目进城的局面。

1992 年邓小平南方谈话后，城市改革发展进入快车道，农民工外出再现高潮。为解决"民工潮"带来的问题，1994 年，劳动部印发《农村劳动力跨省流动就业管理暂行规定》，对农民工跨地区流动实行就业证卡管理。1995 年，中央社会治安综合治理委员会印发《关于加强流动人口管理工作的意见》，推出统一的农民工就业证和暂住证制度。

这一时期，农民工流动以异地转移为主，农民工脱离了原来的社区，远距离地转移到外地就业。其特点：一是离乡不离土，即剩余劳动力个人离开了原有的社区，到外县、外省等相对发达的地区特别是城市郊区，从事都市农业生产。二是离乡半离土，即剩余劳动力本人已离开了原来的农村社区从事非农经济职业，但家仍在农村，农忙季节仍须回乡务农，也可称为异地兼业。三是离土又离乡，即作为剩余劳动力本人已经既脱离了原来的农村社区，进入小城镇或大中城市就业，脱离了农业部门。

受国家政策的引导，农民工从自发盲目流动逐步转向国家鼓励、引导、规范流动；从"离土不离乡"的本地就业向外出务工、异地就业转变；从本地小城镇向大中城市、长江三角洲和珠江三角洲等发达地区跨区转移。

此时的农民工，开始可以在城里暂住，成为可以暂住在城市中的"城里人"，但仍然是没有"落户"的城市人，是城市中的边缘群体。他们填补了城市的"剩余"就业岗位，服务城市，建设城市，但还是"农民"；他们试图融入城市，但又不能被城市完全接纳，是一群游离在农村与城市之间的中间群体。

2002 年，我国城镇人口数量达到了 50212 万人，人口城镇化率达到 39.1%；外出农民工数量达到了 10470 万人，10 年间增长超过了 70%，其中约有 70% 的外出务工人员是在城市就业。

4. 城市化阶段（2003—2012 年）

20 世纪的农民工，流动性强，多是"城市过客"。进入 21 世纪，农村劳动力转移开始进入结构性转移阶段，农民工就业稳定性增强，越来越多的农民工在城市常住，开始成为"新市民"。

2001 年，我国加入了 WTO（世界贸易组织）。2002 年，党的十六大以后，我国的经济体制改革进入了全面建设社会主义市场经济的新时期。在此背景中，我国农民工再次快速增长，已逐渐成为我国城市发展不可或缺的组成部分，成为重要的产业工人。

2003 年，党的十六届三中全会通过《中共中央关于完善社会主义市场经济体制若干问题的决定》（以下简称《决定》），提出加快推进城镇化进程，在城市有稳定职业和住所的农业人口，可按当地规定在就业地或居住地登记户籍。《决定》提出了"以人为本"的执政理念，发挥政府在农村劳动力管理中的服务功能，对农民工转移坚持公平对待、合理引导。此后，陆续出台文件，消除农村劳动力进城务工的限制，促进进城务工人员的就业平等；切实保护农民工的合法权益，保障农民工的合法收入；建设覆盖全民的公共服务体系，让农民工共享城市服务；推进户籍制度改革，促进建立城乡一体化的就业体制。

2007 年，全国已有 12 个省份相继取消了农业户口和非农业户口的二元户口性质划分，统一了城乡户口登记制度。2010 年，中共中央、国务院《关于加大统筹城乡发展力度　进一步夯实农业农村发展基础的若干意见》指出，要深化户籍制度改革，加快落实放宽中小城市、小城镇特别是县城和中心镇落户条件的政策，促进符合条件的农业人口在城镇落户并享有与当地城镇居民同等的权益，统筹研究农业转移人口进城落户后出现的新情况、新问题。2012 年，国务院发布了《关于积极稳妥推进户籍管理制度改革的通知》，明确提出在设区的市有合法稳定职业满三年、有合法稳定的居所（含租赁）、参加社会保险达到一定年限的人员，本人及其共同居住生活的配偶、未婚子女和父母可以在当地申请登记常住户口。

这一阶段的农村劳动力转移，是从社会宏观就业结构上发生的实质性变化。许多农民工转移是全家彻底性的、不留后路的转移，既离土又离乡。农民工在城里有了自己的住所，有了相对稳定的就业。这种转移在较长的时间内是不可逆的。

2012 年底，我国城镇常住人口达到了 71182 万人，人口城镇化率为 52.3%，比 2002 年提高了 13.2 个百分点；我国外出农民工的数量达到 26261 万人，比 2003 年翻了一番还多，外出农民工的数量占农村总劳动力的人数超过了 50%。

5. 市民化阶段（2013 年至今）

在过去的几十年里，农民工经历了从暂住到常住、从流动到定居的转变。2012 年，党的十八大做出"有序推进农业转移人口市民化"决策部署，更加注重提高户籍人口城镇化率。农民工市民化进入新时代，越来越多的农民工落户城镇，成为"真市民"。新生代农民工在城市就业稳定、居住稳定、参保稳定、生活稳定。新生代农民工占比逐年提高，已经成为农民工主体。

2014 年，国务院印发《关于进一步做好农民工服务工作的意见》，提出要着力推动农民工逐步实现平等享受城镇基本公共服务和在城镇落户，着力促进农民工社会融合，有序推进、逐步实现有条件有意愿的农民工市民化。

2014 年，《国家新型城镇化规划（2014—2020 年）》提出，实施推进"三个一亿人"城镇化方案，即促进一亿人农业转移人口落户城镇，引导一亿人在中西部地区就近城镇化，改造约一亿人居住的城市棚户区和城中村。这"三个一亿人"，前两个"一亿人"的主体都是农民工，后一个"一亿人"的相当一部分也是农民工。同年，国务院印发了《关于进一步推进户籍制度改革的意见》，宣布取消农业户口和非农业户口等性质划分，统一登记为居民户口，稳步推进城镇基本公共服务常住人口全覆盖，标志着我国的户籍制度改革进入全面实施阶段。

2016 年《居住证暂行条例》开始施行，标志着我国彻底告别了暂住证时代。同年，国务院印发《关于实施支持农业转移人口市民化若干财政政策的通知》，大力推进外来务工人员市民化，城中村、城边村居民市民化，农村农民就地就近市民化等"三个市民化"。

2017 年，国务院印发《"十三五"推进基本公共服务均等化规划》。随着基本公共服务均等化不断推进，许多农民工虽然没有落户，但体验上已与周边市民无异。调查显示，2018 年，进城农民工 69.8% 对城市生活状况满意，89.0% 已适应城市生活，67.8% 已定居或愿意定居。2021 年全国农民工总量 29251 万人，占农村劳动力总数的 59%。

"逆城市化"现象在我国一些地区开始出现。在处于后工业化时期的资本主义发达国家，随着工业化、城市化的快速发展，城市人口膨胀，大中城市"城市病"滋生；随着农村交通信息与服务业的发达，城乡产业、经济融合发展，农村环境条件的改善等，引起城市人口和劳动力向农村回流，这种现象称为"逆城市化"现象。现阶段，在我国一些外出就业的企业家返乡创业、一些城镇居民到农村居住的现象到处可见。

（三）农村劳动力转移与农业、农村发展

据国内学者测算，劳动力转移对我国经济增长的贡献率为 20.23%。有人说，中国源源不断的农民外出务工是推进我国工业化、城市化的重要力量，也是世界最大的人口红利。正是这源源不断为了改变命运而从农村走向城市的亿万农民工，让中国降低了发展成本，获得了巨大的发展动力，支撑了世界上最大发展中国家的经济高速增长。农民工不仅已成为第一线产业工人的主体，实际上在城市环卫、家政、保安、餐饮服务以及其他苦、累、脏、险的岗位就业的，也大都是农民工。可以说，整个城市的生活离开了农民工将难以运转。

庞大的农民工群体对增加农民收入、改变农村面貌、改变农民的命运同样意义非凡。

一是农村剩余劳动力的转移，推进了农业的规模化与现代化。我国人均土地资源极为有限，改革开放以后，有限的土地上剩余劳动力越来越多。在土地资源不变的情况下，农民工及其带动人口的转移，减轻了农村的人口压力，也使农村人均土地资源相对增加，农村实际劳动力经营规模随之扩大，农业劳动生产率随之提高，为推进农业现代化创造了条件。

二是农村剩余劳动力的转移，农民可分享二、三产业的成果。农民工转移到现代化的二、三产业部门，一般是受比较效益所驱动的。农民重新就业后，增加了收入，分享了二、三产业的经济成果。农村常常出现"送出一人，全家脱贫"的诱人景象。同时，农民工又能将其收入的剩余部分返回到农业部门，成为建设现代农业的重要资金来源。据国家统计局统计，2021年农村居民人均可支配收入中工资性收入占42%，已成为农村居民最主要的收入来源。

三是农村剩余劳动力的转移，有利于提高农民的现代化素质。劳动力转移过程，表象是一个就业的过程，但对于大多数农民，特别是青年农民来说，更是一个学习的过程。外出农民走出家园，走出原有的小天地，走出大山，面向大千世界，更新了观念，开阔了视野，丰富了知识，进而直接或间接地提高了农村人口的整体素质。

四是农村剩余劳动力的转移，促进了农民迁徙。劳动力转移过程也是一个移民过程。劳动力转移，促进了农民迁徙。人口迁徙，有利于打破农村的宗法血缘体系。残存在农村的中世纪的宗法血缘体系，是现代化的较大桎梏。要打破这种桎梏，最有效的途径，就是促进人口的流动。

二、城镇化

城市化也称为城镇化，是指随着一个国家或地区社会生产力的发展、科学技术的进步以及产业结构的调整，其社会由以农业为主的传统乡村型社会向以工业（第二产业）和服务业（第三产业）等非农产业为主的现代城市型社会逐渐转变的历史过程。城镇化过程包括人口职业的转变、产业结构的转变、土地及地域空间的变化等。

早在原始社会向奴隶社会转变时期，就出现了城市。但是，在相当长的历史时期中，城市的发展和城市人口的增加极其缓慢。直到1800年，全世界的城市人口只占总人口的3%。只是到了近代，随着产业革命的兴起，机器大工业和社会化大生产出现，资本主义生产方式产生和发展，涌现出了许多新兴的工业城市和商业城市，使得城市人口迅速增长，城市人口比例不断上升。

1800—1950年，地球上的总人口增加1.6倍，而城市人口却增加了23倍。1780—1840年的60年间，美国城市人口占总人口的比例从2.7%上升到8.5%；1870年美国开始工业革命时，城市人口所占的比例不过20%，而到了1920年，其比例骤然上升到51.4%。从整个世界看，1900年城市人口所占比例为13.6%，1950年为28.2%，1960年为33%，1970年为38.6%，1980年为41.3%，2023年达到56%。所以，城市化过程是随现代工业的出现、资本主义的产生而开始的。

由于自然条件、地理环境、总人口数量的差异和社会经济发展的不平衡，各国城市化的水平和速度相差很大。经济发达的工业化国家的城市化程度远远高于经济比较落后的农业国家。1980年，发达国家城市人口的比例平均为70.9%，其中，美国为77%，日本为78.3%，德国为84.7%，英国为90.8%，加拿大为75.5%。而发展中国家的城市人口比例平均为30.1%，其中不少国家低于20%。

从发展趋势看，发达国家的城市化进程已接近尾声，自1950年以来，大多数发达国家的城市化进程逐渐放缓，一些发达国家的大城市开始流失人口，其中部分迁往农村地区。而发展中国家正快速城市化，自20世纪60年代以来，发展中国家的城市化速度加快，超过了发达国家。

城市是国家和世界经济发展的引擎，贡献了全球80%以上的GDP。城市已经成为国家经济、政治和社会生活的中心。城市化程度成为衡量一个国家和地区经济、社会、文化、科技发展、社会组织管理及其现代化发展水平的重要标志。

（一）当今世界主要国家及地区城市化模式

1. 欧美城市化模式

欧美模式是现代城市化的主要代表，同时也是当今世界城市化的主流。欧美城市化模式的主要特点是城镇化率高、城市化与工业化同步发展、主要由市场主导。

欧美城市化始于工业革命，城市化过程具有自然发育成长的特点。在起步阶段，本国人口相当稀少，经济增长足以维持全部人口的生活水平。除了有工业革命积累的物质条件，也有意识形态方面的现代性变革，为欧美的城市化创造了历史条件和社会氛围。欧美的城市化尽管只有一两百年的历史，但实际上推进这个进程的社会结构已培育了数百年，这是欧美城市化稳步展开和循序渐进的另一重要原因。

欧美模式最大的启示是，它较为成功地保持了各个阶段、各个部分的适度紧张与平衡。如同我们今天在很多欧洲国家所见，城市内部十分平静，很多建筑几百年如一日，城市和农村之间和平共处，城乡生态环境良好。

20世纪70年代以来，发达国家一些大城市中心城区人口向外迁移，迁向离城市更远的农村和小城镇，出现了与城市化相反的人口流动的现象，这种现象被称为逆城市化。逆城市化带来的结果是城市中心空洞化。逆城市化不是城市化的衰败，而是城市化扩展的一种新形式。它是建立在城乡差别近于消失、形成城乡一体化的基础上，乡村、小城镇的交通、水、电、信息等设施完善，再加上优越的自然风光，吸引了久在城市中面对浑浊空气、噪声的大城市居民到乡村、城镇暂住或定居，从而导致逆城市化现象。如美国、西欧的一些发达国家，逆城市化现象明显，具体表现在：大城市中心区萎缩；乡村人口数量增多，城市人口向乡村居民点和小城镇回流。

2. 拉美城市化模式

拉美城市化模式主要是人工刺激和西方诱导的结果。20世纪以来，原本主要属于农业社会的拉美地区，在欧美影响下形成了另一种城市化模式。起点低而速度快、机械模仿欧美模式、城市化过度——即城市人口增长和城市经济发展失衡而导致的各种城市问题和危机，是拉美城市化进程的主要特点。城市拥挤不堪、贫富分化加剧、生活环境恶化、失业与犯罪率居高不下、医疗卫生教育等公共服务严重短缺等"城市病"，使拉美城市至今无法自拔。农村土地、水和空气受到严重污染，农业经济凋敝，很多村庄严重"空心化"。

与欧美城市化相比，拉美模式很多内在条件和外部积累都不成熟、不充分，特别是这个进程速度太快，超过了城市基础设施建设、城市经济发展的速度，甚至也超过了城市自然环境和城市人的精神心理承受能力，所以最终难免是畸形的和病态的。拉美城市化模式被认为是个"早产的孩子"。

一般认为，拉美城市化模式本质上是一种"举债城市化"，是一种"依赖症"和"丧失自我"的城市化，常称"拉美陷阱"，其结果将是带来"国家性贫困"。这些问题在非洲、亚洲等国家和地区普遍存在。

（二）中国城镇化

1. 中国城镇化进程

据《2012 中国新型城市化报告》显示，中华人民共和国的城市化发展历程迄今大致划分为 6 个阶段：1949—1957 年，城市化起步发展；1958—1965 年，城市化曲折发展；1966—1978 年，城市化停滞发展；1979—1984 年，城市化恢复发展；1985—1991 年，城市化稳步发展；1992 年至今，城市化快速发展。若以农村改革开放为标志，中国城镇化进程大不一样。

（1）改革开放前 30 年，中国城镇化在曲折中探索。1949 年中华人民共和国成立之初，中国的城镇化率只有 10.6%，中国城市经历了几十年炮火洗礼，百废待兴。中国政府很早就认识到城市在国民经济建设中的重要作用，迅速把工作重心转移到城市建设上来。

在中华人民共和国成立前夕召开的中国共产党七届二中全会上，毛泽东指出，从现在起，开始了由城市领导乡村的时期，工作重心必须放在城市，必须用极大的努力去学会管理城市和建设城市。

中华人民共和国成立初期的大规模工业化吸纳了大量农民进入城市，1960 年中国城镇人口是 1949 年的 2.3 倍，平均每年增长 660 多万人。城镇人口过快增长也带来了粮食供应紧张等一系列问题。为了减轻城市供给负担，中国在 1960—1963 年实施了压缩城镇人口的方针，直到 1965 年城镇人口才恢复到 1960 年的水平。

1966—1978 年，中国城镇化进程基本停滞，城镇化率仅从 17.86% 提高到 17.92%。

（2）改革开放后的 40 多年，中国快速城镇化。改革开放初期，中国率先推进的 "包产到户" 等农村改革大大提升了农民的劳动生产率，大量劳动力得以从农业中解放出来，向非农产业转移。粮食供应的日益充足、城市工业发展对劳动力需求的迅速增长、劳动力从农业部门向外转移，共同推动了中国 20 世纪 80 年代中期的户籍制度松动，从 1984 年开始，农民可自带口粮进城务工。

1992 年春，邓小平同志发表 "南方谈话"，进一步坚定了改革开放的方向，也加快了从计划经济体制向市场经济体制的转型步伐。到 90 年代中期，制约人口流动的制度障碍全部被清除，中国已经基本实现了人口的城乡自由迁徙。

中国的城镇化，不能忽略经济全球化因素。从 20 世纪 90 年代开始，经济全球化越来越成为中国城市化的重要动力。资本、技术、产业都开始出现跨国转移，众多跨国公司竞相在中国大陆投资建设现代化的工厂，到 21 世纪初，中国已经迅速发展成为全球重要的制造业基地，有"世界工厂"之誉。全球化在推动中国工业化的同时，也加速了中国的城镇化进程，经济全球化对中国城镇化的影响在 2001 年中国加入世界贸易组织之后表现得更为突出。2001—2011 年，中国的城镇化率每年平均提高 1.9 个百分点，是城镇化速度最快的 10 年，许多城市得到了爆发性发展，城区面积和人口翻了一番。

2. 中国城镇化现状

20 世纪 90 年代中期，我国常住人口城镇化率超过 30%，进入快速发展区间。2010 年后，我国常住人口城镇化率超过 50%。2020 年，我国居住在城镇的人口城镇化率达到 63.89%，其中户籍人口城镇化率为 45.4%；2023 年末达到 66.16%，其中户籍人口城镇化率达到 48.3%。

3. 中国城镇化模式

中国城镇化模式是从中国国情出发，学习借鉴国外成功经验基础上的城市化。我国从一开始就考虑得比较仔细，顾及的层次和关系繁多，是具有中国特色的城镇化模式。

中国城镇化模式与欧美模式相比，具有明显差异。城市化进程的速度不同，欧洲的城镇化进程较慢，为 100～200 年；中国发展较快。城市人口从 20% 到 40% 的城镇化率，英国用了 120 年，美国用了 80 年，中国仅用了 22 年。这种超常规、跨越式的城市化，使中国在不少方面近似于拉美模式，而明显有别于欧美。

但是，我国的城市化依然深受欧美模式影响。其中最普遍的现象是，改革开放以来，中国城市越来越欧美化。如在城市战略上，20 世纪 60 年代，在美国东北部海岸出现了人类历史上第一个城市群——波士沃施，标志着美国已由传统的城市化进入到以"国际化大都市"和"世界级城市群"为中心的都市化阶段。截至 2005 年，美国已有 10 个大城市群。比起传统的大城市，城市群拥有雄厚的经济实力、发达的生产能力、完善的服务能力和贯通全球的交通、信息、经济网络，大都市与城市群强则国家强，大都市与城市群弱则国家弱，成为当时世界各国生存与竞争的重要法则。在欧美模式影响下，2000 年，中国开始步入都市化时代，到 2004 年，我国已有 183 个城市提出建设"国际化大都市"。到 2010 年，中国初具形态的城市群超过了 20 个。和欧美一样，中国的大都市和城市群，集聚着国家和区域最优质的人口、资源和资金，是中国国家综合实力和国际竞争力的核心板块。再如，在城市规划设计、城市生活方式等方面也同样趋向欧美化。

中国与拉美模式相比，同属于发展中国家和地区，中国的城镇化与拉美的国情背景有很多相似之处。如农业负担沉重、工业化程度低、城市基础设施和管理落后、人口多而素质低等。在城市化进程中，首先，城市人口迅速增长，超出了城市的承受极限。1950 年，拉美地区的城镇化率为 41.6%，到了 1980 年，这个数值迅速飙升到 65.6%，接近当时欧洲的城市化水平。到了 2000 年，阿根廷、巴西、墨西哥等拉美主要国家的城市人口，分别占到本国总人口的 89.6%、79.9% 和 75.4%，其中，最突出的是乌拉圭，高达 93.7%，远远超过了欧美。中国的城镇化速度尽管没有拉美快，但同样惊人。1949 年中华人民共和国成立时，城镇化率过去说是 10.6%，国家统计局最新的数据是 7.3%，1978 年改革开放之初，城镇化率仍低于 18%。但随着 21 世纪的到来，这个数值由 2000 年的 36.09%，迅速飙升到 2011 年的 51.27%，年均增长速度超过 1.5%，相当于每年新增 2000 多万名城市人口。其次，贫富差距增大，城市社会问题和危机加剧。一方面，由于工业基础薄弱，缺少必要的物质条件支撑，拉美地区的贫困化现象在城市化进程中不降反升，其中最有代表性的指标是失业率。由失业导致的贫困问题，是拉美各种社会问题和危机的直接原因。另一方面，城市化需要大量的资金支持，用来进行城市建设和提供公共服务。由于自身的"造血"能力与经济发展不足，拉美城市化的另一显著特点是严重依赖外资。多年来的统计表明，拉美国家的平均偿债率已超过 20%，一旦借不到钱或资金外逃，就会出现"债务危机"，并引发通货膨胀等一系列连锁反应，严重影响到这些国家的城市化进程。与之相比，中国也存在着城乡和城市内部的发展不平衡问题。

但中国与拉美模式有本质不同。首先，国家政治制度不同导致了不同的城市化道路。拉美在国体和政体上深受西方影响，频繁出现政局不稳和社会动荡，城市化明显缺乏国家战略设计及政策延续性；中国的社会主义制度，是中国城市化最根本的政治和制度保障。其次，经济基础不同导致了应对城市挑战能力的不同。严重依赖、依附西方的拉美模式，本质上是一种"举债城市化"，并深陷入"国家性贫困"。中国编织起了世界上最大的社会保障网，城镇和农村居民收入快速增长，中国城市化有较强的经济支撑。再次，中国城市化避免了贫民窟现象。放开户籍和人口流动限制，实现人口自由迁徙是中国城镇化的重要经验。但中国放开户籍的过程是渐进的，人口的乡城流动非常有秩序，没有出现巴西、墨西哥、印度等国家短期内大量农村人口涌入城市，缺少合适就业岗位，大量人口拥挤在"贫民窟"，成为城市管理和社会治理难点的现象。同时，中国政府并没有一下子让进城务工的农民工及其子女享受与城市居民同等的医疗、社保、养老等福利待遇，而是采用居住证制度等渐进地为其提供一定的权利和便利，这从一定程度上减轻了政府提供公共服务的负担。另外地方政府还建立起了一套以用工单位和居住地社区两方面构成的管理网，实现了对进城务工人员的全覆盖、精细化管理。最后，在城市失业的农民工，家中仍然保留有土地，进退有余。

(三) 中国城镇化发展趋势

我国正处于城镇化快速发展区间的中后期，城镇化发展趋势具有以下方面特点。

1. 城镇化动力依然较强

从国内情况看，当前我国非农产业劳动生产率是农业的 4 倍多，城镇居民人均可支配收入是农村居民人均可支配收入的 2.5 倍，且城乡之间的基础设施和公共服务仍有明显差距，这些客观现实持续吸引着农业转移人口进城，农民进城仍是大趋势。从国外情况来看，法国、日本、韩国等是已经完成城镇化的发达国家，在城镇化率达到 60% 以后的十多年仍保持了较快发展，到城镇化率达到 70% 之后增速明显下降。2021 年我国人均 GDP 达到 12551 美元，按世界银行划分标准属于中高等收入国家。同期我国常住人口城镇化率为 64.7%，低于中高等收入国家 67.59% 的平均水平，更低于高收入国家 80% 左右的平均水平，按照发达国家经验还有一定增长空间。

2. 城镇化速度将逐步放缓

从国际规律看，在城镇化发展的中后期，城镇化率提高呈现前高后低的态势。从我国农村人口转移趋势看，尽管 2011 年以来，常住人口城镇化率年均增速快，但新增农民工数从 1055 万人降至 400 万人以下，2018、2019 年分别在 200 万人左右，2020 年受疫情影响出现了明显的负增长，2021 年得以反弹。与城镇化增速直接相关的进城农民工及其随迁家属规模自 2018 年以来持续减少，其中 2020 年受疫情影响人数同比减少 683 万人、下降 3.8%，2021 年人数虽同比小幅增加，但仍比 2019 年减少 614 万人、下降 3.5%，为 1.69 亿人左右。未来进城农民工及其随迁家属将进一步减少，这将使常住人口城镇化速度逐步减缓。

3. 城市化过程中面临问题将逐步得到解决

当前我国城市化发展存在五大战略性弊端：一是在世界格局中，中国的城市化明显滞后于工业化，是一种非匹配的城市化；二是中国的城市化进程中，明显地表现出土地城市化快于人口城市化，是一种非协调的城市化；三是中国的城市化受城乡二元体制的影响仍未彻底根除，仍然是需要努力解决的非公平的城市化；四是中国的城市化偏重城市发展的数量和规模，忽略资源和环境的代价，是一种粗放式生产的、非集约的城市化；五是中国的城市化还缺乏解决如何进入现代管理制度、消除城市病的经验，是一种非成熟的城市化。这些问题正在逐步解决之中。

4. 智慧城市是城市化发展的高级阶段

早在 2007 年，欧盟就提出了建立智慧城市的设想。欧盟智慧城市建设主要包括智能建筑、智能能源网络、智慧城市交通和智能医疗系统等方面。欧盟有关专家认为，智慧城市是城市化发展的高级阶段，是建立在城市各大系统整合、物理空间和网络空间交互、普通百姓广泛参与的基础上的。智能化城市要求城市的管理更加精细、环境更加和谐、经济更加高端和生活更加舒适。与数字城市相比，智慧城市更加聚焦民生与服务，更加鼓励创新与发展，更加强调感知与物联，更加强调公众参与和互动。欧盟的智慧城市评价标准包括智能经济（即创新型经济）、智能移动（即不仅是智能交通，也延伸到教育、购物等领域）、智能环境（即注重城市的生态环境）、智能治理（即政府管理模式的调整和改善）等多种指标。据有关权威机构评比，瑞典、芬兰、荷兰、比利时、卢森堡、奥地利等国的城市智能化程度相对较高。

三、城乡融合发展

城乡融合发展是指城乡二元体制的破除，以城乡生产要素双向自由流动和公共资源合理配置为重点，以工补农、以城带乡，统筹推进城乡基本公共服务普惠共享、城乡基础设施一体发展、城乡产业协同发展、农民收入持续增长，形成工农互促、城乡互补、协调发展、共同繁荣的新型工农城乡关系。

（一）中国城乡融合发展的历程

从中华人民共和国成立之初至改革开放前，是我国城乡二元体制形成与巩固时期。全国人民代表大会常务委员会于 1958 年 1 月 9 日通过并施行的《中华人民共和国户口登记条例》，是我国建立起的城乡二元体制标志性法律文件。该《条例》彻底废除了此前城乡人口自由流动的政策规定，正式建立起城乡二元的户籍制度。

通过设置农业和非农业户口，城乡人口流动被纳入国家计划。农民基本失去了自由流动的权利，与农村和农业紧紧地捆绑在一起，其后的人民公社制度将这一机制发挥到了极致。与此同时，城市中也以户籍制度为基础，建立起由政府统一安排的就业制度和商品粮供应制度，以及其他与人们生活相关的衣食住行、社会保障等一系列制度，最终形成了城乡社会二元体制。总而言之，中国在这一时期呈现出城乡经济二元体制与社会二元体制并存的状态，而且这二者在相互影响、相互强化。

中国城乡融合发展是以 1978 年农村改革开放为起点，到目前为止，可分为三个阶段。

1. 城乡二元经济体制破冰阶段（改革开放至 20 世纪末）

这个阶段的主要内容是，通过向农民赋权和推动市场化改革的方式，逐步打破城乡二元经济体制，使城乡关系的扭曲程度不断得到纠正。

家庭联产承包责任制将农民彻底从人民公社体制中解放出来。家庭承包制的实行和农产品市场改革的推进，大大提高了农民的自主性，同时又为城乡劳动力市场发育创造了条件。改革开放初期，由于城乡二元经济体制的存在，农民向城市迁移的通道尚未开启。

20 世纪 90 年代，中央政府和地方政府出台了各种各样的改革措施，做出了有利于劳动力流动的政策。大量农民进城务工，他们在提高自身收入、改善家庭生活水平的同时，也为国民经济增长做出了贡献。

这一时期在打破城乡二元经济体制方面取得了不少的成效。农民权利和发展机会日益提升，工农产品市场化交换机制基本确立，农村剩余劳动力在乡城转移中的障碍被逐步打破。但是，粮食市场化改革依然没有完成，户籍制度改革相当缓慢，流动人口在城市面临诸多制度制约和歧视，土地和资本市场化进程更为滞后。

2. 城乡二元体制改革稳步推进阶段（21 世纪初至 2012 年前）

2000 年以来，中国的城镇化进程加快。人口城镇化率在 2011 年跨越 50%，人均 GDP 也超过 5000 美元，城乡关系变革的基本条件已经具备。中国经济持续快速增长，综合国力不断增强，初步具备了工业反哺农业的条件。2002 年，党的十六大报告明确将"统筹城乡经济社会发展"作为解决城乡二元结构问题的基本方针。2003 年，党的十六届三中全会提出"五个统筹"的要求，并将"统筹城乡发展"列为五个统筹之首。2005 年，党的十六届五中全会确定"建设社会主义新农村"的重大历史任务。经过几年的探索，政府对破解城乡二元结构的思路更加清晰，推进"城乡发展一体化"成为构建新型城乡关系的新目标。2007 年，党的十七大报告提出："统筹城乡发展、推进社会主义新农村建设，必须建立'以工促农、以城带乡'的长效机制，形成城乡一体化的新格局。"此后，政府主导构建城乡融合体制机制的进程开始驶入快车道。

这一时期最显著的特征是，政府通过加大对农业农村的直接投入来改善城乡关系。一方面，政府通过对农民减负和促进农民增收来改善城乡关系。2006年，政府全面取消农业税，大幅减轻了农民负担。另一方面，政府通过改变财政投入的重点，使城乡公共服务格局发生了改变。2003年，政府提出"让公共财政的阳光逐步照耀农村"的方针，财政对农村公共服务的投入大幅度增加。

这一时期，统筹城乡发展的战略思想得到确立，农业农村政策实现了由"取"到"予"的转变，公共财政也开始实现对农村公共服务的转变。但是，深入考察后可以发现，这些政策依然延续了城乡二元分立的设计思路，要求城乡居民按照户籍身份，在边界清楚的范围内享受各自可以享受的基本公共服务。许多公共服务名称仍然有城镇与农村之分，在服务标准、操作程序、资金筹集方式等方面，城乡之间依然存在明显的差距。

3. 城乡融合体制机制进入全面建立阶段（2012年以来）

党的十八大以来，推动城乡发展一体化成为党和国家工作的重心之一，全面开启了构建城乡融合发展体制机制的新阶段。2012年，党的十八大明确提出："解决好农业农村农民问题是全党工作重中之重，城乡发展一体化是解决'三农'问题的根本途径。"2013年，党的十八届三中全会进一步指出："城乡二元结构是制约城乡发展一体化的主要障碍。必须健全体制机制，形成以工促农、以城带乡、工农互惠、城乡一体的新型工农城乡关系，让广大农民平等参与现代化进程、共同分享现代化成果。"这是中央首次明确提出新型城乡关系的概念，并且将"城乡一体"作为新型城乡关系的最终目标。2017年，党的十九大报告明确提出"建立健全城乡融合发展的体制机制和政策体系"。从统筹城乡发展到城乡发展一体化，再到城乡融合发展，其表述和内涵虽不同，但思想一脉相承。

2014年，国务院颁布的《关于进一步推进户籍制度改革的意见》明确提出："进一步调整户口迁移政策，统一城乡户口登记制度，全面实施居住证制度，加快建设和共享国家人口基础信息库，稳步推进义务教育、就业服务、基本养老、基本医疗卫生、住房保障等城镇基本公共服务覆盖全部常住人口。"户籍制度是传统城乡二元体制的核心要素之一，新一轮户籍制度改革为城乡融合发展创造了制度条件。此次改革取消了农业户口和非农业户口的区分，统一登记为居民户口，消除了城乡居民自由迁移的制度障碍。户籍人口城镇化率从 2012 年的 35.3% 迅速增长到 2016 年的 41.2%。随着新一轮户籍制度改革的推进，农村流动人口在城市享受公共服务的范围和程度也都显著提高。

城乡基本公共服务并轨取得实质性进展。党的十八大报告明确提出了"全面建成覆盖城乡居民的社会保障体系""整合城乡居民基本养老保险和基本医疗保险制度""大力促进教育公平，合理配置教育资源"等。此后，构建城乡一体化的基本公共服务体系进入快车道。到目前为止，全国 31 个省份都已经建立了城乡居民基本养老保险制度，从制度上基本实现了社会养老保险的城乡统筹；所有省份都建立起统一的城乡居民医疗保障制度；农村的义务教育经费保障机制也得到建立。

城乡要素双向流动的机制在这一时期也得到加强。一是城市工商资本进入农村、投资农业热情上升，资本支持乡村发展的速度和规模都明显增加。城市工商资本在解决农业投入不足问题的同时，还为农业发展注入了先进的技术和管理理念，对农业现代化、高效化、生态化都有非常积极的作用。更重要的是，还将城市文明一并带入乡村，为农村留守人群接受现代文明提供了条件。二是农民工返乡创业的规模不断扩大。根据农业部（2018 年组建为农业农村部）的统计，2017 年全国各类返乡下乡创业人员总数已经达 700 万人，其中外出务工积累了一定资金、经验和人脉关系的返乡农民工接近 500 万人。他们投资规模种植业、农产品初加工业、休闲农业和特色产业，为促进当地农业农村发展注入了活力。

我国推进城乡融合发展的政策都是以渐进的方式出现的，而且表现出了非常好的效果。从打破城乡经济二元结构，到消除社会二元分割，再到实现社会融合是一个由易到难的过程，也是一个逐渐积累经验的过程。

（二）现阶段城乡融合发展的重点任务

从农村改革开放算起，我国城镇化只有 40 多年的历史。虽然城乡融合发展的体制已经初见雏形，成效也逐步显现，但发展不平衡，城乡关系发展中还有诸多尚未解决的问题。

城乡融合发展，不是把城市建成农村，不要高楼大厦，都住平房；也不是把农村建成城市，都住高楼大厦；而是要加大改革力度，努力实现城乡户籍制度、土地制度、社会保障和公共服务等的真正一体化。

1. 城乡户籍制度一体化

农村劳动力在城镇和农村之间自由流动，是我国现阶段乃至相当长历史时期内都会存在的现象。目前，除少部分特大城市以外，我国其他城市已经全部采取城乡统一的户籍制度。也就是说，户籍制度限制人口流动的功能被极大削弱。但是，一些外来人口比重较高且落户意愿较强的重点地区，对外来人口尤其是普通劳动者落户设置隐性门槛的现象仍然存在。作为城乡二元体制的支柱之一，户籍制度除了限制人口流动之外，还被附着诸多的利益。虽然经过近些年的改革，户籍上附着的城乡利益差异有所削弱，甚至有些已经消除，但是剥离的范围和程度依然不够。一定范围内，城乡居民在面对养老、就业、医疗、子女就学以及购房、购车等问题时，依然难以避开户籍的影响。因此，持续深化户籍制度改革仍然是首要的任务。

推进农村转移人口的市民化，夯实城乡融合发展的基础，关键是要进行全面深入的户籍制度改革。

2. 城乡资源要素配置一体化

中国农村产品市场发育程度已经处于较高水平，但是要素市场的改革明显滞后。长期的城乡二元格局导致资金、土地、人才等要素配置在城乡之间严重不均衡；并且农村优质资源向城市单方向集中的趋势没有发生逆转。现阶段，城乡要素配置不合理主要体现为城乡资金和土地配置失衡。据有关研究资料显示，通过工农产品价格"剪刀差"、税收和储蓄（主渠道）等渠道，城市从农村抽取的资金远远超过改革开放前的规模。

从目前来看，加快城乡要素市场一体化的关键是要强化制度性供给和政策安排设计，破除阻碍要素自由流动、平等交换的体制机制壁垒，改变资源要素向城市单向流动格局，让土地、劳动、资本、技术、数据等各类发展要素更多流向农业农村。在符合规划和土地用途管制的前提下，应该赋予农村建设用地与城市建设用地同等权利，允许集体经济组织和农民在法律许可的前提下利用集体建设用地从事非农生产，同时享有出租、转让和抵押等权利。

3. 城乡社会保障和基本公共服务均等化

近年来，我国城乡基本公共服务均等化取得了显著成效，城乡居民在医疗保障、义务教育及基本养老保险方面均实现了制度全覆盖。但是，城乡基本公共服务标准差距依然较大，其中教育发展不均衡和卫生发展不均衡是主要短板。教育、医疗、社会保障和就业是保障个人基本生存、基本尊严和基本健康的社会条件。经过近些年的发展，农村居民在享受这些基本公共服务方面取得了巨大进展，很多在制度上已经实现了并轨，但在执行标准上还存在差别。因此，未来推进城乡基本公共服务均等化的重点是实现标准的一致，将均等化落在实处。

4. 大力推动乡村三产融合发展

产业融合是城乡融合的经济基础。产业兴则农村兴。只有产业兴旺，才能不断壮大农村经济实力，从而为乡村政治、文化、社会和生态文明建设提供物质条件和基础，进而激发乡村发展活力，增强乡村振兴内生动力。推进三产融合发展是农村产业振兴的方向。三产融合发展的目的在于提高农业农村的比较劳动生产率，实现城乡产业协调发展。要继续推动农业适度规模经营，注重发展农产品加工业、休闲农业、乡村旅游、电商等新业态和新模式。推动一二三产业融合发展，以农业转型升级提高农村产业效益，改变原料在乡村、加工在城市，劳力在乡村、产业在城市的状况，引导产业进村，倡导就业在村，促进城乡产业融合和乡村振兴。

（三）城乡融合发展的重大意义

城乡融合发展是破解新时代社会主要矛盾的关键抓手。这标志着我国社会主要矛盾已经转化为人民日益增长的美好生活需要和不平衡不充分的发展之间的矛盾。我国最大的不平衡其实是城乡关系的不平衡，最大的不充分主要是乡村发展的不充分。解决发展的不平衡、不充分问题，不断满足广大农民群众日益增长的美好生活需要，在很大程度上需要依靠城乡融合发展和乡村振兴。

城乡融合发展是拓展现代化发展空间的一个强劲动力。我国城乡发展不协调的矛盾比较突出，但应该看到，差距也是潜力。如期实现第一个百年奋斗目标并向第二个百年奋斗目标迈进，最大的潜力和后劲在农村。乡村大量资源要素一旦得以与全国甚至全球大市场相对接，必定能够释放可观的红利。乡村旅游、休闲农业、生态农业、高效农业和设施农业等现代产业的发展，有助于吸纳城市庞大消费需求，刺激广大社会的内需；更多户籍农民进城，可以有效推进城市化快速发展。城乡融合发展，会形成工农互促、城乡互补、协调发展、共同繁荣的新型工农城乡关系，是实现农业农村现代化和乡村振兴的有效途径。

城乡融合发展是国家现代化的重要标志。我国的现代化，其实是工业化、城镇化、信息化、农业现代化并列发展的过程，"四化"同步发展是我国现代化建设的核心内容，也是核心任务。在这"四化"里，工业化处于主导地位，是发展的动力；农业现代化是重要的基础，也是发展的根基；信息化具有后发优势，可以为社会经济发展注入新的活力；城镇化其实是一个载体和平台，承接着工业化和信息化发展的空间，在带动农业现代化加快发展中发挥着不可替代的融合作用。如何处理好"四化"关系，特别是如何处理好工农关系和城乡关系，在一定程度上决定着现代化的成败。在工业化、城镇化进程中，农业还是"四化"同步的短腿。没有农业现代化，没有农村繁荣富强，没有农民安居乐业，国家现代化是不完整、不全面、不牢固的。我国到2035年基本实现社会主义现代化的目标，大头重头在"三农"；到2050年，实现把我国建成富强民主文明和谐美丽的社会主义现代化强国的目标，基础在"三农"。我们必须让亿万农民在共同富裕的道路上赶上来，让美丽富强的乡村成为现代化强国的标志、美丽中国的底色。因此，城乡融合发展既是城乡现代化的重要抓手，也是国家现代化的重要标志。

第十二章　现代农业与现代农业的实现路径

现代农业是相对于传统农业的一种农业产业形态，是农业发展的一个新阶段。农业现代化是指从传统农业向现代农业转变以及在现代农业建设过程中不断提升水平层次的过程。现代农业发展永无止境，农业现代化没有终点。

实现农业现代化是世界农业发展的共同目标，是农业发展的大趋势，各国无一例外。农业现代化是国家现代化的基础和前提，没有农业现代化，就没有国家的现代化。

中国建设现代农业，必须面对农业农村的客观实际，走具有中国特色的现代农业之路。

一、现代农业与传统农业

农学家们通常将世界农业发展史划分为四个大的阶段，即史前农业、原始农业、传统农业和现代农业。史前农业，以采集、狩猎为标志，经历了一个漫长的过程。原始农业，以刀耕火种为标志，先后经历了约7000年。传统农业，以畜力、铁器为主要标志，大约经历了3000年。

在欧洲，传统农业是从古希腊、古罗马的奴隶制社会（公元前5世纪至6世纪）开始，直至20世纪初逐步转变为现代农业为止。在中国一般倾向于将铁器农具出现一直到近代工业农业之前的农业称作传统农业。世界上许多经济不发达的国家和地区，至今仍然处在传统农业阶段。

传统农业的基本特征是：铁制农具代替了原始石器、骨器；主要采用人力、畜力；采用以铁器农具等为主的手工劳动方式进行农业生产。

传统农业是在一个相对封闭的系统中进行农业生产，自给自足的自然经济占据主导地位，生产出的农产品以自食为主，商品率低。农业的投入物大多来自农业基本经营单位内部，物质和能量主要在农业内部循环。

传统农业是一种生计农业。生产主体大多是一家一户，家庭成员参加生产劳动并进行家庭内部分工。生产规模较小，产业结构较单一，抗御自然灾害能力差。农业生产技术多靠经验积累，靠世代之间的言传身教，经营管理和生产技术比较落后。农业中土地产出率、劳动生产率较低，农业生产的剩余产品、剩余价值有限。

在传统农业社会中，社会化、专业化及生产地域化分工基本上没有形成。从事农业生产的劳动力在社会总劳动力中占比高，农业总产值在国内生产总值中占比高，二、三产业发展水平低。

中国传统农业 3000 多年的发展史，先后经历了从粗放经营逐步转向精耕细作，从完全自然放牧转向舍饲或放牧与舍饲相结合，从被动依赖自然向利用改造自然、从盲目经营向经验经营转变提升的过程。传统农业的生产力水平均较原始农业大有提高。传统农业之所以能延续几千年，其优势主要在于：实行用地和养地相结合，基本上维持了自然生态平衡，环境污染较少；实行精耕细作，也在一定程度上提高了土地生产率，维持了社会低水平发展。

现代农业是继传统农业之后的又一个农业发展新阶段。现代农业萌发于资本主义工业化时期，而在第二次世界大战以后得到较快发展。现代农业是在广泛运用现代科学技术基础上，把工业部门生产的农业机械工具等大量物质和能量投入到农业生产中，以换取大量农产品，成为工业化的农业。其农业劳动生产率大幅提高，社会专业化分工逐步精细，农业企业化生产、商品化经营、社会化服务逐步提升。现代农业只有 200 多年的历史。

与传统农业相比，现代农业的主要特征有以下几方面。从劳动方式看，现代农业生产不再是依靠手工工具，而是依靠现代化工业装备，完成了由人力、畜力耕作到机械化、电气化和自动化操作的转变。从技术应用看，不再是依靠个人的经验积累，而是在充分汲取传统农业技术精髓的基础上，依靠现代科学技术的发明与创新；没有现代科学技术就没有现代农业。从经营机制看，农业生产不再是封闭的、自给自足的自然经济，而是农业市场主体发育成熟的、市场化的商品经济；农业产前、产中和产后环节紧密结合、农工贸一体化有机链接，进行农业产业化经营。从经营规模看，不再是死守在几亩耕地上的小规模经营的小生产方式，而是适度规模经营，是农业产业链中多种方式联合的大生产方式。从劳动效率看，不再是发展缓慢、效率低下的产业，而是土地产出率、劳动生产率、科技贡献率全面提升的高效产业。

现代农业在经济形态上已经完成了由传统自给自足的自然经济向以社会化大生产为特点的高度发达的商品经济的演变。现代农业社会，农业生产规模在不断扩大，农业科学技术不断创新，农业劳动生产率不断提升，农业剩余劳动力不断向城镇、向二、三产业转移，从事农业生产的劳动力在社会总劳动力中的占比不断降低。目前，发达国家农业人口在总人口中的比重一般都没有超过 10%。

随着工业及第三产业的快速发展，社会产品日益丰富。较之其他产业的一些产品而言，农产品的需求收入弹性通常较小。当人们的收入水平提高以后，只需要把增加收入中的一小部分用来购买食品，而大部分用于其他消费。这一经验被称作"恩格尔定律"，即人们的收入水平越高，食品支出占消费总支出的比重就越低。在世界所有发达国家中，农业总产值在国内生产总值中的比重都很低，如丹麦、澳大利亚为 5%，法国、日本为 4%，加拿大为 3%，美国和德国仅为 2%。

在一些发达国家，虽然农业人口及农业经济总量在总人口和经济总量中的占比不高，但现代农业发展很成熟。这些国家农业生产率高，农业产出水平很高，绝大多数都是世界上最重要的农产品出口国。如美国，尽管其农业在国民生产总值中的比重仅为 2%，但农产品出口量却占总出口量的 15%，每年有 30% 以上的农产品投入国际市场。1980 年，美国谷物出口量占世界谷物出口总量的 50% 左右，1982年玉米出口量占世界出口总量的 71%、小麦出口量占世界出口总量的 42%。此外，美国还有大量的谷物库存，常年在 1 亿吨以上，占世界谷物库存量的 50%。澳大利亚、丹麦和法国，农业产值在国内生产总值中的比重都不超过 5%，但农产品出口量分别占出口总量的 34%、26% 和 17%。

现代农业并没有特定样式，是动态渐进式的，其内涵也是在不断丰富的。牛拉犁耕的农业相对刀耕火种的农业是现代的，但放在当下却是传统落后的。中国现代农业发展的目标曾经是六个字：高产、优质、高效，此后由于日益显现的农业生态环境和食品安全问题，增加了"生态"和"安全"，即高产、优质、高效、生态、安全。随着社会的不断发展进步，现代农业的内涵还会不断变化丰富。

二、现代农业与农业现代化

现代化，通常是指工业革命以来人类社会所发生的深刻变化，这种变化包括从传统经济向现代经济、传统社会向现代社会、传统政治向现代政治、传统文明向现代文明等各个方面的转变。"现代化"的概念十分宽泛，它在时间上没有确定的外延，空间上也无确定的内涵，所以"现代化"不是严格的科学概念。

农业现代化也一样，其内涵十分丰富，外延十分宽泛，是一个多维的概念。从纵向看，它是一个发展过程，是一个动态的、历史的概念；从平面看，它是一个生产力水平及生态条件不同的、广泛多样的、区域的概念；从内容看，它是一个各具特色的、不同水平、不同层次的产业概念；从建设推进看，它又是一种与发展理念、发展模式、推进方式方法相关的概念。

现代农业和农业现代化，两者既相互联系又有区别。现代农业与农业现代化的共同之处，是它们都反映了农业发展的阶段水平，发展目标是一致的。不同的是，农业现代化的内涵更丰富：从传统农业向现代农业转变的过程以及在现代农业建设过程中不断提升水平层次的过程，都称之为农业现代化。现代农业旨在描述某一时期具有主导性和代表性的农业现状，农业现代化更多的是描述现代农业推进实现的目标、模式和过程。

实现农业现代化是世界农业发展的共同目标，是农业发展的大趋势，各国无一例外，只有先后之分。发达国家在实现农业现代化的过程中，虽然各个国家选择了不同的方式、不同的道路，但基本目标是一致的，并具有一定的普遍规律性。从发展战略看，立足各自国情，突出本国特色，坚持经济、生态、社会协调发展。从工农业的相互关系看，都显示出工农业逐步协调发展的规律，也就是工业率先打破平衡，超前发展，然后农业迅速跟上去，重新达到更高水平的平衡，进而推动国民经济快速发展。从发展动力看，农业现代化都是以工业化和科学技术现代化为前提，农业现代化所需要的先进设备和生产要素大都是靠现代工业科技所提供的，如农业机械化、化学化以及大量资金的积累。从发展道路看，农业现代化走的是专业化、一体化、社会化发展的道路，不仅重视农业生产技术现代化，同时也十分重视农业经营管理现代化。从政府推进的角度看，十分重视对农业现代化的引导、调节和扶持，如国家通过财政、信贷等为农业现代化提供大量资金支持，实行农产品支持价格政策和农业保险制度，支持农业基础设施建设及规模化生产，支持农业科技创新，促进现代农业技术进步，等等。

2007 年，《中共中央、国务院关于积极发展现代农业 扎实推进社会主义新农村建设的若干意见》明确，推进现代农业建设，要用现代物质条件装备农业，用现代科学技术改造农业，用现代产业体系提升农业，用现代经营形式推进农业，用现代发展理念引领农业，用培养新型农民发展农业。提高农业水利化、机械化和信息化水平，提高土地产出率、资源利用率和农业劳动生产率，提高农业素质、效益和竞争力。中国农业现代化的目标是高产、优质、高效、生态、安全。

党的十九大提出，到 2020 年全面建成小康社会，到 2035 年基本实现现代化，到 2050 年全面建成社会主义现代化强国。2021 年 11 月，国务院印发了《"十四五"推进农业农村现代化规划》，提出了农业现代化建设的思路、目标和重点任务。《规划》提出以县（市、区）为单位创建一批农业现代化示范区。明确在"十四五"期内，创建 500 个左右农业现代化示范区，探索差异化、特色化的农业现代化发展模式。

三、现代农业与适度规模经营

（一）规模经营

规模经营是相对于生产经营主体所支配和使用的生产要素的数量多少而言，数量多则规模大，反之则小。这里的"支配和使用"同生产要素产权"所有"和"拥有"不同，它所强调的是生产要素的"经营"。生产要素的所有者不一定是经营者，因此"所有"者的规模不一定就是经营规模。

经营规模的大小，还取决于生产要素质量的高低。生产要素质量有两种情况：一种是同一类型的生产要素而质量不同，素质好或质量高其生产能力就大，经营规模也大，反之则小；另一种是生产要素的种类不同，其技术水平或者说质量高低不同，技术水平高或质量好的生产要素，生产能力强，使用这种先进生产要素进行生产经营，其规模也大，否则则小。经营规模的大小，不仅取决于生产要素的数量和质量，而且还取决于生产要素的构成是否合理。这是因为，生产要素的数量虽多，质量虽好，如果配置不合理，必然会造成某些方面的浪费，不能形成现实的生产能力，给使用数量和质量所表示的经营规模打了折扣。

农业规模经营有它的特殊性。农业的基本生产资料是土地，这与其他产业有根本不同。土地在农业生产中起着决定性的作用，因为其他生产要素都必须投入土地才能发挥作用，因此，土地规模是农业经营规模的基础，土地的数量是衡量农业经营规模的主要标准。土地质量有好有坏，好地要比次地能更多地吸收其他生产要素。因此同样的土地面积，经营规模会有很大差异。再如，种植业同畜牧业以及种植业内部粮食作物同蔬菜种植等不同的经营对象，所要求的土地规模也有很大不同。从经营方式看，农业规模经营的类型的主要可分为土地规模经营、联合规模经营和服务规模经营等。

1. 土地规模经营

土地规模经营可分为三个层次。一是地块规模。地块规模是指地块面积的大小。地块规模狭小，不能采用现代技术手段或不能充分发挥它们的作用，浪费劳动，经济效益低。在传统农业阶段，农业技术手段并不要求大地块耕种。在由传统农业向现代农业转变过程中，合并地块，扩大地块规模，是农业现代化过程中具有普遍意义的重要步骤。二是单个经营主体土地规模经营。即农业生产经营主体通过各种途径，实现土地集中与兼并，扩大土地等生产要素总量，实现规模经营。三是区域专业化规模经营。即在同一区域实行专业化生产，众多农业生产经营主体生产同一农产品，产生规模经营效果。区域专业化规模经营也属于一种联合规模经营。

2. 联合规模经营

联合规模经营也称为合作规模经营，是指多个农业生产经营主体及农户之间，通过组建各类农业合作经济组织，在生产和流通的某些方面的分工和协作。如土地连片统一耕种，联合使用农机具，统一浇水，统一制种育秧，统一防治病虫害，区域专业化种植，联合购买生产资料和销售农产品，统一农产品加工和贮藏，等等。

3. 服务规模经营

农业生产性服务业，是让专业的事情由专业的人、专业部门作业。农业生产性服务主体以家庭农场和小农户等为服务对象，充分发挥新型农业生产性服务组织的优势，通过开展合作式、订单式、托管式等服务业务，实现小生产与大市场的有效对接，促进农业的适度规模经营。

实现农业规模经营的形式和途径多种多样。发展农业规模经营，不能仅以土地经营规模作为唯一模式，而应该是土地规模经营与联合规模经营和服务规模经营等的共同推进、协同发展。土地规模经营、联合规模经营及服务规模经营是实现农业规模经营的三条并行不悖的路径。土地规模经营是基础，联合规模经营和服务规模经营也是现阶段顺应中国农业经营方式转型发展的重要路径。

（二）规模经营效益

规模效益，又叫规模经济或规模收益，是指由经营规模的扩大而带来的经济收益。经营规模的扩大与经济效益的关系，一般有三种情况：当经营规模的扩大使生产要素的配置由不合理到合理的情况下，规模效益递增；当经营规模的扩大使已经配置合理的生产要素倍增的情况下，规模效益不变；当经营规模的扩大使生产要素配置不合理时，规模效益递减，或叫做规模不经济。由此可见，规模效益的取得，要以生产要素的合理配置为前提。因此，人们又把扩大经营规模以使生产要素合理配置，从而取得最佳经济效益的经营，称为适度规模经营。适度规模经营能够带来经济效益，应视为一条经济规律。按照这一规律的要求搞好企业经营管理，具有重要意义。

规模效益理论，在农业中也是适用的。特别是在由传统农业向现代农业的转变阶段，规模效益尤为明显。从经济观点来看，大规模地耕种土地，比在小块的和分散的土地上经营农业优越得多。

土地规模狭小，人均一亩三分地很难维系一个家庭的日常生计，为了生存与发展，农民必须寻求其他产业。农业收入在农户总收入中的比重逐年下降，农业也就由主业逐渐变为副业。作为家庭副业，农民对土地的占有和使用是不稳定，对土地缺乏长期投资的热情，土地经营短期化行为不可避免。对土地实行粗放式经营，掠夺式经营，导致土地质量下降。小规模生产，投入浪费和经营收益低，农户缺乏自我积累和自我投入的能力，导致耕地撂荒，甚至弃耕。小规模经营，无能力开展农业基础设施建设，农业生产抵抗自然灾害的能力弱；小规模经营，无能力发展精品名牌农产品，农产品质量难以保障，市场竞争能力弱；小规模经营，社会信誉度难以提高，争取国家项目资金支持难度大，发展后劲不强等。

与之相反，实现规模经营，农业经营收入是经营者的主要收入来源，一家人的生活所系，经营者的积极性自然是高涨的，必定精心经营，家庭劳动力可以得到充分合理的利用。在国家及各级相关部门的支持下，农业生产条件将得到改善，现代科学技术及设施设备，将得到充分的使用，劳动生产力水平可大幅度提高。农业社会化分工进一步细化，各类服务组织大量涌现，服务规模效益日益显现。规模化经营，生产经营主体的市场地位明显提高，在农业生产资料的购买、农产品销售及融资等各方面话语权、竞争力加强。规模经营，农业生产经营成本降低，效益提高。

土地规模狭小，与传统的技术手段相适应，是传统农业的重要特征。在传统农业向现代农业转变阶段，土地规模狭小严重阻碍着农业生产的发展，同时也就会给予国民经济其他部门的发展很大牵制。国内外农业生产实践表明，在由传统农业向现代农业的迈进，通过多种途径实现规模化经营是一条必由之路。

（三）适度规模经营

发展适度规模经营的目的是为了提高规模效益。适度是一个相对概念，农业规模经营既要"追求规模"，更要"注重适度"，提高效益。要防止脱离实际、片面追求超大规模经营的倾向。

农业生产经营类型多种多样，从对农业生产要素的占有与使用的角度看，农业产品生产主要可分为三种类型：一是偏向于土地密集型的农产品，如粮食等大宗农产品；二是偏向于资本密集型的农产品，如加工农产品和设施农产品；三是偏向于劳动密集型的农产品，如蔬菜、水果、茶叶和养殖类产品。在以上三种类型中，每一类型实现农产品生产规模经营，其土地、资本和劳动的匹配关系是不相同的。因此，简单地以经营土地面积的多少来评价经营规模是否适度显然是不科学的。

发展适度规模经营，必须强调实现效率的最优配置。要兼顾劳动生产率与土地生产率，把握好土地经营规模。经营规模的变化，会对土地产出率和劳动生产率产生不同的影响。如果土地经营规模太小，虽然可以实现较高的土地产出率，但会影响劳动生产率，制约农民增收，不利于激发从业农民的积极性；如果土地经营规模过大，虽然可以实现较高的劳动生产率，但有可能因经营粗放化，导致的农业资源利用效率的降低，影响土地产出率，不利于农业增产。因此，发展规模经营既要注重提高劳动生产率，也要兼顾土地产出率，把经营规模控制在适度范围内。

农业适度规模经营要与城镇化进程、与农村劳动力转移、与农业科技进步、与农业社会化服务水平相适应，农民的收入应与社会劳动的平均收益水平相适应。如果农业与非农产业之间收入失衡，农业将处于一个不稳定的状态，其直接后果是，农民弃耕转向其他产业。因此，有关学者认为，现阶段以从事农、林、牧、渔等生产经营为主业的家庭农户，其收入与同类外出务工家庭收入水平相当时，其经营规模可称为适度。

农业适度规模经营也是一个动态概念，随着工业化、城镇化和农业现代化水平不断提高，适度规模经营水平必将发生相应改变。现阶段，我国各地确定的最低规模经营标准不一，并经常变动。如我国第三次农业普查确定的规模经营指标，耕地种植，南方省份50亩以上、北方省份100亩以上为规模化经营。

世界各国，由于土地资源贫富差距制约，土地经营规模大不相同。人均耕地多的国家和地区其土地经营规模则大，反之则小。但是，在经济发达国家，近百年来，土地规模的不断扩大却是共同的趋势。国民经济工业化和现代化是土地规模扩大的根本动力，而农业新技术手段的投入则是土地规模扩大的直接动因和实现条件。因此，土地集中和扩大规模经营是从传统农业向现代农业转变的必经路径。

（四）世界发达国家现代农业规模经营情况

世界各国现代农业建设的实践表明，一个国家的"资源富集度"对该国农业现代化的模式有直接的影响。所谓资源富集度，主要是指土地资源与人力资源之比。一般来说，资源富集度高的国家（地多人少），宜实行大规模、低地租、高有机构成、高劳动生产率的模式，由资金密集型的大农业向技术密集型大农业发展；而资源富集度低的国家（地少人多），则宜实行小规模、高地租、高土地生产率的模式，由劳动密集型大农业逐步转向技术密集型大农业。

按照各国的资源禀赋及现代农业发展现状，通常把世界农业分为三大类型。

1. 人少地多，劳动力短缺型

最具代表性的国家是美国，与美国情况差不多的国家还有澳大利亚和加拿大等。

美国的农业经营以家庭农场为主，是在农户家庭经营基础上进行的。具有如下特点：

经营规模化。从经营规模来看，美国拥有全球最典型的现代化大农业。美国现有200多万个家庭农场，平均拥有耕地规模2700亩左右。美国家庭农场按经营方式可分三大类：一是由农场主及其家庭成员单独经营家庭农场，大约占农场总数的90%，经营土地规模在2000亩左右，经营的土地面积约占全国耕地总面积的70%；二是由几个农场主联合经营的合伙农场，占农场总数的8%左右，经营土地规模在4000亩左右，经营的土地面积约占全国耕地总面积的16%；三是由投资人入股、按股份公司经营的公司农场，农场数量较少，经营土地规模较大，一般在1.5万亩左右，经营的土地面积约占全国耕地总面积的14%。

生产专业化。美国把全国分为10个"农业生产区域"，每个区域主要生产1～2种农产品。北部平原是小麦带，中部平原是玉米带，南部平原和西北部山区主要饲养牛、羊，五大湖地区主要生产乳制品，太平洋沿岸地区盛产水果和蔬菜。就是在这种区域化布局的基础上，建立和发展了生产经营的专业化。美国的家庭农场生产专业化程度高，专门生产一种农产品的农场比例高达95.5%。

土地私有化。美国经过几十年的探索，于1820年建立了将公有土地以低价出售给农户、建立起以家庭农场为基础的农业经济制度。正是这种土地私有制度的建立，促进了美国开发西部的热潮。

劳动机械化。美国农业机械化水平位居世界第一，如果离开农业机械，美国农业简直寸步难行。农业机械的广泛使用，大大提高了美国的农业生产率和农产品总产量。

2. 土地、劳动力适中型

比较典型的国家是法国。法国作为欧盟第一农业生产国、世界第二大农业食品出口国、世界食品加工产品第一大出口国，其家庭农场的发展功不可没。

法国在历史上有自给自足的小农经济传统，多年来，为发展现代农业，法国实行了"一加一减"的做法。"一加"指的是为防止土地分散，国家规定农场主的土地只允许让一个子女继承；"一减"指的是分流农民，规定年龄在55岁以上的农民，必须退休，由国家一次性发放"离农终身补贴"，同时还辅以鼓励农村青年进厂做工的办法减少农民。除此之外，法国还实行"以工养农"政策。几十年来，法国持续发放农业贷款和补贴，还由国家出钱培训农民。

法国现有各类家庭农场66万个，平均经营耕地630亩，其中60%的农场经营谷物、11%的农场经营花卉、8%的农场经营蔬菜、5%的农场经营养殖业和水果，其余为多种经营。75%以上的家庭农场劳动力由经营者家庭自行承担，仅11%的家庭农场需雇佣劳动力进行生产。由于农产品市场竞争日趋激烈，加上用工成本的不断提高，法国的家庭农场出现了以兼并的形式不断扩大规模和发展农工商综合经营的产业化趋势。

法国家庭农场专业化程度很高，按照经营内容大体可以分为畜牧农场、谷物农场、葡萄农场、水果农场、蔬菜农场等，大部分经营一种产品。

3. 人口密度大，耕地资源短缺型

典型的国家是荷兰、日本等国家。

荷兰是欧洲自然条件并不优越的国家，人多地狭，人均耕地面积不足1亩（1993年为0.9亩），且大部分耕地和草地位于平原低洼地带，易受洪涝灾害。由于土地十分珍贵，荷兰人追求精耕细作。面向国际市场，发展高度外向型、高投入、高产出、高附加值的现代设施农业，在设施园艺蔬菜、奶牛养殖等领域形成了优势支柱产业，已成为世界现代农业发展的典范。

荷兰农业经营的基本特点是，以家庭农场经营为基础、专业合作社为纽带，围绕专业化产品生产，形成了产前、产中、产后关联产业有机结合、一体化的现代农业产业体系。专业合作社是荷兰农业成功的一个重要基石，平均每个家庭农户要参加3~4个专业合作社。

由于高投入，荷兰的土地生产率和劳动生产率均居世界前列，1994 年每公顷谷物产量为世界第一，每个农业劳动力创造的农业附加值居世界第一。荷兰是农业资源占有小国，却是农产品出口大国、农业强国。荷兰的农业人口约占全国人口的3%，出口额和外汇收入却占 1/4，是全球第三大农产品出口国，蔬菜、花卉的出口更是雄踞世界第一。

日本农业的现代化是在第二次世界大战后逐步实现的，它既学习借鉴了欧美发达国家农业的某些特征，又保留着亚洲国家在耕作制度方面的一些传统。

1946—1950 年，日本政府采取强硬措施购买地主的土地转卖给无地、少地的农户。自耕农在总农户中的比重占到了 88%，耕地占到了 90%。自耕农农户土地规模较小，一般在 45 亩以内，兼业经营十分普遍。日本有专业农户和兼业农户两类。专业农户是指全部劳动时间都用来从事农业的农户；兼业农户占比较大，一般在 90% 左右，包括以农为主或以农为副两种。

日本农业组织最大的特色和优势是农协（日本农业协同组合）。日本农协是非营利性准政府机构，农户 90% 的农产品通过农协流通。对政府而言，农协是代表农业、农村和农民利益的"企业集团"，包括全国农协、地方农协和基层农协，每一级农协中又有综合性和专业性两类。各级、种类农协之间有十分具体的业务范围规定。农户都是农协成员，农协的主要领导由会员选举产生，领导权掌握在农民手中，具有较强的凝聚力。

日本于 1952 年制定了《土地法》，用法律形式规范了以小规模家庭经营为特征的农业经营方式。20 世纪 70 年代开始，日本政府连续出台了几个有关农地改革与调整的法律法规，鼓励农田以租赁和作业委托等形式协作生产，以避开土地集中的困难和分散的土地占有给农业发展带来的障碍。一是以土地租佃为中心，促进土地经营权流动，促进农地的集中连片经营和共同基础设施的建设；二是以农协为主，帮助核心农户和生产合作组织，妥善经营农户出租或委托作业的耕地。这种以租赁为主要方式的规模经营战略获得了成功。

日本农业以提高土地生产率为核心，生产水平较高，灌溉面积占耕地面积达到66%，设施农业温室面积较大，属园艺设施最发达的国家之一。

四、中国建设现代农业的现实路径

中华人民共和国成立 70 多年来，我国农业生产设施条件有了较大改善，科技进步有了长足发展，农民思想文化素质有了明显提高，农村经营体制机制有了巨大的改革创新，这些变化为实现现代农业提供了坚实的基础。全国各地先后建立起一批不同类型、各具特色的现代农业样板。在这些样板中，有以机械化、科学化、水利化和信息化为主的高产高效农业；有以信息化和自动化、工厂化为主的自动化、半自动化、工厂化设施农业；有以大数据、物联网、人工智能为主的智慧农业、数字农业；有以农业生态环境优美、历史文化底蕴浓厚、农耕文明特色明显，以向社会提供服务为主要功能的休闲农业、生态旅游观光农业，等等。但是，这些样板是零星的、局部的。

中国地域广阔，农业发展不平衡，有的地区已经基本实现了农业现代化，有的地方仍然十分落后。就总体而言，全国大多数地区，农业仍处在传统农业向现代农业过渡阶段，还有相当部分边远山区，仍然处于传统农业阶段。农户家庭经营地块碎片化、经营规模小型化、农产品自给半自给、农民职业兼业化、农民市场行为非法人化的格局没有根本改变。

中国现代农业建设必须面对中国农业农村现实，必须适应中国的基本经营制度，走出一条具有中国特色的现代农业之路。建设现代农业需要系统构建现代农业生产体系、产业体系和经营体系。建设现代农业生产体系，旨在夯实农业基础，通过科技创新和要素优化，提高土地产出率、资源利用率和劳动生产率。建设现代农业产业体系，旨在打破传统农业单一生产模式，实现一二三产业融合，提升全产业链价值，解决农业附加值低、农民增收难问题。建设现代农业经营体系，旨在破解小生产与大市场的矛盾，培育新型市场主体，构建多元化、社会化、组织化的新型农业经营格局。以现代经营体系为纽带，推动现代生产体系和产业体系落地，全方位发展现代农业。

借鉴国外现代农业发展模式，总结国内一些地区现代农业建设成功的实践，从构建现代农业经营体系的角度看，我国现代农业建设的现实路径应该是：通过各种形式的土地流转，大力培育适度规模的家庭农场，发展现代农业新型微观市场主体；实行特色明显的专业化生产，走现代农业高产高效之路；推行多种形式的农业生产性服务，建立现代农业新型生产体系；发展各类利益相关的农业合作经营组织，建立现代农业新型经营体系，实现小生产与大市场的有效对接；推进一二三产业融合发展，实现农业全产业链增值增效；推进现代农业标准化生产，不断提升农产品质量水平及市场竞争力，全方位进入世界现代农业的先进行列。

（一）培育适度规模经营的家庭农场

培育发展新型农业经营主体，是发展现代农业的首要任务。在众多的农业经营主体中，家庭农场将是未来主要的、量大面广的农业生产经营微观主体。

1. 家庭农场

2013 年的中央一号文件首次提出"家庭农场"概念：家庭农场以家庭成员为主要劳动力，以家庭为基本经营单元，从事农业规模化、标准化、集约化生产经营，并以农业收入为家庭主要收入来源的新型农业经营主体，是现代农业的主要经营方式。

当今农村社会，一些家庭通过土地流转，生产规模逐渐扩大，通过现代科技的武装，已由原来的小农户生产发展成为新型农业经营主体——家庭农场。"家庭农场"不再是原来意义上的家庭，外壳上虽然仍是"家庭"，内容上则是一个具有法人资格的现代企业。它的经济基础是现代市场经济，它的动力机制是市场竞争，是现代产权制度。"新型家庭农场"已成为现代农业最主要的微观生产经营主体，成为农业现代化的重要组织形式。

在发达国家，家庭农场早就成为农业市场主体和主要经营模式。但为什么中国一直没有推行？这与我国的农业发展阶段紧密相连。家庭农场的发展除受农业经营体制机制制约外，其自身也必须具备必要的条件。如：家庭农场不是小农生产，需要有一定的规模；提高劳动生产率需要应用各种现代设施设备；发展商品化生产，提高产品竞争能力，需要应用现代农业高新技术，等等。以上这些基本条件，在我国很长时间内都不具备。现阶段，随着农业科技不断进步，工业化、城镇化持续发展，农地经营制度不断创新，为家庭农场建设与发展开辟了宽阔道路。如农村劳动力非农就业增多，土地闲置较为普遍；农民承包经营的土地实现"三权分置"，土地流转更加方便；农业生产机械化水平日益提高，既解放了农村劳动力，又极大地提高了农业生产效率；新型农业社会化服务体系建立与完善，为现代农业发展提供了强大的重要支撑。在这一社会背景中，农村各类新型市场主体逐渐涌现，"家庭农场"应运而生。

2. 家庭农场与传统小农户的区别

小农是中国传统农业经营的核心主体。从小农生产到家庭农场经营正在经历着一个缓慢的发展过程。

小农是指那些在小块土地上进行耕种，以家庭劳动力为主要劳动投入的农业生产者。恩格斯从生产规模方面对小农户作了界定，即"既不大于他以自己全家的力量通常所能耕种的限度，也不小于足以让他养家糊口的限度"。小农户家庭收支处在紧平衡状态，缺乏扩大再生产的能力。

我国实行家庭承包经营之初，人均一亩三分地，规模极小。此时农村的家庭，只能是非自足型小农户，农业是家庭的唯一产业，且由于生产规模小，生产手段落后，收入难以满足正常的生活，家庭处于贫穷状态。随着工业化、城镇化的推进，农村劳动力在二、三产业就业增多，兼业农户逐渐出现。兼业农户是指为追求家庭效用最大化，将部分劳动力投入到工业或服务业等非农部门，既从事农业生产又从事非农生产的农户。

外出务工农民增多，为农村土地流转创造了环境条件。一些熟悉农业生产经营管理的有志之士，抓住机遇租用本村空闲承包土地，扩大自家的生产规模，发展成为农业生产大户。如种粮大户、蔬菜大户、生猪养殖大户、水产养殖大户等。农业生产大户的生产规模扩大了，劳动生产率提高了，农户的收益也增加了。但大户的市场主体身份、劳动用工形式、生产规模的稳定性等方面仍然存在许多问题，发展后劲不足。此时，家庭农场诞生了。

家庭农场与小农户和农业生产大户都是以农户家庭为基本生产单位，但家庭农场与其有本质的不同。

（1）从经营的主体看，家庭农场既保留了家庭承包经营的传统优势，又吸纳了现代农业要素。家庭农场主集所有者、劳动者和经营者于一体。家庭农场主大多是高素质农民，有较高的文化素质和农业生产经营技能。家庭农场的劳动要素同时来源于自家劳动力与外来雇佣劳动力，但是以自家劳动力为主。家庭农场是完善家庭承包经营的有效途径，是对家庭承包经营制度的发展和完善。

（2）从经营主业看，家庭农场是以从事农、林、牧、渔等生产经营为主业，以农业为主要收入来源；而小农户单靠农业难以维持家庭的生计，大多是兼业农民，农业收入只是家庭收入的一部分。

（3）从经营规模看，家庭农场生产规模较大，实行的是适度规模经营。如种植类家庭农场，大多是以自家的承包土地为基础，再通过合法有序的土地流转，拥有相对适度的土地资源，并有相对稳定的土地经营权。适度规模经营，是家庭农场区别于小农经营的重要特征。家庭农场必须达到一定的规模，才能够融合现代农业生产要素。受资源禀赋、经营管理能力和风险防范能力的限制，其经营规模必须处在可控范围内，不能太少也不能太多，表现出适度规模性。

关于家庭农场的经营规模，国家没有统一的标准，全国各地也不一样。如湖北省家庭农场的经营规模指标，种植业为：种植农作物土地面积 50 亩及以上，设施农业占地面积 5 亩及以上；畜牧业为：生猪年出栏 200 头及以上，肉牛年出栏 20 头及以上，奶牛存栏 20 头及以上，家禽存栏 2000 只及以上；渔业为：养殖面积达到 10 亩及以上。

（4）从市场地位看，家庭农场是经过登记注册的法人组织。农场主首先是经营管理者，其次才是生产劳动者。因此，家庭农场的基本特征之一，就是以现代企业标准化管理方式从事农业生产经营。传统小农户一般未进行工商登记注册，在市场活动中的身份和地位不够明确，不能算是严格意义上的市场主体。

（5）从经营的目标看，家庭农场是企业化、商品化生产。传统的小农户经营方式仍然是建立在半自给性生产基础上的农户经营。小农户一家人困守在几亩承包土地上，具有显著的"可进可退"性，即进可多出售农产品，可外出务工；退可多增加家庭消费，养家糊口，属生存型小生产。新型家庭农场，是适应市场农业需求的规模化、标准化、集约化生产经营；农场内部实行的是企业化管理，农产品追求的是具有市场竞争能力的优质农产品。家庭农场区别于传统小农户的根本特征，就是以市场交换为目的，进行专业化的商品生产；传统小农户生产的农产品更多地是满足自身需求，维持家庭生计功能。

另外，家庭农场虽然是以现代企业标准化管理方式从事农业生产经营，兼有家庭经营和企业经营的优势，但与农业企业也不一样。从劳动角度来说，除一些农户联合经营组成的合伙企业之外，农业企业的劳动要素主要依靠雇佣劳动力，而家庭农场则是以自有劳动为主，依靠家庭劳动力就能够基本满足自身的生产经营与管理需求。这是家庭农场区别于农业企业的根本特征。

3. 我国家庭农场发展现状与趋势

家庭农场兼有家庭经营和企业经营的优势。家庭农场不仅拥有家庭成员特有的生产积极性，还可以发挥企业的市场经营特性，是一种融合家庭经营与企业经营双重优势的新型生产经营形态。

如前所述，农业独有的产业特征决定了家庭是最佳的农业经营主体。相比农业企业，家庭农场主要是利用家庭劳动力，相当一部分是使用自有土地，较少受到土地流转成本与雇工成本的制约。家庭农场更贴近当地社区，可以充分依托地缘、血缘关系，减少交易谈判成本，稳定土地流转合同。家庭经营可以实现对农业生产全过程和最终产品负责，以及对各种难以预料的变化做出反应，符合农业作为生物再生产过程的特点。家庭农场的要素所有权属于家庭成员共同拥有，家庭内部不存在不同要素主体权益对立，没有外部力量控制生产决策并分配劳动成果。家庭农场可以充分发挥家庭成员的利他性动机，减少组织运转费用和生产监督成本。另一方面，家庭农场的法人化经营，可以更好地参与市场经济。作为一个生产经营实体，家庭农场与企业法人具有很多相似性，可以独立进入市场，参与市场竞争。在经营方面，家庭农场通过生产、销售一体化，可以克服农产品契约的不完全性，掌握较为完整的供应链信息，获取更高的产品收益。同时，家庭农场作为市场中的非匿名交易者，为了维护市场信誉，获取持续的市场交易机会，不得不注重经营过程中的生产控制，更加注重长期经营收益，更加注重农产品质量安全。家庭农场以追求生产效益为目标，更加注重农业生产条件的改善，更加注重现代农业科学技术的应用，也更加注重农产品品牌开发。

近年来，我国家庭农场实现了快速发展，数量稳步增长，质量持续提升，经营水平进一步提高，成为促进小农户和现代农业发展有机衔接的重要力量。截至2021年，全国家庭农场超过390万家，年经营收入总额近8 900亿元，已成为我国现代农业发展的强劲力量。

当前，我国的家庭农场仍处于起步阶段，多数家庭农场还处于成长期，发展不平衡、不充分。主要体现在：一是单体规模偏小，整体实力偏弱。据了解，2021年家庭农场经营收入在10万元以下的占比接近40%，经营收入在50万元以上的占比不到10%。二是发展质量有待进一步提升。目前多数家庭农场还是以农业生产的前端为主，像加工、营销等产业链后端延伸不足，全产业链收益能力较低。

传统的小农户生产不能适应现代农业发展需要，必然被"家庭农场"等新型市场主体所代替。我国现代农业的发展过程，也是一个由传统小农户家庭经营逐渐向新型家庭农场及其他新型经营主体转变的过程。

（二）农业生产专业化

所谓专业化生产，就是一部分社会资源用于生产或经营这一部分产品或活动，另一部分资源则用于另一种产品或活动。

所谓农业生产专业化，是指农业生产按照农产品的不同种类、生产过程的不同环节，在地区之间或农业企业之间进行分工协作，向专门化、集中化方向发展的过程。农业生产专业化是社会分工深化和经济联系加强的必然结果，也是现代农业生产发展的必由之路。

1. 农业生产专业化的类型

社会对农产品需求的多样性，促进了农业种养品种的多样性。在生产农产品是为了自给自足的社会阶段，为了生存，为了丰富自家的生活，生产内容小而全的农业生产是很普遍的。

随着商品经济的蓬勃发展，自给半自给性的农业生产转变成为大规模的商品经济。农业社会化分工越来越细，农业专业化水平越来越高。从宏观角度看，农业生产专业化类型主要有单个农业企业或家庭农场专业化、区域农业生产专业化和农业作业或农艺过程专业化。

（1）单个企业（或家庭农场）农业生产专业化。农业专业化最初是在农业企业（或农场）之间分工日益发展的基础上实现的，称为农业企业（或农场）专业化。其主要表现形式是：企业（或农场）专门或主要生产经营某一种农作物产品，如粮食农场（种粮大户）、水果农场、蔬菜农场；生产经营某一种畜禽产品，如奶牛农场、肉牛农场、山羊农场、家禽农场等。

（2）区域农业生产专业化。在单个农业企业或农场专业化的带动下，同一地区的农业企业（或农场）同时生产经营同一农产品，称为区域农业生产专业化。由于农业生产受自然生态环境条件的制约，为了充分利用自然条件和农业资源，不同地区分别选择最适合当地条件的农业产品进行生产。建立优势农产品专业化生产区域，是农业生产专业化发展中的一个重要阶段，如我国许多地方发展区域农业专业化生产模式。

（3）农业作业或农艺过程专业化。农业企业专业化和区域专业化发展到一定程度，又出现了农业作业或农艺过程专业化，即一个地区或一个企业专门或主要完成农产品生产过程中的某一阶段或某一环节的生产活动。每一种农业生产的生态环境不同、生产季节不同、生产农艺不同，生产过程中使用的农业器具不同，所需的农业科学技术不同。如种植业方面，有专门或主要从事种子种苗生产的企业、大田农业生产企业和农产品加工企业等；畜禽养殖方面，有专门或主要从事幼畜幼禽饲养的企业，有只进行家畜的育肥或家禽产蛋环节饲养的企业，有专门从事畜禽产品加工的企业等。农业作业或农艺过程专业化是农业专业化的高级阶段，分工精细，专业化程度高，劳动生产率高。

2. 农业生产专业化发展现状

农业专业化发展的水平和方向受社会生产力多种因素的制约和影响，如自然资源、社会经济、科学技术水平、交通运输业的发展状况、市场供求状况以及经营管理水平等条件。

农业区域专业化发展最为成熟的国家是美国。美国充分利用不同地区的自然条件，通过科学区划，使农业生产实现了地区生产的专业化，建立起了农业专业化生产的玉米带、小麦带、棉花带、乳畜带、混和农业带、亚热带作物带等。

中国农业专业化起步较晚。1949 年以前的旧中国，农业生产落后，社会分工和商品经济很不发达，基本上是自给自足型的自然经济，全国只有极少数的地区和农业生产单位实行低水平的专业化生产。中华人民共和国成立后，全国大多数地区和大多数农业生产单位在相当长的时期内，主要力量放在粮食生产和解决粮食自给问题上，极大地限制了农业专业化的发展。1978 年以后，农村商品经济得到较大发展。随着市场经济的不断发展、农业内部生产结构的不断调整和完善，农村出现了各种类型的专业户，如粮食专业户、棉花专业户、养猪专业户、养禽专业户等。各类农业生产专业户，是我国农业专业化生产的初级形式。

为了发挥各地的区位优势，推进区域农业生产专业化水平，农业农村部先后两次发布《全国优势农产品区域布局规划》，重点培育水稻、小麦、玉米、大豆、马铃薯、棉花、油菜、甘蔗、苹果、柑橘、天然橡胶、肉牛、肉羊、奶牛、生猪和出口水产品等 16 个优势品种，在全国划定了 58 个优势区。

在市场机制的带动和产业政策的引导下，我国农产品生产开始向区域化、专业化方向加快发展。目前，全国玉米、小麦等粮食作物产业带已经基本形成。小麦主要分布在河南、山东、安徽、河北和江苏等省，2018 年这 5 省的小麦产量合计占全国的 79%；玉米主要分布在黑龙江、吉林、内蒙古、山东、河南等省份，2018 年这 7 省份的玉米产量合计占全国的 70%；棉花则形成了新疆棉花产业带，2018 年新疆棉花产量占全国的 84%。畜牧业生产也向区域化集中发展，2018 年内蒙古、黑龙江、河北、山东、河南、新疆、宁夏 7 个主产省份的牛奶产量占全国的 71% 以上；2018 年四川、湖南等 13 个生猪主产省份的猪肉产量已占到全国的 78%。

3. 农业生产专业化的意义

农业由"小而全"的自给半自给性小生产变为专门化、规模化、商品化生产是一个历史的进步。具体地讲，农业专业化的意义主要表现在：

（1）农业专业化生产有利于发挥各地在农业自然资源和经济资源方面的优势。农业是生物性生产。生物的生长发育对生态环境有严格的要求，各自都有其自身的最佳生态位。如热带生物就不适合于寒带种养，这就是由农业生物学特性所决定的。居于最佳生态位之中的农业生物，其生产效率最佳。农业专业化生产就是遵循农业生物最佳生态位的优化选择原则，充分发挥各地农业自然资源和经济资源方面的优势，实行农业专业化生产。

（2）农业专业化生产有利于现代科学技术及设施设备的应用。实行专业化生产，企业生产类型相对单一，应用农业技术相对单一，有利于提高农业劳动者的熟练程度和技术水平，有利于农业科学技术的推广应用；使用的农业机械工具类型较少，同种农业机械的利用率明显较高，有利于采用先进的生产工具；农业生产环节相对单一，有利于加强农业生产经营的管理，有利于提高农业劳动生产率。

（3）农业专业化生产，有利于提高农产品生产经营规模水平。农业专业化生产，农业生产经营主体生产的品种相对集中，同一品种的生产规模增大。规模化生产，有利于提高经营管理水平，实行标准化管理；有利于保证农产品质量，实现农产品品牌建设；有利于节约成本和提高效益，增加农产品的市场竞争力。

（三）推进多种形式的农业生产性服务

农业生产性服务是农业社会化服务的重要内容（在第七章中进行了专门介绍）。农业生产性服务是以公共服务机构为依托、农村集体经济组织为基础、农民合作经济组织为纽带、农业产业化龙头企业为骨干、各类专业服务组织为支撑、其他社会力量为补充，公益性服务和经营性服务相结合，专项服务和综合服务相协调，为农业生产提供产前、产中、产后全过程综合配套的社会化服务。

1. 农业生产性服务的对象、主体及类型

农业社会化服务的对象主要是农村家庭承包经营小农户和以家庭农场为重点的各类新型农业经营主体。

农业生产性服务主体十分广泛，主要包括政府部门所属的涉农服务机构、大专院校及科研单位、农民合作组织、专业服务公司、专业技术协会、农民经纪人、龙头企业等。

农业生产性服务，是对农业生产过程进行的服务。按服务内容不同可分为单项服务和综合性服务。单项服务主要是指为农业生产的产前、产中和产后各环节中的某一方面提供服务。如在种植业领域，产前服务主要包括提供生产规划、种子（种苗）和其他农业生产资料服务；产中服务，主要包括土地耕整、播种、施肥、植物保护、田间管理、收获等；产后服务，主要包括加工、运输、储藏和销售服务等。在养殖业领域，如仔畜（雏禽、鱼苗）生产服务、饲养服务、疫病防治服务、出栏服务、粪污处理服务等。综合性服务的类型和方式很多，如将两项及以上的内容进行外包服务，也可将所有的内容进行整体外包服务。

2. 农业生产性服务的作用与意义

农业生产性服务业，是让专业的事情由专业人员、专业部门作业。发展农业生产性服务业，可以充分发挥服务组织的资金、设备、技术、人才和市场等资源优势，有效降低农业物化成本和生产作业成本，提高农业生产效率和农产品品质，实现农业节本、增产、增效，促进农民增加收入。

加强农业生产性服务，是实现现代农业的必然要求。建设综合配套、便捷高效的农业生产性服务体系，是促进农业生产经营主体特别是小规模生产农户和家庭农场发展壮大的重要支撑。功能健全、运行良好的生产性服务，可以有效地把各种现代生产要素注入家庭经营之中，不断提高农业物质技术装备水平，可以在家庭经营的基础上发展集约性经营，推进农业生产专业化、商品化和社会化。

加强农业生产性服务是促进适度规模经营的有效途径。伴随着现代农业的发展进步，以土地集中为主的适度规模经营在快速扩大，但由于自然、社会、经济等多方面原因，土地流转比例仍然不高，以传统家庭为主的农业经营形式仍然是主要经营形式。在这一过程中，农业生产性服务规模经营应运而生。以农业生产性服务为主的规模经营，主要是以千家万户小农生产为主要服务对象，充分发挥新型农业生产性服务组织的优势，通过开展合作式、订单式、托管式等服务业务，实现小生产与大市场的有效对接，促进农业的适度规模经营。

加快发展农业生产性服务业，对于培育农业农村经济新业态，构建现代农业产业体系、生产体系、经营体系，同样具有重要意义。农业生产性服务是农业现代化发展过程中的必然结果，也是实现农业现代化的重要途径。

（四）建立多种利益相关的农业合作经济组织

农业合作经济组织，是指农民尤其是以家庭经营为主的小农户、家庭农场等市场主体，为了维护和改善各自的生产经营环境条件，在自愿互助和平等互利的基础上，遵守农业合作法律和规章制度，联合从事特定经济活动所组成的企业组织形式。农业合作经济组织必须有共同的经营内容、自负盈亏、实行独立的经济核算。那些不以盈利为目的、无经营内容、不实行严格独立核算的农民技术协会等，则不属农业合作经济组织范畴。

由于参与者合作的方式及内容各有不同，农业合作经济组织又有很多不同的形式：有的合作程度紧密，有的合作比较松散；有的是农业生产经营全面合作，有的则是部分合作；有的合作组织自己进行生产经营，有的委托给第三方生产经营；有的将资源入股统一生产经营，有的则采取协同合作、分散经营、联合销售及提供服务的方式进行合作；还有的是在农产品加工和营销企业组织下进行生产经营合作等。农业合作经济组织已经成为现代农业生产经营新的微观主体。

1. 市场经济催生农业合作经营

社会分工是商品生产存在的基本条件之一。农业生产专业化、商品化程度越高，就越要求进行各种形式的合作或联合。如果农业生产是建立在自给自足的自然经济基础之上，各个农户生产出来的农产品除了满足自给性需求外，基本上没有什么剩余，那么农户之间就没有实行合作的必要。利用非经济手段强行地把不同的农户组合到一起，就会阻碍生产力的发展。

市场经济体制机制下，各类资源主要由市场配置。家庭承包经营后的农民成为市场主体，单个农户势单力薄，分散的农户面对变幻莫测的市场，风险骤增，只有通过合作将分散的力量集中起来，才能有所作为。农业是受自然灾害影响最大的产业，单家独户无力抗御自然灾害。为了减少和避免市场及自然风险，农民迫切需要合作经营。

从农产品的特性看，大部分农产品具有易腐性，特别是蔬菜、水果、畜产品等。这些产品一旦成熟或采摘以后，如果不进行储存或加工，就必须马上卖掉，否则就会腐烂，农户会因此蒙受损失。农户或企业建设的农产品加工储藏设备设施，许多具有专用性，利用率较低，为了提高利用率，相互间都有寻求合作的意愿。

小农户经营时，单独采购生产资料难以获得价格上的优惠和运输上的经济，单独出售农产品也难以卖得好价钱；在生产中单独使用某些大型农业机械或先进的农业科学技术也可能不经济。通过合作经营，可以借助外部交易规模的扩大来节约自身的交易成本，提高生产效率，增强在市场竞争中的地位。

市场经济的建立与发展是农业合作经营产生的土壤，而农业合作经营是市场经济发展到一定阶段的产物。农业合作经营作为连接农民与市场的纽带，对推动市场经济的发展、维持农产品市场和农业要素市场的稳定与均衡、改善农民的社会与经济地位起到了极其重要的作用。

一些发达国家的经验和我国发达地区的实践表明，在不改变农户作为基本生产单位的前提下，分散的农户组织起来建立农业合作经济组织，能有效改善农业的微观经济基础，进而促进现代农业的健康发展。

2. 农业合作经济组织的主要类型

现阶段我国农业合作经济组织，主要有以下几种类型。

（1）农村集体经济组织。农村集体经济组织是在原来"三级所有，队为基础"的人民公社体制基础上，经过家庭承包经营制度改革后，以原来生产队或自然村为单位建立的社区性合作经济组织。农村集体经济组织作为我国农村一种最普遍的合作经济组织，在保障农民家庭经营和促进农业发展方面做出了巨大贡献。农村集体经济组织的主要职能是管理集体资产、协调成员利益关系、组织生产服务和集体资源开发，壮大集体经济实力等事务。如对农村集体"三资"的合作经营：有的地方在坚持土地集体所有和集体资产成员共有的前提下，按照合作制的原则，借鉴股份制的形式，把未到户的集体资产或经营性净资产折股量化到人，把原村组集体经济组织改造成为股份合作社。通过合作经营，既可发展壮大村组集体经济，又可增加集体经济组织成员的收入。

当前，我国许多地方村级集体经济组织法人地位问题没有很好确立。农村村级组织实行"三合一"模式，即村党支部（基层党组织）、村民委员会（村民自治组织）、村集体经济组织（经济法人）一套人马三块牌子。这种模式具有减少村级组织工作人员、减少村级开支、提高工作效率等优势。但也存在一些问题，如一些村集体经济组织不能在工商部门进行企业登记注册，法人地位不明，导致很多地方的村集体经济组织进入市场面临一系列困难。显而易见，如果不改革创新，此类村集体经济组织在市场经济竞争中将处于不利地位。

（2）农民合作组织。农民合作组织是由同类农产品生产经营者或者同类农业生产经营服务的提供者、利用者，自愿组织起来，在技术、资金、信息、购销、加工、储运等环节实行自我管理、自我服务、自我发展，以提高竞争能力、增加成员收入为目的的互助性经济组织。

现阶段，农民合作组织类型很多，名称不一，有的叫农业专业合作社，有的叫农民专业协会，还有的叫农村专业技术协会、合作协会，等等。其中，农民专业合作社发展最快。

农民专业合作社以其成员为主要服务对象，开展农业生产资料的购买、使用和农产品的生产、销售、加工、运输、贮藏及其他相关服务。农民专业合作社以服务成员为宗旨，谋求全体成员的共同利益；成员地位平等，实行民主管理；盈余主要按照成员与农民专业合作社的交易量（额）比例返还。农民专业合作社能很好地帮助农民解决一家一户做不了、做不好的事情，它了解农民需要什么，需要多少，能有针对性地开展服务。农民专业合作社在组织管理上，实行自愿结合、进退自由、民主管理；在经营方式上，灵活多样，独立自主；实行盈余返还，给农户带来实惠，与农户风险共担、利益共享。

正因为农民专业合作经济组织有这些特点，所以能够得到广大农民的欢迎。

（3）贸工农一体化联合。贸工农一体化是以市场为导向，以农副产品加工、流通企业等农业组织为龙头，以乡村合作经济组织和农户为基础，把农业的生产、加工、贮运、销售等环节联系起来，形成一体化的经济利益集团或共同体的一种经济组织形式。它是包含了产加销一条龙、种养加相结合的现代农业经营模式。其主要特征是，利益各方根据市场需求状况和自身的经营特点，将生产、加工、销售诸环节以合同契约的形式组合起来，建立利益共享、风险共担的利益共同体。

贸工农一体化经营，延长了农业产业链，实现一二三产业融合发展，补齐了传统农业单纯经营第一产业的"短板"，让农民能分享加工、销售等环节的利润，提高农业生产效益。

贸工农一体化经营是一种很有特色的新的农业经营方式，可以把农民的生产与市场的需求有效地衔接起来，一头连着国内外市场，一头连着千家万户。农业生产、收购、加工、贮藏、运输、销售等一系列过程紧密衔接、环环相扣，能解决生产与市场脱节的问题。这种经营体制通过合同或契约使农民与加工、销售企业建立比较稳定的联系，减少了中间环节，既能降低成本，又能提高农产品的新鲜度和质量。农户和家庭农场等就成为农业生产、加工、销售企业的一个生产车间，市场需要什么就种养什么，需要多少就种养多少。贸工农一体化经营通过开拓国内外市场，正确地引导农业生产，成为小农户和家庭农场对接大市场的桥梁和纽带，使农户和家庭在农场种养方面有指导、生产过程有服务、销售产品有出路、销售价格有保障，增强了生产的预见性，减少了盲目性。

依据贸工农一体化经营中各利益主体结合程度的不同，可以将其分为完全一体化和不完全一体化。完全一体化是一种紧密型的利益联结方式，建立一个产权独立的决策实体，实行统一核算，形成完全的一体化经营。不完全一体化是指将农业生产、农产品加工和运销过程中的某个或几个环节，通过某种纽带（如契约）统一到一个利益共同体内，其他环节各个利益主体仍然保持各自独立性的一种一体化方式。不完全一体化是一种较松散的利益联结方式，是产权相对独立的多个决策实体经过某种外部关系联结的经济组织。

（4）农村土地股份合作。农村土地股份合作制是以创新和激活土地承包经营权流转机制为手段，以保障农民土地权益为目的，推进农村土地规模化经营，实行制度化和规范化管理，是具有中国特色的农业生产组织制度。农村土地股份合作制组织中的农民具有双重身份,既是劳动者又是股东,因而既能实现劳动合作与资本合作的有机结合,又能实现劳动集体共同占有和劳动者个人占有的有机结合,既能实现规模经济,又能调动各方面积极性。这是广大农村干部与农民十分关注并支持建立农村股份合作制组织的根本原因。

目前,实行土地股份合作的种类较多,按照"依法有序、因地制宜、农民自愿、民主管理和土地入股、集约经营、收益分红、利益保障"的原则,引导农户以土地经营权入股,组建土地股份合作社。

土地股份合作社的经营模式主要有入股外租和自营两种。外租模式,就是按土地股份合作社章程规定,统一对外租赁或发包,取得的收益按农户土地入股份额进行分配。自营模式,就是按照土地股份合作社章程,由土地股份合作社自主统一经营,实行保底分红、二次分配。

土地股份合作社是破解龙头企业与农民利益联结机制难题的一种有效生产经营形式,各地都在探索之中。

3. 农业合作经济组织在现代农业建设中的作用

自 2007 年《中华人民共和国农民专业合作社法》施行以来,我国农民合作社快速发展。截至 2019 年 6 月底,全国依法登记的农民合作社达到 221 万家,农业生产经营的组织化程度明显提高。

个体农民在进入市场参与竞争的过程中,主要存在三个方面的劣势,即信息、技术和资金的严重匮乏。在解决这些问题时,单个农户显得心有余而力不足,政府也往往不能提供全面的和到位的帮助,而农业合作经济组织则可以发挥巨大作用。农业合作经济组织可以发挥自身优势,为分散的农户提供产前、产中、产后的一系列信息服务,包括各类市场信息、农业生产技术和管理技术等服务。作为具有准企业性质的农业合作经济组织在资金筹集上也较单个农户更有优势,可以为单个农户在资金筹集和生产保险上提供帮助与服务。农业合作经济组织在现代农业建设中的作用日益显现。

农民专业合作社是农村新型集体经济组织的有效实现形式,已成为构建立体式复合型现代农业经营体系的纽带。从成员构成看,农民专业合作社集新型农业经营主体与传统农户于一身,搭建起多元主体融合发展的组织框架。从主要功能看,农民专业合作社融生产与服务于一体,为家庭农场和传统农户提供耕种收运各环节农业社会化服务,与农业企业开展土地、资产、技术等多种资源要素合作。

农业合作经济组织已成为推进适度规模经营的有效载体,成为带动农民增收致富的稳定渠道，成为发展现代农业的有效组织形式。

4. 引导规范农业合作经济组织健康发展

农业合作经济组织作为一种新型现代农业经营组织，产生和发展时间还不长，发展势头很旺，有很大的成长空间，已显现出强大的活力，但也存在许多不容忽视的问题。

农民专业合作社注册登记不验资、不收费、不年检等低门槛政策措施，催生了大量合作社。基层组织及相关部门缺乏应有的监督管理和业务指导，重数量轻质量、重发展轻规范、重扶持轻监管，导致许多合作社建设、运转不规范。如：有的合作社成立动机不纯，建社的目的就是想借此获取国家补贴或支持；合作社普遍缺乏专业人才、成员整体素质偏低，真正懂技术、会管理的高素质复合型人才很少；很多农户是被动加入合作社的，合作社与农民利益关系不紧密，农民对合作社的生产经营及民主管理等问题也很少关心。许多合作社成立之后无法正常运转；还有的合作社，领办人的出发点就是为了套取项目资金而设立的，"只搭台、不唱戏"，成为"空壳社"；有的合作社因无力继续运营，成为荒废的"僵尸社"，有的成为理事长、老板说了算的"一人社"。针对发展过程中出现的问题，加快示范社建设，加强引导与监督管理，迫在眉睫。

（五）推进一二三产业融合发展

通常衡量一个部门劳动生产率的高低，可以采用比较劳动生产率这一指标，即该部门产值比重同在此部门就业的劳动力比重的比率。据此测算，我国农业比较劳动生产率还不高，与其他产业存在较大差距。据资料统计，2021 年，我国第一产业、第二产业的比较劳动生产率分别为 0.32 和 1.36，第二产业是第一产业的 4.25 倍。其实，第一产业与第三产业相比，第一产业的比较劳动生产率也很低。农业部门比较劳动生产率低下，是农业生产效益低、农民收入水平低，进而成为城乡差距难以根本缩小的关键原因之一。

实现农业农村现代化的一个重要路径就是推进农村一二三产业融合发展，着力塑造农业新业态。通过三次产业融合发展，强化农业全产业链建设，拓展农业增值增效和农民增收的空间。这也是农业发展的必然趋势和西方发达国家的实践经验。

一是推进农业内部各产业之间的交叉融合，发展种养结合循环农业。按照稳粮（粮食作物）、优经（经济作物）、扩饲（饲料作物）的要求，推进"粮经饲"协调发展。在确保粮食安全的前提下，因地制宜加快农、林、牧、渔、经、饲交叉融合发展，实现农业内部的物质循环综合利用。强化大农业内部的产业融合，不仅可优化农业内部产业结构，丰富农业的产品供给，还可以保护农业生态环境，提高农业效益，增加农民收入。

二是推进农产品生产与加工业的有效对接，实现多层次多环节的增值增效。强化农业与农产品加工业的有效对接，实现农产品生产与农产品加工业优势互补、相互促进。按照"纵向延伸、横向扩张、侧向拓展"的路径，促进农业产业链各环节向高技术化、高知识化、高资本化和高附加价值化方向发展。实现产业链各环节有机整合和集成，构建"从田间到餐桌"的完整产业体系，扩大农业产业链整体规模，提升农业产业链整体效能和效率。

三是推进农业产业功能的拓展，发展服务型农业新业态。强化农业与第三产业的融合，立足农业多种功能的挖掘与拓展。深度发展"农业+旅游""农业+科技""农业+教育""农业+文化""农业+康养"等产业，充分拓展农业多种功能和多重价值。发展休闲农业和乡村旅游产业，打造绿色乡村生态旅游产业链。发挥农村资源、资产及传统文化优势，发展乡村共享经济、创意农业。

四是推进应用农业农村数字化技术，发展数字农业数字乡村。实施"互联网+现代农业"模式，大力发展农村电子商务。推广农业物联网、云计算、大数据技术，发展智慧农业。

（六）实行农业标准化生产

1. 标准与农业标准化

《中华人民共和国标准化法》定义：标准是经济活动和社会发展的技术支撑，是国家治理体系和治理能力现代化的基础性制度。标准还是全球治理的重要规制手段和国际经贸往来与合作的通行证，被视为"世界通用语言"。标准作为国家质量基础性制度之一，在促进经济持续健康发展和社会全面进步中起着基础性、战略性和引领性作用。

农业标准化是指以农业为对象的标准化活动。具体来说，是指为了各方面利益，对农业经济、科学、技术、管理活动中需要统一、协调的各类对象制定并实施标准，使之实现必要而合理的统一的活动；即在农业产前、产中、产后各个环节，通过制定和实施规范化的工艺流程和衡量标准，使生产过程科学化、规范化、系统化，从而将先进的科研成果尽快转化成现实生产力，取得经济、社会和生态的最佳效益，促进农民增收、农业增效和农村经济发展。它包括制定标准、实施标准和对标准的实施进行监督整个过程。运用标准化手段规范农业生产、改善人居环境和提升乡村治理，努力营造有标可依、有规可循、规范公平的农业农村发展环境。

2. 农业标准化与农业现代化

国内外农业发展的实践经验表明，加快农业标准化进程，是新时期新阶段推进农业产业革命的战略要求，直接关系到实现农业市场化、产业化、集约化、现代化，具有重要意义。

推进农业标准化是促进农业科技成果转化及农业产业发展的有效途径。科学技术是第一生产力。农业标准化既源于农业科技创新，又是农业科技创新转化为现实生产力的载体。科技成果转化为标准，可以成倍地提高推广应用的覆盖面。同时，标准的提高又会推动科技创新。农业产业发展的过程，既是农产品生产、加工、流通行为标准化的过程，也是规范千家万户农民生产行为和应对千变万化农产品市场的过程。没有农业的标准化，就难以实现农业的产业化。

推进农业标准化是保障农产品质量和消费安全的基本前提。近年来，因农药残留、兽药残留和其他有毒有害物质超标而导致的农产品污染和中毒事件时有发生，严重威胁了广大消费者的身体健康和生命安全。解决问题的一个重要前提，就是要建立起与中国农业和农村生产力发展阶段相适应的农产品质量安全标准体系、检验检测体系和认证认可体系。在这三大体系中，农产品质量安全标准体系具有基础性作用。

农业标准化是增强农产品竞争力和调节农产品国际贸易重要手段。标准是市场竞争的制高点，决定着市场的控制权。在知识经济时代，市场竞争标准先行的特征尤为突出。我国加入 WTO 后，价格优势在国际市场上受到了安全标准的挑战。2002 年我国 90% 的农产品出口企业，不同程度地受到国外技术壁垒的影响。同时，由于我国农产品进口标准方面的原因，客观上为国外农产品大量进入我国市场提供了便利。在此形势下，加快建立符合国际规范和食品安全的农业标准化体系，使其承担起扩大出口、调节进口的作用，已成为当务之急。

推进农业标准化是实现农业可持续发展的根本保障。当前我国农业发展面临着资源约束、环境污染、生态恶化等问题的严重制约。走可持续发展的道路，是我国农业发展的必然选择。只有建立健全全社会共同遵守的农业环境、生产、加工等全产业链绿色发展规程，严格实施农业生态和环境质量安全标准，才能为提高农业经济安全运行质量、促进农业资源的合理开发与利用，最终实现可持续发展提供有力的保障。

推进农业标准化是农业和农村经济结构战略性调整的必然要求。农业结构战略性调整最为重要的目标就是要实现优化结构、提高质量和效益。实现这个目标，一项很重要的工作就是大力推行农业标准化，包括农产品生产及加工、流通的标准化。要以农业标准化带动农业生产专业化和区域化，进而推动农业结构的战略性调整。

推进农业标准化是建设现代农业的现实选择。农业标准化是现代农业的重要基石。加快推行农业标准化，是推动和促进现代农业建设的重要力量。现代农业，不仅要求农产品品种标准化、农业生产技术标准化、农业生产管理标准化，还要求农业市场规范化、农村经济信息建设标准化。建设现代农业的过程在某种程度上也是农业标准化的过程，没有农业的标准化，就谈不上建设现代农业。

3. 我国农业标准化发展历程与现状

我国农业标准化工作起步于中华人民共和国成立初期，我国农业的主要任务是尽快发展生产，解决农产品短缺问题。这一时期，农业部门开始着手研究制定农业技术标准，主要任务是针对农作物品种制定标准。1964 年国家科委在北京召开了一次关于农业标准化工作会议，重点研究如何搞好种子标准化工作，尽快解决种子混杂退化问题，为实现农业高产、稳产服务。之后一段时间，农业标准化工作处于停滞状态。

党的十一届三中全会以后，农业标准化工作得以恢复。1978 年农林部在科技局设立了标准处，主管全国农业标准化工作。该机构的建立，为农业标准化工作确立了组织基础。此后，全国各地建立相应工作机构，大力推进农业标准化工作，建立了示范区，农业标准化工作出现良好势头。

1985—1998 年是中国农业标准化发展的开拓时期。随着农业农村经济快速发展，农业标准体系建设日渐得到广泛关注，大量的种苗、大宗农产品质量标准、农业生产技术规范等农业技术标准相继列入国家、行业等标准制（修）订安排。1985 年、1991 年先后召开了第一次、第二次全国农业标准化工作会议。这两次会议对后来我国农业标准的制（修）订及实施工作，发挥了巨大的推动作用。但由于我国长期受到农产品短缺的掣肘，一直把农业生产的重心放在提升产量上，这一时期农业标准化的重要性并未在全社会引起足够的重视。

从 1999 年开始，我国农业标准化进入全新发展时期。适应国家农业发展和加入世贸组织的需要，1999 年，农业部启动了"农业行业标准制（修）订专项"工作，我国农业行业标准进入了快速发展时期。先后制订了一大批国内和国际贸易急需的农产品质量安全标准、生产和加工技术规程、检测方法标准等。这些标准体系的建立，为提升我国农产品质量、降低生产成本、保护和合理利用农业资源提供了重要的技术保障。从 2004 年起，每年的中央一号文件都强调要加强农业标准化工作。2006 年，《中华人民共和国农产品质量安全法》颁布实施，我国农业标准化进入全面推进的新时期。

党的十八大以来，党中央、国务院高度重视标准化工作。2021 年，党中央、国务院印发的《国家标准化发展纲要》提出：标准是国家基础性制度的重要方面，要坚持党对标准化工作的全面领导。2021 年，农业农村部启动了农业生产"三品一标"提升行动，从品种培优、品质提升、品牌打造和标准化生产四个维度来进一步推进和践行质量兴农、绿色兴农、品牌强农。2022 年，农业农村部又印发了《农业标准化生产实施方案（2022—2025 年）》，旨在打造一批全产业链标准化基地，培育一批高标准引领的绿色优质农产品精品，以标准化带动特色农产品产业发展和质量提升。

据国家标准化管理委员会不完全统计，目前我国已制定农业强制性国家标准（GB）345 个、推荐性国家标准（GB/T）3036 个、指导性技术文件（GB/Z）28 个。此外，农业行业标准有 5000 多项。农业标准化在引领农业现代化中发挥着重要作用。农业标准从早期单一的农作物生产类标准逐步向涵盖产前、产中、产后的标准体系拓展，农业标准体系进一步完善；通过农业标准化的实施，降低了成本，强化了管理，培育了品牌，提高了农业质量效益。以标准化为纽带，通过全产业链的质量安全追溯体系，实现了从农田到餐桌全过程质量可控，守护了农产品质量安全。标准化作为农业现代化的基础支撑地位进一步凸显。

4. 以农业标准化引领农业现代化

我国农业标准化成效显著，但同农业高质高效的要求比，同发达国家发展状况比，水平仍然偏低。一是社会对农业标准化缺乏应有的重视。如农业生产主体对农业标准化认识不够；政府及相关部门在农业标准化制度设计、资金投入、人才培养、部门合力等方面还有待加强。二是农业标准体系内容与现代农业发展的要求不相适应。如在标准体系结构上，存在全产业链覆盖不平衡的问题，现有的地方标准主要集中在生产环节；在市场需求上，存在地方标准制定与市场需求相脱节的现象，有的标准制定之日，就是"寿终正寝"之时；在标准时效上，存在标准"超龄"现象，许多标准需要及时修订完善。三是农业标准的执行难落地。主要体现在：实施执行难，农业标准除了少数农产品质量安全类强制性国家标准之外，大都是推荐性标准，约束性不强；推广普及难，标准的应用需要一定的专业知识，而农村标准化人才缺乏，农民对标准看不懂、学不会、做不好；监督评估难，目前，对涉及人体健康、人身财产安全和环境保护等强制性国家标准实施有手段，而对自愿实施的推荐性标准等，监督手段不多，评估机制有效性不够。

标准决定质量，有什么样的标准就有什么样的质量，只有高标准才有高质量。建设现代农业，需要农业标准化的引领。

一是要以标准化引领农业丰产丰收。农业产业振兴，从某个角度讲，最大的问题是标准化，最难的问题也是标准化。农业不走标准化这条路就没有出路。要因地制宜制定标准，深入浅出抓好人才培训，贴近农民开展普及。要让标准落实到农业全产业链的每个主体、每个环节。真正让标准进田入户，促进农业增产、农民增收。

二是以标准化引领农业提质增效。品牌是信用的凝结。当前农业品质不高、知名度不够、竞争力不强。要把农业标准化深入落实到农业生产中，以标准化实现种子培优、土壤改良、技术更新、产品分等分级。培育知名品牌，促进优势产业和产品向价值链中高端跃升，提高市场竞争力。

三是以标准化引领市场农业发展。按照"有标采标、无标创标、全程贯标"的要求，加快产地环境、投入品管控、农兽药残留、产品加工、储运保鲜、品牌打造、分等分级关键环节标准的制（修）订，推动建立现代农业全产业链标准体系。标准壁垒是国际贸易中主要的技术壁垒。要认真研究农产品主要贸易国家和地区的农产品标准，广泛开展对标达标活动，通过龙头企业的带动，打通国际贸易通道，促进产业发展和农民增收。

四是以标准化保障农业安全。农产品安全、农业安全的问题是一个牵一发而动全身的问题。要始终把确保农业安全作为标准研制的底线，切实把加强种子安全、农产品安全、食品安全作为标准研制和标准化推广的重点。把"最严谨标准"贯穿于从农田到餐桌的全过程，以标准化控制生产、流通、存储等各个环节，保证产品质量和安全。

第十三章　现代农业发展评价与分析

现代农业发展评价，是对现代农业发展水平进行定量测算，全面、系统、准确把握农业现代化发展的现状，科学分析发展成效，清醒认识建设过程中的短板和潜力，明确发展的目标任务，强化工作重点、工作举措，对指导、推进现代农业快速健康发展，具有重要的意义。

现代农业的内涵十分丰富，进行科学评价通常具有一整套系统指标体系。现代农业是发展变化的，其评价内容也是发展变化的。不同时期、不同区域、不同评价目的，选择的评价指标也不同。现代农业评价指标体系的构建，需遵循以下原则。

导向性原则。不同地区农业现代化发展基础不同，资源禀赋不同，经济、社会背景不同，所处的发展阶段不同，所采取的支持政策也有差别。因此，指标的设定要与区域社会、经济、生态发展目标相统一，方向要明确，重点要突出，具有明显的导向作用。

系统性原则。指标设定必须全面考虑现代农业所涉及的各个方面及其内在联系。各指标间既相互独立又相互联系，共同构成一个有机整体，从多角度、多方面、多层次反映现代农业发展现状，以满足评价的科学性、系统性。

动态性原则。农业现代化是一个长期的动态发展过程，评价指标的设置，既要反映发展现状、发展水平，又要描述发展速度、历史变化、未来展望，应具有先进性、阶段性和时代特征，充分体现动态趋势。

可比较原则。评价指标既要能测度现代农业某一地区、某一时点的发展状况，又要能进行地区之间的横向比较以及自身的纵向比较。因此，指标的基础数据、计算方法、指标权数、评价参数等方面必须相同，以保持评价结果具有可比性。

可行性原则。构建指标体系的目的在于应用，评价指标体系要力求简明实用。

所需数据尽可能应用权威部门的公布资料，尽可能与现有统计口径相一致，以反映现实情况。设定的评价指标的数据来源，要便于收集和量化，便于进行计算分析，以拓宽评价指标在实际工作中的应用范围。

现代农业评价指标体系一般可分为九个层次，即：①农业自然资源条件；②农业物质装备水平；③农业科技创新与推广水平；④农业经营管理水平；⑤农业支持保障水平；⑥农业产出水平；⑦农业可持续发展水平；⑧农村居民收入消费水平；⑨城乡融合发展水平。

一、农业自然资源条件评价

现代农业都是在特定的区域空间中建立的。农业自然资源是区域现代农业建设的物质基础，是现代农业发展模式选择的重要依据。农业自然资源很广泛，与农业生产联系最紧密的是土地资源、水资源和气候资源。区域气候资源变化不大，有现存的气象资料可查。

（一）土地资源评价

土地资源是指可供人类生产、生活所利用的土地，包括已经利用和尚未利用的土地数量和质量的总称。就农业生产而言，土地资源是指耕地、林地、草原、荒地、滩涂、水面、沼泽等。

土地资源是不可再生的资源。在农业生产主产区，耕地是最重要的土地资源。耕地资源评价的主要指标有人均耕地资源占有量、耕地保有量及保有率、高标准农田面积比重等。

1. 人均耕地资源占有量

即国家或地区耕地资源总量与人口总数之比。

20世纪末，世界人均拥有可耕地资源为4.55亩，但国家之间差别很大。据第三次全国国土调查，截至2019年底，我国耕地面积19.179亿亩，总人口140005万人，人均耕地1.36亩。

根据联合国粮食及农业组织确定的一个人一昼夜享有2300千卡（约为9627.46千焦）热量的食物消费作为粮食自给标准和现阶段世界粮食平均单产水平进行测算，我国规划中经常使用人均拥有0.8亩耕地面积为最低警戒线。

2. 高标准农田面积比重

高标准农田是指在划定的基本农田保护区范围内，建成集中连片、设施配套、高产稳产、生态良好、抗灾能力强、与现代农业生产和经营方式相适应的农田。

高标准农田面积比重，是指高标准农田面积与耕地面积的比值，是反映农业基础设施支撑能力的重要指标。

计算公式如下：

高标准农田面积比重 = 高标准农田面积/耕地面积×100%

相关评价参数：

2018 年，我国高标准农田累计建成 6.4 亿亩，超过全国耕地面积的 30% 左右。基本实现农业现代化，我国确定的目标值为 60%；全面实现农业现代化的目标值为 75%。

（二）水资源评价

水资源是指具有经济利用价值的自然水，主要是逐年可以恢复和更新的淡水。降水是其恢复和更新的来源，地表水和地下水是它存在的形式。

水资源评价指标很多，与农业密切相关的主要有水资源总量评价、水资源调蓄能力和农田有效灌溉率、农产品单位耗水量等。

1. 水资源总量

水资源总量是指区域逐年可以恢复和更新的淡水总量，也就是区域的产水量或径流量。准确掌握区域水资源数量，是科学、合理开发利用及分配水资源的基本依据。

2021 年，我国水资源总量为 29638 亿立方米，其中，地表水资源量为 28310 亿立方米。我国用水总量为 5920 亿立方米，人均综合用水量为 419 立方米。其中，农业用水量为 3644 亿立方米，占用水资源总量的 61.5%。耕地实际灌溉亩均用水量为 355 立方米。

2. 调蓄能力

调蓄能力是指某一地区各种大、中、小型水库的总库容量占总径流量的百分比，是一个国家农业生产水平的重要标志之一。水资源中，地表径流相当一部分是"自由水"，它们白白流入江河，难以利用。加强水资源工程建设，兴建各类水库、塘堰、河网沟渠、提水设施，主要目的就是增大调蓄容量和提、引能力，把"自由水"变成稳定的可以利用的水源，提高水资源的利用率和保证率。

计算公式如下：

调蓄能力＝各种水库的总库容量/总径流量×100%

相关评价参数：

我国水利工程的调蓄能力只有18%，从理论上讲，有82%的水资源是"自由水"。我国病险水库较多，供水量只占总库容量的54%，供水保证率不高。世界发展中国家的蓄水能力较弱，多数在15%以下，有的完全没有调蓄能力，纯靠自然灌溉。一些发达国家的蓄水能力较强，如美国为22%。

3. 农田有效灌溉率

农田有效灌溉率是农田有效灌溉面积与耕地总面积之比。农田有效灌溉面积是指具有一定的水源，地块比较平整，灌溉工程或设备已经配套，在一般年景下能够进行正常灌溉的耕地面积。农田有效灌溉率高表明农业水利基础设施好、抗灾能力强。农田有效灌溉面积的多少，直接决定了耕地抗旱能力的高低，是现代农业不可或缺的重要条件。这是一项反映农田水利现代化水平的指标，它对种植业生产水平的稳步发展有重要作用。

计算公式如下：

农田有效灌溉率＝有效灌溉面积/耕地面积×100%

相关评价参数：

据资料显示，1949年我国农田有效灌溉面积为2.4亿亩，2021年为10.37亿亩，增加了3.3倍，农田有效灌溉率已达到51%。

4. 农产品单位耗水量

由于区域气候、种植制度、水资源管理制度和灌溉技术等方面的原因，世界各国单位农产品的灌溉用水量差异较大。每生产1千克粮食，美国需要灌溉水量0.93立方米，加拿大需要灌溉水量仅0.07立方米，中国则需要1.23立方米。

中国的农产品单位耗水量较高，这其中也包含灌溉效率较低的因素，灌溉效率较低与灌溉制度不尽合理、农作物栽培灌溉技术设施较为落后紧密相关。

二、农业物质装备水平评价

农业物质装备是物化农业科技的载体，应用于农业产业链的全过程。不同阶段农业装备内涵不同，现阶段体现农业物质装备水平的指标主要有农业机械化水平、设施农业发展水平等。

（一）农作物耕种收综合机械化率

农业机械化是农业现代化的物质基础，是提高劳动生产率的重要手段，是将农村劳动力从繁重的体力劳动中解放出来的主要途径。因此，农业机械化水平是衡量农业现代化发展程度的重要标志。评价农业机械化水平，现阶段大多运用农作物耕种收综合机械化率这一指标。

计算公式如下：

农作物耕种收综合机械化率 = 机耕率 × 0.4 + 机播率 × 0.3 + 机收率 × 0.3

机耕率 = 机耕面积/（播种面积 - 免耕面积）× 100%

机播率 = 机播面积/播种面积 × 100%

机收率 = 机收面积/（播种面积 - 绝收面积）× 100%

相关评价参数：

农业部 2007 年颁布了中华人民共和国农业行业标准，明确了农业机械化水平划分标准，分为初级、中级、高级三个阶段，初级阶段小于 40%，中级阶段为 40% ~ 70%，高级阶段大于 70%。

据《"十四五"全国农业机械化发展规划》资料：农作物耕种收综合机械化率，2020 年为 71%，2025 年目标是大于 75%；丘陵山区县农作物耕种收机械化率，2020 年为 49%，2025 年目标是大于 55%；设施农业机械化率，2020 年为 41%，2025 年目标是大于 50%；畜牧养殖机械化率，2020 年为 36%，2025 年目标是大于 50%；水产养殖机械化率，2020 年为 32%，2025 年目标是大于 50%；农产品初加工机械化率，2020 年为 39%，2025 年目标是大于 50%。

目前，日本农业生产机械化水平已达 90% 以上，美国农业已完全实现机械化。《国家现代农业示范区建设水平监测评价指标》确定，该指标基本实现农业现代化目标值为 75%，全面实现农业现代化目标值为 90%。

（二）设施农业发展水平

设施农业是指依靠工程技术和设备装备，改善植物生长发育的温、光、湿、水、肥、气等自然约束条件，摆脱或部分摆脱自然资源约束的一种农业生产方式。设施农业充分利用土壤、气候和生物潜能，为动植物生长提供可控制的适宜生长的环境，以提高生物产品的产量和质量，从而提高农业综合生产能力和经济收益，增加农业抗风险能力。设施农业水平，很大程度上反映了区域农业现代化水平。设施农业水平评价指标主要有设施农业比重。

设施农业比重是指一个地区设施农业面积或产值占总面积或总产值的比重。

计算公式如下：

设施农业比重＝设施农业面积/农作物总播种面积×100%

设施农业比重＝设施农业产值/农作物种植总产值×100%

相关评价参数：

目前我国仅设施园艺产业产值就超过 1.4 万亿元，占园艺总产值的 40% 以上、占农业总产值的 25% 以上，其经济效益是大田作物的 20 倍以上、露地园艺作物的 4~5 倍。

2017 年底全国设施农业占地面积 2969 千公顷。我国温室大棚等占地面积稳居世界第一，工厂化种养也呈快速发展态势。

三、农业科技创新与推广水平评价

科学技术是生产力，是加快农业现代化建设的决定力量。突破环境资源约束、持续增加农民收入、提升农业综合竞争力无一不依赖科技的进步。

农业生产技术应用可分为"无形技术"和"有形技术"两大块。无形技术是指不具有实物形态，却对生产发展起重要作用的技术。如各种专有技术（专利、图纸、资料、信息等技术）、经营管理技术以及组织协调生产的手段和方法等。有形技术亦称"硬件技术""物化技术"，指具有一定实物形态的各种技术。农业生产应用的种子、化肥农药、生产工具、农业机械、农业设施等都是有形物化技术。

（一）农业科技进步贡献率

农业科技进步贡献率是指一年内农业总产出增长中农业科技因素所做贡献的比例，是综合衡量评价区域各种农业科学技术进步水平和潜力的重要指标。农业科技因素包括除劳动、资金和土地要素以外的所有可能要素的作用集合，包括农业新品种、新技术的应用，劳动力素质的提高，产业结构的调整，资源配置的科学化和经营方式的改进等。

计算方法：

农业科技进步贡献率一般以生产函数方法进行测算。首先利用总产值、劳动投入、土地投入、资金投入建立生产函数，先计算出农业科技进步率，再将农业科技进步率与农业总产值增长率相比得出农业科技进步贡献率（单位:%）。计算公式如下：

农业科技进步贡献率 = 农业科技进步率/农业总产值增长率

农业科技进步率 = 农业总产值增长率 – 物质费用产出弹性 × 物质费用增长率 – 劳动力产出弹性 × 劳动力增长率 – 耕地产出弹性 × 耕地增长率

相关评价参数：

中国农业科学院提出的"我国农业科技进步贡献率测算方法"，将物质费用、劳动力和耕地的产出弹性分别取为 0.55、0.20 和 0.25。

据农业部数据，2005 年我国农业科技进步贡献率为 48%，2012 年为 54.5%，2018 年为 58.3%，2021 年达到 61.5%。

（二）持专业证书的农业劳动力占比

持专业证书的农业劳动力占比，指持专业证书农业劳动力数量与农业劳动力总量的比值，是反映农业劳动力素质的重要指标。持专业证书人员是指农业从业人员（包括各类农业企业、合作社、种养大户及一般农民）中持有涉农专业中等及以上学校教育及职业教育毕业证书、农业行业职业资格证书、农民技术职称证书、农民技术资格证书（绿色证书）的人员。

计算公式如下：

持专业证书的农业劳动力占比 = 持专业证书农业劳动力数量/第一产业就业人员数 ×100%

相关评价参数：

美国、德国等发达国家一般都要求农民必须接受高等或中等农业职业教育并取得相应的资格证书。《国家现代农业示范区建设水平监测评价办法（试行）》确定，该指标基本实现农业现代化目标值为 35%，全面实现农业现代化目标值为 60%。

（三）农户计算机拥有率

农户计算机拥有率，指百户农户拥有的家用计算机数量比率，是反映农户信息化基础水平的国际通用性指标。

相关评价参数：

《国家现代农业示范区建设水平监测评价办法（试行）》确定：该指标基本实现农业现代化目标值为每百户 50 台，全面实现农业现代化目标值为每百户 80 台。

（四）"12316"等农业信息服务热线覆盖率

"12316"是全国农业系统公益服务统一专用电话号码，是农业信息服务热线。目前，"12316"农业综合信息服务已基本覆盖全国所有省份，全国"12316"语音平台日均接受咨询约 2.4 万个，服务用户共 1000 多万人，坐席专家超过 1.7 万人，能够及时满足农民信息需求，从而推动公共信息服务向农村覆盖、信息化成果向农民惠及。

"12316"等农业信息服务热线覆盖率，指区域有无"12316"或其他形式的农业信息服务热线覆盖，是反映政府农业信息化服务能力的重要指标。

《国家现代农业示范区建设水平监测评价办法（试行）》确定，该指标基本实现农业现代化和全面实现农业现代化目标值均为 100%。

四、农业经营管理水平评价

农业经营管理的主要任务是在巩固和完善农村基本经营制度的前提下，通过改革创新建立新型农业经营体系，用现代经营模式推进现代农业发展。农业经营管理水平主要体现在农业经营主体、适度规模经营、农业结构和农业社会化服务水平等方面。

（一）新型农业经营主体发展水平

现代农业是市场农业。市场主体发展水平是体现农业市场化、专业化、标准化、规模化和现代化水平的评价指标。现阶段新型农业经营主体主要有家庭农场、农民合作社和农业企业等。

1. 新型农业经营主体占经营农地面积比重

计算方法：

新型农业经营主体经营农地面积比重 =（家庭农场、农民合作组织、农业企业等经营农地面积之和）/农业用地总面积 ×100%

新型农业经营主体农业产值比重 =（家庭农场、农民合作组织、农业企业等农业产值之和）/农业总产值 ×100%

相关标准参数：

据经济日报社中国经济趋势研究院调查测算，2015 年，我国新型农业经营主体所创造的农业产值已经占了全国农业产值的 6.41%。

2. 农户参加农民合作社比重

农民合作社是重要的农业市场主体。农户参加农民合作社比重是指参加农民合作社的农户数量与农户总数的比值，是反映农业市场化、组织化程度的重要指标。

计算公式如下：

农户参加农民合作社比重 = 参加农民合作社农户数量/农户总数×100%

相关评价参数：

从国际情况来看，美国、法国85%以上的农民已加入了农民合作社，新西兰、澳大利亚、日本、韩国加入农民合作社的农民占比达到了90%以上。

2012年，我国农户参加农民合作社比重为20.3%，国家现代农业示范区平均为33%，部分组织化程度较高的示范区已达50%以上。《国家现代农业示范区建设水平监测评价办法（试行）》确定，该指标基本实现农业现代化目标值为55%，全面实现农业现代化目标值为75%。

（二）适度规模经营水平

规模效益是指企业将生产要素等比例增加时，产出增加价值大于投入增加价值的情况。由于生产要素的不可分性，当企业生产规模增大时，就会节约各项费用，降低生产成本，提高经济效益。

适度规模经营是在适合的环境和适合的社会经济条件下，各生产要素（土地、劳动力、资金、设备、经营管理、信息等）的最优组合和有效运行，从而取得最佳的经济效益。土地是农业生产不可替代的生产资料，农业（种植业）规模经营在很大程度上是指土地规模经营。

1. 土地适度规模经营比重

土地适度规模经营比重，指土地适度规模经营面积与耕地总面积的比值，是反映农业生产经营专业化、标准化、规模化、集约化程度的重要指标。

计算公式如下：

土地适度规模经营比重 = 土地适度规模经营面积/耕地面积×100%

相关评价参数：

根据第三次全国农业普查结果，2016年全国耕地规模化（南方省份50亩以上、北方省份100亩以上）耕种面积占全部实际耕地耕种面积的比重为28.6%。《国家现代农业示范区建设水平监测评价办法（试行）》确定，该指标基本实现农业现代化目标值为40%，全面实现农业现代化目标值为70%。

2. 畜禽规模化养殖比重

畜禽规模化养殖比重的得出，先是要分别计算出生猪、肉牛、奶牛、羊、肉鸡、蛋鸡等规模化养殖比重，然后进行加权合计得出畜禽规模化养殖比重。畜禽规模化养殖比重是反映现代畜牧业发展水平的重要指标。

相关评价参数：

根据《国家现代农业示范区建设水平监测评价办法（试行）》数据，生猪、羊的规模化养殖量分别指年出栏 500 头以上生猪、100 只以上羊的规模化养殖场（户）年出栏生猪或羊的数量。肉牛、奶牛的规模化养殖量分别指年出栏 50 头以上肉牛、年存栏 100 头以上奶牛的规模化养殖场年出栏肉牛、存栏奶牛的数量。肉鸡、蛋鸡的规模化养殖量分别指年出栏 10000 只以上肉鸡、年存栏 2000 只以上蛋鸡的规模化养殖场年出栏肉鸡、存栏蛋鸡的数量。2016 年我国生猪养殖规模化水平为 62.9%，家禽规模化存栏占比达到 73.9%。

《国家现代农业示范区建设水平监测评价办法（试行）》确定，该指标基本实现农业现代化目标值为 60%，全面实现农业现代化目标值为 80%。

3. 水产标准化健康养殖比重

水产标准化健康养殖比重，指水产标准化健康养殖面积与水产养殖总面积的比值，是反映现代渔业发展水平的重要指标。水产标准化健康养殖面积是指经省级以上（含省级）渔业主管部门认定的水产标准化健康养殖场（区）的养殖面积之和。

计算公式如下：

水产标准化健康养殖比重 = 水产标准化健康养殖面积/水产养殖总面积 × 100%

相关评价参数：

《国家现代农业示范区建设水平监测评价办法（试行）》确定，该指标基本实现农业现代化目标值为 50%，全面实现农业现代化目标值为 75%。

（三）农业结构

现代农业结构的优劣，决定了现代农业的发展层次、效益、水平。农业结构主要评价指标有农业产业结构、农产品加工产值与农业总产值之间比例结构和劳动力就业结构等。

1. 国民经济三次产业结构

国民经济三次产业结构，指一个国家或地区三大产业在国民经济中的比例关系。三次产业之间的比例关系是产业结构中最基本的关系，是衡量一个国家或地区经济发展水平的主要标准之一，可进行不同国家或地区间经济发展状况的比较。

三次产业增加值占 GDP 的比例关系可以反映一国或地区的经济发展阶段。一般发展规律是：在经济发展尚未进入工业化阶段时，第一产业居于主导地位；第二产业则处于萌芽阶段，比重不大且发展缓慢；第三产业刚刚起步，所占的比重也很小。随着经济发展和人均收入水平的提高，经济发展进入工业化阶段，一产在国民生产总值中的比重开始明显下降；二产的比重迅速上升并逐步发展成为主导产业；三产随着工业生产的增长开始发展，其比重呈缓慢上升趋势。当二产的比重达到顶峰并逐渐稳定或开始下降时，经济发展进入后工业化阶段，一产在国民生产总值中的比重进一步下降，所占比重很小；二产增加值的绝对值因工业高度发达仍继续上升，但其比重由上升转为下降；三产的比重则迅速上升，取代第二产业，成为主导产业。

相关评价参数：

我国产业结构变动总体符合产业结构演变的一般规律。中华人民共和国成立之初，我国经济发展水平低，第二产业极其落后，三次产业的产值结构呈现出"一三二"落后的分配格局，三次产业比例为 50.5∶20.9∶28.6。随着社会主义建设发展，三次产业结构快速变化。1978 年我国产业结构呈现"二一三"格局，三次产业比例为 27.7∶47.7∶24.6。1985 年第三产业规模首次超过第一产业，产业结构为"二三一"，三次产业比例为 27.9∶42.7∶29.4。2012 年第三产业规模再次超过第二产业，成为推动国民经济发展的主导产业，三次产业结构实现"二三一"向"三二一"的历史性转变，三次产业比例调整为 9.1∶45.4∶45.5。2020 年三次产业比例为 7.7∶37.8∶54.5。

随着国民经济的发展，第一产业相对比重下降是必然规律，但决不意味着农业功能的减弱和农业地位的下降。恰恰相反，农业产业的规模却越来越大，质量越来越优，效益越来越高。农业的国民经济基础及国家安全保障地位不可动摇，这是绝大多数发达国家的客观现实。

2. 农业产业结构

农业产业结构是指全国或某一区域大农业内部各产业部门和各部门内部的组成及其相互之间的比例关系。农业产业结构可以分成多个层次。从横向看，存在种植业、牧业、林业、渔业之间的结构关系；在种植业内部，又可分为粮食作物、经济作物、园艺作物、饲料作物之间的比例关系；从纵向看，存在生产、加工、流通、服务各个环节之间的结构关系。区域农业发展的过程，也是农业产业结构的建立和不断调整、发展、完善的过程。

种植业、牧业、林业、渔业之间的比例关系没有优劣之分，只要遵循自然规律种养，实现高产、高质、生态、安全，按照市场经济规律，做到"人无我有，人有我优，人优我新"，实现产销对路、效益优良，就是好的结构。从农业生产、加工、流通和服务环节看，农业生产是基础，加快发展农产品加工业、市场流通业和社会化服务业是现代农业发展的必然趋势。

相关评价参数：

中华人民共和国成立70年来，我国农业实现了由单一以种植业为主的传统农业向农林牧渔业全面发展的现代农业转变。从产值构成来看，1952年农业产值（种植业）占农林牧渔四业产值的比重为85.9%，林业、畜牧业和渔业产值所占比重分别为1.6%、11.2%和1.3%。2018年农业产值（种植业）占农林牧渔四业产值的比重为57.1%，比1952年下降28.8个百分点；林业占5.0%，提高了3.4个百分点；畜牧业占26.6%，提高了15.4个百分点；渔业占11.3%，提高了10.0个百分点。

3. 农产品加工产值与农业总产值之比

农产品加工业产值与农业总产值比值是指农产品加工业总产值与农业总产值的比值，是反映农业产业化经营水平的国际通用指标。根据国际经验，农产品加工环节是否强大是衡量一个地区农业是否发达的重要标志。大力发展农产品加工业，拉长产业链条，提升产品附加值，提高农产品商品率，增加农民收益，是发展农业现代化的重要举措。农产品加工产值与农业总产值之比是衡量现代农业发展水平的指标之一。

计算公式如下：

农产品加工业产值与农业总产值比值 = 农产品加工业总产值/农业总产值

相关评价参数：

我国农产品加工业产值与农业总产值比值1952年为0.42：1，1985年为0.77：1，2010年为1.7：1，2015年为2.2：1，2020年为2.4：1。《国家现代农业示范区建设水平监测评价办法（试行）》确定，该指标基本实现农业现代化目标值为2.7：1，全面实现农业现代化目标值为3.5：1。

世界工业化国家的该指标大都在3：1~4：1，有的发达国家已达到8：1。

（四）农业社会化服务水平

我国以小农户分散经营为主的农业经营方式是现代农业发展的障碍，解决这一矛盾的有效途径之一是建立健全农业社会化服务体系。

农业社会化服务的内涵宽泛，内容较多，评价指标大多选择农林牧渔服务业增加值占农林牧渔业增加值的比重，即指农林牧渔服务业增加值与农林牧渔业增加值的比值，是反映农业社会化服务水平的重要指标。

计算公式如下：

农林牧渔服务业增加值占农林牧渔业增加值的比重 = 农林牧渔服务业增加值/农林牧渔业增加值×100%

相关评价参数：

我国2011年农林牧渔服务业增加值占农林牧渔业增加值的比重为2.8%，基本实现农业现代化目标值为4%，全面实现农业现代化目标值为6%。2009年，美国农业服务业产值占农业总产值比重为6.8%。

五、农业支持保障水平评价

农业支持保护制度是现代化国家农业政策的核心，也是我国发展现代农业的必然要求。农业支持保障，主要体现在政府的财政支农和农业保险等方面。

（一）财政支农

农业支持保障突出财政支农重点，持续增加对农业基础设施建设、农业综合开发投入；完善促进农业科技进步、加强农民技能培训的投入机制；强化对农业结构调整的支持，加大对农业投入品、农机具购置等的支持力度。同时，健全粮食主产区利益补偿机制，让种粮的农民和粮食主产区不吃亏。

财政支农指标主要有农林水（农业、林业、水利）事务支出占农林牧渔业增加值的比重，即指农林水事务支出与农林牧渔业增加值的比值，主要反映财政对农业的支持和保护力度。

计算公式如下：

农林水事务支出占农林牧渔业增加值的比重 = 农林水事务支出/农林牧渔业增加值×100%

相关评价参数：

20世纪末，美国、英国、加拿大、澳大利亚等农业发达国家财政支农支出占农业增加值的比重均超过了25%，日本1980年达到了35%。

《国家现代农业示范区建设水平监测评价办法（试行）》确定，该指标基本实现农业现代化目标值为15%，全面实现农业现代化目标值为20%。

（二）农业保险

农业保险是专为农业生产者在从事种植业、林业、畜牧业和渔业生产过程中，对遭受自然灾害、意外事故、疫病、疾病等保险事故所造成的经济损失提供保障的一种赔偿保险。农业保险的密度和深度是测量农业保险水平的重要指标。农业保险的密度和深度的提高，可以有效提升农民的风险承担能力和增加农业产业链的经济效益。

农业保险密度是指在某一地区、某一农作物保险承保面积所占农作物总面积的比例。

计算公式如下：

农业保险密度＝保险承保面积/农作物总种植面积×100%

农业保险深度是指农业保费收入与农林牧渔业增加值的比值，是反映示范区农业风险防范能力的重要指标。

计算公式如下：

农业保险深度＝农业保费收入/农林牧渔业增加值×100%

相关评价参数：

2007年美国、加拿大、日本的农业保险深度分别为5.2%、4.1%、1.8%。

2011年，我国保险深度为3%，其中，农业保险深度为0.37%。《中国保险业发展"十二五"规划纲要》提出，该指标基本实现农业现代化目标值为1%，全面实现农业现代化目标值为1.5%。

（三）单位农林牧渔业增加值的信贷资金投入

单位农林牧渔业增加值的信贷资金投入，指农林牧渔业贷款余额与农林牧渔业增加值的比值，是反映现代金融对农业发展支持程度的重要指标。

计算公式如下：

单位农林牧渔业增加值的信贷资金投入＝农林牧渔业贷款余额/农林牧渔业增加值（单位为元）

相关评价参数：

2011年，我国各项贷款余额为58万亿元，单位GDP贷款余额为1.23万亿元；农林牧渔业贷款余额为2.44万亿元，单位农林牧渔业增加值贷款余额为0.51万亿元。按照金融资本配置应与现代产业建设需求相匹配的原则，《国家现代农业示范区建设水平监测评价办法（试行）》确定，该指标基本实现农业现代化目标值为0.8元，全面实现农业现代化目标值为1.1元。

六、农业产出水平评价

农业产出水平体现农业资源利用效率。我国农业资源利用效率与世界发达国家相比较，尚有较大差距。造成农业资源利用效率低的原因是多方面的，既有资源制度方面的，如资源配置的市场机制不健全、资源节约激励机制不健全、资源管理制度不严格等；也有技术方面的，如资源利用技术及资源利用手段、设备和设施落后等。

耕地利用效率是评价农业产出水平的重要指标，主要用单位耕地面积的农产品产量来衡量。耕地是最基本的农业自然资源，耕地利用效率反映了农业生产对耕地资源的利用水平，也反映了农业生产的相对发展水平，与农业劳动生产率和农业资金利润率具有同等重要的意义。较高的耕地生产率意味着较高的农业生产水平，反之亦然。

农业生产水平最终体现在农产品产量、质量和效益上。评价农业产出水平的指标主要有主要农产品产量、农产品质量和农业劳动生产率等指标。

（一）主要农产品产量

我国主要农产品包括粮食、经济作物产品、畜禽产品、水产品等。其中粮食是重中之重，评价内容主要有总产量、单产水平和增长幅度。

1. 粮食总产量、单产水平

粮食总产量是指各类粮食作物产量之和。粮食单产是指粮食总产量与粮食种植总面积之比，即每亩粮食作物的粮食产量。

我国粮食总产量水平，1949年为1.1亿吨，1978年为3亿吨，2010年突破5.5亿吨，2015年达到6.6亿吨，此后大多年份都稳定在此水平之上。2024年我国粮食总产量突破7亿吨大关。

我国粮食单产水平，2010年突破333千克/亩，2018年达到375千克/亩。2023年，全国谷物产量427.9千克/亩，其中，稻谷475.8千克/亩，小麦385.4千克/亩，玉米435.5千克/亩。

2. 粮食总产量年均增幅

粮食总产量年均增幅，指评价区域当年粮食总产量与上年（或某几年平均）粮食总产量平均值的比较增幅，是反映粮食综合生产能力的重要指标。

相关评价参数：

《国家现代农业示范区建设水平监测评价办法（试行）》提出，我国粮食总产量年均增幅，基础目标值定为2%，发展目标值定为3%。

（二）农产品质量安全

农产品（农业初级产品）质量安全是指在农业活动中获得的植物、动物、微生物及其产品的可靠性、使用性和内在质量的安全性。

农产品质量合格率：农产品质量安全评价指标，常用农产品质量合格率来表示。

相关评价参数：

2023年，国家农产品质量安全例行监测显示，蔬菜、水果、畜禽产品和水产品四大类产品总体合格率为97.5%，蔬菜、水果、畜禽产品和水产品合格率分别为97.3%、96.3%、99.2%和94.7%。

《农产品质量安全发展"十二五"规划》确定，该指标基本实现农业现代化和全面实现农业现代化目标值均为100%。

（三）农业劳动生产率

农业劳动生产率是指平均每个农业劳动者在单位时间内生产的农产品量或产值，是衡量农业劳动者生产效率的指标。劳动生产率的状况是由社会生产力的发展水平决定的。具体来说，从劳动生产率的高低可以看出劳动者的素质及熟练程度、科学技术的发展程度、生产过程的组织和管理、农业生产的技术装备状况和农业生产过程的机械化水平，以及影响农业生产的自然资源条件。劳动生产率是衡量农业现代化发展水平的重要指标。高水平的劳动生产率是农业现代化的最重要的特征。农业劳动生产率多用劳均农林牧渔业增加值指标进行评价。

劳均农林牧渔业增加值

劳均农林牧渔业增加值指平均每个农业劳动力创造的农林牧渔业增加值，是反映农业劳动生产率的重要指标。

计算公式如下：

劳均农林牧渔业增加值 = 农林牧渔业增加值/第一产业就业人数

相关评价参数：

《国家现代农业示范区建设水平监测评价办法（试行）》确定，该指标基本实现农业现代化目标值为 35000 元，全面实现农业现代化目标值为 60000 元。

七、农业可持续发展水平评价

随着工业化、城镇化的快速发展，生态环境、自然资源遭到不同程度的破坏。农业可持续发展主要体现在对农用土地、农业生物资源、农业水资源、农村能源资源及农业生态环境的可持续利用上。农业可持续发展评价指标，主要有森林覆盖率、耕地保有量及保有率、农田灌溉水有效利用系数、农业废弃物综合利用率和单位能耗创造的农林牧渔业增加值等。

（一）森林覆盖率

森林覆盖率是指森林面积占土地面积的比例。森林资源的合理利用和保护，对于净化大气、涵养水土、预防灾害、促进农业可持续发展具有十分重要的意义。森林覆盖率是反映一个国家或地区可持续发展的重要指标。森林覆盖率越高越有利于水土保持和环境改善。

计算公式：

森林覆盖率 = 森林面积/国土资源总面积 × 100%

相关评价参数：

国际上一般认为，一个国家森林覆盖率达 30% 以上，并分布均匀，就可以创造一个较适宜的生态环境，促进农业的发展。目前，世界森林覆盖率平均为 22%。中华人民共和国成立初期的森林覆盖率仅为 8.6%，1979 年为 12%，2020 年为 22.96%。《"十四五"林业草原保护发展规划纲要》中提出，到 2025 年我国森林覆盖率达到 24.1%。

（二）耕地保有量及保有率

耕地保有率是指本年末耕地总面积与上年末耕地总面积的比值，反映了耕地面积的变动幅度。

计算公式如下：

耕地保有率 = 本年末耕地总面积/上年末耕地总面积 × 100%

相关评价参数：

《中华人民共和国国民经济和社会发展第十二个五年规划纲要》提出，我国基本实现农业现代化目标值和全面实现农业现代化目标值，耕地保有量均为 18.18 亿亩，保有率均为 100%。

（三）农田灌溉水有效利用系数

农田灌溉水有效利用系数是指灌入田间可被作物利用的水量与灌溉系统取用的总水量的比值，是反映农田灌溉用水利用效率的重要指标。

计算公式如下：

农田灌溉水有效利用系数 = 灌入田间可被作物利用的水量/灌溉系统取用的总水量

相关评价参数：

国家现代农业示范区资料显示，2010 年我国农田灌溉水有效利用系数为 0.5，2021 年为 0.568；2030 年目标值为 0.6，全面实现农业现代化目标值为 0.7。发达国家灌溉水有效利用系数已达 0.7 ~ 0.8。

（四）农业废弃物综合利用率

农业废弃物主要指农业生产过程中产生的废弃物，如农业投入品和农膜残留物、各类农作物秸秆、农产品加工过程中产生的废弃物、畜牧养殖所产生的粪便污染物等。

农业废弃物综合利用率评价，对引领和推进农作物废弃物综合利用具有重要意义。减轻农业废弃物对环境的污染，是农业生态环境保护的重要内容。

相关评价参数：

据资料显示，"十三五"以来，我国各地推动农业投入品减量化、生产清洁化、废弃物资源化。全国化肥农药施用量实现负增长，2018 年全国农用化肥施用量比 2015 年下降 6.1%，农药施用量比 2015 年下降 15.7%。农业废弃物综合利用率明显提高，2018 年畜禽粪污综合利用率超过 70%，秸秆综合利用率超过 80%，农膜回收率超过 60%。

（五）单位能耗创造的农林牧渔业增加值

单位能耗创造的农林牧渔业增加值是指农林牧渔业增加值与能源消耗总量的比

值，是反映转变农业发展方式、节能降耗的重要指标。能源消耗总量是指农业生产全过程的能量消耗量。

计算公式：

单位能耗创造的农林牧渔业增加值＝农林牧渔业增加值/能源消耗总量

相关评价参数：

2012 年，我国单位能耗创造的农林牧渔业增加值为 1.63 万元/吨标准煤。基本实现农业现代化目标值为 2.2 万元/吨标准煤，全面实现农业现代化目标值为 3 万元/吨标准煤。

八、农村居民收入消费水平评价

农业现代化的主要特征之一是农民收入水平提高，生活富裕，有较强扩大再生产的能力。农民收入水平可由农民人均纯收入和农村居民人均可支配收入来体现。

（一）农民人均纯收入

农民人均纯收入是指按人口平均的农村居民家庭纯收入（农村居民家庭纯收入是指农村住户当年从各个来源得到的总收入相应地扣除所发生的费用后的收入总和），是衡量农村居民生活水平的核心指标。

计算公式如下：

农民人均纯收入＝（农村居民家庭总收入－家庭经营费用支出－生产性固定资产折旧－税金和上交承包费用－调查补贴）/农村居民家庭常住人口

从收入来源看，农民人均纯收入包括工资性纯收入、家庭经营纯收入、转移性收入和财产性收入四个部分。

相关评价参数：

农民人均纯收入虽然不完全取决于农业现代化水平，如工资性收入与现代农业关联甚少。但发展现代化农业的最终目的是强农富农，同时，农民收入的增加可以反过来增加农民对农业生产的投入能力，农民收入水平的提高与农业现代化水平的提高具有很强的正相关关系。因此，农民人均纯收入水平指标是评价现代农业生产水平和能力的指标之一。

《国家现代农业示范区建设水平监测评价办法（试行）》提出，该指标基本实现农业现代化目标值为 2.3 万元，全面实现农业现代化目标值为 4 万元。

（二）农村居民人均可支配收入

农村居民可支配收入是指农村住户获得的经过初次分配与再分配后的收入。可支配收入可用于住户的最终消费、非义务性支出以及储蓄。按照收入的来源，可支配收入包括工资性收入、经营净收入、财产净收入和转移净收入四项。

计算方法：

农村常住居民人均可支配收入＝（农村居民总收入－家庭经营费用支出－税费支出－生产性固定资产折旧－财产性支出－转移性支出）/家庭常住人口

相关评价参数：

2019 年农村居民人均可支配收入 16021 元。2022 年，农村居民人均可支配收入 20133 元，首次突破 2 万元大关。

农村居民可支配收入和农民纯收入既有区别又相互联系。两个指标的性质不一样。纯收入是一个效益核算指标，可支配收入是一个收入分配指标。从性质看，纯收入是扣除经营性费用的余额，它从生产角度反映农户收入经济效益；而可支配收入是在纯收入的基础上扣除公益性和财产性支出后的余额，再加上二次分配得到的收入，它从国民收入的角度反映了农户净收入水平。两个指标的联系可狭义理解为：农村居民人均可支配收入＝农民人均四项纯收入－公益性、赠送及罚款等支出（即扣除财产性、转移性两项支出后的净收入）＋养老、医疗、保险等二次分配收入。

从 2012 年起，国家把以往核算城乡居民收入的"城镇居民人均可支配收入"和"农民人均纯收入"统一为一个指标"居民人均可支配收入"。

（三）恩格尔系数

恩格尔系数是国际上通用的从总体上反映生活水平和生活结构变化的指标。主要是用来衡量一个家庭或国家的富裕程度。

恩格尔系数是指食品支出总额占个人消费支出总额的比重。它揭示了居民收入和食品支出之间的相关关系，用食品支出占消费总支出的比例来说明经济发展、收入增加对生活消费的影响程度。众所周知，吃是人类生存的第一需要，在收入水平较低时，其在消费支出中必然占有重要地位。随着收入的增加，在食物需求基本满足的情况下，消费的重心才会开始向穿、用等其他方面转移。因此，恩格尔系数如果越大，一个国家或家庭生活就越贫困；反之，恩格尔系数越小，生活就越富裕。

计算方法：

恩格尔系数＝食品支出金额/消费性总支出金额×100%

相关评价参数：

联合国根据恩格尔系数大小对一国或地区居民生活水平进行划分，恩格尔系数在0.6以上为贫穷，0.5～0.6为温饱，0.4～0.5为小康，0.3～0.4为较富裕，0.2～0.3为富裕，0.2以下为极其富裕。按此划分标准，20世纪90年代，恩格尔系数在0.2以下的只有美国，达到0.16；欧洲、日本、加拿大，一般在0.2～0.3，是富裕状态。东欧国家，一般在0.3～0.4，较富裕，剩下的发展中国家，基本上都分布在小康以下。

中国恩格尔系数数据的变化情况：1978年平均值为0.6，其中城镇为0.59，农村为0.68；2022年平均值为0.305，其中城镇为0.295，农村为0.33。

九、城乡融合发展水平评价

城镇化与工业化改变了人类社会的产业结构和城乡形态，构成了现代社会生产生活的经济、社会基础，是现代化的核心内容。城乡融合发展评价指标主要有城乡居民收入差距、城乡人口结构等。

（一）城乡居民收入差距

反映城乡差距的指标很多，如经济发展、公共服务、基础设施、居民生活等各个方面。其中，城乡居民人均收入差距是城乡居民生活差别的最主要、最直接的原因。该指标直接反映了城乡居民生活水平差距。逐步缩小城乡居民之间的收入差距，最终实现城乡全面、协调、融合发展，是国家现代化追求的目标。

反映城乡居民收入差距的指标，常用城乡居民人均可支配收入之比来评价。

相关评价参数：

2014年，我国城乡居民人均可支配收入分别为28844元、10489元，二者比值为2.75；2018年人均可支配收入分别为39251元、14617元，二者比值为2.69；2022年，全国居民人均可支配收入为36883元，其中，城镇居民人均可支配收入为49283元，农村居民人均可支配收入为20133元，二者比值为2.45。

（二）城乡人口结构

城乡人口结构，常用的评价指标是城镇化率，即城镇人口占总人口的比重。

城镇化，简单说就是变农村人口为城镇人口或变农业人口为非农业人口的过程。城镇化率反映了农村人口向城市聚集的过程和聚集程度，反映了一个地区的工业化、城镇化或城市化水平。

计算方法：

城镇化率=城镇人口/总人口×100%

相关评价参数：

据国家统计局资料，70多年来我国城镇化率大幅提升：1949年底常住人口城镇化率仅10.64%，2000年底为36.09%，2011年底首超50%，2020年底达到63.89%（其中户籍人口城镇化率为45.4%），2023年底达到66.16%（其中户籍人口城镇化率达到48.3%）。

以上每一个指标，既可以单独进行评价，也可以作为区域综合评价的基础。现代农业发展综合评价就是从不同的角度对区域现代农业发展进行总体评价。区域现代农业发展综合评价，必须遵循可比性原则，选择相关指标，运用相同来源的数据和方法，计算出区域现代农业的发展水平，再与国内外权威机构的"标准"指标及相关参数进行比较与分析。通过现代农业发展综合评价，可以客观分析区域现代农业建设现状，了解现代农业发展水平和阶段，总结现代农业建设成效，摸清存在的问题与不足，并根据评价结果，明确自身发展的潜力、优势及方向，制定切实可行的建设方案，推进新一轮现代农业稳定、快速、健康发展。

主要参考文献

陈锡文，2018. 读懂中国农业农村农民 [M]. 北京：外文出版社.

费孝通，2015. 乡土中国 [M]. 北京：人民出版社.

谷树忠，1998. 农业自然资源可持续利用 [M]. 北京：中国农业出版社.

韩长赋，2019. 新中国农业发展 70 年：科学技术卷 [M]. 北京：中国农业出版社.

韩长赋，2019. 新中国农业发展 70 年：政策成就卷 [M]. 北京：中国农业出版社.

林毅夫，1996. 中国农业科研优先序 [M]. 北京：中国农业出版社.

刘江，2000. 21 世纪中国农业发展战略 [M]. 北京：中国农业出版社.

夏振坤，1994. 绿色革命之路 [M]. 武汉：湖北人民出版社.

余胜伟，2012. 湖北农业 [M]. 北京：中国农业出版社.

后　记

　　我出生于一个农民家庭，从小参加集体劳动。我这一辈子，选择了"三农"事业，参与了中国的农业建设，奉献了自己的青春和年华，也分享了发展成果和快乐。《知行"三农"》是我的所见所闻、所学所思、所知所行。

　　编写《知行"三农"》，是我多年的心愿。在中国共产党领导下，中国70多年的飞速发展，史无前例，举世瞩目。中国的农业，从传统迈向现代；中国的农民，从贫困走上全面小康；中国的农村，从落后走向繁荣富强。中国农业发展的辉煌历史值得铭记。

　　历史只有代代相传，才能连续不断。传承历史，弘扬历史，也是每一代人的义务和责任。把个人在"三农"方面的经历和见闻整理留存，为同行及关心"三农"工作的人士提供一点帮助，是我多年的心愿。知行"三农"，永无止境，旨在共知共行！

　　编写本书的初心是，力图集知识性、实用性、史料性于一体。知识性，主要是介绍"三农"领域中的相关概念、基本知识，引导读者对中国"三农"的理性认知。实用性，主要是介绍我国"三农"发展的历史与现状，为同行们在服务"三农"工作中提供一点帮助；介绍个人的所见所闻，回答读者的所思所想，起到解疑释惑的作用。史料性，主要是介绍"三农"发展进程中的相关事件、相关数据，为读者提供一些涉农历史资料。以史为荣，讴歌党的正确领导，弘扬正能量；以史为鉴，解决农业农村发展过程中存在的问题和不足，坚持改革创新、发奋图强，加快现代农业建设步伐。

　　作为一名"三农"人，我对我国"三农"发展过程中的每一点进步，无不由衷地高兴和祝福；对"三农"发展中存在的问题，无不忧心和期盼美好的未来。书中在记述我国"三农"历史巨变的同时，也记述了存在的问题和不足，表达了个人的认识、感受、意见和建议。任何事物发展过程中存在这样那样的问题都是正常的，只有发现、正视、并克服存在的问题，社会才能进步。

由于"三农"问题涉及面广，而本人长期在省级农业部门工作，站位不高，视野较窄，在有些领域深感力不能及。书中提出的一些问题以及相关意见和建议，不一定全面，不一定准确，不对之处，请予批评指正。

本书在编写过程中，得到了许多同事、同学、朋友的鼓励和支持。编写之初，大家在一起讨论书名及编写大纲；编写过程中，一起回顾"三农"发展的历史背景，畅谈"三农"发展的艰辛历程，展望"三农"发展的美好未来；初稿完成后，大家又提出了许多修改意见、建议；还有，我的家人为本书写作与出版自始至终给予了全力支持！没有大家的关心、支持和鼓励，就没有今天的《知行三农》。在此，一并衷心感谢！

余胜伟

2004 年 12 月 16 日

图书在版编目（CIP）数据

知行"三农"/余胜伟著. -- 北京：中国农业出
版社，2025.7（2025.9 重印）. -- ISBN 978-7-109-33516-5

Ⅰ. F32

中国国家版本馆 CIP 数据核字第 20255D6J52 号

中国农业出版社出版

地址：北京市朝阳区麦子店街 18 号楼

邮编：100125

责任编辑：程　燕　张丽四　吴洪钟

版式设计：小荷博睿　责任校对：吴丽婷

印刷：北京印刷集团有限责任公司

版次：2025 年 7 月第 1 版

印次：2025 年 9 月北京第 3 次印刷

发行：新华书店北京发行所

开本：787mm×1092mm　1/16

印张：21.75

字数：390 千字

定价：98.00 元